晨露法学论丛

（第 1 卷）

CHENLUFAXUELUNCONG

于程远◎主编

中国政法大学出版社

2024·北京

图书在版编目（ＣＩＰ）数据

晨露法学论丛 / 于程远主编. -- 北京 ：中国政法
大学出版社，2024. 9. -- ISBN 978-7-5764-1852-1

Ⅰ. D90-53

中国国家版本馆 CIP 数据核字第 2024PT7785 号

出 版 者　　中国政法大学出版社

地　　址　　北京市海淀区西土城路 25 号

邮寄地址　　北京 100088 信箱 8034 分箱　邮编 100088

网　　址　　http://www.cuplpress.com (网络实名：中国政法大学出版社)

电　　话　　010-58908586(编辑部) 58908334(邮购部)

编辑邮箱　　zhengfadch@126.com

承　　印　　保定市中画美凯印刷有限公司

开　　本　　720mm×960mm　1/16

印　　张　　28

字　　数　　480 千字

版　　次　　2024 年 9 月第 1 版

印　　次　　2024 年 9 月第 1 次印刷

定　　价　　129.00 元

序　言

　　《晨露法学论丛》是同等学力研修班培养模式改革系列举措的重要成果之一。为培养学员的研究能力，中国政法大学同等学力研修班特别设置了论文写作方法课以及针对不同专业方向的论文写作辅导。本书配合课程设置，将学员们在研习过程中的优秀成果结集出版，以期固化学习成果，激发学习热情，鼓励学员在学习过程中勇于探索、独立思考，并将自身思考以论文的方式落于实处。

　　清晨的露水给人带来清新与活力，同等学力研修班的同学来自五湖四海、各行各业，很多人在各自的领域已经取得了丰硕的成果，具有丰富的人生阅历和深厚的知识储备，但却是初次涉足法学理论研究。在本书中，我们既能够看到来自不同行业的智慧与法学交汇、碰撞之后产生的火花，也可以看到法学研究以外的其他行业、职业深深烙印过的思维方式在法学理论研究中的独特运用。从学术研究的角度来看，本书选取的文章显然处于学术研究的起步阶段，但如果秉持更为开放的态度，这些成果却也有助于我们跳出自己的固有认知，了解到不同知识背景、职业背景的研究者对相关问题的看法。

　　法学是一门尤其强调理论联系实际的学科：一方面，理论的发展可能直接影响到司法实践中对相关问题的裁判结果；另一方面，社会生活的不断变化也要求理论持续地自我更新以保持对新生事物的解释力。理论研究没有尽头，我们尊重每一位研究者在法学理论上的独特思考。法学理论本身也需要在各行各业的实践中得到检验和反思。同学们在研习过程中对未知领域的探索必然与挫折相伴，甚至有时会以失败告终。然而，无论是挫折还是失败，都终将化作前进道路上的养分，启迪我们的智慧、磨砺我们的性情、坚定我们的信念，从而令我们在潜移默化中实现自我的突破和提升。研究不是能够一蹴而就的事情，与一时的砥砺奋进相比，它更需要平淡中的坚持、枯燥中的坚守乃至逆境中的顽强。

理论学习与理论研究的不同之处在于，前者是从无到有的过程，而后者则要在学会之后再来反思自己学到的所谓"知识"是否存在不合理、不完善之处，研究可能是对未知的探索，也可能是对既有认知的挑战。研究不易，写作不易，如人饮水，冷暖自知。我们希望本书能够成为学员们学习过程的记录者、探索道路的陪伴者、自我升华的见证者，也希望本书能够对理论与实务界志趣相投的各位同仁有所启发，同时激励更多的人投身于理论联系实际、探索法学新问题、推进我国法治建设事业。

于程远

2024 年 6 月 13 日

目　录

浅析我国民商法中的惩罚性赔偿制度

荆徐静*

（中国政法大学 北京 100088）

摘　要： 我国的惩罚性赔偿制度在一定程度上实现了国家对社会经济的有效控制。但该制度的规定分散凌乱，适用存在矛盾，又因与行政、刑事方面的罚金存在重叠，易造成一事多罚的局面。同时，该制度的适用范围过窄，无法匹配飞速发展的市场经济需求，需要立法者结合当下的司法实践以及社会经济发展需要修改完善。

关键词： 民商法　惩罚性赔偿　适用范围

随着我国市场经济的快速发展，商业社会的逐利性导致普遍侵权现象愈发严重，惩罚性赔偿制度愈发成为民商事纠纷处理中不可或缺的重要制度。但该制度在适用和实施过程中较为混乱，难以发挥其法律价值，因此需要通过进一步制定明确、具体、切实可行的举措来加以完善。

一、我国惩罚性赔偿制度的源起和发展

我国的惩罚性赔偿制度是在借鉴英美等国制度的基础上逐步建立起来的。1993 年，我国《消费者权益保护法》[1]作出了"双倍赔偿"规定，为惩罚经营者在经营过程的欺诈行为，规定消费者有权主张比实际损失更高的惩罚。

---

* 作者简介：荆徐静（1992 年—），女，汉族，陕西渭南人，中国政法大学同等学力研修班 2023 级学员。研究方向：民商法。

[1] 为表述方便，本书中涉及我国法律文件直接使用简称，省去"中华人民共和国"字样，全书统一，后不赘述。

而 2013 年修正的《消费者权益保护法》又将之进一步发展，具体为加大对经营者的惩罚范围和力度，明确提高赔偿金额的基准，并且确定了最低定额赔偿标准。之后出台的《食品安全法》在借鉴《消费者权益保护法》经验的基础上又确立了以损失为基数计算惩罚赔偿金额，同时设定了最低惩罚性赔偿金额。[1] 2020 年《民法典》第八章首次将惩罚性赔偿明确为民事责任方式的一种，并授权其他法律对此作出相应规定，同时在"侵权责任编"中就产品责任、知识产权、生态破坏以及环境污染等方面作出了惩罚性赔偿的一般立法规定。至此，我国民商法的惩罚性赔偿制度体系初步确立。

二、民商法中惩罚性赔偿制度的立法目的和功能

（一）惩罚性赔偿制度的立法目的

惩罚性赔偿制度对于国家发展及社会治理而言具有重要意义。以《消费者权益保护法》的规定为例，其激励消费者维权，并对不法经营者进行严厉的经济惩处，充分体现了以人为本的法治理念，正确反映和统筹兼顾了人民最关心、最直接、最现实的利益问题。再以环境污染侵权中的规定为例，其主要目的为全面救济生态环境侵权的受害人，重点制裁生态环境损害中的恶意侵权人吓阻他人实施对生态环境的侵权行为，从而实现人与环境的和谐发展，以及人类社会的可持续发展。

惩罚性赔偿制度的建立，不仅是为了维护人们内心的公平正义，更是在理性选择之下的一种国家对经济社会的管理手段。

（二）惩罚性赔偿制度的功能

惩罚性赔偿，是指对侵权行为者处以超出实际损害一定数额或一定倍数的赔偿。对于其功能，不能盲目夸大，而是应结合我国当前的立法和司法实践进行评价。该制度中的"惩罚"功能显而易见，"威慑"功能也属其应有之义。前述功能与刑法中的罚金作用较为相似，体现出了一定的公法性。但在民商法体系下，不能忽视其本身的私法性。民事责任的目的在于弥补受害人的损失、恢复被侵犯的权益，而非对违法者施加惩罚。惩罚性赔偿制度中虽存在惩罚性赔偿金的责任形式，但这并不能改变其"通过赔偿和补偿来恢复被破坏的民事法律关系，保护受害人的权益"的本质。因此，不应忽视

---

〔1〕 孟子萱：《〈民法典〉背景下惩罚性赔偿制度溯源与发展》，载《数据》2023 年第 1 期。

其在私法领域中的补偿及填平损失的功能。惩罚性赔偿制度的具体功能主要如下：

第一，补偿性。将"补偿"列为首要功能，除了是考虑到其作为民事责任的基本属性外，主要还是从我国现行法律的相关规定进行定义。无论是《消费者权益保护法》第55条，还是《食品安全法》第148条，关于责任后果的规定，赔偿实际损失的条款均在前，是赔偿的前提及基础，即补偿实际损失是第一要义。此外，《著作权法》第54条、《商标法》第63条、《专利法》第71条、《反不正当竞争法》第17条、《种子法》第72条也均是将"实际损失"作为赔偿数额的确定依据。从上述法律规定中不难看出，惩罚性赔偿制度适用的基础在于补偿受害者的实际损失，故补偿性应是其首要功能。

第二，惩罚性。又称制裁性，即为了严厉谴责不法侵害人，在要求其补偿受害人实际损失外，额外设置一定数额或一定倍数的使不法侵害人受到"经济痛苦"的赔偿义务，以便受害人及普通社会人能够从中感受到法律的公平公正，维护民众内心"恶有恶报"的朴素情感。由于该制度可以使受害人对不法侵害人的"复仇"心理问题得到良性解决，因此该制度可以进一步维护公平正义、诚实信用的社会秩序。[1]

第三，鼓励性。长期以来，不法侵害人一直处于强势地位，受害人维权的复杂性、维权成本与最终获得的差距大等问题导致受害人维权主观意愿不强。惩罚性赔偿金的规定，不仅能够补偿受害人的实际损失，而且能够获得可观的额外赔偿，故受害人也愿意付出成本进行诉讼维权。

第四，预防性。又称威慑性。因侵害人知晓其不法行为可能会受到远高于不法收益的经济制裁，从主观上自然会抑制从事同类不法侵害行为或再次从事该类行为的心态，从而防患于未然。从实际社会效果来看，惩罚性赔偿制度中预防功能的社会治理意义远大于在个案中对不法侵害人的处罚功能。

三、民商法中惩罚性赔偿制度司法适用问题分析

（一）与其他部门法的适用存在交叉

我国民事诉讼明确了"一事不再理"原则，刑事诉讼也坚持应"罚当其

---

[1] 李昌凤：《〈民法典〉时代惩罚性赔偿制度的理论重构与功能实现》，载《河南社会科学》2022年第1期。

罪"。但是，惩罚性赔偿制度却允许不同部门法就同一不法行为"重复处罚"，有失公正。在尊重该制度惩罚价值的同时，应避免矫枉过正。如生态环境侵权相关法律规定，"侵权人因同一污染环境、破坏生态行为，应当承担包括惩罚性赔偿在内的民事责任、行政责任和刑事责任……"即不法侵害人的同一行为可能被科以民事惩罚性赔偿金、行政罚金、刑事罚金三重处罚，造成惩罚过重、利益失衡，违反合理性原则。惩罚性赔偿制度是一种兼具多重价值及功能的制度，衔接公法与私法，立法部门应当结合我国的司法实践，充分考量不法侵害人可能实际承担的经济责任，进一步完善该制度，彰显立法智慧。

（二）司法适用范围不足

我国有关惩罚性赔偿的规定主要集中在侵权、合同等方面。从当前阶段的实际情况来看，其适用范围仍存在不足，未能规制所有具备"可罚性"的违法行为人。[1] 社会新兴经济的发展使得现有惩罚性赔偿制度已无法适应经济的实际发展需求，对新型社会矛盾的处理遭遇执法空缺。如惩罚性赔偿制度无法对新型经济事务的经营进行适用及规制，将导致经营者对未入刑的不法侵害行为无须承担损失之外的赔偿责任，变相鼓励其滋生"以小补偿博大收益"的投机心态，不利于社会经济的健康发展。

四、完善民商法中惩罚性赔偿制度的建议

（一）推进惩罚性赔偿制度与各部门法间的适用衔接

惩罚性赔偿制度中的惩罚性赔偿金，与行政、刑事罚金从手段方法、目的功能、给不法侵害人带来的痛苦的性质上看均存在共通性，都是为了惩罚、威慑侵害人，以减少不法行为的发生。如同时适用民刑行方面的责任会导致多重处罚，违反一事不再罚原则。[2] 因此，应当通过修法明确，民事惩罚性赔偿金可在刑事、行政罚金中予以抵扣减免，以罚当其责。

（二）扩大惩罚性赔偿制度的适用范围

我国当前仍处于重要的社会经济转型期，经济飞速发展、社会矛盾频发。

---

〔1〕 张红、王翼峰：《我国惩罚性赔偿制度的一般规则之建构》，载《安徽大学学报（哲学社会科学版）》2022 年第 5 期。

〔2〕 吕英杰：《惩罚性赔偿与刑事责任的竞合、冲突与解决》，载《中外法学》2022 年第 5 期。

人工智能、大数据等技术的发展给民事主体制度、人格权制度以及财产权制度等都带来了一定的挑战，权益被侵害的危险无处不在。因此，扩大惩罚性赔偿制度的适用范围以全方位地保护民事主体的权益可谓势在必行。[1]扩大我国惩罚性赔偿制度的适用范围，可通过制定或修改法律的方式实现，亦可通过出台新司法解释的方式实现。[2]

结　语

立法者应当对我国惩罚性赔偿制度现有的法律规定体系进行系统梳理和矫正，以保证该制度的正确适用，充分发挥其在社会经济治理方面的价值。

---

〔1〕 王利明：《民法要扩张 刑法要谦抑》，载《中国大学教学》2019 年第 11 期。

〔2〕 张红、王翼峰：《我国惩罚性赔偿制度的一般规则之建构》，载《安徽大学学报（哲学社会科学版）》2022 年第 5 期。

论情势变更原则的适用条件

刘洪箭*

（中国政法大学 北京 100088）

摘　要： 情势变更原则正式被以立法形式确立是在 2020 年颁布的《民法典》。其吸收了 2009 年《最高人民法院关于适用〈中华人民共和国合同法〉若干问题的解释（二）》第 26 条规定的部分内容，增加了"协商制度"和"仲裁"的救济途径，同时删除了"非不可抗力"和"不能实现合同目的"的限制，扩充了适用范围。但是，《民法典》对情势变更原则的规定过于抽象，情势变更原则的适用条件标准并不统一。本文认为，我国应通过进一步明确情势变更原则适用条件的标准，限制法官的自由裁量权，进而促进情势变更原则的正确适用。

关键词： 情势变更　适用条件　自由裁量权

在我国，情势变更原则是《民法典》正式确立的立法规范，其所追求的价值目标是契约正义，旨在突破生效合同的效力，重新恢复双方当事人之间的利益平衡。[1] 在《民法典》颁布之前，基于情势变更原则的判例，法律依据是《最高人民法院关于适用〈中华人民共和国合同法〉若干问题的解释（二）》（以下简称"原《合同法解释（二）》"）第 26 条的规定。从法律位阶来讲，原《合同法解释（二）》仅是司法解释，并不属于狭义范畴的法律。情势变更原则被以立法形式确立是在《民法典》第 533 条。自此，情势

---

* 作者简介：刘洪箭（1979 年—　），男，汉族，黑龙江绥化人，中国政法大学同等学力研修班 2024 级学员。研究方向：民商法。
[1]　参见石佳友：《情势变更制度司法适用的重要完善》，载《法律适用》第 2024 年第 1 期。

变更原则在司法实践中适用的依据来源于最高法律位阶的立法。2023 年 12 月《最高人民法院关于适用〈中华人民共和国民法典〉合同编通则若干问题的解释》第 32 条第 1 款对该原则的适用条件作出了进一步明确：其一，时间条件，即合同约定的履行时限内；其二，价格涨跌异常变化的原因是调整政策或者异常变动的供需关系；其三，针对涨跌也做了严格的限制，即当事人在缔约时不能预见而且超出了正常的商业风险范畴。本文将着重对情势变更原则的适用条件进行探讨。

一、情势变更原则适用条件的立法历程

（一）情势变更原则的起源及在我国的立法过程

一般认为，情势变更原则的萌芽始见于十二三世纪的注释法学派著作《优帝法学阶梯注解》，随后逐渐在大陆法系国家被接受。其中，《德国民法典》《意大利民法典》《法国民法典》等都有针对情势变更制度的规定。情势变更原则在我国作为法律规范被确立的时间较晚，1999 年《合同法》并没有明确规定情势变更原则，尽管在草案中有所体现，但是因为争议过大最终没有被纳入，直到原《合同法解释（二）》第 26 条才正式以司法解释的形式确立了情势变更原则。最终通过颁布《民法典》，以立法方式确立了情势变更原则，而后又通过司法解释对该原则的适用条件加以明确。

（二）情势变更原则适用条件变化

《民法典》第 533 条确立的情势变更原则，是对原《合同法解释（二）》第 26 条的扬弃。其中，在适用条件上的变化主要体现在：其一，《民法典》删除了原《合同法解释（二）》第 26 条规定的"非不可抗力造成"这一前置条件，《民法典》认可了在一定情形下情势变更和不可抗力的兼容；其二，删除了"不能实现合同目的"，这一变化是情势变更原则适用显著区别于不可抗力原则适用的关键，不再需要限定"不能实现合同目的"，因为合同订立的基础条件发生情势变更，并不是不能实现合同目的，而是继续履行合同对一方当事人明显不公，违背了公平原则，所以需要进行协商或者通过法律途径使双方的交易恢复公平。基于上述情势变更原则适用条件的变化可知，在司法实践中适用该原则的空间比较大。

二、情势变更原则适用条件在司法实践中的困境

（一）情势变更原则适用条件判断标准不一

根据《民法典》第 533 条的规定，情势变更原则的适用条件主要包括时间、不可预见性、不属于商业风险、继续履行对一方显失公平等。2023 年 12 月《最高人民法院关于适用〈中华人民共和国民法典〉合同编通则若干问题的解释》第 32 条第 1 款进一步明确政策调整或者市场供求关系异常变动导致的价格涨跌属于适用条件之一。但在司法实践中，司法机关的判断标准并不统一，如对于时间条件的限制，法条明确规定是合同成立后履行完毕前，那么在发生迟延履行时合同基础条件发生重大变化的，是否能够适用情势变更原则？对此问题，司法实践中的认定并不统一。再如，对无法预见这一适用条件的判断，当事人是否能够遇见，以及如果认定无法预见是否属于商业风险，这些标准的认定也不统一。最高人民法院关于"安某、邵某珍房屋买卖合同纠纷再审案"的裁判要旨指出，房屋价格较大幅度上涨属于正常商业风险，故以该理由主张价格调整不符合法律规定，所以未予支持。此案虽经最高人民法院终审判决，但仍未能有效化解当事人纠纷，根源在于适用条件的判断标准不统一。

（二）政策调整是否适用情势变更原则法官自由裁量权过大

在司法实践中，因政策调整导致合同履行遭遇明显不公平时，有的法官适用情势变更原则判决。如最高人民法院关于"济南科溢交通服务有限公司、济南市公安局交通警察支队保安服务合同纠纷再审案"[1]的裁判要旨指出，济南市政府政策的调整，导致合同双方丧失了继续履行的基础条件，法官适用了情势变更原则，济南科溢交通服务有限公司的要求没有得到支持。也有案件因政策原因导致价格剧烈波动，致使合同基础条件发生重大变化，继续履行合同对一方而言明显不公，但并未适用情势变更原则。如山东省高级人民法院发布的 2022 年买卖合同纠纷典型案件之十"某太阳能公司与某电力公司买卖合同纠纷案"[2]的裁判要旨指出，引起本案光伏组件原材料价格剧烈波动的因素包括国家能源双控的相关政策、美国对新疆光伏企业的制裁等，相关政策在合同签订前就已经公布和实施。但是，裁判结果也指出，政策引

---

〔1〕 参见最高人民法院［2018］最高法民申 6232 号民事裁定书。

〔2〕 参见山东省高级人民法院［2022］鲁民终 2901 号民事判决书。

起的只是上涨态势，并非剧烈波动，合同当事人并不能预判会发生如此重大的变化，这种情形完全超出了当事人的预见范围，而此时法官并未适用情势变更原则。可见，在适用情势变更原则方面，法官的自由裁量权过大，可能导致裁判结果的不确定性增加，进而引发司法不公。

三、完善情势变更原则适用条件的建议

由前文可知，情势变更原则适用条件的判断标准不统一，导致司法实践中有些纠纷无法得到有效解决，虽然法律途径给出了解决办法，但是并不能得到纠纷主体的认可，司法公信力不足。为了解决这些问题，本文建议进一步明确《民法典》第 533 条规定的情势变更原则的适用条件。如针对适用的时间条件，明确为合同约定的履行期间，排除迟延履行的情况；对于因政策调整或者市场供求关系异常变动引起的价格涨跌，可以合同约定价格为基准，约定达到多少比例涨跌则可以认定为无法预见情形。当然，《最高人民法院关于适用〈中华人民共和国民法典〉合同编通则若干问题的解释》第 32 条规定的除外条款无需考虑。同时也可以结合行业特点、交易习惯，以长周期的价格均线作为参考，明确某一行业的参考基准价，在此基础上明确该行业的价格涨跌比例达到多少即可认定属于该情形。在司法实践中，对于因政策调整致使合同履行明显不公的情形，应当从两方面重点考虑：一是当事人在订立合同时能否预见该政策会调整，从客观角度调查其是否长期从事该领域工作，进而判断其能否预见；二是国家政策的调整与造成明显不公的结果是否具有直接因果关系，即政策调整直接导致显失公平的结果。

结　语

随着由情势变更引起的合同纠纷逐渐增多，为了定分止争，《民法典》以立法形式正式确立了情势变更原则，这对于确保我国合同履行实现实质公平具有重要意义。当然，基于司法实践的复杂性，在情势变更原则适用条件的标准判断上仍然存在不统一、法官自由裁量权过大等现实困境。但是，任何法律规范从确立到实施都会经历这一阵痛期。为此，可以通过进一步明确情势变更原则适用条件的标准，强化法官适用情势变更原则的准确性，以期通过情势变更原则的适用实现合同履行的实质公平，符合当事人订立合同时的期待，促进和保障我国经济持续健康发展。

未成年人网络直播打赏行为研究

刘　晶*

（中国政法大学 北京 100088）

摘　要：本文基于《民法典》的相关规定，深入研究未成年人网络直播打赏行为。无效与可撤销的民事法律行为、限制民事行为能力人等法律条文为分析未成年人网络直播打赏行为提供了法律依据。本文将结合具体案例，探讨这些法律规定在未成年人网络直播打赏行为中的适用，强调网络平台在提供服务过程中应遵守的法律法规和道德规范，以及加强未成年人教育和引导的重要性。加强对网络直播平台的监管和管理，以及加强对未成年人的教育和引导，可以有效保护未成年人的权益，防止其受到不必要的伤害。

关键词：未成年人　网络直播打赏　责任承担

近年来，随着网络直播的兴起，未成年人网络直播打赏行为愈发频繁，引起了社会的广泛关注。为了保护未成年人的权益，《民法典》对此类行为作出了明确的规范，相关条文为第 19 条关于限制民事行为能力人的规定和第 157 条关于无效与可撤销的民事法律行为的规定。本文将结合法律条文和具体案例，对未成年人网络直播打赏行为进行深入分析，并探讨司法适用的路径。

一、未成年人打赏网络主播行为的深层原因

以人民网为例，截至 2024 年 5 月 8 日，未成年人打赏相关话题共报道 20 840 篇。如此多的内容，展示了未成年人网络打赏行为的普遍性和潜在风

---

* 作者简介：刘晶（1984 年—），女，汉族，山西稷山人，中国政法大学同等学力研修班 2023 级学员。研究方向：民商法。

险。这些事件不仅引发了社会各界的广泛关注，也引发了对直播平台责任及网络主播职业操守的深入讨论。

（一）直播平台疏于监管

网络直播的提供者和监管者都为直播平台。然而，在实际操作中，一些直播平台并未能切实履行这一职责，导致未成年人打赏失范现象屡禁不止。目前，未成年人比较倾向于使用的直播平台主要有抖音、快手、Bilibili。[1]三个直播平台的《用户服务协议》均规定：未成年人在使用平台服务前应事先取得监护人的同意，消费应在法定监护人明示同意下操作。部分受访平台使用者表示，字面提醒对于未成年人是否使用、进入直播平台未起到实质作用，有些则表示，完全没有注意到该条款。

（二）网络主播诱导未成年人打赏

部分网络主播为了提高自身收入，追求"单个高额"和"单场高额"，恶意诱导未成年人进行高额打赏。因此，我国需要从多个方面入手，加强对未成年人网络打赏行为的监管和引导。一方面，家长应加强对孩子的教育和监管；另一方面，直播平台应切实履行监管职责，防止未成年人打赏失范现象的发生。同时，也需要加强相关法律法规的制定和执行，为网络直播行业的健康发展提供有力的法律保障。

二、未成年人打赏行为的认定和追回

根据调查，随着年龄的增长，公众观看网络直播的比例呈现出逐渐下降的趋势。具体而言，18 岁以下的青少年观看直播的比例高达 89.81%，进入 41 岁~60 岁年龄段后，观看直播的比例明显下降，为 62.56%。这些数据清晰地表明，网络直播的观众主要为 40 岁以下的年轻人，尤其是青少年群体。[2]

（一）行为定性

关于打赏行为的性质，存在不同的观点。一种观点认为，打赏是购买合同行为，意味着观众与主播之间建立了合同关系，如表演一段特定的舞蹈或演唱一首特定的歌曲，这种"定制型打赏"显然在双方间形成了一种典型的

---

〔1〕 孟卧杰、朱奕林、耿媛媛：《未成年人网络直播打赏失范现象及治理对策》，载《北京警察学院学报》2022 年第 2 期。

〔2〕 范海阔等：《未成年人网络直播权利边界与救济问题研究》，载《法制与社会》2018 年第 35 期。

服务合同关系;[1]另一种观点则认为，打赏属于赠与行为，完全基于观众的意愿。经过深入分析，可以认为打赏更接近于一种单方的赠与行为，其主要反映了观众对主播的喜爱和支持，而非双方合意的合同关系。

(二) 关于举证责任该如何分配

《最高人民法院关于适用〈中华人民共和国民事诉讼法〉的解释》第 90 条对举证责任分配作出了明确规定，无论是原告在主张其诉讼请求时，还是被告在反驳对方诉求时，都应当为各自所依据的事实提供充分的证据加以证明。[2]对于诉讼中的民事行为能力不足问题，作为使合同效力待定或无效的关键因素，应当由原告方承担举证责任，以证明未成年人的不完全民事行为能力对合同效力的影响。

(三) 打赏的追回

由于未成年人在法律上属于限制民事行为能力人，因此他们在网络直播中的打赏行为往往具有非理性的特点。首先，根据《民法典》第 19 条的规定，未成年人在从事某些法律行为时，需要得到法定代理人的同意或追认。其次，由于未成年人属于限制民事行为能力人，赠与合同是否有效，需要看该合同是否与其年龄、智力相适应。根据《民法典》第 157 条的规定，如果未成年人的打赏行为被认定为无效，则其法定代理人有权要求网络主播返还打赏的钱款。

(四) 责任的承担

监护人责任。根据《民法典》第 34 条的规定，作为未成年人的监护人，有责任确保他们的合法权益不受侵害。在未成年人打赏事件中，如果监护人未能尽到监护义务，在未成年人打赏事件中，如果监护人未能妥善保管支付密码或未对未成年人的网络行为进行有效监管，未能履行其监护职责，导致未成年人权益受损，那么监护人应承担相应的过错责任。

平台责任。根据《民法典》第 1195 条的规定，网络直播平台作为服务的提供者和运营者，有责任制定和执行相关政策和措施，以确保未成年人的合法权益不受侵害。如果平台未能尽到合理义务，导致未成年人实施了不合理的打赏行为，那么平台也应承担一定的责任。

---

[1] 刘海安：《论网络直播用户与主播之间的法律关系属性》，载《政治与法律》2023 年第 1 期。

[2] 张卫平：《民事诉讼法》（第 4 版），法律出版社 2016 版，第 238~239 页。

三、司法适用与案例分析

（一）案例一：刘某大额打赏纠纷

案情概述：刘某，一个 2002 年出生的少年，由于在初中阶段辍学，缺乏足够的社会经验和法律常识。在 2018 年 10 月至 2019 年 1 月，他使用父母的银行卡向某科技公司转账，用于打赏直播平台的主播，累计金额高达 160 万元。其父母发现这一巨额支出后，要求科技公司退还全部打赏金额。[1]法院在审理此案时，首先确认了刘某未成年人的身份。根据法律规定，未成年人在某些民事活动上受到了一定的限制，特别是涉及大额资金交易时，必须由其法定代理人代理或经过法定代理人同意。在本案中，刘某的父母作为他的法定代理人，并没有同意他实施如此大额的打赏行为。因此，法院判定刘某的打赏行为无效，并要求科技公司退还所有打赏款项。

（二）案例二：吴某打赏女主播纠纷

案情概述：2017 年 9 月 23 日至 10 月 3 日期间，未满 10 岁的吴某使用快手 APP 对网络主播进行了多次打赏，共充值了 98 122 元。吴某的法定代理人要求快手公司全额退款。[2]法院审理后认为，吴某与快手公司之间形成了"在线消费服务合同"关系。然而，由于吴某是未成年人，缺乏完全民事行为能力，因此不能完全承担自己的行为后果，并且其法定监护人在设置支付密码时存在过失（允许 1000 元以下免密支付），法院判定快手公司退还吴某 6万元，而吴某在快手 APP 中剩余的快币则由快手公司自行收回。这一判决既体现了对未成年人权益的保护，也考虑到了网络服务提供者的合法权益。同时，这也给法定监护人提出了警示。总的来说，法院的判决在保护未成年人权益和平衡网络服务提供者利益之间找到了一个合理的平衡点，是符合法律精神和实际情况的。

结　语

网络直播行业的发展现状鲜明地体现了数字时代的二元效应：一方面，

---

〔1〕 王世鑫：《未成年人网络打赏行为的法律分析》，载 https://mp. weixin. qq. com/s/YFOllrELQ54jp2-1D3NziQ，最后访问日期：2024 年 1 月 5 日。

〔2〕 最高人民法院：《未成年人打赏主播近 160 万元，还能退吗？》，载 https://mp. weixin. qq. com/s/sS67HWBpSmv3bXqbsSfi_A，最后访问日期：2020 年 7 月 15 日。

它带动了互联网流量经济的发展，并提供了广泛的碎片化学习方式，能够丰富用户的精神生活；另一方面，其也面临着扭曲与异化的风险，[1]给意识形态领域带来了新的风险。通过对法律条文的解释学解读和具体案例的分析，可以得出以下结论：在规范未成年人网络直播打赏行为的过程中，应坚持以法律为准绳，以保护未成年人的权益为核心，加强对未成年人网络素养的教育和引导。同时，完善相关法律法规和监管机制，为未成年人营造一个安全、健康、绿色的网络环境。

---

[1] 陈世华：《赋能与纠偏：网络直播的多维审视》，载《福建论坛（人文社会科学版）》2022年第8期。

我国离婚损害赔偿制度研究

刘 杨*

（中国政法大学 北京 100088）

摘 要： 我国《婚姻法》于 2001 年得到修正并引入了离婚损害赔偿制度，而后《民法典》第 1091 条加入了"有其他重大过错"的情形作为补充，进一步扩展了该制度的使用领域，也是新时代下执行离婚伤害赔偿政策的重要手段。目的是平衡夫妻各方的权利与义务，使各方面权益恢复到圆满状态，但是在具体实践的过程中仍存在许多不足之处。本文将从离婚损害赔偿制度的概述、特征入手，对离婚损害赔偿制度的构成要件等进行阐明，并指出其存在的问题，最后针对存在的问题提出完善的路径。

关键词： 离婚损害赔偿　过错行为　举证责任

一、离婚损害赔偿制度概述

（一）离婚损害赔偿制度的含义

离婚损害赔偿，是指因夫妻一方的过错导致婚姻关系破裂，过错方应对无过错方的损失予以赔偿的法律制度。《民法典》第 1091 条规定了五种情形：重婚，与他人同居，实施家庭暴力，虐待、遗弃家庭成员，有其他重大过错。符合上述五种过错情形之一而导致双方离婚，则适用离婚损害赔偿。若一方存在过错，但过错不符合法律规定的五种情形，或虽然符合这五种情形，但并未因此导致双方离婚这一结果，则也不能适用离婚损害赔偿制度。[1]

＊ 作者简介：刘杨（1998 年—），女，汉族，山东滨州人，中国政法大学同等学力研修班 2023级学员。研究方向：民商法。

[1] 郭丽红：《冲突与平衡——婚姻法实践性问题研究》，人民法院出版社 2005 年版，第 147 页。

（二）离婚损害赔偿的性质

从民事法理来看，损失补偿分为广义上的补偿与狭义上的补偿。前者包括合同违约造成的损失、保险公司承担的风险费用、侵权行为导致的伤害、无偿管理产生的损失等；后者则特指由侵犯权益造成的损失。常见的违约及侵权两类情况可能产生交叠，但二者在过错认定标准、证据收集要求、职责内涵、有效期限、责任要素、免除条款、责任形态、责任范畴、针对第三方的影响力以及司法管辖权等问题上存在显著差异。差别在于责任基石迥异，即合同违约责任建立在未履行或未能完全履行双方协议设定的义务之上，而侵权责任则基于违法行为人触犯了法律法规明确规定的基本义务。[1]

（三）离婚损害赔偿制度的意义

确立离婚损害赔偿机制有其深远的实际价值，这反映出了婚姻职责的核心需求，明晰了夫妻双方在婚姻关系中的法定及道德责任，有助于遏止诸多不当行为的发生，以达到维持婚姻家庭和谐稳定的终极目标。同时，进一步优化了我国的立法体系，使婚姻法规能够多视角调整并惩治侵害婚姻权益的行为，提升了我国立法的专业化水平和实用性，进而可以更好地适应全球化立法趋势。

二、离婚损害赔偿的法律适用

（一）离婚损害赔偿的构成要件

应用离婚损害赔偿制度，需考虑几个关键因素：首先，伤害的事实必不可少，这是形成侵权责任的基础，其中包含对财务、身体和人格等多个层面的影响；其次，行为者须具有恶意或疏忽的主观态度，这意味着他们在执行不当行动时的心态，如蓄意与粗心大意；再次，两者之间必须存在关联，即错误的行为确实破坏了婚姻关系并最终导致婚姻关系终结，进而给被害方造成损失，无论其是否涉及财务方面的问题；最后，要确凿证实违法行径是产生危害后果的关键要素，这样才可以确定二者的联系。[2]只有当这些条件都得到满足后，才符合离婚损害赔偿的规定。[3]

〔1〕 杨长泉：《论离婚损害赔偿制度》，载《黔东南民族师范高等专科学校学报》2004年第2期。
〔2〕 袁昊：《民法典离婚救济制度适用规则研究》，载《湖北经济学院学报（人文社会科学版）》2021年第7期。
〔3〕 冉克平：《〈民法典〉离婚救济制度的体系化阐释》，载《政法论丛》2021年第5期。

（二）离婚损害赔偿的范围

婚姻破裂造成的损失应涵盖财务上的损失与心理上的创伤。财务上的损失相对明显且易于评估，但心理层面的痛苦往往难以捉摸并可能被隐藏起来而不为他人察觉。然而，由于人具有高度复杂的情绪反应，所以一旦一方向伴侣施加（如出轨或暴力等）严重的精神压力，那么受害者就有权请求相应的精神补偿。这不仅可以体现出对公平正义的尊重，也可以更好地彰显法律的力量。

（三）离婚损害赔偿制度的功能

对于侵犯权利的行为，赔偿是一种基础性的纠正方式，其主要目的是弥补伤害并给予被害人以经济上的支持，以修复或挽回受损的利益。然而，赔偿的范畴应该仅限于由婚姻破裂造成的真实损失，如遗产期望权等则并不包含在内。

婚姻破裂后的损失包括物质与情感两方面的赔偿。尽管情感损失同样通过财务方式予以弥补，然而其本质是既具有经济恢复功能又具有心灵安慰效果。对于遭受痛苦的一方而言，由于无法用纯粹的数额去准确评估他们所受的精神创伤，所以支付给他们的补偿不仅旨在最大限度地修复受损部分，更是为了舒缓他们的情绪，让他们感受到内心的平静，以此实现消除愤怒、缓解仇恨的目的。

婚姻破裂后的伤害补偿是违法一方向受侵害的一方所负的法律义务的一部分，同时它也能发挥防止与惩罚不当行为的作用。违法一方必须为自己的错误付出代价，这种做法实际上是对违规行为的惩戒，并且也是向那些有可能做出类似侵权举动的人群发出的警告和防范信号。

（四）离婚损害赔偿制度的归责原则

依照我国《民法典》第1091条的规定，夫妻离异后的伤害赔付体系只有当存在错误或不当的行为时才能适用，由个人失误或不良行为导致的法律义务和惩罚标准被视为确定侵权后果及方式的标准参考因素。尽管它具有深远的道义价值和社会情感元素，但却使我们难以明确区分谁是谁非、何为正确或者如何处理问题。所以，为了更好地运用这一规则去判定是否应该给予配偶经济上的支持，就不能受限于传统的价值观，而是应将是否有违当前法律法规的强制性条款作为决定性的衡量指标。

三、离婚损害赔偿制度的完善建议

婚姻法建立的离婚损害赔偿机制对于维护家庭和谐、推动社会进步而言有一定好处，但也不能忽视其存在的问题和局限性。因此，本文针对离婚损害赔偿机制的问题及缺点提出以下意见。

（一）拓宽赔偿义务主体的范围

基于《民法典》对离婚损害赔偿制度法定情形的规定，婚内与他人同居，指已婚一方与婚外异性持续、稳定地共同居住，且不以夫妻名义的行为，旨在保护无过错方的合法权益，确保过错方为其过错行为承担相应的民事赔偿责任。这实际上排除了第三者的责任。那么，第三者是否需要负责呢？从侵犯权利的角度来看，如果第三者也加入了这种违法行为，那么他们必须负起连带责任，只有当他们主观上没有任何过失时才可避免。此外，对第三者的惩罚也可被视为追求公正的社会行动，因此建议通过制定法规明确受害者能够起诉第三者以获得被偿受害者因离婚而蒙受的损失，更好地保障社会公道正义。

（二）离婚损害赔偿应适用"过错相抵"

夫妻关系破裂时，无过错方可以要求补偿，而过错方则无法寻求任何形式的赔偿。然而，许多离婚案件并非只包含单一因素，往往涉及多个问题，可能包括两个人的责任。若仅让受伤害的一方享有获取赔偿的权利，对错误行为负次要责任的人可能会丧失其权益。所以，应采用"过错相抵"的原则，一旦发现配偶存在违反《民法典》第 1091 条情形之一规定的情况，无论谁的责任更大，都可以向对方主张赔偿。[1]同样，也应给予犯错一方反驳的机会，法院只有在明确了解所有事实后才能作出相应的决定，如两方的过错程度相同，则无需支付赔偿金。

（三）降低离婚损害赔偿责任的举证要求

离婚损害赔偿的举证难度高是一个显著的问题。依据民事法律程序"谁主张谁举证"的规定，受害者需要承担证明对方有过失的责任。然而，这些规定下的过失行为通常具有一定程度的隐私性，导致受害者难以获取有效的证据来证实对方的过失行为。为了更好地保障当事人权益，应对这类案件采

---

〔1〕 王允利：《我国离婚损害赔偿制度研究》，安徽大学 2014 年硕士学位论文，第 36 页。

用民事审判的高概率验证准则，适度减轻受害者的证明负担。

结　语

婚姻法引入离婚损害赔偿概念，为在婚姻关系中处于不利地位的一方提供了帮助。这也是为了保护弱势一方，体现了权利、义务、责任的统一。一项好的制度，需在实践中发现它的价值并弥补它的不足。随着我国经济社会的发展，离婚损害赔偿制度必将越来越完善，也更加能警示大家，遏制社会不良风气、弘扬社会公平正义。从现有的立法来看，虽然还存在诸多的不足之处，但笔者坚信以后的婚姻法必将更加完善。

高空抛物的侵权责任研究

卢绪军*

（中国政法大学 北京 100088）

摘 要： 随着城市化进程的不断加速，高空抛物成了一个与城市成长高度伴生的较为广泛的社会现象。这种被称为"悬在城市上空的痛"的社会现象，不但会给受害人造成严重的人身、财产损失，还会带来严重的社会危害性。《民法典》从立法层面明晰了高空抛物案件中可能加害人的补偿责任，但可能加害人分担受害人风险在侵权法理上欠缺正当性的事实并未改变。为促进法律的公平正义，我国应从界定加害人的范围、免责事由、社会补偿机制等角度予以完善。

关键词： 高空抛物 民法典 侵权责任 损害救济

随着高层住宅、场馆、路桥的不断出现，高空抛物已经发展成为日常生活中广泛存在的社会危险。为根治高空抛物的乱象和保障受害人的合法权益，《民法典》及《刑法》等对于高空抛物的刑事追责机制和民事赔偿等予以明确，但在实践中，由于受可能加害人的认定依据、法律关系的竞合等因素的影响，人民法院在案件裁定时存在"同案不同判"现象，事实认定与民众期待相去甚远。为助推高空抛物损害责任认定及求偿机制的进一步完善，科学、高效、合理、合法地解决此类问题，应对高空抛物侵权责任问题进行深度研究。

---

* 作者简介：卢绪军（1983年—），男，汉族，山东临沂人，中国政法大学同等学力研修班2023级学员。研究方向：民商法。

一、高空抛物的相关规定和责任分析

(一) 高空抛物相关的法律规定

为依法妥善审理高空抛物、坠物案件，最高人民法院曾出台相关处理意见对从高空抛弃物品的行为根据损害后果、抛掷物性状、抛掷场所、抛掷方式、管理方责任认定等因素进行综合分析阐述，明确了刑事责任的认定依据。《民法典》则是从民事赔偿责任着手，对高空抛物的相关参与方在不同案件中所需承担的赔偿责任进行了明确。《治安管理处罚法》也就尚不构成刑事责任但扰乱公共秩序的行为列明了处罚依据。自此，我国针对高空抛物行为的法律责任，以刑事、行政处罚和民事赔偿相结合的方式进行规制，实现了对这类违法行为的预防、管理、救济、处罚全覆盖。[1]

(二) 侵权责任的法律规定

第一，侵权行为的认定。《民法典》第 1254 条规定，从建筑物上坠落的物品造成他人损害的，承担侵权责任。需要注意的是，条款中的"坠落"不包括"脱落"。原因主要在于，脱落即原本属于建筑物的部分从主体脱离，坠落即建筑物上的搁置物或悬挂物从建筑物上落下，搁置物或悬挂物在坠落前与建筑物处于分离状态，具体可以从物品与建筑物之间的结合关系加以区分。[2]

第二，侵权行为的举证责任。高空抛物的举证责任由所有人、管理人或实际使用人承担。根据《民法典》第 1253 条的规定，如果从建筑物中抛掷物品或者从建筑物上坠落的物品造成他人损害，难以确定具体侵权人，除能够证明自己不是侵权人的之外，由可能加害的建筑物使用人给予补偿。此外，包含所有人、物业等在内的建筑物管理人除非可以证明已采取必要的安全保障措施防止此类情形的发生，否则应当承担侵权责任。[3]

第三，侵权行为的调查责任。《民法典》规定，当出现高空抛物行为时，公安机关应依法及时调查，以查清具体侵权责任人。将本款与第 1 款相结合，还能明确公权力机关的调查适用的是可能加害的建筑物使用人补偿责任的前

---

〔1〕 李思玉：《高空抛物行为对公共安全的影响及其法律责任》，载《法制博览》2023 年第 31 期。

〔2〕 王竹：《〈民法典〉高空抛物坠物责任新增规则评述》，载《厦门大学学报（哲学社会科学版）》2021 年第 3 期。

〔3〕 李哲：《关于〈侵权责任法〉部分条文的思考》，载《湖南警官学院学报》2012 年第 2 期。

置要件。公安等机关的及时介入不但有利于物证的采集、保存、分析，及时查明致害物来源，对于解决具体侵权人查找难问题也具有现实意义。[1]

二、高空抛物在司法实践中存在的问题

在"上海××置业青岛分公司与张X等财产损害赔偿纠纷"[2]中，青岛市李沧区的张某家中因卫生间主管道堵塞造成反水，导致财产损失。一审法院认定物业存在管理疏失，判决物业承担全部赔偿责任。二审法院则全面推翻了一审判决结果，认定物业已经尽到了相应的注意义务，不存在疏失，改判由该楼的 29 户使用人共同承担张某的财产损失。

该案一审法院和二审法院依据的虽然都是过错推定原则：一审法院认为，事故发生后物业部门采取了积极的应对措施，但无法排除其应有管理之责；二审则认为，物业履职行为不存在瑕疵，判决该楼居民承担按份责任。同一案件，一审和二审法官却作出了截然不同的判决。这种同案不同判的做法，显然无法满足民众意识中公平正义的要求。究其根本，系《民法典》中宣示性条款居多，尚不能在司法实践中发挥指导性作用。

其一，归责原则存在争议。从《民法典》的相关规定可以看出，立法者通过举证责任弱化的方式提升了受害人获得救济的概率。但这种救济是基于该种法定补偿义务是由于当前社会保障与保险机制不健全才创设的一种特殊损害分担机制，该规定实质上为"有罪推定"理念的体现。[3]从公平正义角度来看，虽对受害人救济较为有利，但对无辜加害人均不公平。

其二，可能加害人的认定范围存在争议。建筑物内/上的短期施工人员、高架桥上留滞人员、宾馆客房住宿人员、景区游客等是否应当被定位为可能加害的使用人的问题仍存在模糊地带。在司法实践中，法院一般将所有人、承租人、物业作为承担侵权责任对象，但诸如临时使用人及外来流动人员是否属于承担补偿责任的主体，实践中存在诸多争论。[4]

其三，建筑物使用人难以自证清白。高空抛物类案件中的举证明显属于举证责任倒置的情形。但相关法律并未就可能加害人规定明确的证明标准与

---

〔1〕 徐媛媛：《论高空抛物中的民事侵权责任》，载《阜阳职业技术学院学报》2023 年第 4 期。

〔2〕 山东省青岛市中级人民法院民事判决书（〔2022〕鲁 02 民终 6064 号）。

〔3〕 曹险峰：《侵权法之法理与高空抛物规则》，载《法制与社会发展》2020 年第 1 期。

〔4〕 徐媛媛：《论高空抛物中的民事侵权责任》，载《阜阳职业技术学院学报》2023 年第 4 期。

取证授权，即便可能加害人主张致害物不属于自己所有，也会陷入"孤证"难以被采信的尴尬境地。

其四，建筑物管理人安全保护义务表述不清。法律规定了建筑物管理人的安全保障义务，但安全保护义务的范围并不明确，其安全保障义务是否属于法定义务，也存在一定的争议。

三、完善高空抛物侵权责任的建议

为了衡平各方利益，解决制约高空抛物案件的法律问题，完善高空抛物侵权责任理论的法律适用，以期实现公平正义，笔者拟对高空抛物侵权责任在法律适用中存在的问题，提出几点完善建议。

（一）明确界定可能加害人范围

现行法律并未对使用人的范围予以明确，即长期使用人与临时使用人是否均应被纳入使用人范畴，使用周期、使用频度、使用性质界定是否应被作为衡量依据等。比如，在建筑物维修过程中，业主尚未使用该房屋，施工人员是否应该比照使用人被纳入可能加害人的范围，而业主作为名义上的使用人是否应被排除补偿责任？在景区高层建筑、高架道路等高空抛物案件中，游客及驾驶人员是否也应比照相关法律规定进行责任分摊？这些法律问题需要进一步明确。

（二）完善可能加害人的举证路径

《民法典》规定了无法确定加害人案件的公安等机关的调查职责。显然，相较于个人举证，公安等机关的专业调查不但可以判别致害物的来源、实施方式、生物学痕迹，也可以通过抛掷曲线、碰撞力度对可能加害人的范围进行缩小，同时依据调查结论聚焦举证免责证据。

（三）明晰安全保障义务的范围及性质

依据《民法典》第942条、第1198条的规定，建筑物管理人员承担安全保障的法定义务系法律规定的应有之义。现行法律规定并未对安全保障义务的性质及保障范围予以明确。法律应对建筑物管理人员最低限度的安全保障法定义务进行明确规定。比如，例行的建筑物巡查和危险物排除，安装摄像头、防护网以及设立警示标识等。应对未能履行法律规定的安全保障义务的建筑物管理人员进行处罚，并责成其承担相应的补偿责任。

公司法人人格否认制度的发展和完善

王槟彬*

（中国政法大学 北京 100086）

摘　要：公司法人人格否认制度作为公司基本制度的例外，旨在矫正和防止特定法律事实损害公司债权人合法权益，其实践价值毋庸置疑。本文将结合公司法人人格否认制度的类型及在我国审判实践中的适用和发展进行浅析，并就规则完善提出见解。

关键词：公司法人人格否认　权利滥用　纵向法人人格否认　横向法人人格否认

一、公司法人人格否认制度概述

公司法人人格否认制度，是法律赋予公司区别于公司股东的独立人格、独立财产，使之能够独立承担责任，即公司人格与股东人格相分离，公司和股东在法律属性上系不同的法律主体。当公司股东滥用公司法人独立地位和股东有限责任时，就要穿透公司的独立人格和股东有限责任的保护外壳，该实施滥用行为的股东就公司债务承担连带责任，又称"刺破公司的面纱"。[1]

我国于 1993 年颁布了首部《公司法》，对公司独立人格及公司独立财产权等公司制度基础和核心内容进行了规范。虽然我国对公司法人人格否认制

　＊作者简介：王槟彬（1983 年—），女，汉族，辽宁铁岭人，中国政法大学同等学力研修班 2023 级学员。研究方向：民商法。

〔1〕田中圣：《"特殊性质公司"法人人格否认制度适用的分析与建议》，载《法制博览》2022 年第 19 期。

度的相关研究起步较晚，但在立法和司法实践中，学界和实务界对运用法律手段禁止滥用公司法人人格、保护债权人利益和社会公共利益进行了有益探索。我国在 2005 年修订《公司法》时，引入了公司法人人格否认制度；2021 年实施的《民法典》第 83 条第 2 款、2023 年修订的《公司法》第 23 条对公司法人人格否认制度进行了原则性的规定；2013 年最高人民法院以指导案例的方式确认了横向法人人格否认在审判实践中的先例；2019 年《全国法院民商事审判工作会议纪要》（以下简称《九民纪要》）对公司法人人格否认制度的适用情形进行了解释与细化；地方各级人民法院在审判实践中亦对适用公司法人人格否认制度进行了积极探索。

二、我国公司法人人格否认的类型

2023 年修订的《公司法》第 23 条对 2005 年《公司法》第 20 条、第 63 条进行了整合修订。第 23 条第 1 款规定了纵向法人人格否认；第 2 款规定了横向法人人格否认；第 3 款是一人公司的法人人格否认的特别条款。

（一）纵向法人人格否认

纵向法人人格否认是指从下往上，由公司向上穿透到股东，进而"刺破公司面纱"，由股东对公司债务承担连带责任。即 2023 年修订的《公司法》第 23 条第 1 款之规定。

在纵向法人人格否认中存在四种比较特殊的情形：第一种即 2023 年修订的《公司法》第 23 条第 3 款之规定，且该条款确定了在涉及"人格混同"时，一人公司举证责任倒置。第二种即夫妻公司的法人人格否认。我国法律以夫妻共同财产制为原则，夫妻往往拥有同一财产权。当公司的股东为夫妻二人时，很容易形成法人人格混同。第三种即连续穿透。比如，A 公司持股 B 公司，B 公司持股 C 公司，如果 A 公司、B 公司、C 公司都是一人公司，在实践中，有些法院会支持连续穿透。第四种即逆向法人人格否认，也被称为"反向刺破公司面纱"。在特殊情况下，让公司为股东债务承担连带责任。关于逆向法人人格否认，我国目前并没有作出明确的法律规定，在审判实践中颇有争议，可以说，相关案例的裁判系在法理基础上的自由裁量。比如，在 [2019] 浙 02 民终 3319 号案件中，法院认为：由于陆某祥未能举证证明裕源公司的财产独立于其个人财产，故应适用一人公司法人人格否认的有关规定，将本应作为相互独立的裕源公司及其股东陆某祥视为同一主体，由公司为其单独股东承担责任，以保护债权人的合法利益。但由于无论是在理论上还是在实践中，因逆向法人人格否认颇有争议，故存在大量的案件得不到法院对逆向否认予以支持的情况。

（二）横向法人人格否认

横向法人人格否认是指，如各关联公司之间存在人格混同或过度支配与控制的情况，各关联公司之间对债务承担连带责任。即 2023 年修订的《公司法》第 23 条第 2 款之规定。2013 年，最高人民法院发布第 15 号指导案例。最高人民法院认为：三个公司之间的人员、业务、财务等存在高度混同，导致各自财产无法区分，公司丧失独立人格，构成人格混同。该指导案例将 2005 年《公司法》第 20 条第 3 款法人人格否认的适用范围扩大到了横向法人人格否认，确立了我国横向法人人格否认在审判实践中的先例，对我国公司法人人格否认制度而言具有重要意义。尽管 15 号指导案例公布后，学界存在一些质疑的声音，但其对我国地方各级人民法院在横向法人人格否认的司法审判实践具有参考和指导作用。比如，在［2016］浙 02 民终 322 号案件中，东平公司与金刚公司之间存在"公司平移、人格混同、利益转移"，导致被平移的公司丧失了营利能力，减弱了担保能力，对债权人的利益造成了损害。因此，法院参照 2005 年《公司法》第 20 条第 3 款，确定由实施滥用行为的金刚公司就东平公司的担保债务承担连带责任。

我国于 2005 年修订《公司法》时引入第 20 条第 3 款的本意是解决纵向人格否认问题，而非横向人格否认问题。其规定的适用主体和情形均已明确。[1]其解释需要在法律条文的文义"射程"内进行，[2]如将释义扩大至其他情形，则超出了扩大解释应有的范畴。[3]但第 15 号指导案例"参照《公司法》第 20 条第 3 款的规定"的适用，从而进行横向法人人格否认符合原本的立法本意，也符合各级地方人民法院在第 15 号指导案例发布之前通过长期司法实践所取得的普遍共识，因此具有其合理性。[4]2019 年《九民纪要》就横向法

---

〔1〕 张磐：《我国公司法人人格否认沿革与完善路径分析》，载《法律博览》2024 年第 1 期。

〔2〕 梁慧星：《民法总论》（第 4 版），法律出版社 2011 年版，第 291 页。

〔3〕 田中圣：《"特殊性质公司"法人人格否认制度适用的分析与建议》，载《法制博览》2022 年第 19 期。

〔4〕 田中圣：《"特殊性质公司"法人人格否认制度适用的分析与建议》，载《法制博览》2022 年第 19 期。

人人格否认的适用情形作出了规定。但无论是指导案例还是《九民纪要》，都非我国的正式法律渊源，并不具有法律层面上的强制约束力。因此，地方各级人民法院在司法审判中遇到相关的同类问题时，仅能在说理、论证时作为参考；若将其作为说理、论证的依据，则很有可能会以法律适用错误为由被上级法院改判。但是，在对其进行应用的过程中，也应考虑其与相关法律法规和相关学科之间的衔接，从而将《九民纪要》更好地运用于民商事审判。[1] 2023 年《公司法》新增的横向法人人格否认条款，为未来法官在审判实践中确定了明确的法律依据。

三、我国公司法人人格否认的适用情形

（一）人格混同

判断人格混同，财产混同是关键。比如，股东账目与公司账目发生混同。如果连股东的财产和公司的财产都无法区分，公司何谈独立人格？再比如，关联公司之间存在长期、持续性地使用同一资产，会计账簿混同不清，使用同一账户等情况。

（二）过度支配与控制

公司法人人格独立是指公司在经营上具有独立自主的意思表示。股东的控制与支配行为超过了公司正常经营限度，会造成公司丧失独立意思，使公司成为控制股东的傀儡。实践中常见的形式比如，母子公司之间或子公司之间进行财产转移或利益输送等。

（三）资本显著不足

比如，公司的实际经营隐含了上亿的风险，但公司的注册资本或实际出资却不足百万元，已经显著超出了公司"以小博大"的正常经营方式，实质上是恶意利用公司独立人格和股东有限责任，导致公司抵御风险的能力大大降低，进而将公司的投资和经营风险转嫁给债权人，最终导致债权人利益严重受损。

结　语

从《公司法》首次引入公司法人人格否认制度，到最高人民法院公布指

---

〔1〕 张春晖：《论法人人格否认制度中的人格混同》，载《中国集体经济》2023 年第 4 期。

导案例，再到 2023 年对《公司法》进行修订，公司法人人格否认制度在我国经过了十多年的应用和发展，既见证了我国市场经济的变化发展，也为公司经营管理提供了制度指引。但也遭遇了滥用行为方式更加多样、愈发隐秘的情况。应以 2023 年《公司法》法人人格否认条款为基础，对审判实践进行系统化总结，出台相对应的司法解释，进一步厘清法人人格否认认定问题，进而打破裁判依据不明确的困境，保障法院适用公司法人人格否认制度"有法可依"，以更好地保障债权人利益，维护诚实守信的经济秩序。

《民法典》绿色原则的适用研究

周惠筠*

（中国政法大学 北京 100088）

摘　要： 绿色原则，是指民事主体从事民事活动，应当有利于节约资源、保护生态环境。绿色原则是《民法典》的一项基本原则，也是我国特有的民法原则，既传承了天地人合、人与自然和谐共生的优秀传统理念，又体现了党的十八大以来的新发展概念，是具有重大意义的创举。

关键词： 民法典　绿色原则　司法适用

当代社会的经济发展不能以牺牲未来的社会资源和环境为代价。《民法典》第 9 条规定："民事主体从事民事活动，应当有利于节约资源、保护生态环境。"绿色原则既是现代社会正义的要求，也是社会可持续发展的要求。对民事活动中民事主体承担民事责任的考量，也应当包括绿色原则。

一、《民法典》中绿色原则的体现

《民法典》将绿色原则纳入使其成为基本原则，意味着为民事主体在日常生活中开展民事活动规定了普遍的限制。这项原则在"总则编""物权编""合同编""侵权责任编"等相关法律制度中都得到了体现。

第一，《民法典》"总则编"第一章基本规定的第 9 条对绿色原则作出了明确规定，使其上升成为《民法典》基本原则，将节约资源、保护生态环境从道德层面发展成为法律义务，成了《民法典》贯彻绿色发展理念的基础所在。

---

*　作者简介：周惠筠（1987 年—），女，土家族，湖南张家界人，中国政法大学同等学力研修班2023 级学员。研究方向：民商法。

第二，《民法典》"物权编"中的相关规定。[1]《民法典》第286条、第294条、第326、第346条都对绿色原则作出了具体规定，约束相应的民事主体在开展一定的民事活动过程中实施相关行为必须符合上述规定。这体现了《民法典》保护和合理利用土地、水源等自然资源的理念，要求民事主体在开展民事活动过程中不得对自然资源造成永久性伤害，在生产过程中应当要秉持保护生态环境的原则。

第三，《民法典》"合同编"中的相关规定。[2]绿色原则体现在《民法典》第509条第3款、第558条、第619条的具体内容中。目前，我国的生态环境保护面临的最根本的矛盾是有限的自然资源与人类对自然资源不断扩大的索取，为了应对这一矛盾，最有效的办法就是将绿色发展的理念融入立法、守法过程，运用法律的引领和推动作用，有效地引导民事主体的行为，提高资源利用率，节约资源，避免浪费资源、污染环境和破坏生态。

第四，《民法典》"侵权责任编"中的相关规定。《民法典》第1229条、第1232条规定了污染环境、破坏生态造成损害应承担的相关法律后果，体现了环境污染和生态破坏责任适用无过错责任原则，《民法典》将其纳入了公益诉讼适用范围，其次对于故意污染环境和破坏生态造成严重损害后果的，还可适用惩罚性赔偿，强化了国家对生态环境的保护。

我国《民法典》关于绿色原则的相关规定，主要是倡导性规范，[3]倡导民事主体开展民事活动应在有利于节约资源、保护生态环境的前提下进行。

二、绿色原则在我国司法实践中的适用

在民事纠纷中，法院通常仅把绿色原则作为说理引用，作为弘扬绿色理念的依据，在判决时还是按照具体法律规定进行裁判。但当没有具体的法律规则作为法律适用依据的时候，侵害行为侵害的客体属于民法保护范围之内的，就应适用民法基本原则进行裁判，利用民法基本原则所体现的立法原意，对民事法律规范的不足进行补充，公平公正地解决民事纠纷。

从绿色原则的适用范围来看，司法实践中大多适用于物权纠纷、合同纠

---

〔1〕 胡惠婷：《〈民法典〉绿色条款的引入、冲突与协调》，载《中南民族大学学报（人文社会科学版）》2024年第6期。

〔2〕 王旭光：《〈民法典〉绿色条款的规则构建与理解适用》，载《法律适用》2020年第23期。

〔3〕 巩固：《民法典绿色原则的法理辩护与内容解析》，载《政治与法律》2021年第8期。

纷、侵权责任纠纷案件。绿色原则的裁判效力在司法实践中也得到了一定程度的适用。在各类具体案件中，根据不同的案件事实情况，在符合立法原意与立法目的的基础上，由法院作出具体的法律解释，适用于不同案件，有利于顺利解决纠纷，同时体现绿色发展理念。[1]

常州众宇诚物流有限公司与汤某兵海事海商纠纷[2]系我国在司法实践中首次适用"绿色原则"进行裁判。法院通过援引"绿色原则"认为协议内容完全符合《民法总则》（已失效）第9条规定（与《民法典》第9条的规定一致），且继续履行有利于节约资源、保护环境，故认定协议合法有效，协议各方应予以遵守和履行。因本案首次适用"绿色原则"，为"绿色原则"提供了司法实践中裁判依据可借鉴的样本，后续有利于法院在审理民事案件中加强对于民事法律行为是否有利于节约资源和保护生态环境方面的审查。在"北京市丰台区源头爱好者环境研究金华市绿色生态文化服务中心与深超光电（深圳）有限公司环境污染民事公益诉讼"[3]中，法院认为，民事主体从事民事活动，应当从有利于节约资源、保护生态环境的角度出发。而本案中被告隐瞒证据，妨碍法院查明实际排污量，且排污行为已对生态环境造成实际损害。故法院认定其未安装、使用污染物排放监测设备，连续超标排放污染物，违反了《民法典》第9条规定的绿色原则，应当承担相应的环境侵权责任。

三、绿色原则适用路径的优化

虽然《民法典》第9条设立了绿色原则，且在"物权编""合同编""侵权责任编"设置了与绿色原则相呼应的条款，基本形成了一个以绿色原则为中心的规范框架。但因绿色原则为《民法典》新增基本原则，由于尚未有统一、明确的认定、适用标准，实践中由法官依据自由裁量权进行裁判，容易出现同案不同判的现象，造成司法适用混乱。怎样去认定及适用，仍然需要明确，并且可以借此在司法实践中延伸适用到其他部门法之中。

（一）明确绿色原则与民法其他基本原则的关系

绿色原则作为民法新增的基本原则，在运用过程中，也应当明确与民法

---

[1] 竺效：《论绿色原则的规范解释司法适用》，载《中国法学》2021年第4期。
[2] 武汉海事法院［2018］鄂72民初651号民事判决书。
[3] 广东省深圳市中级人民法院［2019］粤03民初3509号民事判决书。

中其他基本原则的关系，以免造成错误适用或过度适用。民法的基本原则还包括平等原则、自愿原则、公平原则、诚信原则、合法原则、公序良俗原则。在实际适用中，绿色原则会与其他传统民法基本原则存在一定的冲突和重合，但是并不是包含或从属关系。我们应着重看待绿色原则所特有的时代性，它具有独立的价值和不可替代性，在面对一些会严重影响生态环境或造成重大后果的情况时，独立适用绿色原则更便于操作，能作出更有利于环境保护的裁判。

（二）明确绿色原则的适用范围与适用条件

相比于绿色原则，民法其他基本原则的适用已经具备了相对完善的适用标准和适用方法。目前，绿色原则尚未形成统一的适用标准，这会导致绿色原则的适用出现不恰当的情形。在司法实践中，不能苛求民事主体开展民事活动能够完全做到节约资源、保护环境，适用绿色原则应把握适度性，结合实际情况，考虑经济、技术、当地客观条件等多方面的关系，调整至合理的程度，确保各方面权益都能得到均衡的保障。

（三）优先适用法律规则，绿色原则作为基本原则仅为补充作用

法官在裁判案件时，应优先适用法律规则，不能直接用法律原则代替法律规则，只有在出现法律规则已经穷尽的情况下，才能适用绿色原则的规范要求。[1] 并且应强调绿色原则的适用比例要求，保证适度与平衡。

（四）发布案例指导，确保裁判结果的统一性

因法官在审判中拥有一定的自由裁量权，故可以由最高人民法院发布指导性案例，规范绿色原则适用的情形，对绿色原则的适用予以指引和限制，统一裁判标准、维护司法的公信力。

（五）将绿色原则延伸适用到其他部门法律和法规中

绿色原则作为民法的新增基本原则，也是社会可持续发展、绿色发展在民法中的创新成果展现。《民法典》在中国特色社会主义法律体系中具有重要地位，将绿色原则纳入《民法典》"总则编"并进行明确规定，将其从道德要求变为法律义务，在实践中也可以作为法律依据，在环境保护实践活动中与其他部门法律和法规，如《行政法》《环境保护法》《大气污染防治法》《水污染防治法》等相关联法条相互补充、相互配合，能更好地发挥法律的可操

---

〔1〕 巩固：《〈民法典〉绿色原则司法适用初探》，载《法律适用》2020 年第 23 期。

作性和协调性，具有拓展环境保护的积极作用。

结　语

坚持用社会主义核心价值观塑造《民法典》的精神灵魂，是我国民法的显著特征。而绿色原则作为社会主义核心价值观中的重要内容，具有划时代的创新和引领意义，在《民法典》中得到了积极的体现。我们不仅要在立法宗旨上宣示、在基本原则上恪守，更应在具体规范中融入、在司法实践中运作。为培育和践行绿色发展理念、缓解社会矛盾、维护社会良好秩序、促进社会和谐提供坚实的导向和价值基础。

人大代表建议、批评和意见制度的完善

孔翔世*

（中国政法大学 北京 100088）

摘 要： 人大代表建议是代表依法履职的重要方式。近年来，代表建议办理取得了显著成效，在国家治理中发挥日益重要的作用，解决了一批经济社会发展的重点、难点问题，但也出现了一些新问题。解决好这些问题，迫切需要在制度层面予以完善，应当明确将代表提出议案建议纳入言论免责权范围，明确代表建议是代表行使监督权的一种形式，进一步明确代表提出建议不是直接处理事务，实现代表建议办理同常委会履行职责相结合。

关键词： 人大代表 代表建议 制度完善

党的二十大报告明确提出，加强人大代表工作能力建设，密切人大代表同人民群众的联系。健全吸纳民意、汇集民智工作机制。人大代表建议、批评和意见（以下简称"代表建议"）作为代表依法履职的重要方式，是吸纳民意、汇集民智工作机制的重要组成部分。第十四届全国人民代表大会第一次会议期间，代表们提出建议 8314 件，交由 204 家单位研究办理。[1]随着代表建议工作的不断推进，办理单位的重视程度也不断提高。如何进一步完善代表建议制度，愈加迫切。

---

* 作者简介：孔翔世（1987 年—），男，汉族，山东滕州人，中国政法大学同等学力研修班 2021 级学员。研究方向：宪法学与行政法学。

〔1〕《十四届全国人大一次会议 8314 件代表建议全部办理完毕》，载 http://politics. people. com. cn/n1/2023/1205/c1001-40132424. html，最后访问日期：2024 年 7 月 1 日。

一、代表建议制度概述

（一）代表建议的内涵

1982 年《全国人民代表大会组织法》首次在我国法律中明确赋予了全国人大代表提出对各方面工作建议的权利。[1]1992 年制定《全国人民代表大会和地方各级人民代表大会代表法》，将此作为代表的一项权利进一步明确。2005 年《全国人民代表大会代表建议、批评和意见处理办法》作了细化规定。代表建议是代表向本级人大或者其常委会提出的对各方面工作的意见的总称。代表提出的建议是执行代表职务的重要形式，是代表反映人民群众呼声和要求的有效途径，也是人大实施监督的必要形式。[2]

代表建议的基本内涵可以总结为：代表的基本权利；是代表执行代表职务，参加管理国家事务、管理经济和文化事业、管理社会事务的方式；在大会会议期间和闭会期间提出；向人民代表大会（大会会议期间）及其常委会（闭会期间）提出；可以对各方面工作提出；认真研究办理代表建议并负责答复，是有关机关、组织的法定职责。

（二）代表建议制度发展

从第一届全国人民代表大会以来，代表向大会提出的启动议事程序的议事案称被为提案。1982 年《宪法》明确规定，全国人大代表有权依照法定的程序提出属于全国人大职权范围内的议案。1982 年《全国人民代表大会组织法》首次以法律形式规定了代表建议。时任全国人大常委会副委员长兼法制委员会主任习仲勋对此作了说明。他说，过去大量提案，主要是对各方面工作提出的建议，很多并不属于全国人大的职权范围，不好通过实质性的决议，只能决定转交有关方面研究处理。把代表议案和代表建议区分开来，"比较符合实际，既简化了工作程序，又可以使代表提出的建议、批评和意见同样能够得到适当的处理和答复"。[3]

---

〔1〕 张春生主编：《代表法讲话》，人民出版社 1992 年版，第 181 页。

〔2〕 李适时主编：《地方组织法、选举法、代表法导读与释义》，中国民主法制出版社 2015 年版，第 341 页。

〔3〕 本书编写组编：《我当代表为人民——人大代表议案建议故事》，人民出版社 2022 年版，第 2 页。

（三）代表建议与代表议案、政协提案的区别

首先，代表建议源于代表议案，但又有着明显区别。议案是由有法定提案权的人向代表大会或者常委会会议提出的，经过有关机关审议，可以列入会议议题。建议是代表的看法，不列入会议议题，只是作为有关部门改进工作的参考。[1]按照宪法的规定，议案就是反映代表民意的重要载体。一般性的建议，通过工作机构转给有关部门处理并答复代表，不必经过代表大会或常委会会议处理。[2]

其次，因提出主体和制度定位的区别，代表建议与政协提案显然不同。人民政协提案是履行政治协商、民主监督、参政议政的职能作用。《中国人民政治协商会议全国委员会提案工作条例》第2条第1款规定："提案是政协委员，参加政协的各党派、各人民团体，政协各专门委员会，政协全体会议期间的界别、委员小组（以下统称提案者），向政协全体会议或者常务委员会提出并交提案审查委员会或者提案委员会审查的书面意见和建议。经审查立案的提案，交承办单位办理并作出书面答复。"简言之，政协提案是政党政治协商、参政议政的一种方式，严格执行提案审查标准和程序，有立案标准，不是凡提必立。代表建议是国家权力机关组成人员履行参与管理国家事务职责的一种方式，法律确定、依法履行，是代表的一项受法律保护的基本权利。

二、代表建议制度的运行及存在的主要问题

代表建议办理取得了显著成效，在国家治理中发挥日益重要的作用。近年来，每年年初，国务院总理都会主持召开国务院常务会议听取国务院部门办理工作情况汇报。2024年初的会议指出，办理好建议提案是政府全面履行职责、自觉接受监督的内在要求。国务院部门去年承办的建议提案已全部按时办结，在相关领域出台政策措施两千余项，解决了一批经济社会发展的重点、难点问题。[3]代表建议办理落实持续增进社会民生福祉。

为进一步做好代表建议工作，更需要深入分析工作中的问题和不足，有

---

〔1〕 蔡定剑：《中国人民代表大会制度》（第3版），法律出版社1998年版，第442页。

〔2〕 蔡定剑：《宪法精解》（第2版），法律出版社2006年版，第351页。

〔3〕《李强主持召开国务院常务会议 听取2023年国务院部门办理全国人大代表建议和全国政协提案工作情况汇报等》，载 https://www.gov.cn/yaowen/liebiao/202402/content_6933841.htm? type=3，最后访问日期：2024年7月1日。

针对性地加以改进和完善。梳理总结当下存在几方面问题：媒体炒作影响代表提出建议的积极性；代表对办理成效的期待与办理效果有差距；办理单位及媒体对代表建议质量有疑问；代表建议办理融入常委会工作待加强。如何解决这些问题，迫切需要在制度层面予以完善。

三、完善代表建议制度的建议

（一）明确代表提出议案建议在言论免责权范围

代表在人民代表大会、各种会议上的发言和表决，不受法律追究。这是对代表言论免责权的规定。[1]近些年来，媒体为吸引注意，以"雷人建议"类似角度对代表提出建议进行宣传报道，给代表积极依法履职带来困扰。代表言论免责权是人大代表忠实代表人民、自由表达意志、充分行使职权的重要法律保障，对于充分发挥人大代表的作用而言具有重要意义。[2]我国对代表提出议案建议应当进一步加强保障。各方面对此进行监督时，也应当从更好地保障代表忠实代表人民、自由表达意志、充分行使职权的角度进行。因此，有必要在法律中规定，代表依法提出议案建议，不受法律追究。明确提出议案建议在言论免责权范围内。

（二）明确代表建议是代表行使监督权的一种形式

各级人民代表大会对本级国家机关有监督权，可以纠正国家行政机关作出的错误决定和不当做法。但是，这种权利并不属于代表个人，代表提出建议的权利是对人民代表大会"一府（一委）两院"监督的补充，代表个人对各方面工作的意见，既是对有关方面工作的督促，也是一种支持。[3]因此，应当明确代表建议是对人民代表大会对"一府（一委）两院"监督的重要补充。

（三）进一步明确代表提出建议不是直接处理事务

代表是代表就国家机关工作和国家社会各方面事务提出的看法，其不被列入会议议题，只是作为政府有关部门改进工作的参考。[4]我国人民代表大

〔1〕 蔡定剑：《宪法精解》（第2版），法律出版社2006年版，第357页。

〔2〕 李适时主编：《地方组织法、选举法、代表法导读与释义》，中国民主法制出版社2015年版，第341页。

〔3〕 代表法起草小组编：《代表法释义》，中国民主法制出版社1992年版，第52页。

〔4〕 蔡定剑：《中国人民代表大会制度》（第3版），法律出版社1998年版，第444页。

会实行的是统一行使职权的原则，各国家机关执行的是人民代表大会的决定，代表并不能直接约束国家机关。代表提出建议也同样不能被作为人民代表大会决议来看待，而是代表在履职过程中，向有关方面提出的参考意见。因此，明确这种定位、给定合理预期，有利于各方面形成共识。

（四）把代表建议办理同常委会履行职责相结合

代表建议的提出是在大会期间或闭会期间。实际工作中主要是在大会期间。办理主要是在闭会期间。常务委员会作为人民代表大会的常设机构，在闭会期间行使职权。代表建议的办理只有与常务委员会的工作紧密结合，才能有利于发挥代表建议、发挥代表的作用。因此，应当研究推动代表建议办理与常务委员会工作的衔接与协同，进一步发挥代表建议和代表的作用。

浅析虚拟数字人肖像权

兰雪蓉*

（中国政法大学 北京 100088）

摘　要：随着人工智能、云计算、5G、算力的发展，人们的生活愈发与数字技术和数字空间紧密结合在一起，虚拟数字人目前已成为诸多国家和科技巨头企业争相布局的热点领域。虚拟数字人在兴起的同时也带来了新的法律风险。虚拟数字人与现实世界、虚拟世界产生的交互关系，引发了虚拟数字人肖像权被侵害的问题。虚拟数字人作为由计算机图形学、图形渲染、动作捕捉、深度学习、语音合成等人工智能技术打造的具有多重人类特征的综合产物，在满足一定要件的情形下享有肖像权。在数字科技飞速发展的大环境下，本文将从生者及逝者两个维度浅析虚拟数字人的肖像权保护。

关键词：虚拟数字人　肖像权　数字科技

iiMedia Research 发布的《2024 年中国虚拟数字人产业发展白皮书》显示。2023 年，中国虚拟人核心市场规模为 205.2 亿元，预计 2025 年将达到 480.6 亿元。[1] 由于虚拟数字人具有人的体征，人们会不自觉地赋予其更多的社会属性、生命意义和情感期待。所以，对于虚拟数字人的探讨也从科技伦理延展到了生命伦理、社会伦理等更加复杂的范畴和更加多元的议题。[2]

---

* 作者简介：兰雪蓉（1999 年—），女，汉族，中国政法大学同等学力研修班 2023 级学员。研究方向：民商法。

〔1〕《艾媒咨询丨2024 年中国虚拟数字人产业发展白皮书》，载 https://www.iimedia.cn/c400/99947.html，最后访问日期：2024 年 4 月 19 日。

〔2〕杜智涛：《技术身体再造　虚拟数字人的正面效应与风险研究》，载《人民论坛》2023 年第 23 期。

本文将从虚拟数字人的定义及肖像权如何构成切入，浅析在虚拟数字科技下的肖像权保护问题。

一、虚拟数字人的定义

虚拟数字人，特指存在于非物理世界中，由计算机图形学、图形渲染、动作捕捉、深度学习、语音合成等人工智能技术打造的具有多重人类特征（外貌特征、人类表演能力、人类交互能力等）的综合产物。[1]虚拟数字人具有独特性、拟人化、数字化、交互性等重要特征，[2]通过借助物理设备呈现拟人形态的虚拟形象，能够与用户交流、行动和表达情绪。

从技术层面来看，虚拟数字人主要分为智能驱动型以及真人驱动型。智能驱动型虚拟数字人，通过让虚拟数字人学习数据，自主完成对外互动与输出；真人驱动型虚拟数字人采用"中之人"动作捕捉+CG建模方式构建。[3]

从应用层面来看，虚拟数字人主要分为身份型、服务型和表演型三大类。身份型虚拟数字人强调身份属性，也被称为虚拟分身、数字分身；服务型虚拟数字人强调功能属性，如虚拟客服、虚拟主播等；表演型虚拟数字人强调偶像属性，如虚拟偶像等。[4]

二、虚拟数字人的肖像权

肖像权作为一项人身权利，是人格权利的一种。我国《民法典》第1018条规定，肖像应当满足以下特征：①反映特定自然人的与他人相区别的个人形象；②可以被识别；③要以一定的物质为载体体现出来，如影像、雕塑、绘画等方式。

虚拟数字人的"拟人化"特征使得人们围绕虚拟数字人是否享有《民法典》中的人格权利问题展开了激烈讨论。《民法典》中的民事主体包括自然

---

〔1〕 陈龙强、张丽锦：《虚拟数字人3.0：人"人"共生的元宇宙大时代》，中译出版社2022年版，第13页。

〔2〕 颜卉：《算法驱动型虚拟数字人涉侵权纠纷的规范解决路径》，载《重庆大学学报（社会科学版）》2024年第2期。

〔3〕 陈龙强、张丽锦：《虚拟数字人3.0：人"人"共生的元宇宙大时代》，中译出版社2022年版，第14页。

〔4〕 陈龙强、张丽锦：《虚拟数字人3.0：人"人"共生的元宇宙大时代》，中译出版社2022年版，第15页。

人、法人和非法人组织，然而虚拟数字人并不属于民事主体中的任何一类。从虚拟数字人的工具属性来看，目前绝大多数的虚拟数字人都是人工智能和数字技术的产物，系"人造物"，属于一种数字化工具。虚拟数字人类人却非人，其肖像权等人格权利在数字科技网络空间维度内依附于自然人，如果这些虚拟数字人并不直接指向某一具体的自然人，或是设计者利用人工智能技术进行设计与创造的虚拟数字人肖像，其无法满足自然人与可识别的标准，则无法享有属于自然人所特有的肖像权，应当属于《著作权法》规定的美术作品并受到法律的保护。但如果虚拟数字人以真人为原型并具备可识别性，则会穿透虚拟数字人本身，映射至对应的自然人，由此产生肖像权是否被侵害的问题。

三、虚拟数字人的肖像权保护

1. 生者对于虚拟数字人肖像权的保护

上海某公司系某款手机记账软件的开发运营者，用户在该软件中可自行创设"AI 陪伴者"。用户在使用时上传了大量何某的肖像图片设置人物头像，设置"何某"为陪伴人物。上海某公司在未得到何某同意情况下，通过聚类算法，将陪伴者"何某"按身份分类，并通过协同推荐算法向其他用户推介该角色。为了使 AI 角色更加拟人化，上海某公司还为 AI 角色提供了"调教"算法机制，允许用户上传大量原告的肖像图片、动态表情等互动语料，为用户营造一种与何某真实互动的体验。何某认为，该公司侵害了原告的姓名权、肖像权、一般人格权，故诉至法院。[1]

上述案件明确了自然人的人格权可以及于其虚拟数字人形象，对于在人工智能时代加强人格权保护具有重要意义。明星艺人、知名人士等作为公众人物，虽然人格权利受到一定限缩，但其肖像等较一般人具有明显的可识别性和商业价值，对于具备肖像等可识别要素的虚拟数字人，在用户普遍认知中会指向特定的自然人，使得社会公众能够识别该肖像为肖像权人。何某系社会公众人物，知名度较高，在上海某公司的规则设定和算法设计下，用户使用何某的肖像、姓名创设虚拟人物，制作互动语料素材，实际上是将何某

[1] "何某诉上海某人工智能科技有限公司网络侵权责任案"，北京互联网法院［2020］京 0491 民初 9526 号民事判决书。

的肖像、人格特点等综合而成的整体形象投射到虚拟角色上，形成了附有何某形象的虚拟数字人，属于对包含何某肖像等整体人格形象的使用。[1]

我国法律法规明确指出，任何组织和个人不得利用深度合成服务侵害他人肖像权，[2]若深度合成服务提供者提供的人脸具有显著编辑功能，应当提示深度合成服务使用者依法告知并取得被编辑的个人信息主体的单独同意。[3]虚拟数字人使用他人肖像，应当得到肖像权人或著作权人许可，不得利用伪造等信息技术手段侵害他人的肖像权，即使是虚拟人使用用户（深度合成服务使用者）自己的肖像，也需要得到用户的许可。

肖像权属于自然人重要的人格权，特别是当肖像与商品、服务结合到一起后，会使得社会公众将商品与肖像中所体现的自然人魅力、品格、社会评价相联系，对相关商品、服务产生更高的信赖感，对于明星艺人、网络红人等公众人物而言，其肖像权具有非常高的经济价值。为此，虚拟数字人背后的相关方，应辨析肖像权的使用边界，避免"有利于肖像权人的解释"原则陷入非必要的适用争议。在使用他人肖像前均需取得相应的授权许可，形成书面的肖像许可使用合同并对各方权利加以明确，充分了解肖像的授权许可使用范围、期限、方式等，约定公平合理的违约责任。同时，肖像权人也需防止授权客体被过度滥用或侵权使用。

2. 逝者对于虚拟数字人肖像权的保护

乔某梁被 AI "复活"的视频登上了微博热搜，网络博主利用数字技术，还原出了他生前的音容笑貌，虚拟数字人"乔某梁"坐在镜头前和粉丝们打招呼"其实我并没有真正离开"，视频内容均由人工智能生成。乔任梁的父亲针对儿子通过 AI 数字科技被"复活"一事明确表示："不能接受，感到不舒适，希望对方尽快下架""他们未征求我们同意，这是在揭伤疤"。[4]

随着数字化科技的推进，AI "复活"对于逝者这一特殊群体不能仅停留在技术层面，还应综合考量人文情感、社会伦理、公序良俗等因素。事实上，

---

[1] "何某与上海某人工智能科技有限公司网络侵权责任纠纷案"，北京市第四中级人民法院 [2021] 京 04 民终 777 号民事判决书。

[2] 《互联网信息服务深度合成管理规定》第 6 条。

[3] 《互联网信息服务深度合成管理规定》第 14 条。

[4] 《乔任梁父亲喊话撕下 AI 伪善面具，媒体：技术无罪，复活须规范》，载 http://www.thepocper. cn/newsDetail-forward_26732601.

利用 AI 将逝者通过数字人的方式"复活"服务，自出现起就饱受争议。支持者认为，该种技术能够通过低成本的方式，与逝者隔空互动、寄托情感；反对者则认为，这项技术在未经允许的情况下侵犯了逝者的肖像、名誉和隐私。

虽然自然人的民事权利在死亡时终止，死后不再享有民法意义上的肖像权。但是这并不代表死者的肖像可以被任意使用。《民法典》实施后，在判定肖像权侵权时不再要求行为人主观上具有非法营利目的，所有未经他人同意，擅自制作、公开、使用他人肖像的行为，除基于个人学习、公共利益等目的在必要范围内使用他人肖像之外，都可能侵犯他人的肖像权。同时规定，死者的肖像受到侵害的，其配偶、子女、父母有权请求侵权人承担民事责任，若死者无配偶、子女且父母已故，其他近亲属仍有权向侵权人主张权利。[1]因此，死者的肖像仍然受到法律保护。对死者肖像的保护，实际上也是保护死者近亲属对死者肖像怀念、追思的精神利益。在乔某梁被 AI "复活"这一事件中，制作者未得到其近亲属的同意擅自使用乔某梁的肖像，能够认定侵犯了逝者的肖像权益，其近亲属能够以此为由提起侵权诉讼，要求侵权人赔礼道歉、赔偿损失及精神损害等。

结　语

虚拟数字人具有较强的可塑性，随着数字空间技术的不断开发以及应用场景的不断拓展，虚拟数字人在未来一段时间内都将保持稳定增长态势，将会在更多领域得到应用和丰富，应运而生的法律问题值得深入探讨、研究，各方在把握互联网经济红利的同时，也应积极为虚拟数字人的合规发展赋能。

---

[1] 《民法典》第 994 条。

数据跨境中的企业数据合规研究

张慧芬*

（中国政法大学 北京 100088）

摘　要： 数据跨境传输涉及国家安全、公共利益、企业利益和个人信息保护等诸多方面，企业基于国际化发展需要，在进行跨境数据流动时也会面临如各国政治、经济、法律和文化差异、敏感数据和隐私保护、网络安全等因素带来的数据安全挑战和风险。因此，企业在应对数据跨境流动风险时，如能建立科学的跨境数据合规管理体系、做好数据出境安全评估、加强数据保护管理、搭建一个数据与业务相结合、安全可信、稳定且可持续监管和优化的内外联动跨境数据传输平台，将使企业数据合规更好地适应数据经济时代的发展。

关键词： 数据跨境　重要数据　数据合规　数据出境安全评估　数据保护

数据作为数字经济时代的新型生产要素，已快速融入生产、分配、流通、消费和社会服务管理等各环节。随着数据全球化的发展，数据跨境流动已经成为全球资金、信息、技术、人才、货物等资源要素交换、共享的基础。[1]在这种背景下，为促进数据跨境流通交易在全球范围内实现合法有序的业务增长和可持续发展，规避数据跨境遇到的风险至关重要。而如何使得数据跨

---

　* 作者简介：张慧芬（1983 年—），女，汉族，广东深圳人，中国政法大学同等学力研修班 2023 级学员。研究方向：知识产权法学。

　〔1〕 吕燕芳：《国家互联网信息办公室公布〈促进和规范数据跨境流动规定〉》，载 https://mp.weixin.qq.com/s/52qvqIH69eq-aAJcqxnsdA，最后访问日期：2024 年 3 月 22 日。

境中的企业数据合规符合并适应全球信息科技和数字经济的发展亦成了学界关注的问题。

一、建立科学的跨境数据合规管理体系

1. 主要合规依据梳理

涉外企业业务往往横跨多个国家，也会面临多法域管辖和不同区域的行业监管，因此进行数据跨境合规，首要的便是对数据输出国和输入国的相关规定进行梳理。经过多年发展，主要由《网络安全法》《数据安全法》和《个人信息保护法》法律构成的数据合规体系已基本成熟。2024年3月22日，为了保障数据安全、保护个人信息权益、促进数据依法有序自由流动，国家互联网信息办公室自发布《数据出境安全评估办法》和《个人信息出境标准合同办法》后，针对数据出境安全评估、个人信息出境标准合同、个人信息保护认证等数据出境制度的施行又发布了《促进和规范数据跨境流动规定》。

2. 数据合规的组织架构

跨境企业发展需要合适的组织架构和团队建设。同样，选择合适的专业合规团队，能确保合规体系的建立、实施、评估、维护、监控和可持续优化。目前，企业合规团队建设主要包括如下三种形式：内部合规团队、外包合规团队和内外合规团队并用。

第一，内部合规团队即以企业内部员工为主体搭建的合规管理组织架构。优势在于：首先，明确公司的经营风险偏好、了解公司经营活动与业务情况，可结合公司实际情况制定合规管控规范，将外部法规要求融入产品设计、服务交付和管理活动，推动业务与合规的高度融合。其次，为企业合规建立系统性的合规组织架构，团队内部发挥优势、相互配合，兼顾法律法规风控要求和政策可落地性，形成管理合力。

第二，外包合规团队即外部独立第三方合规团队，包括外部法律、会计师事务所、咨询机构、认证机构等。优势在于：首先，具备专业合规知识和技能，具有丰富的合规建设实践经验和成熟的合规产品，能帮助企业快速搭建合规管理框架体系。其次，掌握合规领域建设前沿信息，为企业传递业内合规建设优秀实践。最后，作为独立的第三方，可通过审计、检查、认证多种方式，对内出具独立意见推动业务单位合规治理与整改，对外为企业合规

建设能力背书，实现信任共建与品牌塑造。[1]

第三，内部合规团队和外部合规团队并用。跨国企业或涉外企业是"自建团队为主、外部团队为辅"，还是"外部团队为主、自建团队为辅"应结合自身业务发展和项目实际情况来选择。

选择合适的合规管理团队也需要企业在制度、流程、战略部署、管理、人力、技术、工具上投入合理资源，借鉴外部成熟的合规实践（如律师事务所、会计师事务所、咨询机构等独立第三方意见），提升企业信用度和品牌效应。此外，跨国企业在合规组织的结构设置上往往与其业务需求相契合。比如，爱立信公司任命首席法务官兼集团职能事务负责人，在审查和监督层面，也继续加强与第三方的合作，与此同时爱立信自与美国司法部签署《暂缓起诉协议》（DPA）以来聘请美国司法部批准的独立合规监察员，以评估公司在实施和经营强化合规计划。[2]爱立信采用中心式的合规组织架构：其在董事会下建立审计与合规委员会，首席合规官直接向合格管理委员会和管理层双重汇报，合规管理团队归属于集团职能。这种架构模式确保了集团资源的集中和管理效率的提升。也有跨国企业因运营实体多，在集团设置向首席执行官汇报的总法律顾问，也在子公司和运营实体设置首席合规官，该首席合规官既可向总法律顾问汇报又可直接向集团首席执行官汇报。

二、数据出境安全评估

根据《数据出境安全评估办法》第 19 条的规定："本办法所称重要数据，是指一旦遭到篡改、破坏、泄露或者非法获取、非法利用等，可能危害国家安全、经济运行、社会稳定、公共健康和安全等的数据。"对于重要数据的出境活动和符合应当申报数据出境安全评估条件的个人信息出境活动，必须通过数据出境安全评估。

为了指导和帮助数据处理者规范有序申报数据出境安全评估，国家互联网信息办公室编制了《数据出境安全评估申报指南》和《个人信息出境标准

---

〔1〕 中国企业评价协会企业合规专业委员会组编：《企业合规事务管理（高级）》，中国法制出版社 2022 年版，第 242 页。

〔2〕《美国司法部与爱立信解决 2019 年 DPA 违规问题》，载 https://www.ericsson.com/en/news-room/ericsson-comments/u. s. -department-of-justice-resolves-2019-dpa-breaches-with-ericsson，最后访问日期：2024 年 7 月 1 日。

合同备案指南》，也开通了数据出境申报系统和数据安全认证业务管理系统，跨境数据合规企业应依照指南进行安全评估。

2024 年 3 月 22 日施行的《促进和规范数据跨境流动规定》明确了免予申报数据出境安全评估、订立个人信息出境标准合同、通过个人信息保护认证的数据出境活动条件；调整了应当申报数据出境安全评估的另类数据出境活动条件：一是关键信息基础设施运营者向境外提供个人信息或者重要数据；二是关键信息基础设施运营者以外的数据处理者向境外提供重要数据，或者自当年 1 月 1 日起累计向境外提供 100 万人以上个人信息（不含敏感个人信息）或者 1 万人以上敏感个人信息。

简而言之，数据处理者在处理数据出境时应当先明确哪些重要数据或敏感个人信息应依规定识别、申报，哪些不需要作为重要数据或敏感个人信息申报出境安全评估。

三、数据安全保护管理

在对跨境数据进行风险识别、检测、评级等数据评估后，跨境企业往往会建立数据安全保护及隐私保护合规管理制度和规范。由跨境数据管理团队开展数据安全保护制度实施、分类分级、合规评估、安全审计、合作方管理、安全事件应急处置和教育培训。做好数据安全保护管理不仅是企业管理层和合规部门的职责，企业各部门、区域还应协同合作，兼顾国内本土规定和出境区域相关法律，发挥资源和技术优势，形成能预防风险、规避风险并能积极应急的管理合力。

数字化时代的发展和科学技术的进步使企业面临着各种机遇和挑战。为实现从"合规守护价值"到"合规创造价值"的转变和持续升级，企业应坚持合规与业务发展相契合、体系完善与落地执行相结合的治理原则。并将跨境数据合规制度体系付诸实践，协力搭建一个合规与业务发展相结合、安全可信、稳定且可持续监管和优化的内外联动跨境数据传输平台。2024 年 4 月 2 日，上海数据交易所建立了与海外平台数据双流向的合作机制，开启了数据流通全球化发展新篇章。[1]我国在中国特色社会主义法治体系的建设中，为

---

〔1〕《开启数据流通全球化发展新篇章！上海数交所国际专区建立海外平台双向流动合作机制》，载 https://mp.weixin.qq.com/s/HYUqet-qH2CDJU_-zfR7Mg，最后访问日期：2024 年 4 月 2 日。

应对世界各国、组织发布的新法或贸易策略，相应完善各项立法。在推进数据流通全球化发展的进程中，跨境数据合规与数据业务发展双驱动，可以激发数据的要素价值。展望未来，在本土运用 AI 辅助搭建跨境数据平台，满足涉外企业拓展数据业务的同时规避数据出境风险，是需要信息或数据全球一体化协同推进的。

著作侵权惩罚性赔偿的机制完善与边界确定

刘美娟*

（中国政法大学 北京 100088）

摘　要： 随着知识产权保护意识的增强，著作侵权问题日益受到社会关注。本文旨在探讨著作侵权惩罚性赔偿的机制完善与边界确定问题，概述了著作侵权惩罚性赔偿的概念、目的及其在法律体系中的定位。并深入分析了当前著作侵权惩罚性赔偿制度存在的不足之处，如赔偿标准不明确、主观恶意认定困难以及可能导致的过度适用等问题。针对这些问题，本文提出了相应的完善建议，包括明确赔偿标准、完善主观恶意认定机制以及加强监管和执法力度等。最后，本文强调了著作侵权惩罚性赔偿的适用边界，避免过度适用，旨在确保法律制度的公正性和有效性。

关键词： 著作侵权　惩罚性赔偿　机制完善　边界确定

在知识经济时代，著作权保护对于鼓励创新、促进文化繁荣具有重要意义。然而，随着网络技术的日新月异，著作侵权行为愈发猖獗，给著作权人带来了显著的经济损失。为了有力打击这些侵权行为，维护市场环境的健康有序，我国引入了著作侵权惩罚性赔偿制度。这一制度在捍卫著作权人合法权益、严惩并震慑侵权者方面展现出了显著成效。然而，在实际操作过程中，该制度仍然存在一些挑战与不足，需要进一步细化和明确相关规定。

＊ 作者简介：刘美娟（1993 年—），女，汉族，陕西乾县人，中国政法大学同等学力研修班 2022 级学员。研究方向：知识产权。

一、著作侵权惩罚性赔偿及其意义

著作侵权惩罚性赔偿是指针对故意侵犯著作权的行为，除了要求侵权人承担停止侵害、消除影响、赔礼道歉等民事责任外，还额外要求侵权人支付一定数额的惩罚性赔偿金。通说认为，惩罚性赔偿具有补偿、震慑和惩戒的功能。[1] 震慑是目的，加倍赔偿是必要手段，本质是通过惩罚实现长久威慑。[2] 这一制度通过加大对侵权行为的打击力度，提高侵权成本，降低侵权行为的发生率，从而维护市场秩序和公平竞争的环境。该制度的意义在于三个方面：一是弥补被侵权人的损失。惩罚性赔偿措施能够有效弥补被侵权人因侵权行为所蒙受的经济损失，从而维护其合法权益。二是惩罚和威慑侵权人。惩罚性赔偿的数额通常高于实际损失，可以对侵权人产生惩罚和威慑作用，降低其再次侵权的可能性。三是维护市场秩序。强化对侵权行为的力度，有助于维护公平竞争的市场环境，进而推动市场经济的稳健发展。在法律框架中，著作侵权惩罚性赔偿作为知识产权保护的重要组成部分，具有举足轻重的地位。

二、当前规定存在的不足

尽管著作侵权惩罚性赔偿制度在保护著作权、打击侵权行为方面发挥了积极作用，但在实践中仍然存在一些不足之处。

（一）赔偿数额确定标准不明确

现行规定对赔偿数额的确定标准较为模糊，缺乏具体的量化指标。这一现状在司法实践中反映为，赔偿数额的确定往往掺杂了较高的主观判断，并因此呈现出了显著的不确定性，大量的惩罚性赔偿金额、倍数和基数计算方式都不明确。[3] 一方面，法官在认定赔偿数额时往往需要考虑多种因素，如被侵权人的实际损失、侵权人的获利情况以及侵权行为的严重程度等；另一方面，由于缺乏明确的量化指标，法官在认定这些因素时往往存在较大的自

〔1〕 吴汉东：《知识产权惩罚性赔偿的私法基础与司法适用》，载《法学评论》2021年第3期。
〔2〕 邹艺、陈前进：《著作权侵权惩罚性赔偿制度运行机理及优化路径》，载《中国出版》2024年第10期。
〔3〕 邹艺、李玉华：《著作权侵权惩罚性赔偿制度司法适用的实践检视及完善》，载《山东师范大学学报（社会科学版）》2024年第1期。

由裁量权。这可能导致赔偿数额过高或过低，无法真正体现惩罚性赔偿的公正性和合理性。

（二）主观恶意程度认定困难

在评估侵权人是否具有主观恶意时，必须综合考虑多个复杂因素，包括但不限于侵权行为的持续时间及侵权作品的数量等。然而，这些因素的认定难度较大，容易导致主观恶意程度的认定不准确，导致法院对于著作权侵权惩罚性赔偿构成要件情形集中、机械适用，对于著作权惩罚性赔偿怠于计算说理，对于著作权惩罚性赔偿案件大量采用"酌定"方式。[1]这是由于网络技术的匿名性和隐蔽性，侵权人的真实身份和主观意图往往难以查证，以及即使能够查证侵权人的身份和主观意图，但由于缺乏明确的认定标准，法官在判断主观恶意程度时仍可能存在较大的分歧。

（三）过度适用风险

惩罚性赔偿制度的核心在于通过强化的法律制裁，维护市场的健康秩序和公平的竞争环境。然而，如果过度依赖和滥用该制度，可能会导致侵权人承担过重的经济负担，甚至影响其正常经营和发展。例如，《美国专利法》第284条，针对故意侵权行为设置了最高3倍的加重赔偿，就导致了业界极力避免检索、获取或阅读专利文献，给专利制度带来了严重挑战。[2]更为严重的是，这种过度适用还可能引发社会公众对法律公正性的疑虑，降低法律的权威性和公信力。因此，在适用惩罚性赔偿制度时，必须审慎考量各方权益，既要强调对权利人的保护，又应为公众保留合理的使用空间，[3]以维护法律制度的公正与实效。

三、著作侵权惩罚性赔偿的机制完善

为了进一步优化著作侵权惩罚性赔偿的机制，可以从以下两个关键方面着手进行改进。

---

〔1〕 邹艺、李玉华：《著作权侵权惩罚性赔偿制度司法适用的实践检视及完善》，载《山东师范大学学报（社会科学版）》2024年第1期。

〔2〕 刘银良：《知识产权惩罚性赔偿的类型化适用与风险避免——基于国际知识产权规则的视角》，载《法学研究》2022年第1期。

〔3〕 何敏、吴佳洁：《威慑视角下著作权惩罚性赔偿责任构成的反思》，载《科技与法律（中英文）》2024年第3期。

（一）明确赔偿数额确定标准

可以借鉴国外相关立法经验，结合我国实际情况，制定具体的量化指标和计算方法，明确赔偿数额的确定标准，附条件允许法官酌定裁量，激发权利人的举证意愿。[1]具体而言，可以根据被侵权人的实际损失、侵权人的获利情况以及侵权行为的严重程度等因素，制定相应的赔偿计算公式或赔偿标准。首先，被侵权人的实际损失，如利润减少、作品价值下降及维权费用等，是赔偿数额的重要参考。其次，若实际损失难以量化，可依据侵权人的获利情况（如销售利润、营业利润等）来确定。最后，侵权行为的严重程度也需被纳入考量，对情节严重的行为可适用较高的赔偿倍数或比例。同时，应加强对赔偿数额的审查和监管，确保其公正性和合理性。综合这些因素旨在确保赔偿数额既体现对侵权行为的惩罚，又避免对被侵权人造成过度补偿或对侵权人造成过度惩罚。

（二）完善主观恶意程度认定标准

著作侵权惩罚性赔偿的适用范围需得到清晰界定且有所限制。其核心聚焦于故意且情节严重的著作权侵权行为。这里的"故意"指的是侵权人明知或应知其行为侵犯了他人的著作权。但是，主观故意的判断需要探究侵权人的心理状态，而法官是无法揣测人心的，因此司法实践中倾向于通过客观表现来判断侵权人的心理状态。[2]《最高人民法院关于审理侵害知识产权民事案件适用惩罚性赔偿的解释》第3条第2款规定："对于下列情形，人民法院可以初步认定被告具有侵害知识产权的故意：（一）被告经原告或者利害关系人通知、警告后，仍继续实施侵权行为的，人民法院可以初步认定被告具有侵害知识产权的故意……"为初步判断行为人具有主观故意的客观情形提供了标准。而"情节严重"，根据该司法解释第4条第1款的规定，可以根据侵权的持续时间、侵权手段、次数、影响范围、损害程度等多维度因素综合评估。在司法实践中，情节严重的主要考量因素有完全照抄、反复侵权、被告查处后仍然实施侵权行为、侵权规模大、侵权获利大、损害原告商誉、造成不良社

〔1〕邹艺、陈前进：《著作权侵权惩罚性赔偿制度运行机理及优化路径》，载《中国出版》2024年第10期。

〔2〕吕姝洁、李雪彤：《著作权侵权惩罚性赔偿中"故意"的认定——兼评〈最高人民法院关于审理侵害知识产权民事案件适用惩罚性赔偿的解释〉第3条》，载《新经济》2021年第11期。

会影响、诉讼中伪造、毁坏证据等不当行为等。[1]因此，可以采取一个更为全面和细致的视角，通过深入剖析侵权人的行为表现、侵权后果的严重程度以及侵权人的获利情况等因素，来构建一个更为明确、具体且具可操作性的主观恶意程度认定标准，可以建立侵权人行为记录制度，对侵权人的历史行为进行记录和评估。同时，加强对侵权人主观意图的查证工作，如通过技术手段追踪侵权人的网络行为等。此外，还可以引入专家鉴定制度，由专家对侵权人的主观恶意程度进行鉴定和评估。实施这些措施有助于增强在主观恶意认定方面的准确性和公正性。

---

[1] 朱冬：《〈民法典〉第 1185 条（知识产权侵权惩罚性赔偿）评注》，载《知识产权》2022年第 9 期。

"恶意补足年龄" 规则本土化进路

——刑事责任年龄分区内容与结构之适配

关 越*

（中国政法大学 北京 100088）

摘 要：低龄触罪呈现严重性和严峻性特征，演变成了令社会公众愤慨和恐慌的罪罚真空。学界探讨的未成年人责任能力变化和降龄与否，其实并非有必要降低基本刑事责任年龄，而是相对责任年龄区间是否应做动态调整。《刑法修正案（十一）》增设了对 12 周岁 ~ 14 周岁未成年人的刑事规定，这是在恶意补足年龄规则本土化过程中的立法技术飞跃。本文旨在通过分析论证其如何更利于达成实质正义，以及现有年龄分区之不足，寻求建立更准确评价未成年人犯罪行为的分区标准和分区结构，进一步适应本土化后的规制，促进未成年人司法体系的完善。

关键词：恶意补足年龄 刑事责任年龄 未成年人犯罪

一、恶意补足年龄规则及其本土化在我国刑法中的体现

（一）英美相关制度概览

普通法系的恶意补足年龄规则源于中世纪并可追溯至罗马法，17 世纪时已成为英国司法中的基本原则。[1]以辨认和控制行为的能力为标准，在很大程度上避免了仅以年龄界定责任而导致的误判和不公。英国（除苏格兰）在

---

* 作者简介：关越（1987 年—），女，满族，河北廊坊人，中国政法大学同等学力研修班 2023 级学员。研究方向：刑法学。

〔1〕 姚建龙：《超越刑事司法：美国少年司法史纲》，法律出版社 2009 年版，第 20 页。

20 世纪中叶将最低刑事责任年龄从 7 岁逐步提高到 10 岁，[1]又于 1998 年废止并在 2009 年明确该免责制度终结，实质上是将刑事责任年龄降低至 10 岁。而美国由于属联邦制政体，并没有广泛适用全国一体化的少年司法体系，各州政策与程序各异，对责任年龄各有不同规定。从英国继受的恶意补足年龄规则成了一种实用的补充性制度在一部分州施行。20 世纪初少年司法制度兴起后，大部分州也不再适用，同样实质上降低了刑事责任年龄。

（二）《刑法修正案（十一）》——"恶意补足年龄"规则本土化

各国都在实践中不断摸索，力求找到适合本国国情、跟上时代、具有社会相当性的刑事策略。我国《刑法修正案（十一）》正是恶意补足年龄规则本土化改良的实践成果。[2]

根据《刑法》第 17 条第 3 款，[3]对已满 12 周岁不满 14 周岁的人追究刑事责任：其一，触犯的必须是故意杀人罪或者故意伤害罪，也包括法条竞合。在实施绑架过程中，故意杀害或伤害被绑架人，致使被绑架人重伤、死亡的，该年龄区间的未成年人之行为应当在排除绑架罪的基础上，判定是否触犯故意杀人罪或者故意伤害罪。其二，造成的危害结果只能是致人死亡和致人重伤两种情况。其中对致人重伤的情况，又作出了"以特别残忍手段"并"造成严重残疾"的限定，亦即不论行为人触犯的是故意杀人罪还是故意伤害罪，其行为结果都必须是被害人死亡或者重伤。而不论行为人是在故意杀人还是在故意伤害的过程中，使用了特别残忍手段，造成被害人严重残疾的危害结果，都符合这一条件的描述。其三，该款对定罪情节提出了要求，必须达到恶劣的程度。这一要求既针对"致人死亡"的结果，也针对"以特别残忍手段致人重伤造成严重残疾"的结果。有学者质疑这里属于重复评价，笔者认为并不重复，"以特别残忍手段致人重伤造成严重残疾"只是对手段和结果的描述，并不必然评价为"情节恶劣"，须根据具体情况（如排除防卫情节）研判，亦即该情节要件仅在罪质要件和结果要件都已达成的情况下，进行评

---

[1] 高雅楠：《未成年人能力发展理论中的最低刑事责任年龄》，载《中国青年研究》2020 年第9 期。

[2] 陈伟、黄鑫：《"恶意补足年龄"规则本土化适用探究》，载《行政与法》2021 年第 11 期。

[3] 《刑法》第 17 条第 3 款规定："已满十二周岁不满十四周岁的人，犯故意杀人、故意伤害罪，致人死亡或者以特别残忍手段致人重伤造成严重残疾，情节恶劣，经最高人民检察院核准追诉的，应当负刑事责任。"

价。第四，特别的实体程序要求，案件必须经最高检核准追诉，方能进入刑事程序。

该款规定共 6 个分句，作出了包括年龄、罪名、危害结果、情节和程序 5 步限定。与"可推翻的无刑事责任能力的推定"相比，我国将其本土化后的 5 项限定更明确地区分了犯与非犯的界限，最终将非恶意的未成年行为人排除在外。

二、现有责任年龄分区制度的不足

《刑法》对 12 周岁~16 周岁的未成年人，每 2 岁作划分。如此细化分区有科学立体的一面，也难免会带来相对的个案不公。比如同样是对妇女（或幼女）实施了奸淫行为，13 周岁未成年人不负刑事责任，而 14 周岁的未成年人则面临刑事处罚。一个大约初中一、二年级的年纪，另一个大约初中二、三年级，二者在认知能力与对行为的辨认、控制能力方面并没有显著差异，更不排除未成年人触罪时年龄相近、生日仅有数日之差的情况。

有调查研究表明：未成年人违法犯罪的年龄路径中，12 周岁是出现不良行为的平均年龄，而 13 周岁~14 周岁是不良行为的高发年龄区间。[1] 12 周岁这个平均数的最大值是成年分界线 18 周岁，现已知 14 周岁~16 周岁犯罪发生率相对较高，因此有了《刑法》第 17 条第 2 款之规定。然而，得出的平均年龄竟是最低刑事责任年龄 12 周岁，那么该平均数以下年龄未成年人之不良行为所占比例可见一斑。这不禁引人深思，12 周岁~14 周岁这个年龄区间是否能够适应实践情况，覆盖低龄未成年人极端犯罪并发挥教育威慑作用。

13 周岁罪错未成年人之作案意识和作案能力几乎与 16 周岁无实质差异。如在"河北邯郸三名初中生残害同学案"中，三名初中生体现出了预谋性、团伙性和暴力性，其中一人身材矮小，外形与儿童相近，但这并不影响其参与实施故意杀人的行为。类似的极端犯例并不鲜见，显然不符合恶意补足年龄规则作为一种补充功能的本意，补充功能应当在发生率极低的年龄范围内适用。

---

〔1〕《"为了明天——预防青少年违法犯罪论坛"在沪举行》，载《预防青少年犯罪研究》2013 年第 6 期。

三、"恶意补足年龄" 规则在新的年龄分区设想中之运用

各国最低刑事责任年龄普遍根据现有国情和未成年人犯罪情况而动态变化，[1]因此参考借鉴价值不在于具体节点是几岁，而是在于趋势和调整方式。

联合国儿童权利委员会认为 "低于 12 岁的最低刑事责任年龄不是国际上可接受的水平"，[2]但该文件性质为一般性意见，不具有法律约束力，仅为委员会提出的建议和指导。因此，各缔约方仍可依据本国国情制定和调整刑事责任年龄，但同时有义务确立最低刑事责任年龄，"在此年龄以下的儿童应视为无触犯刑法之行为能力"，[3]绝无受刑事处罚之可能。

一些造成危害结果的低幼龄未成年人与其说是行为人，不如说是一种 "危险" （与饲养动物侵权类似），因而失去了可罚性。未成年在踏入社会（如进入校园）后才可能实施普遍意义上具有社会危害性的行为，我国儿童普遍 6 周岁~7 周岁入学，经过 1 年~2 年的学校教育和社会交往，可以强化对行为的辨识和控制，与学龄前显著区分。《民法典》将 8 周岁作为无民事行为能力与限制民事行为能力的界限，能否辨认自己的行为是划分的主要依据。因此，将 8 周岁以下的儿童视为 "无触犯刑法之行为能力者" 较为合理。

13 周岁对于性和金钱的认知与接触与 14 周岁并无显著差异，而如果 13 周岁上初一，则会与 12 周岁的小学阶段之间在知识结构、行为方式、社会交往等方面存在明显差异。因此，将 13 周岁与 14 周岁放在一个年龄分区显然更为合适，能够形成一个合理过渡。

恶意补足年龄中的 "补足" 也有不可忽略的重要价值，设置对限定罪名负刑事责任的年龄区间，意味着认定这个年龄段的平均认知水平和控制行为的能力已达到了所限定罪名的最低要求，没有为恶意补足留出空间，而只有当这个年龄段的平均认识和控制行为的能力在社会相当性上不能达到罪罚要求，而个别行为人超越同龄人实施了造成极其严重危害结果而使公众普遍无

---

〔1〕 姜敏：《联合国成员国最低刑事责任年龄研究》，载《法律科学（西北政法大学学报）》2022 年第 2 期。

〔2〕 姜敏：《联合国成员国最低刑事责任年龄研究》，载《法律科学（西北政法大学学报）》2022 年第 2 期。

〔3〕 《联合国儿童权利公约》。

法接受的恶性行为时，补足年龄的规则才会体现出价值和意义。

综上所述，可将 8 周岁～13 周岁设定为两种极端犯罪附条件追诉区间；将 13 周岁～16 周岁设定为相对责任年龄区间，仅对 8 种罪名负刑事责任；16 周岁以上负完全刑事责任，8 周岁以下绝对不负刑事责任。

居住权在弱势群体保障中的价值及实现路径

李晓琳*

（中国政法大学 北京 100088）

摘 要：《民法典》居住权制度对于实现房屋利用的多元化、保障弱势群体的居住利益具有重要意义。但是，《民法典》"物权编"第十四章关于居住权的规定存在模糊之处，同时居住权作为一种新型用益物权，要想从纸面规定变成现实中人们加以利用解决现实居住问题的新形式，尚需基于实践不断发展和完善。

关键词：居住权 用益物权 居住功能实现

一、居住权的定义及背景

居住权是《民法典》"物权编"新增的一种用益物权。居住权是指居住权人为了满足生活居住之需求，按照合同约定，在他人所有权的房屋住宅之上设立的占有、使用该房屋的权利。居住权立法随着中国产权制度的变化而变化。在过去，居住权与公房紧密联系在一起。居住权人的子女可以继承房子，与其名下有无房产无关。随着商品房时代的到来，居住权被重新定义为产权项下的一种用益物权，只要产权明晰，居住权存在的意义就微乎其微。

随着经济社会的变革，居住权从其狭隘的用益物权中走出，被越来越多地赋予了保障权的时代进步意义。2017年，中国共产党第十九次全国代表大会明确提出，要加快建立多主体供给、多渠道保障、租购并举的住房制度，

---

* 作者简介：李晓琳（1987年— ），女，汉族，北京人，中国政法大学同等学力研修班2022级学员。研究方向：民商法学。

让全体人民住有所居。[1] 为了落实党中央的要求，认可和保护民事主体对住房保障的灵活安排，满足特定人群的居住需求，为公租房和老年人以房养老提供法律保障，[2]居住权最终重磅回归《民法典》，被正式确立下来。

二、居住权的功能和价值

《民法典》第366条规定，居住权系为"满足生活居住的需要"。这表明居住权的适用范围非常广泛。居住权既可以在家庭成员之间设立，也可以在陌生人之间设立，即居住权人和产权人之间建立合法合规的居住权合同及办理相关手续，便可实现居住权的居住功能。

居住权的价值体现在诸多方面，如确立了对住宅的占有和使用权利，即其保证了居住权人排他的居住权利，可以充分实现居住权人的居住需求。这体现了法律对居住权人基本生活居住需求的尊重和保护。另外，居住权价值更为重要的一点是法律对弱势群体的保护。居住权制度在一定程度上体现了法律对弱势群体的人文关怀。设立居住权可以使无住房或住房困难的弱势群体在他人住房上设立居住权，从而解决其住房问题，保障其基本的生活居住需求。这有助于维护社会稳定和公平正义。

党的十九大报告提出："坚持房子是用来住的、不是用来炒的定位，加快建立多主体供给、多渠道保障、租购并举的住房制度，让全体人民住有所居。"那么，如何在国家政策的指导下充分实现居住权？如何为社会弱势群体实现居住权呢？事实上，居住权的实现方式除了居住权人和产权人意思自治、达成合意之建立居住权合同外，还可以通过国家住房保障获得。国家政策已明确将"公租房"作为居住权的适用场景，这一政策的落实，可以帮助解决一大部分有住房需求但名下无房且买不起房的人。[3]

三、居住权保护弱势群体的居住权利的实现方式

习近平总书记曾经指出：应处理好通过市场资源进行配置和通过政府提

---

[1] 丁慧、王美子：《论居住权在保障性住房中的实现》，载《温州大学学报（社会科学版）》2023年第6期。

[2] 王元丰：《居住权制度下以房养老的实现》，广东外语外贸大学2021年硕士学位论文。

[3] 丁慧、王美子：《论居住权在保障性住房中的实现》，载《温州大学学报（社会科学版）》2023年第6期。

供相关公共服务的关系，将房屋的经济功能与社会功能予以区分，以满足不同层次、多样化的居住需求。近年来，也有社会人士主张居住权的设立有利于弱势群体的居住，并呼吁社会关爱及帮助他们解决住房问题。总之，设立居住权可以更好地保护弱势群体利益的功能被不断强调。[1]

（一）对老人居住权利的保障

随着我国逐渐步入老龄化时代，解决老龄化居住和生活问题已迫在眉睫。同时，不得不提到的就是，居住权"以房养老"之功能。以房养老，狭义上是指老人为满足养老生活所需的花销，利用所拥有的房屋所有权的价值进行置换。居住权以房养老是指老人将房屋的居住权归属于自己、所有权归属于买方。因此，老人既可以基于房屋所有权的转移取得一定的资金流入，从而既可以满足老人的生活及医疗开支，又可以在所转移的房屋建立居住权而占有、使用房屋以解决居住问题。

居住权是必须通过登记才发生效力的一种用益物权种类，即居住权具有物权效力，这些确保了居住权不受债权侵害，因为物权效力大于债权效力。在居住权到期之前，老人占有、使用房屋的权利不能被收回，这也可以防止纠纷的发生。因此，可以通过以房养老这一方式来解决一部分老人的生活问题。

（二）对离婚妇女住房权利的保障

《婚姻法》（已失效）第42条规定："离婚时，如一方生活困难，另一方应从其住房等个人财产中给予适当帮助。……"如果离婚后，妇女因离开了婚前住所而无房所居，法官可以判决房屋所有权不发生变化，仅在其房屋设立居住权，这样离婚后的妇女就不会无处可住。这样便可以通过司法之途径，通过协商设立居住权帮助解决离婚妇女的无房居住处境难等问题。所有权与居住权分置，维护了平等、公正的社会主义核心价值观，妥善化解了矛盾纠纷，实现了政治效果、法律效果和社会效果的完美统一。[2]

（三）对弱势群体住房权利的保障

设立居住权是对社会弱者的保护并早已突破了亲属条件的限制，即只要

---

〔1〕 朱宁宁：《居住权"入典"保障弱势群体住有所居：访清华大学法学院院长申卫星》，载《法治日报》2020年9月8日。

〔2〕 傅珊：《离婚案件中残疾人权益保障研究——以立法论为视角的思考》，载《残疾人研究》2012年第4期。

房屋所有人有此意愿便可以为其设立居住权，这一制度可以更好地解决弱势群体的住房问题。随着城镇化的不断推进，大量农民工进入城市务工，成为家政行业的主力军。其中，有的家政人员在同一雇主家工作时间很长，甚至一直工作至中老年，能够较好地融入雇主家庭，与雇主建立起深厚感情。同时，其在农村老家可能没有住所，且从事农业劳动技能减弱。在此情形下，雇主可能基于感激家政人员的付出而在其丧失劳动能力时以家中房屋为其设立居住权，为家政人员在城市中留出基本生活住所，能够使其继续安心生活在城市。

基于以上，除了在自有产权房下设立居住权外，在公租房下设立居住权也是保护弱势群体的重要方式，即公民可基于国家住房保障获得居住权。公租房是政府或相关机构为低收入人群提供的保障性住房，其本质是一种租赁关系，承租人通过支付租金获得房屋的使用权。如果公租房承租人希望获得居住权，需要与房屋所有人（或出租人）签订居住权合同，并完成居住权登记。根据《民法典》第 368 条的规定，居住权自登记时设立。在公租房上设立居住权这一制度的建立可以解决社会中无房且需要住房的大部分群体的居住问题，但还需国家的大力扶持才可以得到真正意义上的实施。人口老龄化是社会发展的重要趋势，是人类文明进步的体现，也是今后较长一段时期我国的基本国情。通过设立居住权以房养老，本质上是借助法律保障老年人的居住权，实现老人即使对房屋不享有所有权，亦能享受到终身居住权益。厚植"老有所养"的国家治理基石，加大对"居住权"的宣传普及力度，探索"居住权养老"模式的新道路，将为养老保障开创全新的道路。

四、进一步的优化方案

《民法典》仅规定了享有居住权的人对房屋享有占有和使用的权益，但对占有与使用的权利边界却未作出明确的规定。而在实践中，居住权人的占有、使用权益与房屋租赁权人享有的权益具有高度重合性，因而应该对居住权人的权利与义务进行进一步明确。明确居住权人享有的权利。首先，居住权人应当享有对居住房屋的修缮与添附权利。居住权人因为居住期限长，对占有与使用的房屋只要不超出生活居住的用途限制，不影响房屋安全，便可以为保障居住条件而对房屋进行修缮，同时也可为提高生活质量而对房屋进行装修。明确居住权人应履行的义务。居住权人对房屋仅享有占有与使用权利，但该权利被限制在生活居住的范围内，因而居住权人不得将住宅用于生活居住外的用途。同时，居住权人应妥善使用和维护住宅，并对所居住的房屋履行必要的看护义务，以保障房屋的居住功能处于正常、良好的状态。

夫妻共同债务的认定难点及化解方案

刘春晓*

（中国政法大学 北京 100088）

摘 要： 夫妻共同债务的认定，在法律实践中占据举足轻重的地位。随着社会经济的不断发展，夫妻共同债务问题日益凸显，其认定的准确性与公正性直接关系到夫妻双方的切身利益，同时也对法律制度的完善与司法公正产生了深远影响。然而，在实际操作中，夫妻共同债务的认定却面临着诸多难点，这些难点不仅增加了法律适用的复杂性，也可能导致司法裁判的不一致性，进而影响法律的权威性与公信力。

关键词： 夫妻共同债务 法律实践 司法公正

本文旨在深入探讨夫妻共同债务的认定难点，通过分析法律法规的模糊性、司法实践中的争议以及个人生活层面的影响，提出切实可行的解决策略。本文旨在为完善夫妻共同债务认定制度提供理论支持与实践指导，进而促进法律制度的完善与司法公正的实现。

一、夫妻共同债务的概念

夫妻共同债务是指夫妻在婚姻关系存续期间，为满足家庭共同生活的需要或共同目的而产生的债务。这类债务通常包括但不限于购买家庭日用品、房产按揭贷款、子女教育开支、家庭经营的投资等。夫妻共同债务在法律上被假设为夫妻双方共有的债务，无论该债务最初由哪一方签订，夫妻双方均

---

* 作者简介：刘春晓（1995 年—），男，汉族，天津人，中国政法大学同等学力研修班 2023 级学员。研究方向：民商法。

需承担偿还责任。但是，并非所有在婚姻期间产生的债务都能被认定为夫妻共同债务。债务是否为夫妻共同之负担，关键在于该债务是否为了家庭共同生活需要或共同目的而产生。如果某一方私自产生债务且明显超出了家庭共同生活范畴，那么在法律上这部分债务可能不会被视为夫妻共同债务。理解夫妻共同债务的概念对于婚姻双方管理家庭财务、作出财务决策以及处理潜在的婚姻法律问题而言至关重要。它不仅涉及夫妻双方在财务上的合作与分配，也涉及法律责任的共担与分担，是婚姻财产关系中一个复杂而重要的组成部分。

二、夫妻共同债务认定存在的问题

在认定标准与方式方面，夫妻共同债务的认定主要基于夫妻共同意思表示、共同生活所负债务、共同经营所负债务以及举证责任分配。尽管有明确标准，但实际操作中仍存在诸多争议焦点和难点。[1] 为解决这些问题，理论分析和司法实践提供了重要支持。

（一）法律法规界定模糊

夫妻共同债务的认定难点首先体现在法律法规的模糊性上。目前，关于夫妻共同债务认定的法律条文并不十分明确，不同法律之间的规定也存在差异。这种模糊性使得在实际操作中，司法人员往往难以准确把握认定标准，从而导致认定结果具有不确定性。随着社会经济形势的不断变化，夫妻共同债务的形式也在不断更新，这无疑给认定工作带来了更大的挑战。[2] 同时，夫妻共同债务的形式和性质也在随着社会经济的发展而不断变化。比如，在互联网金融和共享经济背景下，夫妻共同债务的形式变得更加多样化和复杂化，这也增加了认定的难度。法律法规需要不断更新和完善，以适应新的社会经济形势。[3]

（二）证据收集、审查困难

从法律实践的角度来看，夫妻共同债务的认定难点还体现在证据的收集与审查上。在夫妻共同债务纠纷中，证据的充分性与真实性是认定结果的关

---

〔1〕 潘昕泽：《夫妻共同债务认定规则研究》，广西民族大学 2023 年硕士学位论文。

〔2〕 于思佳：《我国夫妻共同债务问题司法认定的实证研究》，吉林大学 2023 年硕士学位论文。

〔3〕 曹思雨：《夫妻共同债务清偿规则研究》，吉林大学 2023 年硕士学位论文。

键。然而，由于夫妻关系具有特殊性，双方在债务形成与偿还过程中往往缺乏明确的书面证据，这使得在纠纷发生后，证据的收集变得异常困难。[1]在实际操作中，法官需要对双方提供的证据进行详细审查，以确保其符合法律规定，并且与案件事实存在直接关联，并根据社会经验在证据不足的情况下，依据现有证据和法律规定作出公正的判断。但不可避免会出现一些不符合常理的案件，此时法官如何进行认定是实践中的一大难题。

（三）认定错误救济困难

夫妻共同债务错误认定难以救济的问题是客观存在的。一旦夫妻共同债务被错误认定，不仅可能导致一方的不当得利，还可能对另一方的信用记录与经济状况造成严重影响。这种影响不仅局限于夫妻双方，还可能波及其家庭乃至社会层面。因此，准确认定夫妻共同债务，对于维护个人权益与社会稳定而言具有重要意义。[2]

此外，错误认定还可能引发后续的法律纠纷，进一步加重双方的负担，影响社会的和谐稳定。因此，法官在处理此类案件时，需要慎重考虑各种因素，确保认定的准确性和公正性。在审判过程中，法官不仅需要依据法律条文和证据，还需要综合考虑案件的具体情况和社会影响。比如，夫妻双方的经济状况、债务产生的背景与目的、债务的实际用途等都是影响认定结果的重要因素。

三、夫妻共同债务认定的优化方案

（一）优化制度供给

为了解决夫妻共同债务认定中法律法规界定模糊的问题：一是要完善法律法规。立法机关应当定期审查和更新相关法律条文，确保其与社会经济发展的现状相适应，明确夫妻共同债务的认定标准和范围。具体而言，可以通过立法程序细化夫妻共同债务的定义，列举具体的债务类型和情形，使法律条文更具操作性和可预测性。同时，还应当考虑不同经济活动形式和社会结构变化对夫妻共同债务认定的影响，及时调整法律规定，以保持法律的前瞻

---

[1] 麻昌华、郑炜：《论夫妻共同债务的"限定清偿"规则》，载《私法研究》2021年第1期。

[2] 邵子颖：《日常家事代理型夫妻共同债务规则的司法适用研究》，安徽财经大学2023年硕士学位论文。

性和适用性。[1]二是要充分发挥司法解释与指导案例的指引作用。最高人民法院等司法机关应提供更多详尽的司法解释和指导案例，为法官在实际操作中提供明确的认定依据和参考。通过发布具有指导意义的案例，明确在不同情况下夫妻共同债务的认定标准，帮助法官在审理类似案件时作出公正判断。同时，还应建立司法解释数据库，方便法官查阅和引用，有助于统一司法实践，减少由法律理解差异导致的判决不一致现象。[2]

（二）加强证据收集与审查

针对证据收集和审查的困难：一是要提升证据保留意识，通过法律宣传和教育，增强公众在婚姻生活中保留债务证据的意识，如签订书面协议等。具体措施包括开展普法宣传活动，向公众介绍夫妻共同债务的相关法律知识和证据保留的重要性，鼓励夫妻在涉及重大财务事项时签订书面协议，以避免日后纠纷。同时，还可以提供标准的债务协议模板，便于公众参考和使用。二是要加强证据收集指引，制定和提供明确的证据收集指引，帮助当事人了解在何种情况下需要保留哪些类型的证据。法律机构可以编写证据收集手册，详细说明在不同情况下需要保留的证据类型，如借款合同、银行转账记录、消费凭证等，并提供具体的操作指南，帮助当事人更好地收集和保存证据。同时，还可以设立专门的法律咨询服务，解答公众在证据收集过程中遇到的问题。三是要强化技术手段应用，利用现代信息技术（如区块链、电子签名等），提高证据的真实性和不可篡改性，同时简化证据的收集和验证过程。通过区块链技术，可以实现债务协议和交易记录的不可篡改和透明化，提高证据的可靠性；电子签名技术则可以确保协议的合法性和有效性。此外，还可以开发证据管理系统，方便当事人上传、保存和管理证据，提高证据收集和审核的效率。

（三）确保审判结果公正

为了减轻错误认定对个人生活和社会稳定的负面影响：一方面，要提升法官的专业能力。加强法官的在职培训，特别是对夫妻共同债务认定相关法律知识和审判技巧的培训，提高裁判的准确性和公正性。可以通过组织专题培训班、案例研讨会和模拟审判等形式，提升法官的专业水平和实务能力。

---

〔1〕 刘峰：《裁判视角下名为合伙实为借贷的认定》，西北师范大学 2021 年硕士学位论文。

〔2〕 刘婷：《我国夫妻个人财产收益归属问题探析》，新疆大学 2014 年硕士学位论文。

同时，还应加强法官之间的经验交流和学习，鼓励分享审判实践中的成功经验和教训，推动法官队伍整体素质的提升。另一方面，要完善再审机制，确保当事人的合法权益在审判过程中得到充分保护，减少错误判决的发生。具体措施包括简化上诉程序、降低上诉门槛，确保当事人有充分的机会对不公正的判决提出异议。同时，完善再审机制，增加再审案件的审查力度和透明度，确保每一起再审案件都能得到公正的处理。此外，还可以设立独立的监督机构，对法院的审判工作进行监督和评估，确保司法公正和权威。

浅谈电信网络诈骗犯罪治理的途径

余成磊*

（中国政法大学 北京 100088）

摘　要：近年来，电信网络诈骗犯罪在受到严厉打击的同时，依旧呈现泛滥之势。犯罪活动不断更迭，呈现网络化、虚拟化和牟利大的显著特点，严重污染了网络空间的生态环境。电信网络诈骗严重危害人民群众的财产安全，扰乱正常生产生活秩序，因此加强治理迫在眉睫。首先，本文将对我国当前电信网络诈骗犯罪及其关联犯罪现状进行了详细分析；其次，指出我国治理电信网络诈骗犯罪面临的困难和挑战；最后，提出治理电信网络诈骗犯罪的途径和建议。

关键词：电信网络诈骗犯罪　关联犯罪现状　困难和挑战　途径和建议

一、我国电信网络诈骗犯罪及其关联犯罪现状

电信网络诈骗犯罪，是指以非法占有为目的，通过电话、网络和短信等方式，假冒公检法、商家公司厂家、国家机关工作人员、银行工作人员等，利用虚假信息或隐瞒真相等手段，诱使受害人打款或转账的犯罪行为。

（一）当前我国电信网络诈骗案件基本情况

近年来，电信网络诈骗犯罪案件数量持续上升，严重侵害了广大人民群众的财产安全。据不完全统计，2017 年，我国电信网络诈骗金额约为 7000 亿

---

* 作者简介：余成磊（1997 年— ），男，汉族，浙江瑞安人，中国政法大学同等学力研修班 2022 级学员。研究方向：刑法学。

元人民币。[1] 2018 年数据显示，全国受理电信网络诈骗案件 69 万起，人民群众经济损失 222 亿元人民币。[2] 2019 年，公安部与网信、工信等部门以及互联网企业密切协作拦截涉案资金 373.8 亿元人民币。2020 年，全国公安机关成功侦破案件 32.2 万起，并顺利追回人民群众经济损失 1870 余亿元人民币。2021 年，国家反诈中心紧急止付 3200 余亿元人民币涉案资金。2022 年全国电信诈骗金额总数是 2 万亿人民币。2023 年 1 月至 11 月全国侦破电信网络诈骗案件 39.1 万起。[3]

（二）电信网络诈骗犯罪的关联犯罪

1. "网络黑灰产"犯罪[4]

"网络黑产"指的是直接触犯国家法律的网络犯罪，"网络灰产"则是游走在法律边缘，为"网络黑产"提供辅助的行为，其性质难以确定，并且存在争议。诈骗团伙伪装成网络黑灰产，表面上从事合法活动，实际上是为了隐匿身份和销毁证据而进行非法活动。诈骗团伙通过各种手段，如设立"伪基站"、使用黑电台植入恶意程序等方式为他们的犯罪活动提供"假网站""假 APP"等假冒的平台。如非法利用信息网络罪等。

2. "两卡"犯罪

"两卡"犯罪是指非法出租、出售、买卖手机卡、银行卡的违法犯罪活动。诈骗团伙为了隐藏自己的身份、逃避公安机关的侦查，购买了他人的手机卡、银行卡。有些人或组织法律意识薄弱，办理"两卡"后买卖、转借给他人用于犯罪。如帮助信息网络犯罪活动罪。

3. 限制人身自由犯罪

电信网络诈骗需要不断招募新人，这些人成了诈骗团伙的工具，并被限制人身自由。尤其是那些转移到国外的诈骗团伙，他们将目标瞄准国内的年轻人，以"高工资、低门槛、工作时间灵活"等海外招聘的幌子，诱骗国内

---

[1] 阴建峰、张印：《电信网络诈骗帮助行为行刑责任体系之衔接——兼评〈反电信网络诈骗法（草案）〉第 37 条》，载《山东警察学院学报》2021 年第 6 期。

[2] 吴辰英：《北京市政协委员吴振英：科学防范电信网络诈骗》，载 http://www.bjzx.gov.cn/tajy/szxwy/202206/t20220615_ 40676.html，最后访问日期：2024 年 6 月 15 日。

[3] 《公安机关打击治理电信网络诈骗犯罪成效显著》，载 https://www.gov.cn/lianbo/bumen/202401/content_6924464.htm，最后访问日期：2024 年 6 月 15 日。

[4] 王金虎：《网络黑灰产：法律规制如何赶上变化》，载《光明日报》2021 年 3 月 20 日。

人员参与跨境电信网络诈骗违法犯罪活动，并控制国内人员人身自由。对于不听话的人员，使用器械进行殴打。重点地域涉及缅甸、老挝、越南等国家。如故意伤害罪、非法拘禁罪、偷越国（边）境罪等。

二、电信网络诈骗犯罪治理面临的困难和挑战

（一）法律法规不够完善

多年来，"网络黑灰业"发展迅猛、覆盖面广泛。虽然《反电信网络诈骗法》已经开始施行，但针对该法的相关司法解释还未出台。因此，"网络黑灰业"的界定问题仍然未得到解决。一些人为了牟利，利用"法无规定皆可为"的法律漏洞为诈骗团伙提供帮助。对此，公安机关在打击治理时也是一筹莫展，无法收获预期社会效果。

（二）宣传缺乏针对性

在防范电信诈骗过程中，公安、工信等部门的工作力度不断加强，宣传形式不断创新，让老百姓守住自己的"钱袋子"。但每天仍然有人被骗，这表明部分人可能未接受过系统的反电信诈骗知识教育，部分人将学习反电信诈骗知识仅作为一种形式，当作"耳边风"，未能引起足够重视。该问题的根本在于反电信诈骗宣传过于注重表面工作，没有在对不同群体进行细致调查后进行分类宣传，因而无法根据群体情况进行有针对性的宣传。同时，反电信诈骗宣传内容缺乏预见性，未及时跟进诈骗手段的更新换代。

（三）打击难度不断增加

电信网络诈骗分子隐藏在网络中，利用虚拟身份进行伪装，向不特定的人群实施诈骗，诈骗团伙内部分工明确，有从事对假平台、软件进行研发运维的人，有从事利用话术对人群诱骗操作的人，还有从事依托网络将钱洗白的人。一旦有人被骗，钱到达指定的账户，他们就会将赃款分散到多个银行账户进行提现，等受害人意识到自己被骗进行报案时，被骗资金已经被诈骗团伙取出，无法进行止付。公安机关仅依靠受害人提供的微信号、银行卡号、照片等有限信息，相当于"大海捞针"，全面打击和彻底根除电信网络诈骗犯罪变得异常困难。

三、治理电信网络诈骗犯罪的途径和建议

（一）建立健全长效机制，共同构建电信网络安全防线

电信网络诈骗涉及人员众多，对全国各行各业及各类人群造成的影响非常大，如果处理不好，将会成为社会安全隐患，极易引发社会稳定风险。在现有治理体系的基础上，政府有关部门应当进一步完善法律法规和政策措施，建立健全打击电信网络诈骗的长效机制，为打击治理实践提供具有可操作性的标准和规则。同时，加强对电信、银行等重点领域的监管力度，落实企业主体责任，共同构建电信网络安全防线，确保反电信诈骗工作取得实际效果。

（二）强化综合治理理念，保障社会稳定和长治久安

随着电信网络诈骗犯罪打击力度的不断加大，人民群众的反诈意识得到了进一步提高。因此，诈骗团伙将目标转移到了没有社会经验的在校学生上，对学生实施诈骗，或者诱骗他们为自己做事。教育部门和学校要将反诈教育纳入日常教学，从学校开始筑牢反电信诈骗的"防火墙"，使学生能够充分了解和认识到电信网络诈骗的危害，并能够学会防范和避免。只有这样，才能给予学生全方位的保护，让他们穿上一件坚不可摧的"金钟罩"。公检法三家需在打击理念上达成共识，保证每一起案件都经得起检验。公安机关应充分发挥在打击电信网络诈骗方面的主导作用，针对群众最为关注的案件，应组织专门工作小组进行集中打击，抽调优秀素质的警力，利用先进科技手段，加强打击电信诈骗犯罪的协作配合，畅通跨省、跨区域信息共享渠道，全力以赴打击电信网络诈骗犯罪。

（三）增强全民反诈意识，关注受害者心理健康

电信网络诈骗是可以以提升预防措施来减少案件发生的，与其侧重于案件破案数量的增加，更为重要的是加强宣传引导，这是预防电信网络诈骗最为有效的手段。针对诈骗团伙关注的目标人群，我们需要集中精力进行重点宣传，并根据被骗对象的年龄、职业等不同情况，采取有针对性的宣传手段，以收获更精准的宣传效果。基于电信网络诈骗方法不断更迭，相关部门要及时总结分析、揭露骗术，第一时间广泛公布，及时提醒公众注意防范。加强人员聚集场所的宣传，采取向群众发传单、在扇子上印刷反诈知识、开展反诈知识有奖问答活动等多种宣传形式，尽可能向公众普及网络诈骗的套路和

手段。对于受害者，要给予充分重视。受害者在遭受诈骗后很容易陷入心理不平衡的状态，个人情绪不佳，可能还会引发严重的心理健康问题。对于青少年来说，由于他们的心智尚未成熟、心理承受能力较低，思想更为偏激。[1]因此，对于受害者群体应当给予更多的关注，提早进行心理干预。

---

[1] 温国平、鲁泽前、幸念：《新型电信网络诈骗犯罪治理的路径探索》，载《四川警察学院学报》2022 年第 5 期。

数字纪检监察体系建设：现状、挑战与策略

彭 林*

（中国政法大学 北京 100088）

摘　要： 中国共产党第二十届中央纪律检查委员会第三次全体会议明确提出，推动数字技术深度融入纪检监察各项业务，建设一体化工作平台。促进数字技术与纪检监察工作深度融合是顺应信息革命潮流的战略选择，是深入推进纪检监察体制改革的重要部署。但当前在深入推进数字纪检监察体系建设方面仍然存在诸多挑战和问题，亟待深入探讨研究。本文旨在浅析数字纪检监察体系建设的时代背景和现状、面临的挑战和问题，并提出相应的策略建议。

关键词： 数字纪检监察　发展现状　技术应用　挑战分析　实施策略

数字纪检监察体系是纪检监察工作与现代数字技术深度融合的产物。这一体系通过数据驱动、信息共享、标准统筹等方式，可以构建起高效、透明、智能化的反腐败工具箱，从而提升反腐败工作的科学性和精准度。各级纪检监察机构作为监督权力运行的专责机关，应深入推进"智慧"纪检监察建设，实现对纪检监察工作的全面数字化、智能化管理，促进监督无禁区、全覆盖、零容忍。

一、数字纪检监察体系建设的时代背景与发展现状

随着信息化技术的迅猛发展，数字化、智能化已成为现代社会治理的重要特征。纪检监察工作作为国家治理体系的重要组成部分，也面临着信息化、

---

* 作者简介：彭林（1986年—），男，汉族，四川成都人，中国政法大学同等学力研修班 2023 级学员。研究方向：刑法学。

数字化转型的迫切需求。当前，传统纪检监察工作主要依赖于人力审查、现场调查等方式，面对反腐败斗争形势更加严峻复杂、传统纪检监察工作超负荷运转、贯通协同监督存在信息壁垒等时代特点，存在着工作效率低、信息获取不全面、监督覆盖不足等问题。而数字纪检监察体系的建设，通过运用大数据、云计算、人工智能等先进技术，可以实现对海量数据的快速处理和分析，提高监督的精准性和有效性，为反腐败斗争提供强大的技术支持，推动传统纪检监察工作模式改革升级，推进国家治理和治理能力现代化。[1]

近年来，数字纪检监察体系建设取得了显著进展。一方面，各级纪检监察机关积极推动数字化转型，建立了一批数字化平台和应用系统，如正风肃纪监督平台、智慧纪检系统、AI 反腐系统等，为纪检监察工作提供了有力支持。另一方面，随着大数据、云计算等技术的不断发展，数字纪检监察体系的功能不断得到完善和拓展。通过运用这些先进技术，纪检监察机关可以实现对公共权力运行的全方位、全过程监督，及时发现和纠正违纪违法行为。此外，数字纪检监察体系还在不断完善数据共享和协同机制。各级纪检监察机关加强与其他部门的沟通协作，实现了数据资源的互联互通和共享共用，提高了监督的协同性和整体性。然而，数字纪检监察体系建设仍面临一些挑战和问题，需要我们在推进数字纪检监察体系建设的过程中逐步加以解决。

二、数字纪检监察体系建设面临的挑战和问题

（一）标准与规范挑战

由于各地各部门在信息化建设上存在差异，导致数据格式、接口标准、权限设置等千差万别，难以实现有效对接和共享。这不仅增加了数据整合和处理的难度，也影响了监督执纪的效率和精准度。同时，缺乏统一的技术标准和规范，还容易导致系统安全风险上升，数据泄露、篡改等风险难以避免。

（二）法律与伦理挑战

在法律层面，数据收集、使用和共享的合法性备受关注，如何确保和防止信息不被滥用，是亟待解决的问题。同时，现行法律法规在数字领域的适用性尚待完善，给纪检监察工作带来了一定的法律空白。在伦理层面，数字技术的广泛应用可能引发道德风险，如信息泄露、数据篡改等，这不仅损害

---

[1] 侯小龙：《国有企业纪检监察工作数字化转型的思考》，载《经营管理者》2022 年第 4 期。

了公众的信任，也影响了纪检监察工作的公正性和权威性。

（三）组织与文化挑战

一方面，纪检监察机关作为典型的科层组织，其数字化转型在规则运用、管辖权限、部门设置、业务流程等方面存在融合问题。组织结构的调整和优化是必要之举，以适应数字化、信息化的新形势。然而，在这一过程中可能面临人员配备不足、部门协同不畅等问题。另一方面，文化的转变同样重要。传统的纪检监察工作模式和思维惯性需要逐步打破，树立数字化思维、创新理念，营造积极向上的工作氛围，推动数字纪检监察体系建设的深入开展。[1]

（四）安全与隐私保护挑战

数字纪检监察体系在推进过程中面临着安全与隐私保护的双重挑战。一方面，随着数据的集中存储和共享，如何确保数据安全、防止数据泄露和非法获取成了体系建设的重要课题。另一方面，纪检监察工作涉及个人隐私和敏感信息，如何在保障工作需求的同时有效保护个人隐私权益、避免信息滥用和侵犯也是体系建设必须面对的挑战。[2]

三、数字纪检监察体系建设的实施策略

（一）加强标准规范体系建设

针对数字纪检监察体系面临的技术标准和规范不统一问题，可采取以下策略应对：首先，建立全国性的数字纪检监察技术标准体系，统一数据分类规则和汇聚标准，明确数据格式、接口标准等规范，推动各类数据资源贯通融合，变"数据孤岛"为"数据集群"。[3]其次，加强跨部门、跨地区的协调合作，推动信息共享和资源整合，提升监督执纪效率。同时，加强技术安全保障，建立健全安全防护体系，确保数据安全。此外，定期开展技术培训与交流，提升工作人员的技术素养，促进数字纪检监察体系的健康发展。

---

〔1〕 曾智洪、周孙卿、陈煜超：《基于技术执行框架的纪检监察机关数字化转型研究》，载《廉政学研究》2022年第1期。

〔2〕 刘建义、瞿秀：《数字监察的权利风险及其消解》，载《广州大学学报（社会科学版）》2023年第2期。

〔3〕 杨雅玲：《促进数字技术融入纪检监察业务》，载《中国纪检监察报》2024年2月1日。

（二） 加强法律法规体系建设

面对法律与伦理挑战， 构建数字纪检监察体系应坚持法治与德治相结合。首先， 完善相关法律法规， 明确数据收集、 使用和共享的边界， 确保个人隐私不受侵犯。 同时， 加强法律监督， 对违规行为进行严惩， 维护信息安全。其次， 加强伦理教育， 提升纪检监察人员的道德素质， 防范道德风险。 此外，建立严格的数据管理制度， 确保数据的真实性和完整性， 防止数据篡改。 通过这些措施， 我们可以在法律与伦理的双重约束下， 推动数字纪检监察体系的健康发展， 维护社会的和谐稳定。

（三） 加强组织队伍体系建设

面对组织与文化挑战， 推进数字纪检监察体系建设需多措并举。 在组织层面， 优化结构、 合理配置人员， 确保部门间信息畅通、 协同高效。 加强沟通协作、 打破壁垒、 形成合力， 共同应对数字化挑战。 在文化层面， 需培育数字化思维， 鼓励创新思维， 引导纪检监察人员适应新时代的工作要求。 同时， 营造积极的工作氛围， 激发干事创业热情， 为数字纪检监察体系建设提供有力保障。 通过组织优化与文化转变双管齐下， 我们必能克服挑战， 推动数字纪检监察体系建设取得新成效。

（四） 加强安全防护体系建设

面对安全与隐私保护的挑战， 数字纪检监察体系应实施多重策略。 首先，要深入学习贯彻总体国家安全观， 坚持底线思维、 极限思维， 把安全发展理念贯穿于数字纪检监察体系建设全过程、 各方面。[1]其次， 提高技术防范能力， 采用先进的加密技术和访问权限机制， 确保数据在存储和传输中的安全性。 再次， 完善隐私保护政策和使用制度， 明确个人信息的收集、 使用范围，规范数据共享流程， 防止信息滥用。 最后， 还应加强监督管理， 建立完善风险评估和预警机制， 及时发现和解决潜在的网络安全风险。 同时， 加强人员培训， 提升对安全与隐私保护的意识， 共同构建安全、 高效、 合法的数字纪检监察体系。

结 论

数字纪检监察体系建设是推进全面从严治党和国家治理现代化的重要举

---

〔1〕 杨雅玲：《促进数字技术融入纪检监察业务》， 载《中国纪检监察报》2024 年 2 月 1 日。

措。通过运用先进技术提升纪检监察工作的效率和质量，为反腐败斗争提供有力支持。当前，数字纪检监察体系建设已取得显著进展，但仍需不断完善和发展。未来，我们应继续加强技术研发和应用创新，健全数据共享和协同机制，完善相关法律法规体系，加强人才队伍建设和技术培训，提升安全防护能力，进一步推动数字纪检监察体系向更高水平迈进。

数据跨境合规治理
——以国内数据出境为视角

管 冠[*]

（中国政法大学 北京 100088）

摘　要： 随着全球化信息技术的飞速发展，数据已成为驱动经济增长的关键要素之一。然而，数据跨境流动在促进国际贸易、技术合作的同时，也引发了个人信息保护、数据安全乃至国家安全的新挑战。本文旨在探讨数据跨境合规的背景、国内数据出境合规的主体、主要路径，限制及禁止出境的数据类型等，为相关企业和组织提供一套理论与实践相结合的指导框架。

关键词： 数据跨境　数据合规　出境合规路径　安全评估　标准合同

随着工业经济时代向数字经济时代转变，数据作为新型生产力，是推动经济社会高质量快速发展的关键动力。基于全球互联网信息技术的高度发达，数字化贸易在各国经济发展中的作用日益凸显，数据跨境流动日益频繁。数据跨境流通在提高生产力并促进创新的同时，也导致涉及国家安全、商业秘密、个人信息的数据外泄风险日益增大，以中美欧为代表的各个国家及经济体纷纷出台数据相关法律法规，导致企业在跨境数据流通中面临着纷繁复杂甚至相互冲突的内外合规挑战。[1] 纵观"滴滴事件""Tiktok 事件"，稍有不慎，企业便可能面临巨大的法律风险、损害客户利益、影响品牌声誉，甚至

---

　*　作者简介：管冠（1985 年— ），女，汉族，浙江杭州人，中国政法大学同等学力研修班 2023 级学员。研究方向：知识产权法。

　〔1〕　刘天骄：《数据主权与长臂管辖的理论分野与实践冲突》，载《环球法律评论》2020 年第 2 期。

导致经营困境。本文旨在探讨数据跨境合规的背景、我国数据出境合规的主体、数据出境的主要路径、限制及禁止出境的数据类型等，为相关企业和组织提供一套理论与实践相结合的指导框架。

一、数据跨境合规的主体

数据出境合规的主体是数据处理者。我国数据跨境领域最新的法律法规均一致明确了数据处理者的数据出境合规主体身份，如 2024 年 3 月 22 日生效的《促进和规范数据跨境流动规定》、2022 年 9 月 1 日生效的《数据出境安全评估办法》、2021 年 9 月 1 日生效的《数据安全法》。数据处理者也涵盖了更早法律法规中负有数据出境合规义务的主体，包括但不限于 2021 年 11 月 1 日生效的《个人信息保护法》中的国家机关、个人信息处理者，2017 年 6 月 1 日生效的《网络安全法》中的网络运营者、关键信息基础设施的运营者等。

以上法律法规并未对数据处理者进行定义。根据国家标准《数据安全技术数据分类分级规则》（标准号：GB/T 43697-2024）第 3、11 条及《网络数据安全管理条例》附则的规定，数据处理者英文为"data processor"，是在数据处理活动中自主决定处理目的和处理方式的个人和组织。

需要注意的是，只有存在数据出境行为的数据处理者才有数据跨境合规义务。其中数据的类型、数量需要达到相关法律法规标准才会触发对应合规机制。而数据出境行为根据国家互联网信息办公室于 2024 年 3 月 22 日发布生效的《数据出境安全评估申报指南（第二版）》第 1 条的规定，不仅包括向境外传输，还包括允许境外访问。

二、数据出境的三大合规路径

根据《促进和规范数据跨境流动规定》及数据三法等法律法规的规定，当前重要数据和个人信息数据出境的路径有三种，分别是向国家网信部门申请数据出境安全评估、与境外接收方签订个人信息出境标准合同和进行个人信息保护认证。数据处理者需尽早且准确地确认自身的数据出境行为是否触发了合规条件，如落入合规管控，对应的是哪一种合规路径。以此降低企业合规风险或因不必要的合规应对而造成的时间、人力、财力损失。下面，我们将对三大合规路径所对应的数据处理者类型、数据类型、数量等指标等进行梳理与分析。

（一）国家网信部门数据出境安全评估

在三大合规路径中，数据出境安全评估是最正式和严格的合规路径，侧重于政府监管和风险评估。这不仅体现在它的评估主体是国家互联网信息办公室上，还体现在它对标重要数据及或数量极大的个人信息数据出境情形上。具体来说，出境数据中只要包含重要数据、关键信息基础设施运营者向境外提供的个人信息、关键信息基础设施运营者以外的一般数据处理者当年累计向境外提供个人信息达到 100 万以上或敏感个人信息达到 1 万人以上这四种情形中的任意一种，就必须申请数据出境安全评估。具体申报流程及要求可参考与《促进和规范数据跨境流动规定》同一天发布实施的《数据出境安全评估申报指南（第二版）》。

由于该出境路径触发的标准极高，相应的合规主体多为各行业的龙头企业，例如已经通过安全评估的首都医科大学附属北京友谊医院、中国国航、北京现代、去哪儿、海康威视、支付宝、安利等。

（二）个人信息出境标准合同

此路径适用于不触发安全评估同时满足一定标准的个人信息出境活动，更侧重于商业层面的约定，要求双方有明确的合同约束，确保数据处理活动合法合规。根据《促进和规范数据跨境流动规定》第 8 条的规定，非关键信息基础设施运营者以外的数据处理者还可以通过与境外接收方签订个人信息出境标准合同来规范数据出境行为。出境的个人信息数量标准为普通个人信息数量当年累计 10 万人以上 100 万人以下（不含敏感个人信息）或敏感个人信息总量当年累计 1 万人以下。为确保个人信息在境外也能得到充分保护，标准合同需严格按照《个人信息出境标准合同办法》及《个人信息出境标准合同备案指南（第二版）》的附件订立，明确双方的权利和义务。且应在合同生效 10 个工作日内按要求提供相关资料向所在地省级网信部门备案。

（三）个人信息保护认证

该路径适用于已建立完善个人信息保护机制，且数据出境活动相对常规、风险可控的数据处理者，例如首批获得该认证的支付宝、京东等企业。[1]

同样根据《促进和规范数据跨境流动规定》第 8 条，符合个人信息出境

---

〔1〕《5 家企业获颁首批个人信息保护认证证书》，载 https://www.isccc.gov.cn/xwdt/tpxw/12/909546.shtml，最后访问日期：2024 年 6 月 12 日。

标准合同路径的数据处理者也可以选择通过获得国家认可的专业机构的个人信息保护认证来实现个人数据出境。这意味着数据处理者及其数据处理活动、数据保护措施需要符合一定的标准和要求，通过认证表明其达到了国家规定的个人信息保护水平。国家市场监督管理总局和国家互联网信息办公室 2022 年 11 月 4 日公布实施的《个人信息保护认证实施规则》规定了对个人信息跨境活动认证的基本原则和要求。

三、限制出境与禁止出境的数据类型

从以上数据出境三条路径的适用情况可知，重要数据和个人信息属于限制出境的数据类型。也就是满足法律法规规定的合规要求后，可以出境。由于不同数据类型对应的合规义务、难度、成本及违规处罚区别较大，各数据处理者对数据类型的准确识别显得尤其重要。

重要数据被《数据出境安全评估办法》第 19 条定义为，一旦遭到篡改、破坏、泄露或者非法获取或利用等，可能危害国家安全、经济运行、社会稳定、公共健康和安全等的数据。《数据安全法》第 21 条规定，重要数据目录由国家统筹协调有关部门制定，各地区、部门确定本地区、本部门以及相关行业、领域的重要数据具体目录。《促进和规范数据跨境流动规定》第 2 条明确，未被告知或者公开发布为重要数据的，不需要作为重要数据申报数据出境安全评估。2024 年 3 月 15 日发布并于 2024 年 10 月 1 日实施的国家标准《数据安全技术数据分类分级规则》（标准号：GB/T 43697-2024）对重要数据也专门制定了识别指南。[1]

违反重要数据出境管理合规要求的，根据《数据安全法》可能招致近千万元的罚款、暂停业务、停业整顿、吊销许可证或营业执照的风险，直接主管人员及责任人也可能被处以 10 万以上 100 万以下的罚款。

另外，经对数据出境相关法律法规的研究，并未见关于核心数据出境的合规路径规定。本文认为，核心数据是禁止出境的数据类型。工业和信息化部于 2021 年 9 月 30 日发布的《工业和信息化领域数据安全管理办法（试行）（征求意见稿）》第 24 条规定，该领域数据处理者在境内收集和产生的

---

〔1〕 何可：《重要数据识别有了国家标准》，载 https://www.cqn.com.cn/zj/content/2024-03/27/content_9040462.htm，最后访问日期：2024 年 7 月 22 日。

重要数据，应当境内存储，确需出境的，应依照相关法规进行数据出境安全评估，但核心数据则不得出境。截至目前该草案暂未正式发布实施。

《数据安全法》第 21 条第 2 款规定国家核心数据是指关系国家安全、国民经济命脉、重要民生、重大公共利益等数据。相比于重要数据，其管理制度要更加严格。第 45 条规定了违反国家核心数据管理制度的除了高额罚款，还可能构成犯罪。

结 论

在全球数据流动日益频繁的今天，数据跨境合规不仅是企业国际化战略的关键，更是维护国家安全、保护公民隐私的基石。通过深入了解合规背景、明确合规主体、选择合适的出境合规路径，了解各数据类型及违规风险，并严格执行各路径的申报、备案、认证流程，可以有效促进数据跨境流动的健康发展，构建安全、可靠、合规的数据生态环境。因此，加强数据跨境合规管理，不仅是法律要求，也是提升国际竞争力、赢得用户信任的重要途径。

实际施工人的法律地位探析

樊子贤*

（中国政法大学 北京 100088）

摘 要： "实际施工人"这一概念的提出，目的是赋予其突破合同相对性直接起诉发包人的权利，以保障实际承担工程施工义务者主张工程款的权利。但由于实际施工人往往与转包、违法分包、挂靠等违法违规现象相伴相生，导致司法实践对于"实际施工人"的认定及各方当事人的权责平衡标准不一，对实际施工人概念的理解和保护边界存在争议。应明确以"农民工"为保护对象的制度设计，细化实际施工人穿透至发包人的适用条件，以《民法典》代位权新规定保护实际施工人权益。

关键词： 实际施工人 无效施工合同 权利保护

我国建筑业的快速发展，使得建筑行业从业人员中集聚了数量庞大的农民工群体，而农民工群体多就职于没有资质或者资质等级比较低的建筑施工企业。部分具有相应资质的建筑企业出于经营成本的考虑，在承包到建设工程后，将其中技术要求不高的一些工程转包或者违法分包给缺乏相应资质的施工队伍，以较低的成本完成工程建设，由此导致建筑工程质量没有保障，进而危及社会公共利益，使得建筑市场秩序陷入混乱无序状态。[1]

---

* 作者简介：樊子贤（1996 年—），男，汉族，内蒙古呼和浩特人，中国政法大学同等学力研修班 2023 级学员。研究方向：民商法学。

〔1〕吴永科、杨荣斌：《建工合同纠纷中"实际施工人"的认定及权利》，载《渤海大学学报（哲学社会科学版）》2022 年第 2 期。

一、实际施工人的范围

从发包人、承包人、转包人、分包人的相对方来理解和界定实际施工人是基于外部法律关系来认定实际施工人的基本方法，在大多数情况下是有效的。但是，当一些主体基于合伙、投资、借款等内部法律关系来主张自己也是实际施工人时，如何认定实际施工人范围，在实践中存在争议。为此，对于实际施工人的范围，应先确定实际施工人的外延范围，然后再通过明确内涵来确定实际施工人。

根据司法解释，实际施工人包括三种类型：一是非法转包合同的承包人，即非法转承包人；二是违法分包合同的承包人，即违法分承包人；三是缺乏相应资质而借用其他符合资质要求的建筑企业名义与发包人签订建设工程施工合同的单位或者个人。[1]不过，一般认为，发包人在缔约时如果对于施工人借用资质的事实是知道的，其与实际施工人构成直接的建设工程施工合同关系，该实际施工人实为实际承包人，其对发包人享有直接的建设工程价款请求权，无须借助于实际施工人制度。

实际施工人认定从内涵来看，实际施工人应从以下三点把握：其一，实际施工人是实际投入资金、材料和劳力进行工程施工，完成工程建设的施工人，未进行实际施工的人不是实际施工人。据此，非法转包人、违法分包人及被借用或者挂靠人显然均不属于实际施工人。其二，实际施工人在经营上具有一定的独立性，具有以自己名义独立经营、自担风险、自享利润的特点，是经营者。据此，承包人或者施工人的管理人或者所聘用的建筑工人均属于工作人员，不属于实际施工人。如果某一自然人与承包人是非法转包、违法分包或者借用资质关系，并依据非法转包合同、违法分包合同或者借用资质合同自主组织施工、自担风险、自享利润，则属于实际施工人。如果该自然人依据与承包人的劳动合同、雇佣合同，根据承包人的工作安排参与建设工程管理或施工，只收取工资，不承担经营风险、不享有经营利润，则属于承包人的工作人员。其三，实际施工人未以自己名义与发包人订立建设工程施工合同。否则，施工人本身就属于承包人，无须强调"实际"二字。此外，仅投入资金、不实际参与施工管理、也不以自己名义对外承担责任的，也不能

----

[1] 谢勇、郭培培：《论实际施工人的民法保护》，载《法律适用》2021年第6期。

认定为实际施工人。进言之，在案涉建设工程发生质量问题或者延期完工等问题时，转包人、分包人或者被借用或者挂靠资质人依据合同要求承担责任的对方，才可能是实际施工人。

二、实际施工人突破合同相对性在司法实践中产生的问题

我国《民法典》规定的民事主体包括自然人、法人、非法人组织，实际施工人并非我国现行法律规定的民事主体类型，也不具备诉讼主体资格。而在实践中，作为无效合同的一方当事人，往往会取得比有效合同当事人更大的诉讼权利。在合同无效的前提下，合同相对性已经弱化，却赋予其突破合同相对性的特权，向与其没有合同关系的发包人主张工程款，在司法实践中往往是"实际施工人想告谁，就可以告谁"。与此同时，在突破合同相对性规则给予实际施工人特殊保护的同时，忽略了对处于发包人与实际施工人之间、对拖欠实际施工人工程款应负主要责任的转包人、违法分包人的民事责任。

实际施工人为充分维权，会采取"捞大鱼"或"普遍捞鱼"的方式，有的直接将发包人作为被告提起诉讼，诉求发包人对欠付的工程款承担责任；有的将发包人、转包人、违法分包人列为被告，诉求对所欠工程款承担连带责任；也有的实际施工人，将转包人、违法分包人或者挂靠单位列为被告，将发包人列为第三人，诉求对所欠工程款承担连带支付责任。当事人纷繁复杂的诉讼请求及其诉讼地位，使得人民法院常常也处于两难境地。

怎样理解"实际施工人"相关规定的适用条件，避免作扩大解释而导致实际施工人滥用诉权和浪费司法资源，也是司法实践中遇到的常见问题。此外，结合司法实践中出现的判决，结论多为发包人与转包人及违法分包人对欠付工程款承担连带责任，可承担连带责任的合同依据和法律依据又何在？

三、完善实际施工人制度的解决对策

（一）明确以"农民工"为保护对象的制度设计

赋予实际施工人在一定程度上突破合同相对性的特殊保护，是基于特定情况下工程款拖欠严重，并已经侵犯到农民工的实质利益，又没有相关的法律法规提供司法保护。在此前提下，在一定程度上突破合同相对性的司法制度设计主要是基于妥善解决农民工工资拖欠的问题。但是，司法解释并没有

明确实际施工人的定义，在无效的转包、违法分包合同项下的实际施工人，其具体主体情况复杂，既包括没有资质的企业和组织用工的包工头，也包括实际从事施工的劳务工人，并不仅仅是农民工。从具体条款的内容来看，规定直接保护对象是实际施工人，也并不等同于农民工。现今立法已逐渐完善，国务院施行《保障农民工工资支付条例》第2条第2款明确规定："本条例所称农民工，是指为用人单位提供劳动的农村居民。"由此，建筑领域的农民工，同样应是为施工单位提供劳务作业的农村居民。因此，根据《民法典》和《保障农民工工资支付条例》的相关规定，司法解释当初创设实际施工人制度的初衷和保护对象都应适时进行调整。

（二）明确实际施工人穿透至发包人的适用条件

虽然在司法实践中支持实际施工人可突破合同相对性，在层层转包、违法分包情形下向发包人主张工程款，[1]但是没有明确可穿透至发包人的条件。笔者认为，实际施工人以发包人欠付工程款为由主张其承担责任的，应符合以下条件：第一，建设工程存在转包、违法发包的情形，实际施工人层面的施工合同法律关系无效；第二，实际施工人的工程款未结清且已到期；第三，发包人欠付其合同相对方工程款；第四，实际施工人有证据证明与其具有合同关系的相对方丧失了履约能力（如破产、资信状况严重恶化或具有下落不明等），导致其工程价款债权无法实现。也就是说，实际施工人可以附条件地向发包人提起诉讼。

（三）以《民法典》代位权新规定保护建筑行业农民工工资

建筑行业农民工工资被拖欠，往往是因为承包人或分包人通过挂靠、转包、违法分包等无效行为实际使用农民工，造成农民工工资的合法权益难以得到保护。根据《民法典》第535条的规定，农民工以转包人或者违法分包人怠于向发包人行使到期债权或者与该债权有关的从权利，影响其工资发放而提起代位权诉讼的，人民法院应予支持。

在建设工程施工合同关系中，若因发包人欠付承包人工程款，造成承包人或分包人无法按合同约定履行其对农民工的债务，农民工可以自己的名义代位行使承包人或分包人对发包人的权利，从而实现农民工工资权益。因此，

---

[1] 陈果叶：《突破之限缩：建设工程施工合同相对性司法认定的实证考察——基于150个判决的分析》，西南财经大学2022年硕士学位论文。

建议立法规定："发包人欠付工程款，造成承包人或分包人无法支付农民工工资的，农民工以承包人或者分包人怠于向发包人行使到期债权或者与该债权有关的从权利，影响其被拖欠工资为由提起代位权诉讼的，人民法院应予支持。[1]其他无资质的实际施工人主张权利的，参照本规定执行。"

---

〔1〕 高印立：《实际施工人的代位权若干问题研究》，载《商事仲裁与调解》2021年第2期。

重大责任事故罪主体责任辨析

王 奎*

（中国政法大学 北京 100088）

摘 要：近年来，伴随着我国经济的繁荣发展，安全生产形势也取得了好转，但一些重大特大的安全生产事故仍时有发生，给社会和人民群众的生命、财产安全带来了难以挽回的损失。基于现实惨痛的经验，我们应对安全生产的综合治理提出更高的要求。加强法制的威慑效应，促使各单位及个体提高对安全工作的关注，使刑事法制的功能得到最大限度的发挥，更好地防范与治理重大事故违法犯罪行为，防止重特大事故的发生。但在我国立法中，关于重大事故犯罪的犯罪主体，理论界与司法实践存在着分歧。目前，法律只将自然人作为犯罪的主体，这被认为是不完善且对犯罪的惩治是不够，还应将单位作为法律上的共同侵权人，对现有法律规定进行必要的补充和完善。

关键词：重大责任事故罪 主体责任 二元化

一、"重大责任事故罪" 主体责任的含义与特征

"重大责任事故罪" 首次出现在我国 1963 年《刑法修正案草案》中，随着市场经济的不断发展，雇佣制度的多元化，以及与之相关联的社会关系越来越复杂，安全生产状况也越来越严峻。我国刑法对重大事故罪进行了多次修正。

主体责任是指行为人在其职务活动中，由于本人的疏忽或者不履行本应

---

* 作者简介：王奎（1989 年—），男，汉族，广东江门人，中国政法大学同等学力研修班 2022 级学员。研究方向：刑法学。

尽的职责，导致重大事故发生，应承担刑事责任。这一罪名的主体通常是企业、事业单位、国家机关或社会团体的工作人员，但也可以是其他因工作职责导致事故的人员。《最高人民法院、最高人民检察院关于办理危害生产安全刑事案件适用法律若干问题的解释》（法释〔2015〕22号）》对重大责任事故主体作出了规定。该解释第1条明确规定《刑法》第134条规定的重大责任事故责任罪的犯罪主体包括：对生产、作业负有组织、指挥或者管理职责的负责人管理人员、实际控制人、投资人等人员，以及直接从事生产或者作业的人员。前款规定将本罪犯罪主体限制为自然人，并不包括刑法中的主体"单位"。

"重大责任事故罪"主体责任特征有：主体的特定性、行为的疏忽性和违反性、结果的严重性和行为与结果间的因果性。从刑法理论角度来看，重大责任事故罪属于业务过失犯罪，这意味着行为人并非有意造成事故，而是由于疏忽大意或管理不当引发事故。重大责任事故罪往往具有不作为性，即事故发生是因为行为人未履行应有的监管、管理职责，如监督过失或管理过失。要构成重大责任事故罪，必须存在因果关系，即行为人的过失行为与发生的事故之间有直接的因果联系。

二、重大责任事故罪适用主体责任之争议

（一）是否特殊主体

对于重大责任事故罪的主体范围，学术界和实务界均有不同的见解。有学者指出，尽管法条未明文规定，但该罪名仍应被视为特殊主体。这是由重大责任事故罪的特性决定的，事故通常发生在生产或作业过程中，只有特定行为人才有可能引发此类事故。一类是指直接从事生产、研究和生产活动的人员；另外一种类型是管理人员，他们对此进行指导和引导。一般认为，与生产、经营和管理工作不相关的行政、后勤、党团组织等人员都不能成为该罪的犯罪主体。

多数学者均将重大安全事故犯罪主体认定为一般主体。立法机关对该罪的规制采用了开放的主体范围，将一般主体包括在内。也就是说，凡是在生产过程中触犯有关安全管理规定的个人，都可以成为犯罪的主体。在认定重大事故犯罪主体时，不应局限于法定经营者。即不能因为行为人是否具有合法的商业行为而构成重大事故罪的主体。在司法实践中，对重大安全事故的

认定往往存在着一种错误认识，即认为越是高级别的人员，越是远离现场，责任就越轻。为避免这一认知局限，对重大责任事故犯罪中主管人员的主体资格的确定显得尤为重要。

（二）单位能否作为重大责任事故罪的主体

《最高人民法院、最高人民检察院关于办理危害生产安全刑事案件适用法律若干问题的解释》规定，重大责任事故罪的主体仅限于自然人，并不包括单位。一些生产、经营单位为了追求更高的经济利益，不顾法律的存在，采取相应手段强令生产、作业的人员违章作业，因而导致重大责任事故发生。重大责任事故罪的主体不包括单位，致使有关行政部门缺乏对相关社会主体进行安全监管的认识，不能有效地预防和治理重大事故。因此，有必要在刑法中增设单位责任，这样既可以有效地遏制其重犯行为，又可以重塑人们对法治的信赖和忠诚。

第一，有的学者认为，在适当情况下，单位应对其工作人员的违法行为负监管过失责任。[1]该观点既可以进一步健全单位犯罪责任制度，又可以为单位在重大安全事故中承担法律责任提供新的思路。在我国，单位犯罪既包括单位集体作出或者主管部门领导作出的违法行为，也可以是在执行工作时，单位代表在执行工作中所犯的错误。[2]

第二，从立法角度看，单位可以作为重大责任事故罪的犯罪主体。《刑法》第137条规定了"工程重大安全事故罪"，该罪是指建设、设计和施工单位以及工程监理单位违反国家规定，降低工程质量标准，造成重大安全事故的行为。建设单位、设计单位、施工单位和工程监理单位为该罪的犯罪主体，构成单位犯罪。此罪与《刑法》第134条的"重大责任事故罪"形成了鲜明对比，后者属于个人犯罪。1997年修订的《刑法》中，"工程重大安全事故罪"从"重大责任事故罪"中独立出来，成为《刑法》第137条的独立罪名。在同一司法解释中，导致一人以上的人员伤亡或者三人以上的严重安全事故，也是重大安全事故的条件。在此基础上，对"重大责任事故罪"和"工程重大安全事故罪"中的过失行为进行了比较，二者并无明显差别。二者

---

〔1〕 刑曼媛、程凌钰：《论重大责任事故罪的犯罪主体》，载《山西高等学校社会科学学报》2009年第7期。

〔2〕 申柳华：《单位作为重大责任事故罪主体研究》，载《河南公安高等专科学校学报》2006年第5期。

都是危害公众安全犯罪的一个子罪名。参考"工程重大安全事故罪",把"重大责任事故罪"纳入单位犯罪,在法律上是可行的。这既可以使单位成为安全生产的主体,又能充分地实现刑法对犯罪的打击、遏制作用,同时与"非系统性单位犯罪"的学说相适应,有助于推动我国刑法体系的统一性。

三、单位与自然人主体责任的二元化模式

我国《刑法》第30条的基本含义是,单位的行为只有法律明确规定为犯罪的,才能追究单位的刑事责任,即在处罚单位的同时也处罚相关责任人。在二元化模式中,通过对单位和自然人的双重惩戒,可以形成多层次的法律约束和威慑效果,从而严密刑事法网,更好地发挥刑法在预防和控制重大责任事故犯罪方面的作用。双重惩戒模式不仅能增强法律的震慑力,还能有效防止单位在安全生产中的违法行为。

在单位(如企业、公司)发生重大责任事故时,单位本身作为法人实体需要承担法律责任。这种责任主要表现为:对于发生重大责任事故的单位,法律可以对其处以罚款,这种经济处罚旨在惩戒和警示单位;法律可以要求单位进行整改,改善安全生产条件,避免类似事故再次发生;事故单位被记入不良信用记录,影响其商业信誉和未来的业务发展。这种二元化模式的意义在于:一是区分单位和自然人的责任,使得责任更加明确,避免责任不清或推诿的情况;二是利用法律手段强化生产安全管理,促使单位和个人更加重视安全生产,预防重大责任事故的发生;三是有助于防范和控制我国普遍存在的企业分包、转包过程中,由于对承包方安全生产监督不力而导致的责任事故频发问题。

刑事诉讼价值的冲突与应对策略

孙　娇*

（中国政法大学 北京 100088）

摘　要：法律的价值是通过司法诉讼的过程来体现的。通常认为，司法的价值包括了诉讼的公正和效率，只有保障了司法的公正和效率，才能使司法的公正和正义得到充分发挥。坚持司法的公正与效率，是对其进行有效贯彻落实的先决条件。本文旨在根据刑事诉讼价值的现实挑战，提出完善路径，以期在诉讼全过程中，既能更好地解决案件的审理，也能确保诉讼的公正和客观。

关键词：刑事诉讼　公正价值　效率价值

一、刑事诉讼价值的现实挑战

在以诉讼方式进行的司法实践中，要确保司法的公正性和效率性，从而使司法的公正和正义得到充分彰显。正义一直被人们所认同，并被作为一项重要的法律规范而存在。然而，在对"正义"实质含义的探讨中，我们却会看到，"正义"这一概念一旦迟到，便失去了其应有的意义。程序正义与效果正义是刑事诉讼所要追求的根本内容，但是，在刑事诉讼中，效率问题会对当事人的正义产生一定的影响，尽管这并不能改变其本质上的正义，但是迟到的正义却常常给当事人带来无法挽回的损害。[1]

---

*　作者简介：孙娇（1991年—），女，汉族，山东淄博人，中国政法大学2022级同等学力在读研究生。研究方向：刑法学。

〔1〕　参见陈岚：《浅论刑事诉讼的价值和目的》，载《湖北社会科学》2011年第12期。

在刑事诉讼中，公正与效率之间的冲突是现实存在的。例如，过去发生过调查人员为了在规定的时限之内破案，对涉嫌罪犯严刑拷打的情况。刑讯逼供严重侵害了犯罪嫌疑人的基本人权，严重损害了司法公正在人民心中的形象，削弱了公众对司法制度的信任。通过刑讯逼供得到的证据存在可靠性的问题，很大概率会导致无辜者被定罪误判或者犯罪嫌疑人逃过法律的制裁。

在新媒体的快速传播下，公安机关面临很大的破案压力，为了在规定时间内破案，在审讯过程中可能使用一些非法或过度的手段。在资源有限的情况下，侦查机关可能会牺牲一部分公正来换取侦破效率。公众对案件的关注度越高，对案件侦破的效率要求就越高，从而使公正得不到保障。

然而，公正和效率既是矛盾的，又是和谐的。比如，简单程序可以迅速审理、及时惩处罪犯，发挥刑法的震慑作用，符合公众对实质公正的需求，但可能妨碍辩护权利的充分行使，损害诉讼的公正性。刑事普通程序能够对证人及其他物证进行有效鉴别，有助于司法实践中的实质公正与程序公正，但同时也会影响到诉讼的效率。在某些情况下，公正和效率可以相互补充。一桩案子经过长时间的审理，最终查明了案情的真实，达到了实质上的公正，但这样的公正总是晚来的。

刑事诉讼的价值冲突可能引发如下问题。如何提高司法人员、执法人员以及公众的法律素质，以更好地理解和执行刑事诉讼法？如何增加司法资源投入，以满足刑事诉讼法实施所需的硬件和软件支持？在刑事诉讼法中，如何找到人权保障与犯罪控制之间的平衡点？如何平衡律师权利的保障与诉讼成本的控制？[1]

二、刑事诉讼价值的理论与实践分析

(一) 理论视角下的刑事诉讼价值

由国家主导的刑事诉讼制度，其价值要能切实地符合本国民众的需要。其中不仅包括了与刑法有关的法律的价值，也包括了能够最大限度地满足各个利益层面的需求，能够有效地体现社会功能，能够科学地表达社会状况，最大限度地符合各种利益层面的需要。刑事诉讼的价值是对国家目标的表达，

---

[1] 参见张正德：《刑事诉讼法价值评析》，载《中国法学》1997年第4期。

也是对各种团体思想的反映。因此，在进行刑事程序的过程中，每一个利益层面的根本需要都要得到切实反映。涉及刑事程序的价值观。程序正义的价值包括内部正义与外部正义。其内部含义是受到了刑事诉讼权利的制约，外部含义则是刑事诉讼程序的根本目的功能。具体的维度包括：正式程序、效率、公平和可信赖三个维度，实用性价值、经济可持续性价值和独立价值三个层次。[1]

（二）刑事诉讼价值的国际经验与本土化问题

法律的价值观体现了社会的价值观。各国的立法倾向于所在国家的社会价值观。在特定的历史阶段中产生的一种文化情境和气氛中，在特定的历史阶段，体现了法律的选择。纵观当今世界，在我国的刑事诉讼制度中，都有其独特的价值取向。我国刑事诉讼法律制度始终受到传统价值观的制约，一直存在着"重实质轻程序"的思想，再加上苏联法律制度对我国的法治建设产生了重要影响。刑法是一种刑罚手段，而刑事诉讼制度又是为了这种刑罚手段而设计的，即强调要以有益于打击犯罪为目的。对比不同法系中的刑事诉讼价值理论与实践，我们可以更深入地理解其差异和共同点，进而探讨国际经验在中国的适用性。[2]

三、刑事诉讼价值的完善路径与策略

（一）立法与司法改革的建议

在此背景下，以查清案件的真实情况为依据，对刑法进行准确的应用，是对刑法的价值追求。要真正体现出作为第一位的刑事程序的外部价值，就必须建立起一套完整的程序权利与责任制度。其内容主要是以事实为中心、以刑事责任主体为核心、以刑事诉讼过程为中心，进行权力与责任制度的建构。在刑事诉讼程序中，证据是证明犯罪事实的关键，也是实现刑法价值的关键。刑事诉讼程序既要确立事实，又要对刑事责任主体进行确认与控制，还要对案件进行协调、制约以保证案件品质等其他独立的诉讼价值。[3]

刑法更深层的目标在于惩罚犯罪和预防犯罪，并通过惩罚来达到对犯罪的

---

〔1〕 参见陈建军：《刑事诉讼的目的、价值及其关系》，载《法学研究》2003 年第 4 期。

〔2〕 参见俞聪：《试论刑事诉讼的价值》，载《青年文学家》2011 年第 22 期。

〔3〕 参见曾友祥：《刑事诉讼之实现刑法目的价值结构论》，载《甘肃社会科学》2007 年第 3 期。

治理。因而，对犯罪的遏制是惩罚的价值取向。刑法以治理犯罪为中心，在各个阶段，其重点应有所不同。报复刑、威慑刑和等值报应刑以普通防范为核心，而惩罚刑则以个人防范为核心，以实现对犯罪的有效遏制。折中的刑罚原则是将普通防范与个体防范相融合，从各个方面来达到对犯罪的全面控制。刑法中的个体防范与整体防范均以对犯罪进行治理为目的。通过惩罚来达到对罪行的控制。惩罚是为了防止犯罪分子对市民进行再一次伤害，也是为了警告潜在犯罪人。

在刑事程序中，维持秩序是一种重要的社会功能，也是一种对犯罪进行有效控制的深层目标。刑事立法的最终目标在于维持国家政权与社会秩序。维持秩序之价值本身就蕴涵着"安全"之义，抱着管制犯罪之价值目标观念，则会忽略维持之"一致性"与"连续性"之意义。

（二）公正与效率平衡的实践策略

法律的价值不仅体现在秩序、正义和个人的自由上，而且体现在实践上，也就是对利益最大化的追求。与自然生态利益的区别在于，法的利益是由法的执行所产生的社会结果来表现的，其目的是维持社会的公平，并且与法的根本价值目的存在密切的联系，贯穿于法的每一个层次。

利益最大化是实现正义和效率之间的一个最好的平衡。任何一种价值目的都要付出代价，才能使其他的价值目得到最大的利益。利益的实现就是对社会正义的保护。在刑事诉讼程序中，利益即以最低的审判成本，实现刑罚与人权保护的最大化。其中，社会利益体现在对社会行为的规制上，对不法行为进行惩罚，对正当的行为予以维护。正义与效率是其根本的价值追求，而利益又是二者之间的最佳平衡。在司法实务中，既要坚持合理原则，又要避免与现实脱节，力求正义与社会总体利益最大化。[1]

结 论

在当代的法治环境下，诉讼的价值趋向于多样化，"三位一体"的诉讼价值是正义、效率与效益的统一。在这三个方面，正义是效率的内核与基础，而效率则是正义的保证，利益是二者之间的一个平衡。正义与效益在不同的法律文

〔1〕 参见李晓明、辛军：《诉讼效益：公正与效率的最佳平衡点》，载《中国刑事法杂志》2004年第1期。

化中所占的比例各不相同，表现为一种动态的、不断发展的形式。为此，必须在利益的基础上寻求公平和效率的均衡。要使这三个方面的关系达到辩证统一、相互补充的状态，才能使司法工作的合理性与现实性统一起来，促使案件得到妥善审理，使整个社会达到公平与总体利益的最大化。

论网络诽谤的法律规制

○ ○

郑斯元*

（中国政法大学 北京 100088）

摘　要： 自媒体时代网络诽谤等不良信息在网络空间中泛滥，给个人名誉权和社会秩序带来了严重威胁，也给社会治理带来了难题。为了维护网络空间的清朗环境和社会秩序的稳定，对于网络诽谤现象，应当建立起多元化、专业化的治理机制，通过合理的法律制度和有效的司法实践，维护网络空间的清朗环境和社会秩序的稳定。

关键词： 网络诽谤　自媒体　侮辱罪

一、网络诽谤的现状和治理挑战

（一）自媒体时代下网络诽谤的普遍性

在自媒体时代，网络诽谤呈现出了普遍性的趋势，自媒体平台的迅速崛起为个人表达和信息传播提供了广阔的舞台，与此同时，网络诽谤也随之而来。根据我国宪法的规定，刑法必须适当降低对公众人物名誉的保护规格，司法解释关于网络诽谤"情节严重"规定的缺陷，不在于客观归罪与扩大处罚范围。[1] 由于信息传播的速度和范围急剧扩大，网络诽谤行为变得更加便捷和迅速，个人在社交媒体上可以轻易地发表攻击性言论或不实言论。而这些言论往往会迅速传播开来，对被诋毁对象造成严重影响，自媒体环境下的信

---

　*　作者简介：郑斯元（1998 年—），女，汉族，山西太原人，中国政法大学 2023 级同等学力在读研究生。研究方向：刑事诉讼法学。

　〔1〕　张明楷：《网络诽谤的争议问题探究》，载《中国法学》2015 年第 3 期。

息真实性难以保证，造假、传谣等行为更易被误认为真实，从而进一步助长了网络诽谤的传播和扩散。

（二）法律适用和司法实践方面的困难

面对自媒体时代下网络诽谤的普遍性，法律适用和司法实践面临诸多挑战，法律适用方面存在的困难主要表现在对网络诽谤行为的界定上。网络诽谤往往涉及言论自由与个人名誉权的冲突，而要在法律上准确地界定何为诽谤、何为言论自由的边界并非易事。司法实践方面存在的困难包括司法资源匮乏、证据获取难度大等问题，由于网络空间的虚拟性和信息的易变性，要惩治网络诽谤行为往往需要大量的司法调查和取证工作，这对司法机关提出了更高的要求。网络诽谤案件的处理也需要耗费大量的司法资源和时间，导致司法效率低下，给法治建设带来了一定的困难。网络诽谤的刑法防治应在平衡名誉权与表达自由的基础上，充分发挥司法能动性，着力思考应对网络诽谤的刑事司法对策。[1]

二、现有的法律应对方案

（一）传统罪名拆分适用

罗翔提出了一种关于侮辱罪拆分的观点。他认为，传统的侮辱罪构成要件过于宽泛，不利于准确界定网络诽谤行为。应对侮辱罪进行拆分，明确划分不同的行为类型，并分别制定相应的法律规范。在他看来，可以将侮辱罪分为严重侮辱罪和轻微侮辱罪两类。对于严重侮辱罪，增加相应的法律责任，以更严厉的惩罚手段来打击网络诽谤行为。对于轻微侮辱罪，则采取相对温和的惩罚手段，比如行政处罚或者民事赔偿等方式，以平衡言论自由和个人名誉权之间的关系。言论自由促进民主决策，监督违法犯罪，追寻科学真理。在保障言论自由的同时，又可以杜绝谣言，这是人们对法治的美好期待。[2]

侮辱罪的拆分可以更好地满足不同情况下的司法需求，有利于司法实践的准确裁判和公正司法。通过对侮辱罪的拆分，司法机关可以更有针对性地对不同类型的网络诽谤行为进行界定和处罚，从而提高司法效率和司法公正

---

〔1〕 于冲：《网络诽谤行为的实证分析与刑法应对——以 10 年来 100 个网络诽谤案例为样本》，载《法学》2013 年第 7 期。

〔2〕 姜涛：《网络谣言的刑法治理：从宪法的视角》，载《社会科学文摘》2021 年第 7 期。

性。这种观点也需要在立法和司法实践中进行进一步的讨论和完善。

（二）平衡言论自由与打击诽谤

姜涛在其研究中着重探讨了言论自由与打击诽谤之间的平衡问题，旨在寻找一种既能维护言论自由，又能有效打击网络诽谤的合理途径。他认为，在自媒体时代，言论自由应当被充分尊重和保障，但同时也需要加强对网络诽谤等侵害他人名誉权行为的打击和规制。

姜涛在强调言论自由重要性的同时指出，言论自由并非绝对，应当在法律框架下予以限制。如《民法典》第 1027 条和《刑法》第 252 条等，明确规定了对侵害名誉权的民事赔偿和刑事处罚。在实践中，姜涛提倡通过完善法律制度和加强司法执法来平衡言论自由与打击诽谤之间的关系。其主张建立健全网络诽谤举证责任制度，加强网络舆论监管，规范自媒体从业人员的言行举止，以及加强对网络诽谤行为的打击和处罚等。这些举措既能保障言论自由的正当行使，又能有效遏制网络诽谤等不法行为的蔓延，维护网络空间的健康发展和社会秩序的稳定。姜涛的观点体现了对言论自由和打击网络诽谤之间平衡的重视，他的研究为我们在自媒体时代下处理网络诽谤问题提供了有益的思路和方法。[1]

（三）对现有条文进一步解释细化

张明楷认为，应加强对条文的解释，针对自媒体时代下网络诽谤的特点和现实情况，对现有的法律条文进行进一步的解释和完善，以适应网络空间信息传播的快速变化和复杂性。《刑法》中侮辱罪和诽谤罪的规定，存在模糊性和不确定性，容易导致司法裁判的主观性和随意性。他建议司法机关对这些条文进行更为细致的解释和解读，明确规定何为网络诽谤行为，以及如何界定何为合法的言论自由，以利于我国法治环境的营造和正确刑法解释方法的培养。

此外，该观点还要求加强对网络诽谤行为的司法打击力度，起到震慑和警示的作用。同时，要推动对网络诽谤案件的审理标准和程序的规范化和专业化。由于网络诽谤案件的特殊性和复杂性，需要司法机关加强对这类案件的审理和裁判，确保司法公正和审判效率。他建议建立专门的网络诽谤案件

---

〔1〕 李晓明：《刑法："虚拟世界"与"现实社会"的博弈与抉择——从两高"网络诽谤"司法解释说开去》，载《法律科学（西北政法大学学报）》2015 年第 2 期。

审理机构或者加强对相关法官和法律人员的培训，以提高司法实践水平和专业能力。[1]

三、建立多元、专业的网络诽谤法律治理机制

在现有观点的基础上，本文认为对网络诽谤的法律规制应该从以下几个方面出发。

（一）发掘言论自由与法律规制的平衡点

在自媒体时代，如何平衡言论自由与法律规制成了一个亟待解决的问题。言论自由应当得到尊重和保障，但也不能成为侵害他人名誉权的借口，需要建立起一套既能保护言论自由，又能有效规制网络诽谤的法律体系。这意味着法律应当明确规定何为言论自由的合法行使，同时也要对恶意诋毁、虚假传播等网络诽谤行为进行严厉打击。网络虚假信息处理实践的偏差，一方面是规范本身的问题，同时也存在对规范本身的误读。例如，虚假信息应当被理解为没有根据的信息，应具备无根据性、具体性、可信性和关联性。

（二）加强网络诽谤行为的法律认定

有必要加强对网络诽谤行为的法律认定，明确规定何为网络诽谤，并给予相应的法律制裁。这需要立法机关加强对相关法律条文的完善和修订，明确网络诽谤行为的构成要件和处罚标准，以便司法机关更准确地对网络诽谤行为进行认定和处理。只有加强对网络诽谤行为的法律认定，才能有效遏制网络诽谤的蔓延，维护社会公共利益和个人合法权益。

（三）网络诽谤治理机制走向多元化和专业化

针对自媒体时代下网络诽谤问题的复杂性和严重性，需要建立起一套多元化、专业化的网络诽谤治理机制。这包括加强网络舆论监管，建立健全的网络诽谤举证责任制度，规范自媒体从业人员的言行举止，以及加强对网络诽谤行为的打击和处罚等。还需要建立起一支专业化的网络诽谤治理队伍，提升司法机关和相关部门对网络诽谤行为的认知和应对能力，只有通过建立多元化、专业化的网络诽谤治理机制，才能更好地应对自媒体时代下的网络诽谤问题，维护网络空间的清朗环境和社会秩序的稳定。

---

〔1〕 孙万怀、卢恒飞：《刑法应当理性应对网络谣言——对网络造谣司法解释的实证评估》，载《法学》2013 年第 11 期。

结　语

自媒体时代下，网络诽谤问题日益突出，对个人名誉权和社会秩序造成了严重影响。面对这一挑战，我们需要在尊重言论自由的前提下，加强对网络诽谤行为的规制，建立起多元化、专业化的治理机制。只有通过合理的法律制度和有效的司法实践，才能实现网络空间的健康发展和社会秩序的稳定。

关于袭警罪中暴力袭击行为入罪标准的司法认定

杨旭东*

（中国政法大学 北京 100088）

摘　要： 自《刑法修正案（十一）》增设袭警罪以来，实践案件情况的复杂性以及司法人员对法律条文理解的参差，导致对该罪"暴力袭击行为"应达到何种程度的认知存在分歧，在司法实践中甚至出现了同案不同判现象，亟须统一标准、规范适用。本文笔者拟对暴力袭击行为进行法理性分析，并比较大陆法系与英美法系主要国家对本罪行为的认定标准，最终得出袭警罪中暴力袭击行为认定的具体标准。

关键词： 袭警罪　暴力袭击行为　立法比较

一、袭警罪中暴力袭击的法理性分析

（一）通过体系解释与文义解释，定位袭警罪"暴力"程度的层级

从体系解释的角度，在修正案增设袭警罪之前，"暴力袭警"属于妨害公务罪的加重情节，袭警罪倾向于通过暴力攻击来挑战警察执法权威，而妨害公务罪则是通过暴力行为来达到妨害公务的目的。因此，袭警罪的暴力程度明显大于妨害公务罪的暴力程度。

从文义解释角度来看，由于妨害公务罪中的"暴力阻碍"，既包括对国家工作人员人身的直接攻击行为，也包括针对国家工作人员执行公务时所用物品的破坏行为，即对妨害公务罪中的"暴力"的评价应当以能够"妨害执行

＊ 作者简介：杨旭东（1999 年—），男，汉族，河南南阳人，中国政法大学同等学力研修班 2023 级学员。研究方向：刑法学。

职务"为限。而袭警罪中所含"暴力"一词紧接"袭击",也意味着行为人的行为应当具备主观攻击性,所以司法实践中常见的行为人的本能搏斗、反抗以及挣扎性行为,不应被评价为袭警罪的"暴力袭击"。

(二) 从保护法益的角度,分析暴力袭击的内涵

关于袭警罪的法益,学理上大致有三种观点:一是警察的执法权威;二是警察的人身权益;[1] 三是复合法益——警察的执法权威与人身安全法益并存。[2]主流观点为复合法益说。笔者认为,袭警罪罪名增设保护的首要法益不是警察的身体健康权,而是警察的执法权威。因为警察肩负着维护社会公共秩序稳定的职责,如果攻击警察不承担相应责任,便会导致社会公共秩序的混乱,基于这一特殊原因产生了刑法保护警察的必要性。[3]也就是警察执法权威应当得到优先保护,其次才是警察的身体健康权。笔者认为,虽是双重法益保护,但是有主次之分。

因此,对袭警罪中的暴力袭击行为的评价,首先要考虑该行为是否达到了足以危及或者妨害警察执法权威的程度,即应以对警察执行公务行为造成现实紧迫危险为主要标准,以对警察人身安全造成严重紧迫危险为加重犯的实质限制条件划分袭警罪的"暴力"程度。[4]

二、袭警罪中暴力程度的司法认定对比性分析

(一) 美英对袭警罪中暴力程度的司法认定

在美国,有关袭警罪的判决一般会对行为人施加的暴力程度进行严格的评估,关键在于结果和手段。如果未造成重大伤害或死亡,轻微的身体接触或语言威胁可能不会被视为袭警。然而,如果行为人使用了武器或以极其危险的方式攻击警察,这通常会被认定为更严重的袭警行为。

在英国,袭警罪的认定并不单一依赖于物理伤害的严重性,还会考虑到行为人的动机和行为所产生的影响。袭警罪的认定标准主要包括以下几个方

---

〔1〕 付洁:《袭警罪条款体系解释研究》,载《公安学研究》2021 年第 6 期。

〔2〕 赵秉志主编:《〈刑法修正案(十一)〉理解与适用》,中国人民大学出版社 2021 年版,第249 页。

〔3〕 杨忠民、张志国:《论袭警行为的刑法规制》,载《中国人民公安大学学报(社会科学版)》2006 年第 3 期。

〔4〕 简雯琪、赵杨:《袭警罪的法教义学再审视——以"暴力"相关问题的解释切入》,载《安徽警官职业学院学报》2022 年第 2 期。

面：行为人的意图、行为造成的伤害程度以及是否存在正当防卫等。[1]例如，如果一个人在没有明显恶意的情况下轻微碰触了警察，这可能不会被认定为袭警罪。然而，如果同样的行为发生在一个紧急情况下，比如试图阻止警察执行任务，那么可能会被认定为更严重的犯罪。[2]

（二）德国袭警罪中暴力程度的司法认定

根据《德国刑法》第249条，袭警罪的构成要件包括：对执法人员的身体伤害、生命危险的威胁以及强制执法阻碍等。在这一框架下，暴力程度的判断主要依据受害者的伤害程度以及行为造成的后果等因素。

情形	伤害程度	法律后果
轻微伤害	非致命性伤害	最高3年监禁
重伤	可能致命性伤害	最高10年监禁
致命伤害	直接导致死亡	最高15年监禁

综上，大陆法系与英美法系的主要国家，一方面在袭警行为认定过程中，对行为人施加的暴力程度进行严格的评估，不同的伤害程度对应着不同的法律后果。这种分级制度有助于明确不同情形下的刑事责任范围，使得司法实践中对于袭警罪的认定更加具体和明确。同时在审理袭警案件时，还会考虑到被告人的动机、行为时的紧急状态、自卫行为等因素。这些因素可能会影响到最终的刑罚判决。因此，我国袭警罪的行为认定应当满足"定性+定量"的基本要求，对具体危险的判断也要结合量的要素进行展开分析。

三、总结：袭警罪中暴力袭击行为认定的具体标准

（一）暴力只能是狭义的暴力（硬暴力）

这一点已为学界共识，所谓狭义的暴力（硬暴力），在刑法中的含义为对他人的身体施加的物理强制力。[3]该解释契合袭警罪中"暴力袭击"的文义解释。暴力袭击行为必须直接针对警察的身体。具体来说：

[1] 范晨：《论袭警罪的规范构造》，载《铁道警察学院学报》2022年第5期。

[2] 何丽娜：《袭警罪司法适用中的几个疑难问题》，载《河北公安警察职业学院学报》2022年第1期。

[3] 刘艳红：《袭警罪中"暴力"的法教义学分析》，载《法商研究》2022年第1期。

第一，袭警罪的暴力袭击行为虽然针对的是警察的人身安全，但没有必要达到损害其身体健康的程度，同时也不宜狭隘地将针对警察的轻微伤害行为直接定性为暴力袭击。司法实践中行为人对警察的抓挠、撕咬、掐脖子、抱撕扯等非持械性攻击行为应当根据具体情况认定为情节显著轻微的暴力行为，进而被排除在本罪暴力评价范围之外，也符合刑法中的缺乏期待可能性原理。

第二，当警察身体与物体紧密结合时，对物体的暴力袭击行为可直接作用于警察身体，应当在本罪的暴力评价标准范围内。[1]例如，推倒警察正在骑行的摩托车、掀翻有警察正在乘坐的警车，这些暴力行为与直接攻击警察身体并无区别。而对警察身体能够分离并单独造成损害的物的暴力，则不能被评价为对警察的暴力袭击，因为行为并不能危及警察人身安全。如将警察所佩戴的执法记录仪打落、撕扯警察衣帽等对警察身体的作用力或影响很小的行为。

（二）袭警罪的暴力应当具有主动性和攻击性，不要求具有突袭性或突然性

袭警罪中的"袭击"一词带有主动进行人身攻击的文义。学术界有观点认为，袭警行为必须是出其不意的，必须在行为时使警察猝不及防。[2]这种观点既不合理，在实践中的认定难度也很大。警察受过专业训练，因而对执行公务时可能发生的暴力采取防卫性抵抗属于职业规范的范畴。"暴力袭击"中所含的突然性攻击应当被理解为短促阻碍警察依法执行职务的强力打击，[3]其应被包含在袭警罪暴力评价范围之内，否则对一些持续性袭警行为将无法作出评价。

因此，笔者认为，袭警罪的暴力应当符合主动性与攻击性的基本特征。如果行为具备主动性与攻击性，又具有突然性或突袭性，则符合袭警罪的暴力评价标准。

（三）暴力袭警行为必须达到足以危及或者妨害警察执法权威的程度

暴力袭警行为是本罪作为具体危险犯的成立条件。从体系解释的角度来讲，本罪法条虽没有像"妨害公务罪"那样载明"暴力妨害依法执行职务"

〔1〕 张开骏：《公务保护与人权保障平衡下的袭警罪教义学分析》，载《中外法学》2021年第6期。
〔2〕 张明楷：《袭警罪的基本问题》，载《比较法研究》2021年第6期。
〔3〕 曲新久：《论袭警罪之"暴力袭击"》，载《现代法学》2023年第3期。

的成立条件。但依据体系解释原则，要有一个具体危险足以危及或者妨害警察执法权威的程度，[1]不能把对警察造成身体伤害作为成立条件，这样不符合该罪名的法益保护的目的。实际上包括在美国，袭警罪主要解决的也是针对警察的轻微袭击，更重的就涉及其他罪名了。因此，笔者认为，不能够把暴力程度解释得过高，而是足以妨害到警察执行职务的权威即可。此外，应当充分运用刑法总则"但书"的规定。对于暴力袭击行为情节显著轻微的，不作为犯罪处理，可以考虑治安管理处罚以及其他惩罚举措，以此更好地把控本罪的入罪门槛。

---

[1] 周剑、马春晓：《袭警罪的规范解释与实践认定》，载《中国检察官》2023 年第 14 期。

未成年人犯罪低龄化问题的解决路径

徐子月*

（中国政法大学 北京 100088）

摘　要："河北邯郸未成年埋尸案"再次引发了人们关于下调未成年人刑事责任年龄、严惩罪错未成年人的舆论热潮。极端个案所引发的群情激愤的舆论背后，需要人们更理性、客观、全面地看待未成年人犯罪低龄化现象。未成年人犯罪低龄化的趋势是一个复杂的社会问题，需要从家庭、学校、社会、法律等多个方面进行综合研究与分析，提出有针对性的政策建议和社会干预措施，以遏制未成年人犯罪低龄化趋势，促进未成年人健康成长，维护社会的和谐与稳定。

关键词：未成年人　刑事责任年龄　社会治理

随着网络的传播和普及，越来越多的青少年恶性案件引起了人们的广泛关注，低龄未成年人实施了严重危害社会的行为，却因为未达到刑事责任年龄而不能依法追究其刑事责任的问题引发了激烈的讨论。未成年人犯罪日益低龄化已成为社会治理绕不开的话题。因此，有必要对未成年人犯罪低龄化问题进行深入探究，寻求未成年人犯罪现象频发的治理路径。

一、未成年人犯罪低龄化的现状分析

"河北邯郸未成年埋尸案"引爆了社交网络，然而低龄恶性极端案件并非

---

　　* 个人简历：徐子月（1987年—），女，汉族，湖南益阳人，中国政法大学2023级同等学力在读研究生。研究方向：刑法学。

个例。[1] 深入分析这些极端恶性案件可以发现，被侵害对象大多为更弱势的同龄人。一般认为，低龄未成年犯罪人心理认知水平较低、法律意识淡薄，但实际上，存在部分未成年人主观上追求恶性结果的发生，甚至将未成年作为逃避法律追究的"免死金牌"。有学者认为："一些青少年凶徒之所以施暴，往往并不是对法律无知，而是深知法律对其难以有严格的约束。"[2] 这也导致被害者及家属所受到的伤害远高于法律能对加害者一方所进行的惩罚，从而对社会公平造成了一定程度的影响。

二、未成年人犯罪低龄化趋势的原因分析

（一）家庭因素

家庭教育的缺失是未成年人犯罪案件中常见的因素。缺乏和谐稳定的家庭关系，父母或监护人的关注和指导的缺失，可能导致未成年人心理及情感上的不稳定、自我认同感较弱，增加犯罪行为的可能性；经济贫困家庭使未成年人难以获得基本的生活保障和教育资源；教育观念较差的家庭可能忽视其行为问题，导致其犯罪行为的发生。家庭结构和家庭教育水平直接影响了未成年人的心理健康和行为发展，从而影响了犯罪低龄化的趋势。因此，建设良好的家庭环境、加强家庭教育，对预防和减少未成年人犯罪具有重要意义和积极作用。

（二）学校因素

学校作为未成年人日常生活的重要组成部分，其氛围和教育质量对未成年人的行为和价值观念具有重要影响。通过分析案例可知，学校的教育缺位是未成年人犯罪案件变多的重要原因之一，学校的文化和价值观会直接影响未成年人的行为和态度。学校文化倾向于暴力、冷漠或者对规则执行不严格，未成年人可能会对法律和规则产生轻视，容易实施违法犯罪行为；学校氛围中存在不良的同伴圈子，如涉足违法犯罪的团体，在一定程度上会增加未成年人受到不良行为诱导和影响的可能性；学校缺乏有效的心理健康服务和支持，在未成年人面对焦虑、抑郁、人格障碍等心理健康问题的挑战和压力时，

---

〔1〕 相类似的还有 2020 年安徽郎溪县 13 岁杨某某奸杀 10 岁堂妹杨某婷并抛尸、2019 年大连 13 岁男童奸杀 10 岁女童、2019 年湖南涟源市 13 岁严某某用匕首杀害其同学 12 岁的贺某等案。

〔2〕 储殷：《谁来保护未成年的孩子不被同龄人侵害》，载 http://news.sina.com.cn/o/2015-06-26/043931989525.shtml，最后访问日期：2024 年 7 月 22 日。

导致其对社会规范和法律的认知能力下降。因此，为了预防和减少未成年人犯罪的发生，学校需要重视建设良好的校园文化和教育环境，加强心理健康服务和支持，提高教育质量和师生关系。

（三）社会因素

社会网络媒体对暴力、犯罪等行为的美化和渲染，可能使未成年人误解这些行为的严重性和后果。电影、电视剧、游戏等媒体作品中频繁出现的暴力场景和犯罪情节，会让未成年人误以为这是一种"酷"的行为，特别是对于被社交群体圈边缘化的未成年人，往往会通过模仿犯罪行为来获得一种短暂的满足感或认同感。例如，媒体中出现的不道德行为被宣扬或者被描绘成有趣或者正常的行为时，可能误导未成年人形成不良的行为模式。社会变革带来的信息技术高速迭代及网络普及，使得未成年人得以较为便捷地接触到各种信息和社会现象，网络上存在大量未经过滤的信息和不良内容，如色情、暴力等，容易对未成年人的心理和行为产生负面影响，使其更容易受网络暴力、网络犯罪等问题的误导和诱惑，增加其犯罪的风险。因此应采取加强对媒体内容的监管和引导、提供平等的教育资源等有效综合措施，从根本上预防和减少未成年人犯罪低龄化现象的发生。

三、应对未成年人犯罪低龄化的法律与社会路径

（一）法律层面

《刑法修正案（十一）》充分考虑到了如今未成年人犯罪低龄化的趋势，将最低刑事责任年龄降低为12周岁，确定了对12周岁~14周岁的人追究刑事责任须同时符合四个条件：第一，犯罪类型为故意杀人罪或故意伤害罪。第二，行为结果为致人死亡，或者以特别残忍手段致人重伤造成严重残疾。第三，情节恶劣。第四，经中华人民共和国最高人民检察院核准追诉的程序。[1]其中前三项为实体条件，第四项为程序条件。

笔者认为，应当更加明确未成年人犯罪的法律责任和处理程序。当下有很多未成年人犯罪司法实务案例，其实难以真正做到最大限度地保护未成年人的整体利益，往往对遭受严重侵害的被害人的权益保护置若罔闻，反而将

〔1〕 王登辉：《降低未成年人刑事责任年龄的基本问题研究》，载《西南政法大学学报》2020年第4期。

更多的关注聚焦于未成年加害方的可塑性或者受保护性的刑事政策上。但是有罪判决并不一定会造成未成年人更难回归社会，外因通过内因而起作用，内因才是事物发展变化的根本原因。未成年人被确定有罪后，可能会面临一些不利后果，但究其本源，溯其根本是由于未成年人自身实施了违法犯罪行为所致，而非由法院判决其有罪造成的社会偏见。根据贝卡里亚的犯罪与刑罚理论，适当的惩罚可以起到防止犯罪的威慑作用。总之，合理设置未成年人的刑事责任年龄，既要考虑到对未成年人犯罪的有效控制，也要兼顾未成年人的成长和教育需要。应通过科学的法律制定和全面的社会治理对策，更好地保护未成年人的合法权益，维护社会的和谐与稳定。

（二）社会政策层面

针对未成年人犯罪低龄化现象，社会政策的制定与调整需要综合考虑法律、教育、心理健康和社会福利等多个方面：一是发展专门的青少年法庭，聚焦于康复与教育而非单纯惩罚。通过专业的法官和社会工作者，实施个性化的审判和矫治方案；二是强化学校教育和课程，在学校教育中加强法律和道德教育，教导学生了解法律后果，并增强其社会责任感；三是建立完善的未成年人犯罪康复和再教育体系，通过教育、心理辅导、职业培训等手段，帮助未成年罪犯重新融入社会，防止再次犯罪；四是提出社会支持与干预，提供广泛的心理健康服务，特别是针对处于危险中的未成年人，通过学校、医院和社区提供心理咨询和治疗；五是加强社会监护和防控措施，建立健全的未成年人社会监护机制，加强对未成年人的监护和管控，防止其陷入犯罪团伙或不良社会环境。

总　结

未成年人犯罪低龄化对社会的影响是复杂而深刻的，它涉及社会安全、教育体系、法律制度、家庭和未来社会发展等多个方面。低龄未成年人犯罪现象的增多，对法律制度和社会治理提出了挑战。法律和政策层面需要针对未成年人犯罪制定更加有效的预防和惩治措施，通过完善家庭教育、优化教育体系、健全法律制度和社会治理体系等策略路径，加强对家庭、学校、社区等各个层面的协调和合作，全面预防和有效应对未成年人犯罪低龄化现象，更好地帮助未成年人走上正确的道路，最大限度地保护未成年人的权益，以促进社会的和谐稳定。

聘用制教师权益的法律保护

薛 明*

（中国政法大学 北京 100088）

摘　要：公办中小学教师承担着教书育人的重要职责，在法律地位上具有专业人员、公职人员及特殊劳动者三种属性，需要综合保障其合法权益。在聘用制背景下有些地方出现了"合同到期不续约"的现象，虽然符合民事合同平等性，但是忽略了教师的特殊性，新时代下需要完善教师的合同保障制度，以推进教育事业蓬勃发展。

关键词：教师法　到期不续约　合同保障

"百年大计，教育为本；教育大计，教师为本。"在我国，公办中小学教师一直被人们认为是社会地位崇高、工作稳定性强的职业群体，公办中小学教师承担着为国家培养下一代的重要职责，肩负着塑造灵魂、塑造生命、塑造人的时代重任。长久以来，教师编制被认为是"铁饭碗"。然而，近年来，随着教师聘用制的推进，各地出现了中小学教师"合同到期不续约"的现象，打破了人们对教师稳定、有保障的固有印象，在教师群体中形成了人人惶恐的局面。基于此，笔者将从公办教师的法律身份入手，去探究聘用制背景下如何强化教师的权益保护和司法救济。

一、公办中小学教师的法律地位

教师的法律地位是一个充满争议性的问题，关系到教师的权益保护以及

---

　* 作者简介：薛明（1982年—），男，汉族，北京人，中国政法大学研究生。研究方向：民商法学。

司法救济。公办中小学教师法律地位争议的本质原因在于当前我国教师具备多重属性：一是根据《教师法》第3条的规定，教师属于专业人员；二是拥有事业编制的公办中小学教师的工资由国家财政负担，根据2018年1月施行的《中共中央、国务院关于全面深化新时代教师队伍建设改革的意见》确立了公办中小学教师作为国家公职人员特殊的法律地位，最新的《教师法（征求意见稿）》第13条〔1〕规定，中小学教师具有公职人员的性质；三是从文义解释的角度来说，公办中小学教师所从事的科研和教学活动符合劳动关系的构成，具有一定的从属性。这三种属性并非矛盾互斥关系，而是相互重叠，也就是说，不同属性对应不同的权利义务，构成了教师法律权益保护体系。

二、公办中小学教师的续约困境

对于关系到教师切身利益的续约问题，如今出现了"续约难"的问题。根据《教师法》第17条，〔2〕从2002年起"聘用制"逐渐成为教师与学校之间主要的人事关系类型。所谓的聘用制是指学校与教师签订一定时长的聘用合同，到期续约直至退休。然而，在这一过程中是否续约的决定权不完全在教师，反而是学校在决定是否选择续约上拥有绝对的主动权。在现有法律体系之下，中小学教师作为事业编缺乏职业安全保障制度，存在"随时失业"的风险，教师们只有符合"双十规定"〔3〕才能占据合同上的主动权。

例如，在"顾某岩诉北京市陈经纶中学嘉铭分校案"〔4〕中，原告属于事业编制教师，与被告陈经纶中学签了4次聘用合同，最后一次为2019年8月至2020年7月，合同到期后，被告单方面拒绝与原告继续签订合同，并发出《聘用合同到期终止通知书》，原被告的人事关系随之终止。一审法院认为，原告所主张的聘用单位继续履行聘用合同的请求没有法定或约定依据，最终

〔1〕《教师法（修订草案）（征求意见稿）》第13条规定："公办中小学教师是国家公职人员，依据规范公职人员的相关法律规定，享有相应权利，履行相应义务。"

〔2〕《教师法》第17条第1款规定："学校和其他教育机构应当逐步实行教师聘任制。教师的聘任应当遵循双方地位平等的原则，由学校和教师签订聘任合同，明确规定双方的权利、义务和责任。"

〔3〕《事业单位人事管理条例》第14条规定："事业单位工作人员在本单位连续工作满10年且距法定退休年龄不足10年，提出订立聘用至退休的合同的，事业单位应当与其订立聘用至退休的合同。"

〔4〕参见北京市第三中级人民法院〔2022〕京03民终924号民事判决书。

驳回了原告的诉讼请求，二审、再审维持原判。本案打破了事业编教师"到期续约"的传统惯例，在原告没有违纪违法或严重失职的情况下，其与学校的聘用合同到期后没有续约。笔者从现有法律规定分析，本案中原告距离法定退休年龄还有 11 年，并不符合"双十规定"，所以原告不符合签订直至退休的聘用合同的法定条件，而到期后合同权利义务终止是聘用合同制的本质特征。这一合法的判决与广大中小学教师的心理预期不符，损害了教师的长期性、延续性。

三、聘用制背景下公办中小学教师的职业保障

当前，在新的《教师法》尚未出台的情况下，随着出生人口的下降，中小学教师的编制将会更加紧张。为了避免"到期不续约"给教师群体造成过大的侵害，需要加强对中小学教师的权益保护。

（一）给予解约经济补偿金

补偿金是劳动法上的概念，而教师具有劳动者的性质。根据《劳动法合同法》第 46 条的规定，劳动合同期满用人单位解除固定期限合同的，除用人单位维持或者提高劳动合同约定条件续订劳动合同，劳动者不同意续订的情形外，用人单位需要支付经济补偿金。然而，有些司法机关认为，公办中小学教师与学校的合同并非劳动合同，依据是《劳动合同法》第 96 条[1]，"法律、行政法规或者国务院另有规定的，依照其规定"，而《国务院办公厅转发人事部关于在事业单位试行人员聘用制度意见的通知》规定，事业单位实行人员聘用制度改革中的工资待遇问题，政策性强、情况复杂，涉及广大职工的切身利益，各级人事部门和事业单位要高度重视，严格把握政策和程序，积极稳妥地开展这项工作。也就是说，即使学校通过合法手续选择不续约教师，经济补偿金也应该是关系终止后中小学教师应当享有的社会保障。

（二）推行无固定期限合同

我国目前的聘用合同制度在实际运行中存在不足。没有规定无固定期限

---

[1]《劳动合同法》第 96 条规定："事业单位与实行聘用制的工作人员订立、履行、变更、解除或者终止劳动合同，法律、行政法规或者国务院另有规定的，依照其规定；未作规定的，依照本法有关规定执行。"

合同。如果根据《劳动合同法》第 14 条第 2 款、第 3 款[1]的规定，上述案例中原告就可以与被告学校签订无固定期限合同，这样就能免于陷入"随时被辞退"的恐慌中。这种考量主要基于三点：一是"双十规定"过于苛刻，按男性教师法定退休年龄 60 岁来算，也就意味着 50 岁之后才有可能提出订立至退休的合同。二是虽然公办中小学教师具有公务人员属性，但是公务员是没有期限的，甚至大学教师都有终身教职。三是从比较法的角度来看，国际上其他国家的中小学教师要么是无固定期限的公务员，要么是签订无终止期限的劳动合同。而我国中小学教师还只是定期签订 3 年或 5 年的固定期限合同，甚至有些仅签 1 年合同，既不符合实践，也不符合对教师权益的保护。

（三）借鉴高校"预聘–长聘"的人事制度

基于公办教师的专业性，为保障教师的权益，在合同制度上可以借鉴高校教职人员的人事制度。多年来部分高校坚持以"预聘–长聘"为主的教师人事制度改革（例如，北京大学、清华大学、南开大学等），有效地改善了高校的生态，以较好的资源支持年轻人独立开展研究。"预聘–长聘"是指针对教师设置预聘或准聘期限，时间为 3 年~6 年，期满进行考核评定，考核优秀者转为长期聘用，签订无固定期限合同，即使考核不通过，也不会让教师整个职业生涯一直处于惶恐不安的状态。预聘专项无固定期限合同或者长期合同的考核评定需要由学校所属的教育部门连同学校专业委员会一同进行，结合多方面因素对教师是否合格作出评定，避免出现"一言堂"的现象。

---

〔1〕《劳动合同法》第 14 条第 2 款、第 3 款规定："用人单位与劳动者协商一致，可以订立无固定期限劳动合同。有下列情形之一，劳动者提出或者同意续订、订立劳动合同的，除劳动者提出订立固定期限劳动合同外，应当订立无固定期限劳动合同：（一）劳动者在该用人单位连续工作满十年的；（二）用人单位初次实行劳动合同制度或者国有企业改制重新订立劳动合同时，劳动者在该用人单位连续工作满十年且距法定退休年龄不足十年的；（三）连续订立二次固定期限劳动合同，且劳动者没有本法第三十九条和第四十条第一项、第二项规定的情形，续订劳动合同的。用人单位自用工之日起满一年不与劳动者订立书面劳动合同的，视为用人单位与劳动者已订立无固定期限劳动合同。"

论不安抗辩权制度

高　杰[*]

（中国政法大学　北京 100088）

摘　要：有时，一个案件经过制度构成要件的分析套用，我们会发现它既能适用不安抗辩权制度，又能适用预期违约制度。面对二者的冲突，如何选择、选择的原因成了一个棘手的问题。实际上，这两个制度各有其独特的适用范围和条件，它们之间并不能相互替代。为了有效衔接二者，我们需要明确的是不安抗辩权制度在双方当事人之间出现不安事由时，其适用具有临时性，即有履行不能风险的一方当事人在提供担保或者恢复履行能力后，仍然对另一方当事人享有要求其继续履行的权利。通过这样的界定，我们可以更好地理解和应用这两个制度，确保它们在实际操作中的有效性和准确性。

关键词：不安抗辩权　预期违约　衔接　民法典

一、不安抗辩权的内涵

（一）不安抗辩权制度的界定

目前，各位专家学者对该项制度的认识和表述方式有：史尚宽教授对此的定义是，不安抗辩权指的是后履行一方当事人因各种原因，具有履行不能风险时，先履行一方当事人可以先中止履行自身义务。但具有两个前提，第一是不安情形发生在合同成立后，第二是后履行一方当事人并未提供对价担

---

　　[*] 作者简介：高杰（1996 年—），男，汉族，江苏常州人，中国政法大学 2022 级同等学力在读研究生。研究方向：民商法学。

保。[1]有学者认为，不安抗辩权是指合同成立后，后履行一方出现履约困难的情形，在其恢复履行能力或者提供担保前，先履行一方有权拒绝履行。[2]还有学者认为，不安抗辩权是指在异时履行的合同中，当先履行的一方当事人获得了确凿的证据，表明对方在履行期限到来前可能无法或不愿意继续履行合同义务时，该方有权在对方实际履行或提供担保之前，暂时拒绝履行自己的合同义务。[3]

从上述几位比较有代表性的学者的观点不难看出，不安抗辩权制度的学术定义具有一致性。其核心要义为，通过赋予先履行一方当事人抗辩权以保护其合法权益——在后履行一方当事人出现履行不能的可能性时，可以无责任且暂时地停止履行自身的合同义务。

（二）不安抗辩权制度的性质

不安抗辩权制度的适用：只有在后履行一方当事人提出履约请求时，先履行一方当事人，为了免除违约责任，才能提出抗辩。由此可见，不安抗辩权本质上是一种被动的抗辩权。

首先，在双方当事人之间出现不安事由时，不安抗辩权制度的适用具有临时性，即有履行不能风险的一方当事人在提供担保或者恢复履行能力后，仍然对另一方当事人享有要求其继续履行的权利。但是，对于所涉合同的解除或者违约责任的承担，需要另行适用其他相应的法律条款。

其次，不安抗辩权在行使时，只需要权利人直接提出，向另一方尽到通知义务即可。所以，其本质上也是一种单方形成权。

二、不安抗辩权的适用条件

（一）不安抗辩权制度的构成要件

1. 双方当事人因同一双务合同而互负债务

不安抗辩权仅限于双务合同，在异时履行的双务合同中，当先履行一方发现对方的履行能力有所降低时，可能会因此陷入不安的状态。此时，为确保其合法权益得到有效保障，借助不安抗辩权制度显得尤为重要。而且在此

---

[1] 参见史尚宽：《债法总论》，中国政法大学出版社 2000 年版，第 588 页。

[2] 参见李永军：《合同法》（第 2 版），法律出版社 2005 年版，第 597 页。

[3] 参见王利明：《合同法研究》（第 2 版·第 2 卷），中国人民大学出版社 2015 年版，第 64页。

制度下，双务合同必须是合法有效的。

2. 后给付义务人的履行能力明显降低，有不能为对待给付的现实危险

在异时履行的合同中，先履行一方常常处于不利地位。因此，《民法典》第527条明确规定了四种情形，在这些情况下，先履行一方当事人被赋予了不安抗辩权。而且，基于《民法典》意思自治这一基本原则，如果在签订合同时后履行一方当事人已经具有不能履行义务的可能性，先履行一方仍然选择与其达成合意，签订合同，不安抗辩权制度在此时无法适用。

3. 后给付义务人未恢复履行能力且未提供适当担保

在原合同中，当一方先行履行义务，而另一方因某种原因丧失了履行能力时，先履行的一方可能会因此感到"不安"。为了消除这种不安，除了要求后履行方恢复其履行能力外，要求后履行方提供担保也是一种有效的解决方案。

（二）不安抗辩权与预期违约

1. 不安抗辩权与预期违约之间的关系

预期违约制度与不安抗辩权制度确实在某些方面展现出了相似性，这两种制度均旨在提供对合同预期不履行的救济途径。但两者本质上属于不同且各自独立的法律机制，不能相互替代。具体而言，不安抗辩权侧重于合同履行过程中的权利保障与抗辩权的行使，无法进行违约责任的追究，而是需要适用预期违约制度。因此，在理解和运用这两种制度时，应充分认识到它们的差异性与互补性，确保在合同履行过程中能够正确、有效地维护当事人的合法权益。

2. 不安抗辩权与预期违约的制度衔接

官方解读称，《民法典》第528条以"视为"作为关键词，将预期违约与不安抗辩权紧密联系起来。当一方当事人行使不安抗辩权并中止履行后，若对方未能提供有效担保或恢复履行能力，则视为对方构成默示预期违约。在此情况下，该方当事人可依法主张默示预期违约所产生的法律效果。[1]

在《民法典》下，不安抗辩权制度与预期违约制度衔接适用具有高度的正当性。具体来说，当合同约定的履行期限尚未届至时，若一方当事人通过

---

〔1〕 参见黄薇主编：《中华人民共和国民法典合同编解读》（上册），中国法制出版社2020年版，第226~229页。

自己的行为表明将不履行主要债务，这通常会被视为默示违约的一种表现。然而，需要强调的是，仅因一方可能丧失债务履行能力，并不直接构成预期违约。此时，债权人有权要求债务人提供相应的担保措施。只有当债务人在合理期限内未能提供充分担保时，其行为才会被认定为预期违约。这样的规定有助于在合同履行过程中保障双方当事人的权益，确保合同的顺利履行。

三、不安抗辩权制度适用的实证考察

（一）案件梳理

1. 瑞安某公司、温州某公司等房屋租赁合同纠纷〔1〕

被告本应于 2023 年 2 月支付第五期租金，但彼时，原告因未支付三百余万的违约金被第三人申请破产清算，因租金八百余万元未付被申请强制执行，且最终原告确因上述债务进入破产程序，可以认定有确切证据证明原告的经营状况严重恶化，存在租赁合同期满后原告无法退回履约保证金、水电押金的风险，被告有权依据不安抗辩权中止履行履约保证金、水电押金对应部分的租金支付义务。

2. 申某荣与亳州市国一堂中药饮片有限公司、张某中民间借贷纠纷〔2〕

原告与被告之间属于民间借贷纠纷，关于利息的约定并未有书面呈现，双方仅口头约定月息 2%，每月定期支付。后期被告因为负担多起债务纠纷，并没有依照双方约定如期支付利息。除此以外，开始大量变卖名下资产，具有非常明显的逃避债务清偿意图。故经过审理，法院判决被告承担预期违约责任。

（二）案件分析

这两种制度的目的在于保障合同当事人的权益，并赋予他们选择救济途径的权利。然而，由于《民法典》对这两种制度均有规定，司法实践中时常会出现冲突。具体而言，在合同履行过程中，一旦合同一方通过其行为显示出无法履行合同的迹象，比如发生《民法典》第 527 条所规定的"转移资产、抽逃资金以逃避债务"等情形，这种情况便同时符合不安抗辩权和预期违约的适用条件。问题便由此产生，即不同制度的适用会对当事人的合法权益带

---

〔1〕 浙江省瑞安市中级人民法院［2023］浙 0381 民初 11492 号民事判决书。
〔2〕 安徽省亳州市中级人民法院［2019］皖 16 民初 316 号民事判决书。

来不同的影响。这就要求我们正确认识二者之间的区别、明确二者的适用与衔接。

结　论

尽管不安抗辩权制度和预期违约制度源自不同的历史背景，但本质上都是对合同预期不履行情况的救济措施，二者对于平衡当事人利益、保障合同公平、维护交易秩序具有不可或缺的作用。在制订《民法典》时，考虑到我国的市场经济发展变化、交易环境的规则体系，将两种制度一并纳入，但是二者如何区分、衔接、适用，没能有较为周全的考量，导致实际效果与立法初衷存在一定的差距。应在《民法典》下，合理协调不安抗辩权与预期违约制度，可以在合同可能无法如约按期履行时，实现和保护合同当事人的合法权益。

浅论公司减资对债权人的影响

肖永敏*

（中国政法大学 北京 100088）

摘　要：减资制度是公司资本制度的重要组成部分，涉及公司、股东、债权人等多方利益主体，亦影响到了经济市场相关经营主体的投资激情以及社会的发展。新《公司法》对减资进行了调整，包括简化程序和放宽条件。然而，这也给债权人带来了新的风险和挑战。公司若要进行减资并不是一个一蹴而就的过程，需要考虑多种因素，至少就目前的司法实践来说仍处于摸索阶段。本文旨在探讨新公司法背景下公司减资对债权人的影响，并提出了一些建议和思考，以期为相关研究提供参考。

关键词：公司减资　实务操作　债权人权益

"如何实现公司经营自治权和保护公司债权人利益之间的平衡"是资本认缴制下公司减资制度的重要命题。在当前社会经济主体复杂多元的发展阶段，企业的设立和运转过程也会面临更加棘手的情况。例如，一家公司在注册后，其净资产和注册资本的分离程度也会不断提高，债权人难以通过注册资金来判断公司的净资产实力。若公司股东通过减资抽逃注册资本金，债权人难以证明公司的偿债能力是否会因为减资而有所削弱，更难证明其合法权益因此会受损。[1]

---

*　作者简介：肖永敏（1996 年—　），女，土家族，贵州铜仁人，中国政法大学 2023 级同等学力在读研究生。研究方向：民商法学。

〔1〕《最高人民法院关于适用〈中华人民共和国公司法〉若干问题的规定（三）》（2020 年修正）第 13 条第 2 款规定："公司债权人请求未履行或者未全面履行出资义务的股东在未出资本息范围内对公司债务不能清偿的部分承担补充赔偿责任的，人民法院应予支持；未履行或者未全面履行出资义务的股东已经承担上述责任，其他债权人提出相同请求的，人民法院不予支持。"

在资本认缴制背景下，鉴于我国公司减资制度还不够完善，存在不少漏洞，实务中减资纠纷案件层出不穷，法院的判决也观点不一。

一、造成公司减资的原因

（一）制度的修改

我国《公司法》于1993年首次明确规定了减资程序规则，但却未对公司（本文中所称公司均为有限责任公司）违反减资程序的法律效力与法律责任作出具体规定。因法律具有一定的滞后性，故上述关于公司减资的规定一直被沿用至2018年《公司法》。2018年《公司法》第177条要求公司减资必须先编制资产负债表，作出减资决议，通知债权人或公告，按照债权人要求清偿债务或提供担保，但若公司故意不通知债权人、公司拒绝清偿或提供担保等，相关行为对应的法律后果并不明晰。2023年12月29日通过第十四届全国人民代表大会常务委员会第七次会议第二次修订，自2024年7月1日起施行的《公司法》将公司的认缴期限修改为5年，这一制度的施行将促使大量注册资本虚高以及出资期限长的公司进行减资操作。新《公司法》这一规定的本意是维护市场稳定，但在一定程度上，却给公司已有债权人造成了影响，因有不少公司在成立之初为了对外显示出自身具有的经济实力将注册资本填写得过高，更有甚者将出资期限无限延长，导致公司出现债权债务纠纷时公司无承担责任的能力，不得已启动减资程序，降低公司股东的出资能力。

（二）公司经营管理问题

从公司经营管理的角度出发，为了公司的发展或解决公司当前遇到的困难，公司便会考虑到减资。具体来说，公司提起减资程序主要在于以下几个方面：①个人股东未在规定期限内缴纳出资的，公司应当减少、注销未缴纳的出资部分，其他股东应当按比例增资。②个人股东因公司经营或者其他原因主动退场，要求减资的。③股东认缴的注册资本数额过大，无法按期缴纳的，需要减少，以减轻过多的出资义务。④为了弥补公司减资的损失，在经营过程中，如果减资后有盈余，可以进行利润分配。与减持前的负未分配利润相比，这对股东是有利的。⑤当一家公司拥有多余的资本，但没有立即的业务需要时，它可以通过减资的方式将多余的资本返还给股东。

二、新《公司法》关于减资规定对债权人的影响

笔者律师执业过程中遇到的大部分公司或自然人在作为申请执行人时，因被执行人无财产可供执行，多数都会说"我们之前是看那个公司的营业执照上面注册资本额那么高，就感觉这个公司很有经济实力"，谁知在实际执行中就是一个"空中楼阁"，有部分公司更是在执行前就进行了减资或延长了公司股东出资期限，导致债权人的债权变为一串冗长的数字，使人民法院的执行工作无法进行。

三、公司违法减资的法律后果

新《公司法》第 226 条规定了违法减资的法律后果："违反本法规定减少注册资本的，股东应当退还其收到的资金，减免股东出资的应当恢复原状；给公司造成损失的，股东及负有责任的董事、监事、高级管理人员应当承担赔偿责任。"

减资程序违法时，债权人是否有权要求减资股东承担责任以及承担何种责任？对于实质减资，法院一般会参照抽逃出资规则认定减资股东在减资范围内对公司债务承担补充赔偿责任。但对于免除出资义务的减资，各地法院亦有不同的裁判观点。北京市高级人民法院法院认为，免除股东的出资义务违反了资本维持原则，对于债权人利益的侵害与抽逃出资并无不同。[1]上海第一中级人民法院则认为，不能参照抽逃出资处理，从平衡债权人和公司利益的角度出发，瑕疵减资只对提出异议的特定债权人不发生法律效力。[2]然而，此种处理方式会导致提起诉讼的债权人优先获得清偿，进而导致债权人之间的不公平受偿。

在我国司法实践中，对于公司违法减资的判决基本采取的是类推适用《公司法》中关于股东抽逃出资或减少出资的规定的立场，部分判决为公司股东对公司债务承担补充赔偿责任。[3]公司违法减资的行为与股东未履行出资

---

〔1〕 参见北京市高级人民法院〔2021〕京民终 967 号民事判决书。

〔2〕 参见卢颖：《注册资本认缴制下公司瑕疵减资的股东责任问题》，载微信公众号"上海一中法院"，最后访问日期：2022 年 7 月 28 日。

〔3〕 参见上海市第二中级人民法院〔2016〕沪 02 民终 10330 号民事判决书、江苏省高级人民法院〔2015〕苏商终字第 00140 号民事判决书。

及抽逃出资对于债权人利益的侵害在本质上并无不同，均违反了公司资本不变和资本维持的原则。

四、建议和思考

新《公司法》的减资规定对债权人的影响是多方面的，既有程序上的复杂性和信息披露的不及时性，也有可能导致债权无法得到清偿和信赖利益受损等问题。为了解决这些问题，政府和立法机关应加强监管和法律制度建设，以保护债权人的合法权益。同时，债权人也应增强风险意识，谨慎选择合作伙伴，避免因公司的减资行为而遭受损失。只有这样，才能促进市场经济的发展，维护社会的稳定和繁荣。笔者结合工作中遇到的相关情况，对需要进行减资的公司提出如下建议：

第一，公司应按前述完整的减资程序进行减资，不能为了节省成本而减少相关程序。我国现行有效的法律并未对因不当或违法减资造成损害结果的情形下投出决议票的股东所应承担的相关责任作出明确的规定，但在实务操作中，大多数法院在裁决时都会选择参照股东出资未到位或抽逃出资时的相关责任来确定不当或违法减资股东的法律责任，即裁决由公司股东在公司不当或违法减资范围内对公司的债务承担补充赔偿责任。新《公司法》也增加了对违法减资责任的规定，违法减资的，"股东应当退还其收到的资金，减免股东出资的应当恢复原状；给公司造成损失的，股东及负有责任的董事、监事、高级管理人员应当承担赔偿责任"。

第二，建议公司在减资时详细梳理需通知的债权人范围，并对债权人进行合理有效的通知。对于公司通知义务的履行，股东亦应当尽到合理注意义务，避免遗漏。在减资过程中，除减资决议作出前债权已明确的债权人外，对债权未到期或债权数额不明确的债权人，公司仍有义务进行通知。在没有证据证明债权人无法直接送达的情况下，应当分别书面通知各个债权人，而不能仅发布减资公告。直接通知和公告通知，两种方式并非择一适用而属并用。

结　论

总体而言，新《公司法》结合公司以往在减资过程中存在的实际问题，对2018年《公司法》有关减资的规定进行了有针对性的修订，包括新增了简易减资的程序以及关于违法减资的条款。这些修改与新《公司法》加强注册资本真实性监管的趋势相符合，也兼顾了企业在日常经营中可能采取的灵活变通方式，为公司在减资过程中提供了更多的法律选择，也为公司治理和运营管理提供了更为现代化和实用的法律框架。

新《公司法》关于减资的规定对债权人产生了一定的影响，毕竟实务中仍旧有部分公司无视规定作出"不择手段"的减资决定，故针对该种情况就须得政府和立法机关加强监管和法律制度建设，以保护债权人的合法权益。当然，不是有政府机关和立法机关的协助就一劳永逸了，对于债权人而言更为重要的是要时刻关注作为债务人的公司是否有减资的迹象，及时作出应对方案，为了防患于未然也应增强风险意识，谨慎选择合作伙伴，避免因公司的减资行为而遭受损失。

对于公司而言，在新《公司法》实施的背景下，应当核查自身注册资本缴纳的情况，结合商业安排与公司的经营计划，决定是否通过减资的方式使公司的注册资本与实缴资本保持一致。在此基础上，如计划采取减资，可根据公司的实际经营情况决定采取一般减资或简易减资的方式对公司的注册资本进行相应的调整。在减资的过程中，公司应当注意根据相关法律规定妥善履行相关程序，特别关注对债权人的通知、内部审批及工商变更等环节的落实情况。

审判实践中贯彻《民法典》军婚保护的规范探究

刘大川*

（中国政法大学 北京 100088）

摘　要：军婚特别保护制度自革命战争年代延续至今，是确保军心稳固的应有之义，特别是《民法典》第 1081 条规定"现役军人的配偶要求离婚，应当征得军人同意，但是军人一方有重大过错的除外"，充分体现了党和国家对军人的真情关爱、对军人婚姻的深切关怀。但在审判实践中，还存在着法律适用"一刀切"、胜诉权利难兑现等现实问题，导致实质意义上的军婚保护仍未到底、到边。因此，有必要充分考虑军婚的特殊性，在立法层面对离婚条件认定、子女抚养探望、财产纠纷解决等内容进行进一步细致规范。

关键词：军人离婚　军婚保护　民法典

随着军队编制体制调整改革的持续深入，大量军队单位移防搬迁、出城进郊，导致两地甚至三地分居军人家庭大幅增多，军人离婚案件数量逐年增加，在《民法典》施行过程中贯彻军婚特别保护已是迫在眉睫。

一、军人婚姻的主要特点及军婚保护的必要性

职业特殊性决定着大多数军人远离家乡奉献青春，"上不能养老，下不能养小"，军人的婚姻生活与一般公民存在本质不同，主要有以下四个特点：

第一，择偶范围有限。军人和外界接触少，加之军队对军人择偶标准有严格要求，大多数军人只能通过他人介绍确定恋爱对象，择偶的时间、空间

---

　　* 作者简介：刘大川（1988 年— ），男，汉族，中国政法大学 2023 级同等学力在读研究生，研究方向为民商法学。

十分有限。

第二，感情基础薄弱。大多数未婚军人只能在规定的时间通过电话和网络，以及有限的探亲假期和恋人沟通交流，有的从恋爱到结婚，见面时间总共不到一年，缺乏充分的了解，感情基础不够牢固。

第三，婚后聚少离多。很多已婚军人长年累月两地分居，有的甚至是三地、四地分居。已办理家属子女随军随队手续的军人，也大多因工作调动或演训任务，分居的状况仍然反复出现。

第四，忠孝难以两全。大多数军人家庭，赡养老人、教育子女家庭重任全由配偶一人承担，妻子分娩、子女生病不能陪伴左右，久而久之容易出现家庭矛盾、感情生疏。

基于军人婚姻的上述特点，对军婚的保护便显得尤为重要。中国共产党早在土地革命时期便制定了军婚保护制度，它是战争年代的产物。时至今日，军婚保护不仅是对军人个人婚姻家庭权益的保护，军人作为战斗力的根本因素，是影响战斗力的关键，军人婚姻出现问题会影响作战效能，故军婚稳定更深层次的意义是维护国防利益。[1]

二、审判实践中的军婚保护难点

《民法典》关于军婚保护的规定还不够具体，审判实践中可能出现法律理解适用偏差，实质落实军婚保护还有盲点。

（一）"因感情不和分居满二年"致感情破裂难把握

《民法典》第1079条规定，因感情不和分居满2年，调解无效的，应当准予离婚。分居制度的设置，旨在缓和关系、化解矛盾、减少离婚。大多数军人长期处于两地分居状态，如果军人或其配偶一方主观上有分居的意愿，而另一方甚至不知道对方有这种意愿，军人或其配偶一方就可以故意制造"因感情不和分居满两年"，滥用分居权利从而实现离婚的目的。在审判实践中，如果忽略军人夫妻分居的真实原因，只从形式上对"因感情不和分居满二年"条件进行审查，很容易得出夫妻感情确已破裂的推定，在一定程度上不利于军婚的稳定。

---

〔1〕 参见贺喆佶：《我国军婚特殊保护的审视与完善》，黑龙江大学2014年硕士学位论文，第12页。

（二）两地分居军人获得未成年子女抚养权难胜诉

《民法典》第 1084 条第 3 款规定："离婚后，……已满两周岁的子女，父母双方对抚养问题协议不成的，由人民法院根据双方的具体情况，按照最有利于未成年子女的原则判决……"该条款没有明确子女最佳利益原则的评判标准，法官容易"仁者见仁，智者见智"。军人受党教育多年，经济收入相对稳定，但受职业特性影响，长期与子女异地生活，对子女的抚养教育较少。如果单从改变生活环境不利于子女健康成长角度考虑，军人一方明显会丧失胜诉可能。

（三）离婚军人探望未成年子女难执行

《民法典》第 1086 条第 2 款规定："行使探望权利的方式、时间由当事人协议；协议不成的，由人民法院判决。"军婚因其特殊性，行使探望权还面临诸多现实困难。军人只能利用有限的探亲假期探望子女，一旦军人原配偶拒绝协助行使探望权，或是军人原配偶的父母等案外人阻挠探望、藏匿子女、唆使子女拒绝探望，军人实现探望权利将会陷入长时间的僵局，即便向法院申请强制执行，经立案、执行等一系列环节后，军人已假期结束返回部队，探望权利仍然无法实现，还会浪费司法资源。

（四）解除婚约军人给付对方财产难返还

彩礼习俗在我国延续千年，军人同样不能免俗。在审判实践中，一般将房产、汽车、家电、首饰等耐用耐损消费品认定为可返还的彩礼范畴；对价值不大的衣物、礼品、化妆品、小额馈赠等财物不认定为彩礼。然而，军人在恋爱过程中与对方相处机会较少，出于补偿心理，往往会超出正常生活水平给予对方较多物质付出，如购买奢侈品、频繁给付现金或电子红包，一旦解除婚约或短时间内离婚，先前给予对方的大量财物难以主张返还。

三、军婚特别保护的解决路径

对军人婚姻实行特别保护，有利于维护军队的稳定，但《民法典》对军婚的特殊性未予充分考虑，存在立法空白，需要在审判实践中得到细化与均衡。

（一）严格把握"分居满二年导致感情破裂"认定标准

军人的职业特性决定着长期两地分居的客观现实，在审判实践中须对一方当事人以分居为由提起的离婚诉讼严加甄别，防止没有完全破裂的婚姻因滥用分居事由最终走向解体。[1]科学界定分居的起算时间，分居期限从夫妻因感情不和主动分居的时间开始计算，分居过程中因军人探亲休假，以及试图和解而短暂同居的情形，则适用分居期限的中断。同时，严格把握认定事实的实质标准，细致审查导致分居的具体原因，主观方面必须是因感情不和或其他原因引起的，当事人一方有不堪继续共同生活的主观意愿。若纯粹因为军人的职业特性等客观事由造成分居，而没有感情不和的现象，便不能认定法律意义上的分居。

（二）最大限度守护未成年子女最佳利益

不改变子女生活和教育现状是考虑子女最佳利益原则的一个重要因素，但军人一方具有抚养子女时间较少的先天不利因素，在审判实践中应当充分考虑军人的积极因素，实现子女利益最大化。具体而言，军人抚养子女时间较少的不利因素是暂时的，退役后有更多的时间陪伴子女；军人收入相对固定，具有较好的经济基础，能够给子女提供更好的物质生活保障；军人受党和军队教育多年，能够潜移默化地影响子女，培养子女坚毅顽强、积极向上的精神品格。特别是在军人配偶无固定工作和稳定收入，子女随祖父母生活较长时间的情况下，不应简单考虑子女随军人配偶生活时间较长的表面因素，可以适当考虑将抚养权裁判给军人一方。

（三）在情理法理平衡中探寻多元化探望方式

探望权执行问题是当前一大实务难点，军婚案件中对未成年子女的探望权执行则更具特殊性。在实践中，应当综合考量各方因素，在保护子女利益的前提下，积极保障未与子女共同生活的军人一方的探望权利。裁判文书应当对探望子女的时间、方式、地点等力求灵活多样、细化具体，以减少申请执行的概率。军人的职业特性导致大部分时间无法行使探望权利，可以探索建立由军人父母、兄妹等近亲属接替履行探望权的主体顺位制度，及时有效地弥补未成年人因家庭破裂、生活剧变造成的创伤。军人探亲假期频率较低，一旦抚养子女一方拒绝或故意阻碍军人行使探望权，军人一年时间都难以见到子女一面。针对该种探望不能的情况，建议探索建立军人提起变更抚养关系之诉的制度，将抚养人拒绝配合行使探望权的行为作为变更抚养权的法定事由。

---

[1] 参见熊小勇：《我国军婚民事特别保护制度研究》，暨南大学2018年硕士学位论文，第20页。

（四）"以诚相待"婚约财产范畴及返还比例

随着经济社会的快速发展，人们物质生活发生巨大变化，法治意识不断提高，但不能否认民俗习惯在农村社会生活中仍然发挥着重要作用。在这样的社会背景下，在裁判军人婚约财产纠纷案件时，要在符合法律规定的同时，兼顾民间风俗习惯，提高裁判的接受度和满意度。根据"以诚相待"为原则确定彩礼范围，军人以完成婚姻为目标，依照当地风俗习惯，给付的价值较大的大财物以及超出通常一般生活水平的财物应被认定为彩礼，"价值较大"的认定标准以收受财物一方所在地的平均生活水平确定；在交往过程中为维持感情与对方之间赠送的数额较小的财物，如小额见面礼、红包、烟酒等礼节性往来则不宜被认定为返还财产的范围。

论城市房屋拆迁补偿法律制度

肖　玲*

（中国政法大学　北京　100088）

摘　要： 随着我国城市化进程的不断加快，棚户区改造、城中村改造、未来社区创建、各种基础设施更新改造，无不涉及城市房屋的拆迁。本文通过探讨实践中房屋拆迁补偿过程中存在的问题，探索具有实践可能性的解决方法，以期使拆迁补偿制度更合情、合理、合法，尽最大可能消除公共利益与个人利益之间的矛盾。

关键词： 房屋拆迁　拆迁补偿　法律制度

一、城市房屋拆迁补偿法律制度相关概念

城市房屋拆迁分为政府征收行为和商业拆迁行为。城市房屋征收是指为了公共利益，征收国有土地上单位、个人房屋的行为；商业拆迁行为是指平等的民事主体之间为实现某种商业目的协商一致拆除城市房屋的行为。拆迁的目的是否为公共利益是区分政府征收行为和商业拆迁行为的关键。《国有土地上房屋征收与补偿条例》（以下简称《征收条例》）第 8 条明确规定公共利益是指"为了保障国家安全、促进国民经济和社会发展等公共利益的需要"并列举了六种具体情形。城市房屋拆迁补偿法律制度是指国家依法制定的关于城市房屋拆迁补偿相关法律规范的总称。

---

* 作者简介：肖玲（1990 年—），女，汉族，浙江宁波人，中国政法大学 2023 级同等学力在读研究生。研究方向：民商法学。

二、城市房屋拆迁补偿中存在的主要矛盾和问题

（一）法律对商业拆迁补偿行为没有明文规定

北大法学院副院长沈岿认为，应该对非公共利益的拆迁的土地开发利用进行单独规定。我国相关的法律法规只对政府征收行为有专门规定，鲜有针对商业拆迁的规定。2011年施行的《征收条例》只涉及政府征收行为。尽管《征收条例》已严格界定了公共利益的范畴，但仍没有法律法规明确划分政府征收与商业拆迁的适用范围，现实中仍存在政府以公共利益为由征收房屋后高价转售给开发商牟取暴利的现象。

（二）大量违章建筑以及无主房屋、产权关系复杂房屋的存在

违章建筑是指建设人未取得相关许可，私自建造的建筑。虽然每年政府都重点排查违章建筑，但是在房屋拆迁过程中尤其是在城中村改造过程中，仍有大量违章建筑出现。违章建筑拆迁的难点在于违章建设认定责任，建设人应当对违章建筑承担消极责任，而房屋拆迁又要求政府承担积极责任。同时，一些违章建筑建设有其特有的历史原因，如原来对农村自建房审批不严，相关部门也未向建设人宣导违章建筑相关政策、法律制度，这就使得双方就违章建筑的定性产生了分歧，由此引发了被拆迁人和拆迁部门之间的矛盾。另外，由于有些拆迁房屋年代久远以及房屋产权人的疏忽和城乡接合部多年来没有开展统一的房屋登记发证工作等历史原因，一些非违法建筑的无证房在拆迁中得不到有效的补偿安置。此外，还有很多拆迁房屋存在无法查证或者无法联系产权人的情况。有的拆迁房屋存在赠与、继承人众多等错综复杂的产权关系。这些都给房屋顺利实现拆迁补偿带来了挑战。

（三）补偿价格评估标准存在不合理

一是未将土地使用权纳入补偿范围。房屋这项不动产权除了房屋所有权还有土地使用权，房屋拆迁的行为必将使房屋所有权及土地使用权一并消灭。为此，拆迁补偿除了应补偿房屋的所有权还需对土地所有权一定补偿，但《征收条例》第17条规定的补偿仅包括被征收房屋价值的补偿；因征收房屋造成的搬迁、临时安置的补偿；因征收房屋造成的停产停业损失的补偿。并未将土地使用权纳入补偿范围。实际上，土地利益远远超过房屋利益，加之被拆迁人自身的经济原因等，存在拿了拆迁款却买不起同等地段房子的现象，这是矛盾发生的重要原因。二是未将预期收益纳入补偿范围。《征收条例》第

17 条规定针对拆迁商业用房的，仅补偿停产停业损失，但针对后续可能产生的预期商业收益、违约损失、用工损失等均不在补偿范畴。三是国有土地和集体土地标准有差距。在"棚户区""城中村"改造过程中，依然存在集体土地上房屋拆迁补偿与国有土地上房屋拆迁补偿标准不一的问题，由此产生一些强拆案件。

（四）拆迁补偿方式过于单一

在拆迁补偿方式上比较单一。目前，各地普遍适用的是货币补偿和房屋产权置换及附带其他补充补偿，这就导致了在解决房屋拆迁过程中解决矛盾的方式减少。在面对被拆迁人的各种诉求时，只通过增加拆迁款或者置换房产面积等方式有时并不能从根本上解决问题，也容易产生不公平的现象，造成"谁闹谁获利"。

三、解决城市房屋拆迁补偿矛盾和问题的主要对策

（一）出台相关法律约束商业拆迁补偿行为

有关部门应该出台相应的法律法规约束商业拆迁行为，明确划分政府征收、商业拆迁行为的适用范围，并明确政府在上述行为中的角色。比如，征收行为有政府干预，履行征收拆迁职责；而针对商业拆迁行为，其作为平等主体间的契约行为，禁止政府干预，否则就会构成行政违法，应追究干预者的法律责任。当然，商业拆迁行为涉及各主体之间的争议由《民法典》等民事法律来解决。同时，针对公益用地应严格限制政府征收后转为商业用地或住宅用地，再高价转让开发商牟取暴利，保证其公共利益目的属性。

（二）增加涉拆迁案件纠纷解决机制

涉拆迁案件主要包括被征收人对拆迁补偿结果不满意的案件和对被征收物的产权关系确认的案件。拆迁矛盾的传统解决方式包括：政府征收部门与被征收人谈判，一方做出让步使矛盾得以解决；被征收人将涉征收案件诉诸法院，由法院作出裁判。除此以外，被拆迁人可以选择的解决方式不多。

相关部门在拆迁过程中可以引进第三方社会调解组织入驻，第三方社会组织作为中立机构，能比较容易地取得被拆迁人的信任，在解决冲突的过程中也能站在中立的地位较为公正地解决矛盾，同时在处理矛盾上又比较高效。

（三）完善拆迁补偿评估标准和机制

相关部门在拆迁补偿标准上应结合城市地段情况，适当将城市地块依据

其地价划分为不同等级，根据等级制定不同的拆迁补偿价格区间，并根据实时不动产成交价格定期予以调整，充分考虑地价对房屋拆迁补偿的影响。在商业用房、工业用房拆迁过程中，需充分考量预期商业收益、违约损失、用工损失等情况，通过其税收、银行流水等大数据分析确定补偿标准，适当将其纳入拆迁补偿范围。

充分发挥第三方评估机构的评估作用。拆迁房屋价格评估是房屋拆迁补偿中至关重要的一环，唯有保证其不受任何单位或个人的干扰才能确保其评估价公平公正，而第三方机构的中立地位恰恰能发挥良好的效果。建议政府成立相应的评估机构及专家库。针对具体的拆迁项目，相关部门采取摇号与征求被拆迁人意见相结合的方式确定评估单位。同时，相关政府部门应做好第三方评估机构的监管和管理工作，确保第三方评估机构拥有较高的专业技术水平和责任意识，在评估的过程中严格遵守相关法律规定，保障评估程序和结果公开透明、公平公正。

在违章建筑的评估认定上，本着尊重历史根据具体情况的原则，建议相关部门在拆迁补偿安置过程中充分考虑无证房形成的各种原因，并对因历史原因造成的无证房进行确权，确权后再按政策予以补偿安置。

（四）丰富拆迁补偿形式

如何化解拆迁补偿的过程中公共利益和个人利益的冲突是拆迁补偿的重点和难点。而破解这一难题的关键在于拆迁补偿如何满足被拆群众的生产生活需求、保证被拆群众的正常生活。显然，目前我国主流的两种补偿方式（货币补偿、产权置换）是无法很好地收获上述效果的。为此，相关政府部门可以参照国外多元化补偿方式（如安排工作、开办企业、共同开发经营等），丰富拆迁形式。其一，可以通过为被拆迁人办理医疗保险、养老保险等社会保险，提供生活补助等形式保障被拆迁人的基本生活。其二，可以为被拆迁人提供就业帮扶的政策，帮助被拆迁人提升职业技能、就近安排就业等，解决被拆迁人因拆迁引发的生产生活不便等问题。其三，集体土地上房屋拆迁可以从拆迁地块中划出某些地块给村集体用于开发经营，以保障被拆迁群众长期稳定的生活保障。

股权代持争议中的商事外观主义研究

陈嘉玲[*]

（中国政法大学　北京　100088）

摘　要： 股权代持作为一种重要的商业现象，在商事交易中屡见不鲜，但其具有特殊性，容易引发争议。在司法实践中，代持协议的效力认定、股权变动的公示与公信等问题往往困扰着人民法院。加之司法解释不断出台，导致相关争议无法可依。《最高人民法院关于适用〈中华人民共和国公司法〉若干问题的规定（三）》（以下简称《公司法解释（三）》）第25条对此进行了明确，但对该问题的解决仅停留在原则层面，没有具体细化。故本文从实务出发，对股权代持争议中商事外观主义的适用、股权代持协议的效力认定以及实际出资人能否直接取得股东身份等问题进行探讨。本文旨在通过理论研究、司法解释以及对典型案例进行论证，以寻求商事外观主义在股权代持争议中的适用路径，以期对司法实践有所裨益。

关键词： 股权代持　股东资格　实际出资人　商事外观主义原则

随着市场资本化程度越来越高，为了促进交易便利化和公司长足发展，国家鼓励多种形式的投资。股权代持因其突出的投资灵活性和交易隐秘性而在资本利用中更为便捷，并因其具有的私密性特点，在公司出资形式中频繁出现。一方面，股权代持增加了公司融资机会并拓宽了民众的投资方式；另一方面，股权代持的整体法律规范不够健全，导致司法实践中纠纷案件屡屡发生，对股权代持产生各类异议的学术观点也日益增多。现有的股权代持的

---

* 陈嘉玲（1993年—），女，汉族，上海人，中国政法大学2023级同等学力在读研究生。研究方向：民商法学。

法律问题主要集中在股权代持本身的法律性质认定、隐名股东显名化规定、股权强制执行三个方面。在对股东的认定上，应兼顾实质要件和形式要件两个方面，实际出资人仅具备实质要件而未具备形式要件，以商事外观主义为基础，不具备公示性，无法获得股东资格。但是，在商业案例中，对于实际出资人的股东资格的确定，则采用了内外有别、双重标准的方式。这是由于在公司的内部，实际出资人与公司的其他股东的关系，在实质要件上也就是在股东之间有了明确的规定。而在这种情形下，为了保护善意的第三人的利益，公司更倾向于采用形式要件。

一、商事外观主义原则概述

商事外观主义的核心在于维护交易安全，即第三人在交易时通过对商事外观的信赖而产生合理信赖，从而使该第三人能够在交易中享有利益。由于股权代持容易引发纠纷，故实务中常将其作为一种"特殊"的交易类型加以对待，从而突破了股权登记的公示效力，但其本身并不产生公示效力。由于我国公司登记制度并未针对股权代持作出明确规定，故在实际出资人与名义股东之间的纠纷中，仅能适用《公司法解释（三）》第 25 条之规定进行处理。但对其具体适用标准却并未作出明确规定，这为实际出资人主张权利造成了障碍。笔者认为，司法实践中应适用商事外观主义来处理股权代持问题，并在此基础上根据实际出资人与名义股东之间的合同关系进行处理。

二、关于股权代持协议法律性质的观点分歧

关于股权代持协议的法律性质，学术界和实务界存在多种观点和分歧。

有观点认为，股权代持协议具有代理关系的性质。这种观点认为，名义股东是实际出资人的代理人，以自己的名义为实际出资人持有股权，履行股东权利义务。在这种情况下，实际出资人与名义股东之间的关系类似于委托代理关系，名义股东在法律上代表实际出资人行使股东权利和承担义务。

另一种观点认为，股权代持协议具有信托关系的性质。这种观点认为，隐名股东将自己的股权委托给名义股东，后者作为受托人持有并管理这些股权。在这种情况下，名义股东不仅是代理人，还承担了信托人的角色，需要按照信托合同的规定管理和处分股权。此外，还有观点认为，股权代持协议的法律性质应当根据具体情况分类分析。例如，如果隐名股东的"隐名"情

况较为明显，则可能被认定为隐名代理或信托关系；如果隐名股东的"隐名"情况不明显，则可能被认定为合同关系。

在司法实践中，法院对股权代持协议的效力认定也存在较大争议。一般而言，除非存在法律规定的无效情形，否则人民法院通常会认定股权代持协议有效。然而，对于上市公司股权代持的行为，由于其可能涉及证券市场的基本交易规范和广大投资人的合法权益，法院可能会根据具体情况进行综合、审慎的判断。关于股权代持协议的法律性质，学术界和实务界存在多种观点和分歧，主要包括代理关系、信托关系以及根据具体情况分类分析的观点。在司法实践中，法院的认定也会根据具体案件的情况进行综合判断。

三、股权代持协议效力之司法认定

股权代持协议的效力认定在司法实践中是一个复杂且具有争议的问题。根据现有的法律规定和司法解释，股权代持协议的效力主要取决于其是否违反了法律中的强制性规定。

法律规避导致无效：如果股权代持协议是为了规避法律的强制性规定，如保险、证券等特定行业的准入禁止性规定，法院一般会认为该协议无效。例如，如果协议是为了规避金融安全、行业管理秩序和社会公共利益的规定，根据《合同法》第52条第4项，法院可以认定该协议无效。区分效力性强制规定和管理性强制规定：在对股权代持协议进行效力认定时，应当区分效力性强制规定和管理性强制规定。只有违反效力性强制规定的股权代持协议才会被认定为无效。例如，《公司法解释（三）》第24条第1款明确规定了有限责任公司的实际出资人与名义出资人之间的合同关系，但并未明确其效力性。

具体案例分析：在具体案例中，法院会通过审查当事人是否"实际履行出资义务"来判断股权或投资权益的归属，从而认定双方是否存在股权代持关系。例如，最高人民法院的案例显示，在没有书面协议的情况下，法院会根据实际情况和公平原则进行判断。

上市公司股权代持的特殊性：对于上市公司股权代持，由于其涉及证券市场的基本交易规范和广大投资人的合法权益，通常被视为无效。新《公司法》第140条第2款也明确禁止违反法律、行政法规的规定代持上市公司股票，表明了法律对部分情况下股权代持的负面态度。

司法实践中的裁判规则：尽管立法对于股权代持含义的不清晰界定使得关于股权代持协议之效力连同法律结论归属于司法实践方面之认定是分散的，但各级法院在审理此类案件时有统一的适用准则，代持协议法律效力的认定不会有太大的问题。股权代持协议的效力认定需要综合考虑其是否违反了法律中的强制性规定、是否损害了国家利益和社会公共利益以及具体的司法实践情况。只有违反效力性强制规定的股权代持协议才会被认定为无效。

四、股权代持协议无效后的利益分配

在合同无效后，《民法典》第 157 条规定了返还财产、折价补偿、赔偿损失等法律后果。股权代持协议无效后，当事人之间的关系应恢复到合同订立之前的状态，但是涉及股权能否返还以及投资款和相应投资收益的归属问题，《公司法解释（三）》没有明确规定可供适用，其中涉及相应投资收益的分配，还需遵循公平原则与诚实信用原则在当事人之间合理分配。此外，可供参照的是《最高人民法院关于审理外商投资企业纠纷案件若干问题的规定（一）》第 18、19 条的规定，即股权代持协议无效后，股权归属于名义股东，实际出资人可要求名义股东返还投资款并对相应投资收益进行合理分配。

股权代持协议无效后的利益分配问题，主要依据公平原则进行合理分配。具体来说，法院会考虑投资收益的贡献程度以及对投资风险的承受程度等因素。此外，如果当事人主张以标的股票变现所得返还投资款并分配收益，且符合意思自治原则，法院也会予以支持。

需要注意的是，虽然股权代持协议被认定为无效，但实际出资人的投资款被用于认购股份，且购买股份系委托人的真实意思表示，因此在处理相关投资收益时，仍需考虑这些因素。总体而言，法院在处理股权代持协议无效后的利益分配时，会综合考虑各方的实际贡献和风险承担情况，以实现公平合理的分配结果。

代持股权产生的投资收益具体可被分为股权本身的增值与公司历年分红。正如［2018］沪 74 民初 585 号民事判决书[1]裁判要旨明确，股权代持协议

---

[1] 上海金融法院［2018］沪 74 民初 585 号民事判决书。

被认定为无效，投资收益不宜适用恢复原状的，应根据公平原则，在充分考虑对投资收益的贡献程度以及对投资风险的承受程度等情形下进行合理分配，当事人主张以标的股票变现所得返还投资款并分配收益的，符合意思自治原则，可予支持。

商业承兑汇票救济制度研究

李 文*

（中国政法大学 北京　100088）

摘　要：商业承兑汇票作为一种重要的金融工具，具有支付流通、信用媒介、融资工具等功能，在商事交易中被广泛应用。有别于银行承兑汇票，商业承兑汇票的承兑人一般就是付款企业自身，存在持票人申请付款后无法兑付的风险。在付款企业无法兑付时，持票人及其他汇票债务人则会面临商业承兑汇票权利救济的问题。

关键词：商业承兑汇票　救济　基础法律关系　重复支付

在商业承兑汇票到期，出票人未能兑付情况下，持票人应以票据法律关系抑或基础法律关系主张权利曾存在争议。当前，在法律实务中，在双方无约定且持票人无过错的情况下，法院普遍支持给予持票人选择的权利。因出票人最终未能实际兑付，将票据对外背书转让的其他汇票债务人也面临被追索的风险，此时其他汇票债务人应当如何对自身权利进行救济，也是不少企业面临的问题。

一、商业承兑汇票持票人权利救济路径

企业通过票据关系或基础法律关系主张权利，对其实体权利及诉讼效率均会产生影响。在特定案件中，通过基础法律关系主张权利，除了享有更长的诉讼时效权利外，还可以主张原合同关系中享有的权利（如较高的利率

---

* 作者简介：李文（1991年—），男，穿青人，中国政法大学2022级同等学力在读研究生。研究方向：经济法学。

等）；在建设工程施工合同纠纷案件中，通过基础法律关系主张权利，企业可能获得建设工程优先优偿权的确认，这对于最终是否能得到清偿显然是至关重要的。

一种观点认为，商业承兑汇票具有无因性，即票据法律关系独立于基础法律关系，商业承兑汇票也因此具有流通性及类似于货币的支付属性。债权人向债务人出具或背书转让了商业承兑汇票后，双方原基础法律关系已经转化为票据法律关系，持票人可通过票据法律关系主张权利。

另一种观点认为，《票据法》第61条并未限制持票人只能通过票据追索权主张权利，该条规定并不排斥持票人依据基础法律关系或原因行为主张权利。债务人向债权人出具或背书转让商业承兑汇票，但最终未实际兑付，并未产生债务实际偿付的效力，原债权债务关系未消灭。因此，在双方未明确约定商业承兑汇票支付后债权消灭且持票人无过错的情况下，持票人仍可以基础法律关系主张权利。

二、关于两种救济路径的司法实务裁判规则

针对以上两种观点，过去曾存在较大的争议。在目前的司法实务中，法院普遍支持给予持票人选择的权利，持票人可以在票据关系与基础法律关系之间择一主张，避免将诉讼的不利益直接分配给持票人。

在最高法民申［2021］6965号民事裁定书中，最高人民法院认为："东至汉唐公司向安徽三建公司出具四张共计2800万商业承兑汇票，目的在于支付工程款，但四张汇票到期后，东至汉唐公司并未实际兑付。双方于2019年9月20日签订的《还款计划书》中亦明确'由于债务人资金回笼困难等原因，未能按期承兑'，截至目前东至汉唐公司并未偿还此款项，因此东至汉唐公司并未实际支付该2800万款项。东至汉唐公司支付部分利息，是基于双方之间《商票保贴业务合作协议》的约定，不能因利息的支付就认定2800万元款项已经支付。该2800万元属于工程款的一部分，债权的产生是基于双方之间的建设工程施工合同，商业汇票的出具只是一种支付方式，故在商业汇票没有得到承兑的情形下，不产生偿付2800万元工程款的效力，安徽三建公司有权要求东至汉唐公司继续履行支付该2800万元工程款的义务。本案中，双方并未约定商业汇票出具后原因债权就消灭，故二审判决认定安徽三建只能依据票据法律关系另行起诉，为适用法律错误。"

在最高法民终 1341 号民事判决书中，最高人民法院认为："案涉 13 张商业承兑汇票不应视为已付工程款，理由如下：其一，宏信公司向山河集团支付 13 张商业承兑汇票，目的在于支付工程款，属于清偿债务方式中的一种。在案证据显示，案涉 13 张商业承兑汇票系因余额不足而被银行拒绝承兑，山河集团对此不存在过错。该 13 张商业承兑汇票并未实际产生偿付 9500 万元工程款的效力，山河集团有权要求宏信公司继续履行支付该 9500 万元工程款的义务。其二，《中华人民共和国票据法》第六十一条规定的票据追索权是'可以对背书人、出票人以及汇票的其他债务人行使追索权'，是使得持票人享有向背书人、出票人以及汇票的其他债务人行使追索权的权利，而非限制持票人只能通过票据追索权主张权利，该条规定并不排斥持票人依据基础法律关系或原因行为主张权利。本案中，山河集团提起的是建设工程施工合同纠纷诉讼，山河集团与宏信公司是建设工程施工合同的相对方，宏信公司负有向山河集团支付工程款的给付义务。汇票只是支付工程款的一种手段，山河集团已经提交证据证明案涉 13 张商业承兑汇票无法承兑，且明确要求在本案中向宏信公司继续主张被拒绝承兑汇票对应数额的工程款给付义务，此种情形下，应当尊重债权人根据基础法律关系主张权利的选择。"[1]

三、其他汇票债务人面临的困境与救济路径

在商业承兑汇票法律关系中，除持票人外，将汇票背书出去的其他汇票债务人也普遍面临着困境。因出票人无法兑付，持票人势必会向前手及出票人追索票据权利，此时因出票人的偿付能力不足，作为其前手的其他汇票债务人很可能成为最终的债务承担者。在企业因票据权利失权或因其他原因而选择向上手或出票人按照基础法律关系通过起诉方式主张权利时，因企业已将票据对外背书，其将面临更大的困境。在笔者实际经办的案件中，法院普遍倾向于认为企业已将票据对外背书以偿付债务，相当于企业已经认可由于商业承兑汇票具有类似货币的支付性质，双方的债务已经产生偿付的效力，双方的法律关系已经转变为票据法律关系，因此企业只能以票据法律关系主张权利。

---

[1] 李嘉欣：《商业承兑汇票救济制度实务分析——施工人工程款救济路径》，载《混凝土世界》2021 年第 9 期。

若企业已将商业承兑汇票对外背书，企业是否一定会丧失以基础法律关系向前手或出票人提出主张的权利？答案是否定的。在"北京市市政四建设工程有限责任公司（以下简称'北京市政四建'）诉博天环境（济南）生态有限公司（以下简称'博天集团公司'）等建设工程施工合同纠纷案"中〔1〕，一、二审法院均认为北京市政四建已将商业承兑汇票对外背书，双方的法律关系转换为票据法律关系，北京市政四建应当另行行使追索权。基于票据的无因性，博天集团公司以其与作为持票人前手的北京市政四建的债权债务已经归于消灭的抗辩不能对抗案外善意持票人，博天集团公司存在重复支付的风险。最高人民法院在本案再审中认为："《票据法》第61条第1款关于汇票到期被拒绝付款的，持票人可以对背书人、出票人以及汇票的其他债务人行使追索权的规定系对票据关系中持票人的权利予以明确，并不能因此认定持票人仅能行使票据权利，而不能依据基础法律关系或原因行为主张权利。博天集团公司作为出票人、承兑人、付款人拒付案涉商业承兑汇票，即便北京市政四建行使追索权，也难以获得清偿。要求北京市政四建仅能向博天集团公司主张票据权利，加重了无过错债权人的责任，也不当地限制了北京市政四建基于建设工程施工合同关系所享有的权利。北京市政四建虽然将上述商业承兑汇票中的1250万元背书转让至案外人，但因博天集团公司不予付款，北京市政四建已经向被背书人付款，从而成为持票人，博天集团公司并不存在重复支付风险。原判决否定北京市政四建依据基础法律关系主张权利，依据并不充分。"

结　论

商业承兑汇票作为一种重要的金融工具在商业交易中发挥着重要的作用，对于出票人而言，商业承兑汇票是一种有效的信用工具、融资工具；对于持票人而言，商业承兑汇票除了是一种能够尽快确认债权债务关系的债权凭证，在整个交易过程中也充分发挥着其流通的功能。

在我国商业承兑汇票救济制度中，在无明确约定的情况下，法院普遍支持持票人在票据法律关系与基础法律关系之间择一主张，充分保障无过错持

〔1〕　谢爱梅：《票据请求权与债权请求权的行使顺序》，载最高人民法院民事审判第一庭编：《民事审判指导与参考》，人民法院出版社2022年版。

票人的权利。对于其他汇票债务人，在其已经将商业承兑汇票对外背书转让的情况下，是否还可以以基础法律关系向前手或出票人主张权利，主要考量基于票据无因性的原则，其他汇票债务人主张权利的对象是否会因为善意的案外持票人而承担重复支付的风险。

试论劳动合同试用期制度之录用条件

姜兆莉*

（中国政法大学 北京 100088）

摘　要： 本文旨在探讨劳动合同试用期的法律问题及其实际应用。文章首先概述了试用期的定义和法律依据，分析了其在社会经济中的作用和意义。随后重点说明了试用期录用条件的法律规定，包括录用条件的概念、设定原则及合法性要求。接着着重探讨了试用期录用条件的实践困境与法律完善建议。最后总结了研究的主要结论，并展望了未来研究方向。

关键词： 劳动合同　试用期　录用条件　法律完善

当前，劳动合同试用期已成为企业用工的普遍做法。用人单位通过试用期制度，可以更好地了解应聘者的工作能力和职业素质，为正式录用做好充分评估。同时，试用期也为应聘者提供了充分了解工作环境和岗位要求的机会，有助于双方达成更加明确的就业意向。但在实践中，法律法规对于用人单位录用条件设定的规范及指引不足，成了用人单位与劳动者共同面临及关注的问题。

一、劳动合同试用期概述

（一）试用期的定义

劳动合同试用期，是指劳动关系当事人双方建立劳动关系时，依照法律规定，在平等自愿、协商一致的基础上订立劳动合同的同时，在劳动合同期

---

　*　作者简介：姜兆莉（1979 年—　），女，汉族，上海人，中国政法大学同等学力研修班 2021 级学员。研究方向：民商法学。

限之内特别约定的一个供当事人双方互相考察、合同解除条件亦无严格限制的期间。[1]

（二）试用期的法律依据

我国现行法律法规明确规定了试用期制度的相关内容。首先，《劳动合同法》第 19 条、第 20 条对试用期作出了具体规定，包括试用期的期限、试用期内的工资标准等；第 21 条、第 39 条、第 40 条第 1～2 项、第 37 条则对试用期间劳动合同的解除权作出了具体规定。其次，《劳动法》第 21 条也涉及试用期规定，体现了试用期在劳动关系中的重要地位。

（三）试用期的社会功能

"试用期是用人单位和劳动者建立劳动关系后为互相了解、选择而约定的不超过六个月的考察期。"[2]从立法来看，试用期制度的核心功能在于促进就业、提高用工效率。通过试用期的设置，用人单位可以更好地了解应聘者的职业价值观和工作能力，从而降低由劳动者不适任带来的试错成本及录用机会损失。试用期也为劳动者提供了充分了解文化环境和岗位要求的机会，有助于确认其职业选择。劳动合同双方当事人需感知彼此的劳动条件、工资待遇以及能力、资格、信用、道德操守等，以使劳动合同试用期满正式进入正式合同期后劳动合同之全面、正确履行，毕竟双方当事人之间大多属于"持续性的合作"，需要这样的磨合期。[3]所以，试用期录用条件的具体规定必然成为试用期制度的核心内容之一。

二、劳动合同试用期之录用条件概述

（一）录用条件的概念

录用条件是指用人单位在录用员工时，对应聘者的资格、能力等方面提出的具体要求。在劳动合同关系中，录用条件是用人单位与劳动者达成就业意向的基础，也是双方权利义务关系的重要内容。从法律属性上看，录用条件是劳动合同的组成部分，是用人单位根据自身用工需求和相关法律法规而

---

[1] 参见王林清、崔文举：《劳动合同试用期司法实务问题》，载《人民司法》2010 年第 23 期。

[2] 参见《劳动部办公厅对〈关于劳动用工管理有关问题的请示〉的复函》（劳办发［1996］5 号）第 3 条之规定："试用期是用人单位和劳动者建立劳动关系后为互相了解、选择而约定的不超过六个月的考察期。"

[3] 参见郑尚元：《劳动合同法的制度与理念》，中国政法大学出版社 2008 年版，第 50 页。

设定的，反映了用人单位的用工意愿。同时，录用条件也是劳动者应当满足的就业要求，是双方权利义务的法律基础。因此，录用条件的合法性和合理性会直接影响到劳动关系的稳定性与和谐性。

（二）录用条件的设定原则

录用条件应当与岗位要求相匹配。在设定录用条件时，应当结合工作性质、工作内容、工作要求等因素，提出与之相适应的资格要求、能力标准、身体健康状况水平等，确保录用条件与岗位实际需求相符。同时，录用条件也应当遵守法律法规的规定，不得违反现行法律法规的强制性规定。如不得要求应聘者提供与录用无关的个人信息，保护个人隐私权；不得出现性别歧视等违反平等就业原则的内容，确保求职者享有平等的就业机会。

三、试用期录用条件的适用困境

（一）现行法律的不足

现行法律仅对于试用期的最长期限、工资标准等作出了基本规定，而对于试用期内用人单位的权利义务则缺乏系统性的规范。除了基本的解除合同条件外，对用人单位在录用条件设置、考核评估等方面的规定不够明确。鉴于岗位的多样化与个性化，法律法规未对也不可能对录用条件的内容作出统一、标准的规定，但对于录用条件仍可探索出较为宽泛的规范与引导。

（二）对于录用条件没有列明适用情形

录用条件以用人单位与劳动者的约定为主，双方在录用条件的理解上可能存在差异。用人单位可能会设置一些过于严苛或定义模糊的录用条件，从而会引发劳动者的误解；用人单位也可能未充分运用录用条件的筛选功能，导致面临不适任员工的解聘难题。明确录用条件的适用情形，是对劳动者正当利益与用人单位用工自主权的保护。

四、试用期录用条件的法律完善

（一）在法律层面进一步明确试用期的相关规定

建议可以在现行《劳动合同法》的基础上，增加专门的试用期条款，对相关内容作出系统性、原则性规定，为实践操作提供更加明确的指引。

（二）须对录用条件的适用情形进行列举

录用条件是用人单位与劳动者通过明示的书面形式条款及默示的社会生

活常识所应具备的各种条件达成的共识。鉴于劳动合同履行过程的复杂性、多变性，劳动合同关系的人身从属性，可以对录用条件的适用情形进行广义列举：可以是劳动者的身体状况、技能证书、学经历背景等个人信息；也可以是岗位名称、工作职责、任职资格、组织体系等工作内容；还可以是职场共通性规则（如"不得无故旷工"）以及基于诚实信用原则的职业道德和工作态度。

在司法实践中，有学者总结了不符合录用条件的十大参考依据，可以作为试用期录用条件的适用依据。"下列情形可以作为司法实践中认定不符合录用条件的参考依据：①劳动者为未通过单位指定医院的体检的；②劳动者患有传染性、精神性、不可治愈性以及其他严重疾病，故意隐而不报的；③劳动者个人简历、求职登记表中所涉内容与实际情况不同的；④伪造学历、证书与工作经历的；⑤劳动者提供的用工手续不完备的；⑥劳动者不能胜任所担任岗位的指标或者相应的要求完成工作任务的；⑦劳动者在试用期间缺勤超过 10 天或者迟到早退共超过 8 次的；⑧劳动者拒绝接受上司交办的正当任务的；⑨劳动者非因工负伤无法继续提供劳动的；⑩劳动者同其他员工发生打架斗殴或者有任何严重违反用人单位规章制度的行为。"[1]在此基础上，如果是特定的用人单位或者特定的工作岗位，对员工的任职资格有相应的特定要求的，必须在录用条件中设置更为严谨的约定。

在试用期内，用人单位可以从劳动者的实际工作能力、知识水平、职业道德等方面考察劳动者是否适合其工作岗位。[2]录用条件约定的合理化与明确化，有利于双方共同遵循试用期的相关承诺，为顺利建立正式劳动关系奠定基础。

---

〔1〕 参见王林清、崔文举：《劳动合同试用期司法实务问题》，载《人民司法》2010 年第 23 期。
〔2〕 参见全国人大常委会法制工作委员会行政法室编著，杨景宇、信春鹰主编：《中华人民共和国劳动合同法解读》，中国法制出版社 2007 年版，第 57 页。

表见代理构成要件中本人的可归责性探究

摘 要：《民法典》第 172 条是目前我国有关表见代理的基本法律规定，是比较笼统的基本原则性规定，对表见代理的构成要件并不清晰，特别是关于本人的可归责性，审判实务与学术界都存在争论。在他域立法上，大陆法体系与英美法体系中关于本人的可归责性的规定，也有着不同。本文旨在总结现行法律规定、学术界主要理论、他域法律规范的基础上，研究把本人的可归责性视作表见代理构成要件的必要性与合理性。

关键字：表见代理、构成要件、本人的可归责性

虽然《民法典》已对表见代理制度有所规范，但针对本人可归责性的具体说明尚不够充分，学术界亦争论不休，司法实务中的矛盾同样严峻，在涉及表见代理的纠纷案件中，上诉率居高不下，关于表见代理构成要件的纠纷各地法院的判例亦多有差异。

一、法律规范和主要理论学说

（一）我国法律规范

中国表见代理制度首次被确定是在《合同法》中，而后《民法总则》整体沿用了《合同法》的立法理念，但是在立法进程中，针对是否可以把本人的可归责性作为表见代理成立的基本条件问题，审议稿数次调整，最后还是

---

* 作者简介：徐鸽（1989 年—），女，汉族，山东青岛人，中国政法大学同等学力研修班 2023 级学员。研究方向：民商法学。

将之删除了。《民法典》第 172 条关于表见代理的规定大体沿袭了《民法总则》的理念，对表见代理的构成表述为"相对人有理由相信行为人有代理权的"，并未把本人的可归责性作为其构成条件。2020 年 2 月颁布的《最高人民法院关于适用〈中华人民共和国民法典〉总则编若干问题的解释》第 28 条对相对人有理由相信行为人有代理权的情况进行了明确，并明晰界定了相对人、本人的证明责任。

（二）主要理论学说

围绕是否应该把本人的可归责性作为表见代理的构成条件，目前在学术讨论层面，四种主要理论流派并驾齐驱，分别是单一要件说、双重要件说，以及在此基础上发展起来的新单一要件说、新双重要件说。这些理论的争论核心集中于是否应将本人的可归责性作为表见代理成立不可或缺的条件及其应用标准的正当性。

单一要件说认为，如果相对人有理由相信行为人享有代理权，并形成了合理信赖，并且相对于人善意无过失就可以构成表见代理，亦即本人因素与表见代理是否成立无关。

双重要件说则坚持将本人的过错视为表见代理结构中的一个关键组成部分。理由在于，正是本人的过错直接诱发了相对人对行为人代理权限认知的偏差，进而在此误解基础上建立了信任关系。并且，行为人权力外观的生成或持续与本人过错存在内在的联系。

新单一条件说倡导不直接将本人的可归责性设定为表见代理的结构成分，而是嵌入对相对人合理信赖的评估框架。即认可本人因素和行为人的权力外观的产生，具有相应的关联性。新单一要件说也考虑到了本人的因素，但纳入考量的方法并没有规范性，且标准也相对模糊。

新双重要件说认为，应该把本人的过错扩大为本人的可归责性。本人的可归责性不仅指本人具有过失，而且注重于本人的行为对行为人代理权外观之产生和持续的积极促进作用。引入本人的可归责性，有助于在本人与相对人之间实现利益的均衡，本人能够通过证实自身行为对于相对人的权力外观形成和维持而言没有正面促进效果而免于承担责任。

二、比较法上关于表见代理构成条件的差异

（一）大陆法系部分国家关于表见代理构成条件的规定

德国法制框架内，本人的可归责性被明确定义为表见代理的核心构成部分，这在《德国民法典》条文中得到了具体表述。[1]第 171 条规定，本人给予行为人代理权时告知了相对人，当行为人代理权解除后，本人并不能及时通知相对人的，即成立表见代理；第 172 条规定，本人以特殊方法告知相应人行为人有代理权，则撤销时也应当采取同样的方法，不然相应人产生合理信任的，即成立表见代理；第 173 条规定，本人已将授予代理权的文件交付给行为人，但代理权终止后并没有及时回收，相对人由此形成了合理信任的，成立表见代理。以上三类情况都反映了本人在表见代理成立中的影响力。

在法国法规中，从表见代理制度的发展也可看出本人因素对其成立的影响。《拿破仑法典》时期，法国法庭主要采用过错责任、商业风险原则、雇主责任来解决表见代理制度中本人的可归责性问题。后来经过"加拿大银行案"，法国人建立了表见代理制度理论，仅需符合代理权外观和合理信赖二个条件就可以成立表见代理。

（二）英美法系国家表见代理类似制度中关于本人因素的考察

英美法系下的不可否认的代理体制与大陆法系表见代理制度在功能层面展现出了显著的相似性。不可否认的代理关系是指，如果行为人或本人的行为使相对人产生了错误认识，认为行为人是拥有代理权的，则就算行为人并不具有代理权，本人也不能否认相对人所认为的代理权。[2]上述定义表明，本人此前的行动将是英美法系中不可否认的代理成立的基础，将本人的可归责性视为其构成条件。

三、以本人的可归责性为表见代理构成条件的合理性分析

可归责性，主要是指当事人承担责任的基础。在民法领域中，当事人履行民事责任的，应从当事人本身入手研究其归责基础；在表见代理制度中，对本人的可归责性的考量既有与时俱进的现实意义，更具有在民法领域内体

---

〔1〕 王皓娜：《论我国表见代理的证明责任分配》，河南大学 2019 年硕士学位论文。
〔2〕 吴兴光等：《合同法比较研究》，中山大学出版社 2002 年版，第 117 页。

系协调的逻辑性。

（一）对比狭义的无权代理，以保持代理体系内部逻辑一致性

表见代理责任与《民法典》第 171 条规定的狭义的无权代理责任并列，其实质也是一项无权代理。在狭义的无权代理责任中，善意相对人特征常被描述为"不知或非因重大过失而不知"；转换到表见代理责任时，则转变为"无过失而不知"。民法基本原则指出，过失的多少仅作用于责任大小而不引导责任主体变更，故狭义无权代理与表见代理间责任区别的基础不应仅限于权利外观表现，而更重要的应该是本人对权利外观之产生和持续的可归责性。整合本人的可归责性考量于表见代理的构成条件之中，可提升两种代理责任分类的精确性，从而保持了代理制度内部的逻辑统一。

（二）对比善意取得法律制度，维护民法制度内部秩序和价值均衡的要求

法律制度是系统性的、是联通的，在我国民法领域表见代理制度和善意取得制度有着许多共同点。二者都涉及权利外观，都必须平衡本人之意思自治和善意相对人之信赖利益。参照善意取得制度，它在特定情境下赋予善意相对人委托物所有权，却排除了如盗赃之类的脱离物适用，展现了该原则对原始所有权人权益的重视。类比之下，表见代理机制可吸取善意取得的归责方式，融合本人的可归责性，为本人承担不利法律后果寻找适当的归责基础。这有助于保持民法领域内的秩序性、系统化、协调性。

（三）《民法典》公平原则在现实生活中的体现

公平原则不仅是民商事主体的核心要求，而且是社会主义市场的价值追求，更是《民法典》的基本原则。表见代理制度为了维护相对人信赖利益、促进交易，而未把本人的可归责性视为构成条件之一，是立法者在特定经济社会时期的决定。而随着社会经济的发展，这一价值选择也应该进行适时调整。如果相对人利用表见代理机制的倾斜保护达到了自身的信赖利益，则本人在承担责任以后，就必然要向无权代理人追偿，则过多地浪费了司法资源。长此以往，尽管促进了交易，却也滋长了不良之风。在如今社会代理现象遍地开花的市场经济环境下，表见代理机制一旦被滥用，反而不利于社会主义市场经济的良性发展。按照最高人民法院印发的《关于当前形势下审理民商事合同纠纷案件若干问题的指导意见》第 12 条的规定必须严格认定表见代理行为。本人的可归责性若被接纳为表见代理构成的一个组成部件，则可增加表见代理成立的难度，可以达到更严格地适用表见代理的目的。

论股东出资义务的加速到期

郑 飞*

（中国政法大学 北京 100088）

摘 要： 股东出资义务加速到期制度，有效地弥补了认缴制下存在的法律漏洞。在新《公司法》第 54 条的规定出台之前，实践中对于"股东未缴纳或未足额缴纳出资"是否包括未届出资期限的股东存在较大争议，随着新《公司法》对"股东出资加速到期制度"的正式确立，债权人在执行程序中可追加的股东毫无疑问包括未届出资期限的股东。尽管新《公司法》第 54 条明确了"股东出资加速到期制度"，债权人可以在执行程序中追加未届出资期限的股东为被执行人，但是债权人可能仍无法获得足额清偿，在此情形下，债权人如何实现其债权仍是个值得讨论的问题。

关键词： 股东出资 出资义务 加速到期 拒不缴纳出资 股东失权制度

一、出资加速到期制度的历史沿革及适用情形

我国《公司法》的注册资本制度经历了从注册资本实缴制到认缴制，又从认缴制到限期 5 年内实缴的转变。2013 年《公司法》修订取消了最低注册资本数额、实缴要求、认缴期限的限制，确立了完全认缴制，将注册资本数额与缴纳期限交由股东自主约定，赋予了股东出资期限利益。实践中存在股东利用认缴制规避债务，引发许多市场交易风险，出现了大量公司资产不足以清偿债务、股东滥用期限利益，损害债权人合法权益的现象。理论界和实

---

* 作者简介：郑飞（1994 年—），女，汉族，贵州贵阳，中国政法大学同等学力研修班 2023 级学员。研究方向：民商法。

务界普遍呼吁应出台股东出资"加速到期"规则，平衡股东利益和债权人利益。2023 年《公司法》修订一改已运行十年之久的注册资本认缴制，再次回归到注册资本有限期认缴制。

（1）2013 年我国《公司法》取消了法定最低注册资本要求并对普通商事公司实行资本认缴登记制，[1]降低了公司注册的设立门槛。

（2）最高人民法院 2019 年《全国法院民商事审判工作会议纪要》（以下简称《九民纪要》）指出，债权人以公司不能清偿到期债务为由，请求未届出资期限的股东在未出资范围内对公司不能清偿的债务承担补充赔偿责任的，人民法院不予支持。《九民纪要》第一次提出了"股东出资加速到期"规则，但该条规定实际上优先保护的是股东认缴出资的期限利益，而不是公司财产和债权人利益，其以不支持出资期限"加速到期"为原则，只有在上述两种特定情形下支持"加速到期"作为例外，《九民纪要》也是股东出资加速到期的突破性发展。

二、出资加速到期制度的正式确立

自 2024 年 7 月 1 日起，新《公司法》施行。

（1）新《公司法》第 54 条的规定在《九民纪要》规定的基础上删除了关于公司需要具备破产但又没有申请破产的条件，无需"明显缺乏清偿能力"等实质破产要件或恶意逃债情形，新《公司法》以法律的形式正式确立了"股东出资加速到期制度"，即只需要"债务期限届满+公司不能清偿+未届期限的股东未完全履行出资"即可。将原则上不支持股东出资加速到期，转变为将股东出资加速到期常态化，改变了原有法律框架下"不加速到期为原则、加速到期为例外"的立场。因此，无须再对公司的清偿能力进行实质性判断。虽然极大地降低了债权人实现债权的难度，但该条并未明确何种情形属于"公司不能清偿到期债务"。

（2）关于公司不能清偿到期债务时，请求股东出资加速到期、提前缴纳出资的权利主体，此次新《公司法》修订的一个重要变化是，公司也可以作

---

〔1〕 需要说明的是，在我国公司法实践中并非所有类型的公司都实行资本认缴登记制，法律对证券公司等 27 类公司仍然保留了最低注册资本的规定。在这些类型公司的设立过程中往往并不存在股东延期缴纳出资的交易安排，因而一般也无出资义务加速到期制度的适用空间。张旭昕、房绍坤：《资本认缴制下的公司信用保障》，载《烟台大学学报（哲学社会科学版）》2017 年第 2 期。

为出资加速到期的请求权主体，有利于保护公司利益。

（3）《企业破产法》与《公司法解释（二）》规定请求股东出资加速到期的前提是公司破产或者解散。新《公司法》颁布之后，对此也未进行具体释明，但是实务中仍然不能将公司没有清偿到期债务认定为公司不能清偿到期债务，因为公司没有清偿到期债务可能会基于很多原因。如对到期债务有争议，受制于特殊事件无法清偿，至少应该倾向于《九民纪要》中的特别情形或类似情形。

（4）关于债权人能否直接要求股东出资加速到期，提前缴纳出资，目前的司法实务普遍认为不可以，新《公司法》第54条为其提供了理论基础，未来的司法实务是否改变目前的规则还有待法律规定的进一步探索。尽管如此，若动辄将股东追加为被告，则割裂了股东出资关系和基础法律关系的区别，将股东牵涉入大量的公司常规基础法律关系诉讼，未能有效平衡股东权益，过分保护了债权人利益而损害了股东权益。

（5）关于股东出资加速到期的数额，新《公司法》虽然没有作出明确规定，但是在优先保护公司债权人利益的情况下，还应当平衡股东出资的期限利益。因此，公司或债权人主张出资加速到期的，原则上应根据公司不能清偿的债务数额确定，能主张部分出资到期的，不宜主张出资全部到期。

（6）关于在股东出资加速到期的情况下，债权人请求能否请求股东在未出资范围内直接向其清偿债务的问题，新《公司法》规定股东应向公司缴纳未实缴的出资，出资归于公司财产，而非直接对提出申请的特定债权人单独清偿，债权人只能再通过执行程序或破产程序等相应程序获得财产，或由公司获得出资后再主动对其相应债务进行清偿。因此，债权人提起股东出资加速到期诉讼是为全体债权人利益，在而非单独为其自身利益。在此种情况下，债权人提起诉讼的成本是否应当由公司承担尚有待司法解释或在实践中加以明确。

三、出资加速到期制度在我国的适用问题

第一，从中国裁判文书网查询到的2019年至2024年数据来看，民事案由中与"股东出资加速到期"关联的判决书共有4590份。其中，有法院支持加速到期的判例，也有否认加速到期的判例。债权人要求股东对公司债务承担补充连带责任，在注册资本认缴制下，股东依法享有期限利益。在公司不

能清偿到期债务，债权人请求未届出资期限的股东在未出资范围内对公司不能清偿的债务承担补充赔偿责任的[1]情况下，司法实践中不予支持，除非穷尽执行措施无财产可供执行，公司已具备破产原因，但不申请破产[2]时，才予以支持。债权人主张债务人公司的财产不足以清偿其债务，要求债务人公司的两个股东应当以其认缴的注册资金数额为限对债权人公司的债务承担连带清偿责任。

第二，虽然司法实践中很多判例支持追加股东为被执行人，且新《公司法》第54条明确规定，债权人可以在执行程序中追加未届出资期限的股东为被执行人，但是债权人可能仍无法获得足额清偿。在此情形下，债权人可以考虑选择新《公司法》规定的"股东失权制度"以实现其债权。

四、出资加速到期制度的目的

新《公司法》第51条、第52条规定，当股东出资期限届至，公司董事会可依法对未完全出资的股东进行书面催缴。

第一，在"出资加速到期"制度下，未到期的出资缴纳期限在特定条件下可被视为已到期，此时公司和债权人均可书面催缴股东出资，该股东在宽限期内仍未履行出资义务的则面临丧失其未缴纳出资的股权的后果。在此需要注意的是，按照本条规定向未出资股东进行催缴和发出失权通知的主体只能是公司，债权人的催缴实际上是基于代位权而产生的。对于催缴的形式，新《公司法》也予以了明确规定，即公司经董事会决议应采用书面形式进行催缴。股东失权失去的是未缴纳出资部分的股东权利，而已经实缴出资的部分则不受失权的限制。只有未履行出资义务和抽逃全部出资的股东才有可能被除名，与股东除名制度相比，股东失权制度可有效制约仅履行了"部分"出资义务的股东，避免其恶意规避制度漏洞。

第二，债权人在"股东加速到期制度"和"股东失权制度"中的衔接路径如下，出现股东经债权人或公司书面催缴仍然拒不履行足额出资义务的，一是债权人可通过执行异议之诉追加未足额出资的股东为被执行人；二是公司可以向未足额出资的股东发出失权通知。

---

〔1〕 景逸：《股东出资加速到期研究》，东南大学2018年硕士学位论文。
〔2〕 高婷：《认缴制度下股东出资责任加速到期制度研究》，东北财经大学2020年硕士学位论文。

论新《公司法》中的董事会中心主义

李 伟*

（中国政法大学 北京 100088）

摘 要： 新《公司法》修订思路继承了《民法典》对董事会的执行机构定位，并通过剩余权利概括归属于董事会的方式重新定义了董事会的权利，[1] 实现了重要的制度创新。本文旨在探讨新《公司法》中董事会中心主义对公司治理的影响，通过分析新《公司法》中董事会职权的调整和相关规定，揭示董事会中心主义在实践中的体现和潜在问题，明晰公司治理的实务建构方向，以实现有效的公司治理。

关键词： 新《公司法》 董事会中心主义 公司治理

我国现行《公司法》将股东会定义为公司的权力中心，形成了由股东会、董事会、监事会和经理分权执掌公司治理的格局，集中体现了股东会中心主义的治理特征。[2] 在公司治理的实践中，《公司法》在将诸多公司决策权力归于股东会的同时，往往却将问责的板子打向了"董监高"，董事会频频沦为"背锅侠"，暴露了权责不统一的问题。与之前的《公司法》相比，2024年7月1日开始生效的《公司法》（以下简称"新《公司法》"）强化了董事会在公司治理结构中的中心地位，在拓展董事会权力的同时，一并强化了董事

---

* 作者简介：李伟（1980年—），男，汉族，安徽合肥人，中国政法大学同等学力研修班2023年春季学员。研究方向：民商法学。

〔1〕 刘斌：《董事会权力的失焦与矫正》，载《法律科学（西北政法大学学报）》2023年第1期。

〔2〕 赵旭东：《股东会中心主义抑或董事会中心主义？——公司治理模式的界定、评判与选择》，载《法学评论》2021年第3期。

的义务和责任，公司治理模式开始向董事会中心主义大幅迈进。

一、董事会中心主义的理论内涵与实践探索

公司治理模式是公司治理的命脉所在。近年来，关于公司治理模式中的股东中心主义抑或董事会中心主义的学说争议甚嚣尘上，中外民商法学者对此莫衷一是。综合来看，在现代公司的治理结构中，两种不同的治理模式各有其独特的法律价值和现实意义。简言之，股东会中心主义集中体现了所有者权益和管理者权益的合二为一，具有不可替代的价值目的，以股东利益最大化作为公司治理的目标导向，依然被公司法理论界奉为圭臬。伴随全球公司治理实践发展而形成的董事会中心主义，则以法律形式确认了公司所有权者权益和管理权益的分离，作为公司治理模式的后起之秀，为现代企业运营带来了高度的效率化和专业化优势，在公司治理领域表现出了强劲的生命力，具备独特的后发制度优势和充足的法理依据。

董事会中心主义常见的理论基础包括：对公司治理目标的定位、代理关系的体现、最终决定权的把握、权力独立的保障、剩余权力的归属以及一元制公司治理模式的特点等。这些理论基础共同建构了董事会中心主义在现代企业法律实践中的重要地位。简言之，董事会中心主义的内涵就是依据经营权与产权分离的原则，董事会负责公司的经营管理事务决策，倘若未出现法定的例外情形，股东一般不能参与公司的经营事务决策。

20世纪以来，随着公司治理模式的探索和实践，董事会中心主义治理模式在全球范围逐步通过判例和立法被认可。例如：1906年英国的"自动过滤器公司案"代表着董事会中心主义开始确立。在美国，以特拉华为代表的董事会中心主义公司治理模式，早已被确认为美国公司法的基本立场。

改革开放以来，受外资企业治理模式的影响，在实践中，我国上市公司、证券、银行保险公司在事实上已运用了"董事会中心主义"的公司治理模式。多年实践表明，这种治理模式与传统的"股东会中心主义"相比，具有明显的管理优势，具备更扎实的法理依据，而且在全球范围内已日趋成熟。

二、新《公司法》中董事会中心主义的修订体现

"法与时转则治。"不可否认，《公司法》立足于当代国情，带有鲜明的时代特征，其股东会中心主义的治理模式，曾为助推我国经济实现跨越式发展，

发挥了重要的指引和保障功能。但随着我国市场经济的激荡发展、企业运营机制的改革深化，公司治理实践中暴露的企业权力机关与执行机关权责不统一等诸多问题亦亟待解决，公司治理理念的更新和实践需要与时俱进。本次新《公司法》的修订，从国情和实践需求出发，遵循科学立法、民主立法、依法立法的原则，重新定义了董事会的职权，一并强化了董事会的忠诚、勤勉、注意义务，标志着股东会中心主义的桎梏被打破，开始迈向董事会中心主义治理模式。相关修订详述如下：

第一，为了提高董事会在公司治理中的自我发展与自救能力，新《公司法》第 59 条第 2 款新增："股东会可以授权董事会对发行公司债券作出决议。"本条规定，通过股东会的授权，董事会可以被赋予债券发行决策权，拓展了董事会的职权范围，提高了董事会在公司治理实践中的应对能力和治理效率，凸显了董事会在公司治理模式中的核心地位。

第二，新《公司法》第 67 条对有限责任公司董事会职权的规定（该条亦适用于股份公司），删除了之前《公司法》中"董事会对股东会负责"的表述。本次修订表明，董事会的责任主体范围被扩大，董事会应全面承担起维护公司整体合法利益的责任，不再单一地向代表股东利益的股东会负责，削弱了股东会对董事会的制约。

第三，剩余权力作为公司权力配置中不确定的权力空间，在股东大会、董事会以及经理分别拥有的权限之间具有可变性。[1]针对董事会在公司治理剩余权力的配置范围，2018 年《公司法》第 46 条第 11 项规定的表述为"公司章程规定的其他职权"。新《公司法》第 67 条将其修订为："公司章程规定或者股东会授予的其他职权。"本次修订条文表明，在章程和股东会的授权下，董事会可以被充分赋予剩余权力，再次彰显了董事会的核心地位。

第四，为完善公司内部的监督和控制机制，新《公司法》第 69 条新增："有限责任公司可以按照公司章程的规定在董事会中设置由董事组成的审计委员会，行使本法规定的监事会的职权，不设监事会或者监事。……"本条规定打破了传统的"三会"（股东大会、董事会、监事会）治理结构，明确了审计委员会是董事会内部的下设组织且成员由董事组成，再次贯彻了董事会

---

〔1〕 谢永珍、牟涛：《公司法修订草案：里程碑意义的七大领域变革与创新》，载《董事会》2022 年第 Z1 期。

中心主义的治理理念。在扩充董事会职权的同时，也一并强化了董事会的内部监督和控制责任，有助于公司决策流程的简化和提升公司运作效率，向更加注重内部监督和信息披露的方向发展。

三、董事会中心主义在实务建构中的挑战与应对

"天下之事，不难于立法，而难于法之必行。"尽管董事会中心主义在理论上具有诸多优点，但在具体的公司治理实践中依然会面临一些挑战。例如，如何加强监管以确保董事会在行使职权的同时能够真正履行其职责，避免其沦为大股东或经理人的工具，都是在实务中需要进一步解决的问题。因此，在董事会的治理实践中需要妥善应对以下方面：

（一）应对股东权益保护带来的挑战

在董事会中心主义治理模式下，对股东尤其是中小股东的权益保护是一个不容忽视的挑战。由于董事会可能倾向于维护自身利益，股东尤其是中小股东可能会感到无力，他们的声音容易被忽视。因此，需要进一步规范和落实股东权益保护的具体措施，在保障董事会决策效率的同时，保护股东尤其是中小股东的知情权、参与权和表决权，确保股东有足够的力量和途径参与公司治理，以保护其合法权益。

（二）确保董事会的独立性

董事会的独立性是确保其能够为公司作出最佳决策的关键因素，唯有如此，才能够更好地平衡不同利益相关方的利益，保护小股东和其他利益相关者的权利，从而提升公司的治理质量和透明度。但是，在公司治理的实际运作中，董事会可能会受到控股股东或其他强势利益集团的影响，导致其决策失去独立性。因此，需要从多个方面入手设定明确的规则和制度，通过优化董事会的结构、完善董事会议事规则、加强董事培训和评估、建立有效的信息披露和透明度机制等具体措施，以确保董事会的独立性不受外部干扰。

（三）强化董事监督机制，聚焦专业化经营

在"康美药业案"中，独立董事被判承担连带赔偿责任，引发了对独董制度的广泛审视，强化董事监督机制成了管理决策权责统一的必然要求。新《公司法》完善了对董事会的监管规定，对董事的职责与义务、关联交易的监管、董事会的职权与责任等方面做出了详细规定，还引入了董事责任保险制度，旨在保障董事会的决策聚焦于公司的专业化经营管理，促进公司治理的

透明度和公正性，保护公司、股东以及债权人的利益，防止利益冲突和滥用
职权。

结　语

新《公司法》是我国公司治理领域的一项重要法律修订，本次修订向董
事会中心主义治理模式中的迈进，更有利于保护公司、股东、职工和债权人
的合法权益，反映了公司治理理念的更新和实践的进步。新法对董事会治理
策略产生了深远影响，特别是在董事会职权、监事会与审计委员会的角色定
位以及高级管理人员的责任等方面作出的完善，为公司治理提供了更为清晰
的法律框架和操作指南，势必可以推动中国公司治理体系的进一步完善和发
展，助力民商领域中国式现代化的伟大实践。

论合同解除后返还请求权的特殊性

李 政*

（中国政法大学 北京 100088）

摘 要： 合同解除是对合同目的无法实现时的救济措施，本文认为对合同解除返还请求权的不同理解，会产生不同法律后果和补救措施。我国《民法典》实际上放弃了直接效果说的主张，并将合同解除后的返还请求权理解为以恢复原状请求权为基础原权利，"其他补救措施"和"损失赔偿"为补救性权利的返还请求权体系，以实现公平和效率的立法目的。

关键词： 合同解除 返还请求权 恢复原状

解除是合同目的无法实现时，合同当事人权利义务终止的重要方式。合同解除后的法律后果是人们非常关注的问题。其中，合同解除后的返还请求权具有一定的复杂性和特殊性，在学术和理解上存在较大争议。

一、合同解除的返还请求权

合同解除，能够使当事人在合同目的不能实现的情况下，使得合同各方"能够摆脱现有合同权利义务关系的约束，重新获得交易的自由"。[1]并且，各方也自然期待，对合同已经履行部分，在合同解除的特定时点上进行清算。由此，合同解除的后果也备受关注。

根据我国《民法典》的规定，合同解除后，尚未履行的终止履行；已经

---

　* 作者简介：李政（1975 年— ），男，汉族，辽宁省沈阳人，中国政法大学同等学力研修班 2023 级学员。研究方向：民商法。
　〔1〕 朱虎：《解除权的行使和行使效果》，载《比较法研究》2020 年第 5 期。

履行的，"恢复原状""采取其他补救措施"并可"请求赔偿损失"三项权利。"合同因违约解除的，解除权人可以请求违约方承担违约责任。"可见，合同解除后，其产生的法律后果是多样的，也提供了解除后清算的措施。

对于尚未履行的终止履行很少有争议，对于已经履行的部分如何处理是关键性问题，其核心是合同解除时向合同订立前当事各方给付物的返还请求权。在各项权利中，"恢复原状"这种返还请求权是基础权利或称原权利，而"其他补救措施"请求权和"赔偿损失"请求权都是救济性权利。[1]

恢复原状的返还请求权是解除后返还请求权的原权，具有本源性和基础性。如何理解返还请求权呢？

我国《民法典》中，恢复原状是指一个较窄的概念，主要是指不动产或动产等有形物体的状态恢复。比如，在《民法典》第 179 条"承担民事责任的方式"将"恢复原状"与其他措施并列处理，如"停止侵害""排除妨碍""消除危险""返还财产""修理、重作、更换""继续履行""赔偿损失""支付违约金""消除影响、恢复名誉""赔礼道歉"等。

二、"恢复原状"返还请求权的不同理解

应该说明的是，恢复原状是早期民法思想形成的合同解除后直接产生的一项权利，是指返还请求权首先要求合同解除后，解除权人可以要求合同签订前的不动产或动产行使的物权或债权请求权。因此，恢复原状返还请求权应在狭义定义的基础上扩大解释，即合同订立之前双方所拥有的给付物或权利。

对合同解除后返还请求权的不同理解，与合同解除的溯及力有直接关系。

（一）直接效果说的主张

直接效果说主张合同因解除的溯及而消灭，合同解除后双方权利自动恢复到合同签订前，也就是已经履行的因合同关系消灭要恢复原状。因此，对于已经履行的部分当然要产生恢复原状的责任，要求恢复原状的一方所享有的是基于物权的原物返还请求权。

这种学说主张具有一定的历史传统，从罗马法到大陆法系的民法传承，都沿袭了这一传统。比如，1804 年《拿破仑民法典》明确规定了合同解除溯

---

[1] 吕斌：《合同解除后的返还清算》，载《东北大学学报（社会科学版）》2023 年第 4 期。

及既往，债之关系归于消灭，发生恢复原状请求权。只是，随着全球化的演进，解除无溯及力的影响日益扩大。1992年《荷兰民法典》明确合同解除无溯及力，2002年《德国债法现代化》也放弃了解除有溯及力。[1]

（二）折中说的主张

折中说主张，尚未履行的债务自解除时归于消灭，已经履行的债务则不消灭，而是发生新的返还债务。合同解除后并没有使已经履行的合同消灭，解除前的义务仍然具有法律上的原因。另外，解除后给付物的物权并不能自动复归到解除权人，解除前的合同关系依然有效。因此，折中说认为，恢复原状是一种债权请求权，是基于合同解除后新的给付义务，既不是物权请求权，也不是不当得利的返还义务。

对合同解除溯及力的不同理解，导致了在司法实践中合同解除后返还请求权的不同裁判。比如，在"广西桂冠电力股份有限公司与广西泳臣房地产开发有限公司房屋买卖合同纠纷案"中，法院判决："违约金责任属于违约责任范畴，而违约责任以合同关系存在为前提，既然合同解除消灭合同关系，则违约金责任也随着合同解除而不复存在。"[2]这种主张显然有失公平，因此在立法层面和司法层面，都在逐步地予以修正。我国于2021年施行的《民法典》没有完全采取直接效果说主张，或者说逐步放弃了之前的直接效果说主张，这一点在司法裁判的案例中也有所反映。

三、无法恢复原状时返还请求权的探讨

有现实的理由让讨论返还请求权及其多样性的救济措施非常有意义。虽然在理论讨论中，恢复原则是合同解除后的一种最终原动力（即原权利），但是，恢复原状始终是一种较窄的状态，在现实中存在得更多的是恢复原状不可能或不经济的情况。恢复原状只是合同解除的法律后果的一种，而非唯一的状态。因此，在理论层面必须厘清无法恢复原状时，返回请求权的实现及其如何救济。譬如，一个巨大的磁铁对铁块产生吸引力，可能会使自身与铁块的距离为零，但是，由于如果有其他的力存在，比如存在铁块与地面的摩

---

[1] 李开国、李凡：《合同解除有溯及力可以休矣——基于我国民法的实证分析》，载《河北法学》2016年第5期。

[2] 陆青：《合同解除效果与违约责任——以请求权基础为视角之检讨》，载《北方法学》2012年第6期。

擦力，磁铁便无法将铁块吸引到零距离。在何种距离达到力的均衡？在理论上和实践中都是非常有意义的。

与此类似，讨论返还请求权也要考虑恢复原状不可实现时的救济措施，这在法律后果上表现为适用不同情形下的多种措施。《民法典》第566条第1款明确规定："合同解除后，尚未履行的，终止履行；已经履行的，根据履行情况和合同性质，当事人可以请求恢复原状或者采取其他补救措施，并有权请求赔偿损失。"合同解除后，更加重视根据合同履行情况和合同的性质采取不同的清理措施，更加重视合同解除的返还请求权的公平性和效率性。

（一）无法恢复原状的情形及其救济措施

现实中，合同具有不同性质、合同履行具有不同的状态以及恢复原状的可能性，返还请求权基于此做了补救性措施安排，形成了针对不同合同的措施，以解决合同解除后法律关系清理的公平性和效率性问题。

第一，针对无法恢复原状的情况。实践中，合同性质是多样的，决定了是否可以恢复原状。比如，合同是一次性履行完毕合同，还是持续履行合同。如水电气热等供应合同、房屋租赁合同等。对于已经履行的无法恢复原状，则没有恢复原状的必要，可以"其他补救措施"（比如"折价的方式"）作为合同解除后清理的措施。

第二，恢复原状非常不经济，也可以采取"其他补救措施"。"其他补偿措施"可以采取折合价格的方式予以救济。比如，建设工程施工合同，合同解除时工程为停工烂尾状态，合同解除后，没有履行的终止履行，合同已经履行的，无法恢复原状，或者恢复原状非常不经济，即应采取"其他补救措施"。至于补偿的标准，可以参照合同无效时的补偿，"建设工程施工合同无效，但是建设工程经验收合同的，可以参照合同关于工程价款的约定折价补偿承包人"。

第三，"赔偿损失"请求权的范围。合同因违约而解除的，合同解除后的损失赔偿范围应以履行利益（包括逾期可得利益）的赔偿为限。可以参考违约责任中损失赔偿的范围，即可预见性、损益相抵、过失相抵等规则。

（二）双方均无过错时的风险分担问题

由于不可抗力致使合同目的不能实现，因此合同具备法定解除的条件。此时，合同双方均无过错，但是此时原物已经灭失，恢复原状无法实现，风险如何分担呢？合同解除，对于已经履行的部分，需要恢复原状，无法恢复原状的采取其他补救措施；对于已经履行的部分，比如买卖合同，风险已经转移，此时合同解除的后果与风险分担可能会产生竞合，需要仔细考量。

可能的情况是，合同履行风险分担与合同解除后果产生了冲突。比如，在买卖合同履行中，在买方已经占有货物时货物灭失、损毁，或者货物已经不能返回（比如建设工程采购的砂石、钢筋等），则买方应当支付价款。如果允许买方解除合同，买方的支付价款的义务也会消灭，这意味着买方无须支付价款，或者要求卖方返回已经支付的价款，这与风险分担的规则相冲突，因此应该优先适用风险分担的原则，由买方承担风险。

（三）一方违约时风险分担

在《民法典》出台之前，司法裁判普遍认为合同解除与合同违约责任是排斥的，认为违约责任是基于合同有效存在才产生的责任，合同被溯及既往地解除后，违约责任没有依据。放弃直接效果说的主张，合同解除后已经履行的合同并不能自始无效，尤其是在违约解除合同的情况下，违约方的违约行为在合同解除前就已经存在。因此，可以要求违约方承担违约责任。《民法典》明确规定"合同因违约解除的，解除权人可以请求违约方承担违约责任，但是当事人另有约定的除外"。这一规则明确了合同解除对合同已经履行部分的法律确认、解除法律后果对合同违约的兼容性。

综上，解除的返还请求权具有体系性，恢复原状请求权是原权利和具有方向性的权利，但是不是合同解除唯一的法律后果。必须要根据合同不同性质和履行具体情况，判断返还的方式和程度，形成"其他补救措施"和"赔偿损失"等措施。最后，有必要将合同解除的原因纳入合同解除的结果考量范畴，从而与恢复原状请求权共同构成一个合同解除后的返还请求权体系。

论法定代表人越权担保对公司不发生效力情形下责任分担规则及其重构

梅　虹*

（中国政法大学　北京 100088）

摘　要：根据现行法的规定，公司法定代表人越权进行担保，在相对人非善意时对公司不发生效力，公司虽不承担担保责任，但仍有可能基于其缔约过失承担一定的赔偿责任。基于现行法规则，在公司越权担保审判实践中形成了相应的裁判进路，该裁判进路存在诸多问题，包括法定代表人的缔约过失不能一概归于法人、过度归责公司内部管理不当并不合理、风险和利益分担不合理等方面。虽然无权代理规则和现行公司越权担保规则存在一定的差异，但法定代表人越权担保本质上是一种特殊的无权代理，应类推适用无权代理规则，重构法定代表人越权担保对公司不发生效力情形下的责任分担规则，以更好地保护公司利益、促进社会主义市场经济的健康发展。

关键词：公司担保　越权代表　责任分担　无权代理

《公司法》第 15 条规定了公司担保的决议程序。在实际操作中，法定代表人常越权担保。《最高人民法院关于适用〈中华人民共和国民法典〉有关担保制度的解释》（以下简称《担保制度解释》）第 7 条和第 17 条规定，若法定代表人违反《公司法》第 15 条擅自签订担保合同，且相对人非善意，此时

---

* 作者简介：梅虹（1979 年—），女，汉族，四川省泸州市人，中国政法大学同等学力研修班 2023 级学员。研究方向：民商法。

担保合同对公司不生效，但公司仍可能因过错而承担过错责任，最高达债务人不能清偿部分的一半。这一制度安排在学术界一直存在争议。本文将从这一问题出发，结合现行法律规定、审判实践和学术讨论，探讨并尝试重构公司法定代表人越权担保无效时的责任分担规则。

一、问题引入：法定代表人越权担保对公司不发生效力情形下的责任分担规则

《担保制度解释》第7条第1款指出，若公司法定代表人越权签订担保合同，相对人善意时，合同生效，公司需承担担保责任。反之，合同对公司不生效，公司无须承担担保责任。第3款还阐释了判断相对人是否善意的标准。但是，即使公司不承担担保责任，也可能因其过错而依《民法典》第157条、《最高人民法院关于适用〈中华人民共和国民法典〉合同编通则若干问题的解释》第20条第1款承担相应的责任。具体到非善意相对人与公司法定代表人越权担保的责任分配，参照《担保制度解释》第17条的规定，公司有过错时，赔偿责任不超债务人不能偿还部分的一半；无过错则无需赔偿。简言之，公司可能承担的民事责任取决于其过错程度。

二、对公司越权担保审判实践裁判进路的评析

对于公司在何种情形下有过错，法律及司法解释并未作出具体规定，司法实践中存在不同的裁判进路。梳理相关案例可以发现，在目前的公司越权担保审判实践中，认定公司存在过错有如下裁判进路：公司在对法定代表人的监督管理上存在过错；公司在管理和使用公章上存在过错；公司内部控制制度缺失，存在内部管理不当的过错；径直将法定代表人越权担保的过错归为公司的过错。

由上文所述，在公司法定代表人越权担保对公司不发生效力的情形下，公司仍有可能基于其各类缔约过失而承担赔偿责任。对于这一现象，学界存在广泛的不同意见，笔者也认为，该裁判思路存在诸多问题，叙述如下。

（一）法定代表人的缔约过失不能一概归于法人

在公司越权担保审判中，实务界和理论界都有观点认为，作为公司的机

关之一，法定代表人的过错即等同于公司的过错。[1] 也有学者基于《民法典》第 62 条第 1 款，主张将关于法定代表人职务行为致害责任的规定作为公司承担赔偿责任的规范基础。[2]

法人是具有独立法律人格的主体，法定代表人虽为法人机关，但其具有独立的意志和行为能力，与公司利益也并不总是一致，不应简单地将法定代表人的缔约过失视为法人过错。[3] 若一味将法定代表人越权代表所造成的责任后果归于被代表的法人本身，反而有利于越权代表人逃避责任。此外，主张类推《民法典》第 62 条第 1 款的规定要求公司承担缔约过失责任的观点，逻辑上也不自洽：公司既无实际缔约行为，何谈承担缔约过失责任？

（二）公司内部管理不当过度归责

将上述过错完全归咎于公司不合理。在我国法人代表制度中，法定代表人通常单独行使公司意思表达权力并有权管理和使用公章。现行公司治理制度在限制法定代表人越权行为上缺乏足够的内控机制，难以实现完全监督。因此，基于公司有限的治理能力，判断公司过错应基于实质性过错，不能仅凭越权行为的存在，否则对公司而言便过于苛刻了，实际上几乎使得公司无法达到"无过错"的理想状态，架空了过错责任原则。此外，公司赔偿责任的确定原则类似于过错推定原则，其效果近似于公司承担担保责任，不符合《公司法》保护公司免受法定代表人滥用职权损害的目的。

（三）风险和利益分担不合理

在现行司法实践中，法定代表人越权代表的责任分配倾向于过度保护非善意相对人，忽视了其未产生合理信赖利益而不应受保护的事实。[4] 从法经济学角度来看，风险应由避险成本更低的相对人承担，因为其只需进行合理审查，具备更强的风险防范能力、比公司监督成本更低的调查成本。此外，公司在面对非善意相对人与越权代表人勾结时，因信息不对称和难以监督而处于不利地位，当前的做法甚至是让公司可能被判定有过错并承担赔偿责任，

---

〔1〕 朱庆育：《民法总论》（第 2 版），北京大学出版社 2016 年版，第 460 页，转引自朱锐：《公司对外担保法律问题研究》，扬州大学 2023 年硕士学位论文，第 23 页。

〔2〕 张家勇：《论越权担保无效时公司赔偿责任的规范基础》，载《法学》2024 年第 3 期。

〔3〕 高圣平：《再论公司法定代表人越权担保的法律效力》，载《现代法学》2021 年第 6 期。

〔4〕 宋戈：《公司法定代表人对外越权担保合同效力的研究——以合同相对人非善意为视角》，载《沿海企业与科技》2023 年第 5 期；迟颖：《法定代表人越权行为的效力与责任承担——〈民法典〉第 61 条第 2、3 款解释论》，载《清华法学》2021 年第 4 期。

这不仅加剧了相对人与法定代表人恶意串通的道德风险，还背离了《公司法》第15条保护公司利益的立法初衷。[1]

三、法定代表人越权担保对公司不发生效力情形下责任分担规则的重构

基于上文所述的现行公司越权担保规则与司法实践中存在的诸多问题，笔者认为，有必要重构法定代表人越权担保对公司不发生效力情形下的责任分担规则。对此，有学者提出应类推适用我国民法上的无权代理规则，笔者赞同此说，试述如下。

（一）无权代理规则和现行公司越权担保规则的差异

比较《民法典》第171条、第172条规定的无权代理规则和现行公司越权担保规则，可以发现两个差异：其一，在无权代理规则中，被代理人有追认权，而在现行公司越权担保规则中，公司没有追认权；其二，在无权代理规则中，非善意相对人和行为人按过错担责，被代理人不担责，现行公司越权担保规则中，非善意相对人和被越权代表的公司均可能按过错担责，作为被越权代表人的公司在相对人非善意的情形下仍有可能担责。从中可以看出：和无权代理规则相比，现行公司越权担保规则最大的特殊性就是公司作为被代表人担责的可能性。

（二）法定代表人越权担保是一种特殊的无权代理

尽管无权代理与法定代表人越权担保规则有差异，但越权担保本质上仍属无权代理。无论是从行为的构成要素还是从法律后果的归属来看，法定代表人制度与代理制度均无本质区别：法定代表人和代理人均代表他人行事，行为后果均归于被代表者或被代理人。因此，法定代表人制度可被视作代理制度的特例，越权担保为无权代理的特例。

（三）重构法定代表人越权担保对公司不发生效力情形下的责任分担规则

基于此，笔者认为，法定代表人越权担保导致合同对公司不生效时，责任分担规则应参考《民法典》第171条、第172条重构，由越权的法定代表人而非公司承担责任。公司法定代表人越权担保行为的效力取决于相对人善意和公司的追认与否：相对人善意则行为有效，对公司有约束力，非善意则

---

[1] 迟颖：《法定代表人越权行为的效力与责任承担——〈民法典〉第61条第2、3款解释论》，载《清华法学》2021年第4期。

行为效力待定；公司可通过董事会或股东会决议追认该越权担保，若公司拒绝追认则该越权担保对公司不生效。当越权担保行为对公司不生效时，责任按非善意相对人和越权法定代表人各自的过错分配，越权的法定代表人赔偿相对人部分损失，而公司本身不承担赔偿责任。

浅谈合同违约方解除权的适用规则

李怡婷*

（中国政法大学 北京 100088）

摘　要： 随着《民法典》第 580 条第 2 款的问世，违约方解除合同制度在立法层面上被初步构建起来，在司法实践中，援用该条款作为裁判依据的案件数量也明显提升。但实务界在适用《民法典》第 580 条第 2 款时仍存在一定的分歧，因此，应当着重厘清该规则何时适用、如何适用以及相关的法律后果等问题，以加深对该条款的理解，促进司法实践的适用，实现违约责任，维护社会公平。

关键词： 违约方　合同解除权　合同僵局　违约责任

一、问题的提出

（一）案例引入

案例一：冯某梅与新宇公司签订了商铺买卖合同，后因冯某梅拒绝解除合同，造成整个时代广场闲置，土地资源没有得到合理应用，冯某梅也无法在其商铺内经营，双方均无法实现合同目的。因此，新宇公司提起诉讼要求解除合同。一审法院判决该合同予以解除，新宇公司承担违约责任，冯某梅不服，提起上诉，要求新宇公司继续履行合同。二审法院依据《合同法》第110 条判决解除商品房买卖合同，认为该案中履约成本费用过高不宜继续履

---

　* 作者简介：李怡婷（1982 年—），女，汉族，广东茂名人，中国政法大学同等学力研修班 2023级学员。研究方向：民商法。

行，由新宇公司承担相应的违约责任，不支持冯某梅的上诉理由。[1]

案例二：小奕（化名）和父母与一家演艺公司签了 11 年的《艺人合同》，后因个人原因，小奕及其监护人委托律师要求与演艺公司解除该合同，公司不接受该要求，该合同实际 2 年未履行。于是，小奕及其监护人诉至法院，请求解除合同。一审法院认为，双方合同合法有效，并且公司也根据合同履行了相关义务，不构成根本违约，驳回了小奕的诉请。小奕不服，上诉至上海市第一中级人民法院。二审法院认为，合同有效，双方之间明显存在难以调和的矛盾，已经缺乏继续履行合同所需的信任基础，且小奕不存在恶意违约的情形，演艺公司拒绝解除合同，违反了诚实信用原则，依据 2019《全国法院民商事审判工作会议纪要》判决该合同解除。[2]

案例三：2016 年 2 月 29 日，成都老蓉城饭店与四川新华海颐酒店签订《房屋租赁合同》，将约定房屋等租赁给新华海颐公司使用。2020 年 8 月 10 日，海颐蓉城分公司向张大千画院出具《解除〈长包房协议〉的通知书》，载明因文旅物业公司收回租赁物进行修缮和保护，不再出租给海颐蓉城分公司经营使用，因《长包房协议》已事实上无法继续履行，因此发函解除与张大千画院的《长包房协议》。张大千画院拒绝解除该协议。双方协商无果，海颐蓉城分公司提起诉讼请求解除该协议。一审法院判决该协议解除，二审法院改判该协议解除时间是二审判决生效之日，而不是解除通知到达对方之日。[3]

（二）问题梳理

以上三个案例都是违约方解除合同的典型案例，从 2006 年到 2021 年，从不同的维度，法院从依据《合同法》到《民法典》，对违约一方提出合同解除请求的态度逐渐转变。结合裁判文书检索的案例情况来看，违约方请求解除合同主要发生在长期性、非金钱债务的合同中，因经济形势、违约方履约能力的变化导致合同履行陷入僵局，继续这种局面对合同双方都无益。因此，通过司法途径解除合同成了较为经济的做法，也有利于避免资源浪费，促进社会公平。除了较多的租赁合同以外，还有人身性较强的演艺经纪合同

---

[1] 《新宇公司诉冯玉梅商铺买卖合同纠纷案》，载《中华人民共和国最高人民法院公报》2006年第 6 期。

[2] 上海市第一中级人民法院民事判决书，[2019] 沪 01 民终 14952 号。

[3] 四川省成都市中级人民法院民事判决书，[2021] 川 01 民终 12427 号。

等。由此可见，违约方请求解除合同的范围是有严格限制的。

那么，什么叫作合同僵局？从《民法典》第 580 条第 2 款的文义出发，究竟应当如何适用？

二、违约方合同解除权的内涵

通过对《民法典》第 580 条第 2 款的文义分析，可以看出立法部门对于违约方解除合同的适用仍采取非常审慎的态度，除了将违约方解除合同限定在履行非金钱债务的情况下，还规定了实质认定要件。根据现行法律规定及相关司法案例，总结违约方解除合同的法律要件如下：

（一）守约方拒绝解除合同，合同履行陷入僵局

认定违约方解除合同的前提条件是，守约方在合同履行或诉讼程序中拒绝解除合同，合同履行陷入僵局。我国现行立法没有专门针对合同僵局概念作出明确规定。王利明教授认为，合同僵局是在长期合同中一方因形势和履约能力等因素不能继续履行长期合同，需要提前解约，而另一方拒绝解除合同的情形。[1]

（二）合同已无法继续履行，合同目的不能实现

根据法律规定及司法实践案例，较为常见的合同无法继续履行主要包括三种情形[2]：

第一种是合同在法律或者事实上不能履行。

第二种是债务标的不适于强制履行。

第三种是债务标的履行费用过高。

（三）违约方须通过诉讼或仲裁方式主张解除合同

与守约方享有的作为形成权的合同解除权不同，根据《民法典》的规定，违约方必须通过诉讼或仲裁程序实现其解除合同的主张。即违约方无权以单方通知方式解除合同，这一规定可以有效避免违约方滥用权利。

（四）违约方解除合同不影响其承担违约责任

违约方解除合同制度的立法初衷是提高市场交易效率、防止权利滥用等，

---

[1] 王利明：《论合同僵局中违约方申请解约》，载《法学评论》2020 年第 1 期。
[2] 石佳友：《履行不能与合同终止——以〈民法典〉第 580 条第 2 款为中心》，载《现代法学》2021 年第 4 期。

但合同解除并不意味着违约方可以免于承担违约责任。

三、违约方解除合同的适用问题

（一）何时适用

违约方解除合同应当在非金钱债务的范围中适用。因为金钱债务不存在不能履行的情况，即使当事人经济困难，最多也只会造成迟延履行的局面。

违约方解除合同应当在出现法律上或事实上不能履行时适用。违约方在履行合同的过程中出现了法律上或事实上的原因导致债权客体给付不能的情况，譬如因没有获得行政机关许可或审批没有通过，导致一方无法满足合同订立之目的；事实上的不能履行如标的灭失或案例三中标的物被收回等情况。

违约方债务的标的不适于强制履行或者履行费用过高时适用。在一些人身依附性较强的合同中做不到要求对方强制履行合同义务，如案例二。而在案例一中，新宇公司并非不能履行合同，而是若要依约履行义务，为了冯某梅一人的商铺就需要放弃整个时代广场的规划，影响该资源的盘活，履行费用太高，选择承担赔偿违约责任更符合经济目的。但在司法实践中，履行费用的高低并没有一个绝对的数值，需要靠法官结合个案事实进行考量，过分进行限制也不利于社会公平的实现。

当债权人在合理期限内未请求履行时适用。债权人在合理期限内未行使权利，会让债务人认为债权人不会要求自己履行义务。虽然债权人的权利具有合法性，但是超出了合理期限不使用或者在合理期限后使用也会被视为对权利的滥用，造成资源的浪费。[1]上述合理期限没有一个确定的标准，在司法实践中也需要法官结合具体的交易习惯等进行判定。

（二）如何适用

根据《民法典》第 580 条第 2 款的规定可知，违约方请求司法机关解除合同除了需要满足第 1 款的情形之外，还要求在不能实现合同目的时才可行使违约方解除合同诉权。笔者认为，此处的合同目的应当被理解为债权人的合同目的，在案例一的法官说理明确提出即使新宇公司继续履行合同，冯某梅要求继续履行该合同的目的也不能实现，这也符合合同僵局的内涵，持续

---

[1] 石佳友：《履行不能与合同终止——以〈民法典〉第 580 条第 2 款为中心》，载《现代法学》2021 年第 4 期。

这种状态既不利于债权人也不利于债务人。虽然债务人不履行合同义务势必会导致债权人的合同目的无法实现，但是从《民法典》第 580 条的规定来看，第 1 款只规定了合同的部分义务可适用履行排除事由，但是其他部分并不存在排除障碍。因此，在第 2 款加上合同目的不能履行是更加完善的。除此以外，在判断合同目的时应当结合比例因素、时间因素、价值因素、信赖因素进行综合判断，看合同目的是否能够实现。

（三）法律后果

《民法典》第 580 条明确指出，违约方请求解除合同不排除违约责任的承担，因此在合同僵局局面解除后，违约方仍旧需要承担相应的违约责任。[1]笔者认为，在多种违约责任中，如在继续履行、支持违约金、赔偿损失等违约责任形式中，应当排除继续履行的违约责任，否则便会和合同解除的目的相违背。

关于合同解除的时间。合同解除的时间关系着损害赔偿计算的时间点，在案例三中，二审法院对一审法院合同解除的时间予了以纠正，认为合同解除的时间为二审判决生效之日。笔者认为，合同解除时间在二审判决生效之日较为合理，既体现了违约方解除合同的诉权，又更加明确了赔偿损害计算的时间点。

关于赔偿损害的范围。《民法典》第 584 条对赔偿范围的一般原则规定是造成的损失和履行该合同可获得的利益，若适用该规定，在违约方解除合同的情况下会可能会加重其金钱给付义务，其解除合同的重要原因是一些原因导致不能履行或履行费用过高，如果要求其按照损失和可得利益进行赔偿便不利于违约方解除合同目的的实现。因此，法院在个案审理的时候应当结合具体情况对赔偿的金额进行确定，以个案公平促进社会公平的实现。

---

〔1〕 石佳友：《履行不能与合同终止——以〈民法典〉第 580 条第 2 款为中心》，载《现代法学》2021 年第 4 期。

涉案企业合规改革的实质性审查研究

陈蓓敏*

（中国政法大学 北京 100088）

摘　要：随着企业合规改革的深入，仅依靠检察机关开展企业刑事合规存在主体单一、监督缺位、权责混乱等问题。2023 年起我国初步形成了检法两家共同参与的基本格局。但是，相关案例止于检察环节，对于作为合规重要组成部分的量刑建议，法院的审查方式与审查内容一直处于模糊状态。为了深度推进企业合规改革，法院必须通过实质性审查的方式，直接参与企业合规整改的启动和验收。

关键词：企业合规　法院　实质性审查

2020 年 3 月起，最高人民检察院开始探索涉案企业合规改革试点，这是一项"贯彻习近平法治思想，一体化推进社会主义市场经济高质量发展、国家治理体系和治理能力现代化、全面依法治国的重要司法改革活动"。[1] 这项改革初期以人民检察院为主导，由其发起、推进，而最终的合规整改结果也由检察机关负责验收，整个过程中，参与主体过于单一，这不禁会使人对企业合规整改是否经过实质性审查、整改结果是否有效并落实产生疑问。自 2023 年起，地方各级人民法院也作为主体参与到了这项改革之中。基于此，本文将对法院参与对企业合规改革的实质性审查起到的作用进行研究。

---

　* 作者简介：陈蓓敏（1992 年—），女，汉族，上海人，中国政法大学同等学力研修班 2023 级学员。研究方向：经济法。

　〔1〕 刘艳红：《论涉案企业合规改革的公检法一体推进——以穿透式激励理论为中心》，载《华东政法大学学报》2024 年第 2 期。

一、法院在涉案企业合规改革中的作用

(一) 法院制约检察机关的作用

涉案企业是否符合启动合规整改的条件由检察机关认定,启动后的合规整改结果由检察机关验收,并最终由检察机关根据验收结果作出依法决定不起诉、提出依法从轻判处的量刑建议或是依法提起公诉的选择。2023 年,检察机关"办理相关案件 3866 件,对整改合格的 1875 家企业、2181 名责任人依法决定不起诉,对 415 名责任人起诉时提出依法从轻判处的建议;42 家企业整改不实,对企业或责任人依法提起公诉"。[1]仅从数据上来看,检察机关牵头的涉案企业合规改革在营造法治营商环境方面确实取得了显著的成效。

但是,实践中还存在着有待解决的问题。当检察机关拒绝涉案企业及其负责人提出的合规整改申请,或对检察院的合规整改结果验收意见与量刑建议有异议时,涉案企业缺少救济程序;当检察机关对不符合合规整改的企业适用合规整改时,存在权力滥用不受监督的问题。"权力具有天然的腐败特性,只有通过审判权对检察权的制约,才能预防和减少检察权运用中的腐败和随意性较大问题。"[2]法院作为改革的主体参与进来,有助于实现"分工负责,互相配合,互相制约,以保证准确有效地执行法律"。[3]

(二) 法院作为审判机关的作用

早在 2014 年,我国就已经在推进以审判为中心的诉讼制度改革,这要求公安机关的侦查活动、检察院提起诉讼的事实及证据都被纳入法律。适用到涉案企业合规改革上的以审判为中心,即涉案企业合规改革的主体需要从由检察院主导向着由法院主导转变。具体而言,就是启动和整改过程仍由检察院负责主持,因为法院不可以既当"运动员"又当"裁判员"。这也符合司法的被动性、中立性特点。但是,法院也要发挥司法审查职能,对检察院的启动是否恰当、是否存在应启动而未启动、不应启动而启动的情形进行审查。此外,笔者认为,合规整改结果也应由法院来组织验收,并由法院根据验收

---

[1]《最高人民检察院工作报告》,载 http://politics.people.com.cn/n1/2024/0315/c1001-40196635.html,最后访问日期:2024 年 7 月 24 日。

[2] 韩旭:《法院参与涉案企业刑事合规改革十大问题研究》,载《烟台大学学报(哲学社会科学版)》2024 年第 2 期。

[3]《刑事诉讼法》第 7 条。

结果作出适用何种刑罚及适用多重刑罚、适用刑罚是否立即执行的判决。"庭审活动是决定被告人命运的关键环节，事实证据调查在法庭，定罪量刑辩护在法庭，裁判结果形成于法庭。"[1]这是法院作为审判机关，独立行使审判权的体现。

二、法院对涉案企业合规的实质性审查

（一）对涉案企业是否适用合规整改的审查

对同时符合《关于建立涉案企业合规第三方监督评估机制的指导意见（试行）》第4条情形的，检察院可以在审查起诉阶段启动涉案企业合规整改。而这存在两种可能：第一种，检察院认为涉案企业不符合合规整改的适用情形，不予适用或者拒绝涉案企业及其负责人的启动申请；第二种，检察院认为涉案企业适用合规整改而启动的情形。

针对第一种情形，若检察院没有正当理由拒绝涉案企业及其负责人的合规整改启动申请，而该企业的确符合启动条件，法院可以为当事人提供程序上的救济，即该企业及其负责人可以请求法院对其是否符合合规整改的启动条件进行审查。法院在审查此类情形时需要注意，比起检察院的启动审查，应当更注重审查该企业在实质上是否符合启动条件，即从实际出发，对该企业的整体经营情况，现有的内部管理制度及运行是否存在企业难以预见的、可弥补的漏洞等进行审查，从而对应适用而未适用的情形提出纠正意见。而对检察院已启动合规整改的企业，法院应在受理案件时就对合规整改启动是否恰当进行实质性审查，包括检察院提交的关于启动合规整改的理由、证据等，以避免不符合启动条件的企业因适用合规整改而逃脱应承受的刑罚处罚，这也是审判权制约检察权的体现。

（二）对涉案企业合规整改有效性的审查

从法院发布的案例来看，目前法院将企业合规整改合格作为酌定从宽处罚情节，相关量刑建议由检察院提出，而根据《刑事诉讼法》第201条的规定，对于检察院的量刑建议，法院是一般应当采纳。"'一般应当'采纳的确

---

[1] 周长军：《以审判为中心：一场未完成的改革》，载《法学》2024年第2期。

定刑量刑建议本身就在事实上限缩了法官的量刑裁量权。"[1]根据统计：2022年法院对于检察院的量刑建议采纳率高达98.3%。[2]这个数字反映的是检察院权力的强和法院权力的弱。若法院不能真正有效地行使司法审判权，对涉案企业合规整改的有效性进行实质性审查，则可能让这项改革成为检察机关的"一言堂"，而法院将沦为这项改革的"橡皮图章"。这种现象不仅将损害司法公正及权威性，而且有悖于这项改革的初衷。

实践中，也有部分法院开始注重对企业合规整改情况进行实质性审查。例如珠海市中级人民法院在企业已通过检察院的合规整改验收的前提下，通过多次实地走访企业，查看整改情况、经营现状后，得出涉案企业的合规整改并未全部完成、还需进一步完善的与检察院截然不同的意见。庭审前，珠海市中级人民法院邀请第三方评审专家参加该企业的合规整改庭前现场评审会，并根据评审专家的意见，要求该企业进一步落实合规整改，最后由评审专家对该企业的二次整改进行验收。确认合格后，珠海市中级人民法院在庭审时还让该企业员工全程旁听庭审，并最终宣判。[3]该案对法院如何参与合规整改，如何对合规整改情况进行实质性审查具有重要的借鉴意义，也是法院作为审判机关探索如何审理此类案件的一个新尝试，即当法院由于缺乏关于企业运营的专业知识而对合规整改实质性审查存在障碍的情况下，可以邀请专家来辅助工作，从而就合规整改情况得出更专业、客观的结论。

结 论

探索涉案企业合规改革之路任重而道远。随着改革试点的增加、涉及的面更广，如何保证合规整改后的企业能够真正得到重生，能够确确实实通过合规整改来规避经营管理上的漏洞并避免再次犯罪，而不是将合规停留在程序化、纸面化将是未来改革的重中之重。法院作为审判机关，其职能是通过

---

[1] 董坤、张卓妮：《论法院参与涉案企业刑事合规改革》，载《烟台大学学报（哲学社会科学版）》2024年第1期。

[2]《最高人民检察院工作报告》，载 http://lianghui. people. com. cn/2023/n1/2023/0317/c452482-32646449. html，最后访问日期：2024年7月24日。

[3] 章宁旦、何娟、王姝霖：《全国首份〈企业专项刑事合规证明书〉发出珠海中院以"六不"破冰企业合规改革》，载 https://www. 163. com/dy/article/IAVDI9UM0514R9KQ. html，最后访问日期：2024年7月24日。

对案件事实的实质性审理，适用合适的法律条文对被告进行宣判。同样，在此项改革之中，法院也须继续发挥其作用，从程序和实体上保障司法的公正，让这项改革能够落到实处，保持其生命力，也助力企业走出困境，为社会主义市场经济的有序平稳发展保驾护航。

"排除合理怀疑"标准的中国问题研究

李焱红*

（中国政法大学 北京 100088）

摘 要：我国刑事诉讼法自 2012 年引入了"排除合理怀疑"的证明标准，作为对传统"事实清楚，证据确实、充分"证明标准的补充。但"排除合理怀疑"标准作为一项源于英美法系的证明标准，在我国的实践适用中存在不少亟待厘清、解决的问题，本文从这些问题出发，试图给"排除合理怀疑"标准在中国的现实适用提供一定的知识基础。

关键词：刑事证明标准　排除合理怀疑　主客观相统一

一、"排除合理怀疑"的起源及内涵

（一）"排除合理怀疑"的历史发展脉络

"排除合理怀疑"作为一个法律概念，主要在美国法律体系中得到广泛应用。它最早出现在 18 世纪 70 年代的"芬尼案"（Finney's Case）和"波恩得案"（Bond's Case）中，这两起案件中，辩护律师提出了合理怀疑的要求，以增加控方的证明责任。另一种观点则是认为它起源于 1770 年的"波士顿大屠杀"审判，[1] 当时法官为了解释"完全令人满意"这一传统标准的含义，提

---

　　* 作者简介：李焱红（1989 年—），女，中国政法大学 2023 级同等学力在读研究生。研究方向：刑事诉讼法。

　　〔1〕 Antheny A. Morano, "A Re—examination of the Reasonable Doubt Rule", 55B. U. L. Rev. 507, pp. 516~518 (1975).

出了有罪判决需排除所有合理怀疑的说法。[1] 随着时间的推移，"排除合理怀疑"标准在美国各州逐渐得到采用和应用，并在 1880 年，由美国最高法院明确指出"说服陪审团作出有罪判决的证据必须充分到足以定罪，而且必须排除所有的合理怀疑"。而在 1970 年，美国联邦最高法院再次申明，有罪判决应达到排除合理怀疑的标准是一项宪法性的要求。这意味着在刑事审判中，除非构成犯罪的每个必要事实都被排除合理怀疑地证明，否则被告人受到正当程序条款的保护而不得定罪。总的来说，"排除合理怀疑"这一法律概念在美国的法律体系中经历了漫长的发展历程，从最初的起源到逐渐得到广泛采纳，再到成为一项宪法性的要求，其地位和意义不断得到提升和巩固。

（二）"排除合理怀疑"的内涵解读

"合理怀疑"指的是基于常理、经验和证据，对于案件事实存在的合理怀疑，而非主观臆断或无理猜测。其要求所有定罪证据必须真实、可靠，经得起推敲和检验。任何虚假、伪造的证据都不能被作为定案的依据。定罪证据不仅要充分且要完整。此外，不仅要有定罪的证据，还要有量刑的证据，不仅要有被告人的供述，还要有其他证据相互印证。证据之间要能够形成完整的证据链，不存在逻辑上的矛盾或冲突。每一个证据都应在合理的逻辑框架内，指向同一事实。且必须达到一定的数量和质量，能够充分证明被告人有罪。不能仅仅依靠一两个孤立的证据就草率定罪。在存在对被告人有利和对被告人不利两种可能性时，应当作出有利于被告人的解释。这是为了保护被告人的合法权益，防止无辜者受到错误的定罪。"排除合理怀疑"是司法公正的重要保障。它要求法官在审判过程中必须审慎对待每一个证据，确保每一个定罪证据都经得起推敲和检验。同时，也要求法官在存在合理怀疑时，不能轻易作出有罪判决，而是应当秉持谨慎态度，尽可能查明事实真相。此外，"排除合理怀疑"还有助于提高司法效率。通过提高证据的确凿性、全面性和合理性，避免因为证据不足或证据矛盾导致的反复调查和审判，从而节约司法资源、提高司法效率。

---

[1] 肖沛权：《排除合理怀疑及其中国适用》，载《政法论坛》2015 年第 6 期。

二、引入"排除合理怀疑"标准的现实意义

（一）建立主客观相统一的刑事证明标准

在刑事司法领域，证明标准是决定案件走向的关键因素。既是司法公正的体现，也是法律实施的具体要求。而我国传统的刑事证明标准"事实清楚，证据确实、充分"则主要侧重于客观证据的收集与审查。但随着法治理念的深入和司法实践的发展，主观方面的考量也逐渐被纳入证明标准。纯客观的证明标准不再是唯一评判标准，法官在什么情况下认定被告人有罪，其排除合理怀疑所呈现的是一种主观心理状态，引入这样一种主观因素能更好地让主观要件和客观要件这两个犯罪构成要件相辅相成，不仅优于纯客观的证据，且有利于犯罪事实的呈现。主客观相统一的刑事证明标准正是在这一背景下应运而生的，它不仅丰富了证明标准的内涵，也为司法实践提供了更为全面、科学的指导。

（二）克服口供中心主义的定罪证明模式

所谓口供中心主义的定罪模式，即过度以口供作为定罪的主要甚至唯一证据，忽略了其他证据的重要性。口供中心主义模式的缺陷在于口供证据本身的单一性和不稳定性。过去侦查机关特别看重被告人的口供，但口供作为言词证据，容易受到各种因素的影响，如记忆失真、心理压力、利益诱惑等，导致口供的不真实和不可靠。相反，在零口供的受贿案中，案件事实的认定，在缺少被告人口供的情况下，通过间接证据可以证明被告人犯罪，间接证据与直接证据相互印证可以补强证据链，再运用合理逻辑推定方法判断口供供述的真实性。司法实践往往无法达到完美证据的状态。例如，对"明知"这一主观要件的认定无法通过直接证据来证明，只能通过行为人的客观行为来推定。因此，引入"排除合理怀疑"证明标准能更好地解决司法实践中证据的认定问题，从而克服口供中心主义模式。[1]

（三）使刑事证明标准更具现实可操作性

刑事证明标准是刑事诉讼的重要环节，它直接关系到案件的定性和量刑。司法人员想要准确运用主客观相统一的刑事证明标准，需要具备扎实的法律

---

[1] 王建松、王波峰：《"零口供"受贿案中案件事实的认定——邢某受贿案》，载《中国检察官》2011年第16期。

知识和丰富的实践经验，强化司法人员的专业素养，使得法官可以根据自己的判断对案件事实进行裁判，让司法程序运行更顺畅。主客观相统一的刑事证明标准是刑事司法领域的重要发展方向，在全面、客观地认定案件事实的基础上，对犯罪嫌疑人的主观恶性进行准确判断体现了司法公正和法律实施的具体要求。为避免太机械化地加以判断，在尊重法官主观判断的前提下，应提出这一个证明标准，允许法官主观能动性的发挥，做到相对客观的证明标准，即"排除合理怀疑"。

三、在中国适用"排除合理怀疑"的现实问题

（一）主客观证明标准的关系问题

在刑事司法领域，排除合理怀疑、犯罪事实清楚和证据确实充分是两个紧密相连、相互支撑的概念。首先，排除合理怀疑是对证据质量和可靠性的要求，它确保了证据的真实性和准确性，为犯罪事实清楚和证据确实充分提供了前提。其次，犯罪事实清楚是对案件事实的要求，它要求司法机关全面、客观地查清案件事实，为后续的定罪和量刑提供依据。最后，证据确实充分是对证据数量和质量的要求，它要求司法机关收集足够的证据，形成完整的证据链，从而证明被告人的罪行。以上共同构成了刑事定罪和量刑的基石。

（二）"排除合理怀疑"的适用对象

我国 2018 年《刑事诉讼法》第 55 条"综合全案证据，对所认定事实已排除合理怀疑"是证据确实充分的重要条件之一，把握了这点，公安、司法人员便能更好地做到正确分析案情、准确认定案件，准确把握"综合全案证据，对所认定事实已排除合理怀疑"的规定，在办理刑事案件中正确适用"证据确实、充分"的证明标准。对单个证据的证明力判断与其他证据之间有无矛盾、能否互相印证、证据在全案证据体系中的作用进行全面的衡量，才能作出合理的判断。对所有类型的证据证明力的判断及最终定案都要有一定数量的证据互相印证，同一案件不同证据要统一综合审查，排除不同证据的矛盾和冲突，若有矛盾和冲突，即存在合理怀疑。避免忽视对单个证据的审查及综合全案形成内心确信的判断。[1]

---

〔1〕 纵博：《"孤证不能定案"规则之反思与重塑》，载《环球法律评论》2019 年第 1 期。

（三）"排除合理怀疑"如何指导实践证明？

排除合理怀疑在司法实践中具有重要的指导作用。首先，法官应当全面罗列并逐一分析可能存在的怀疑。这些怀疑可能来自案件的各个方面，包括证据的真实性、合法性、关联性以及案件的事实情况等。逐一审视这些怀疑可以确保裁判者全面考虑案件的所有方面，避免遗漏重要信息。其次，根据证据和逻辑推理来排除不合理的怀疑。对于每一个怀疑，都需要依据证据和逻辑推理进行仔细分析。如果某个怀疑无法得到证据的支持或者与逻辑推理相悖，那么就可以将其视为不合理的怀疑并予以排除。在排除怀疑的过程中，需要特别关注那些基于常理、逻辑和经验而可能产生的怀疑。这些怀疑往往是合理的，因此需要仔细审查相关证据，以确定是否足以支持或反驳这些怀疑。如果证据不足以排除这些合理的怀疑，那么就不能轻易作判决。涉及"合理怀疑"案件的被告人被宣告无罪后，可能带来公众关于纵容犯罪的"怀疑"。因此在运用排除合理怀疑原则时，还需要注意确保程序的正当性、保持客观公正的态度、注重证据的充分性和可靠性。

论我国刑事初查活动的法治化

胡嘉旭*

（中国政法大学 北京 100088）

摘　要：当前，刑事案件初查活动侦查化的问题愈演愈烈。为解决这一问题，应实现我国刑事初查活动的法治化。为此，首先，明确刑事初查活动的行政执法属性。其次，对行政执法强制措施进行更严格的程序控制。最后，强化检察机关对刑事侦查活动的监督职能。如此方可有效解决刑事初查侦查化问题，维护司法公正，促进社会稳定和法治建设。

关键词：刑事案件　侦查　刑事诉讼法

一、我国刑事初查活动的"侦查化"现象

初查，即检察机关及公安机关在接获相关案件线索时为确定案件是否符合立案条件而进行的初步调查活动。该机制最早由检察机关在职务犯罪的侦查实践中所确立，后逐渐演化为一般性的程序设计。[1] 在中国刑事司法实践中，刑事案件初查阶段被视为案件侦查的起步阶段，承担着对案件进行初步审查、证据初步收集和调查取证的任务。

从实施主体来看，虽然《人民检察院刑事诉讼规则》将初查的事实主体界定为人民检察院，然而实践中这一制度也广泛地被公安机关所采用。因此，

　＊　作者简介：胡嘉旭（1989 年—），女，中国政法大学同等学力高级研修班 2023 级秋季（法学）学员。研究方向：刑事诉讼法。

　〔1〕 施鹏鹏、陈真楠：《初查程序废除论——兼论刑事立案机制的调整》，载《社会科学》2014年第 9 期。

可以将初查的事实主体总结为有侦查权的人民检察院、公安机关;从初查内容来看,包括审查举报、报案、控告和自首的材料并根据材料进行初步调查,对案情进行了解与掌握;从时间范围来看,初查发生于刑事诉讼启动程序之前,处于刑事诉讼整个阶段之外;从采取的措施来看,在初查过程中,侦查机关与侦查人员可以对被查对象进行询问、查询、勘验、鉴定,但不得采取诸如限制人身自由、查封、扣押、冻结财产等强制措施。[1]然而,当前的刑事诉讼法及相关法律法规并未对初查过程进行详尽的规定和规范,导致这一阶段存在着较大的操作空间。在缺乏明确法律约束的情况下,这种现象在某种程度上可能涉嫌违反当事人的合法权益,并导致司法行为的不规范化和不确定性。

二、刑事初查活动"侦查化"存在的弊端与缺陷

(一) 造成对当事人权利的不当侵犯

尽管我国法律明确规定了公民的正当合法权益受到法律保护,但在初查活动中,司法机关往往采取类似刑事侦查手段的调查措施,如非法拘禁、强制搜查、刑讯逼供等,以获取案件相关信息。这种行为严重侵犯了当事人的人身权利和财产权利,违反了法治原则和司法公正原则。造成的潜在问题包括人权侵犯、司法不公和社会不稳定等。为了维护司法公正和保障当事人的合法权益,有必要对刑事案件初查过程进行规范化,明确调查权限和程序,防止滥用调查权力,保障当事人的合法权益。

(二) 导致非法证据排除规则难以落实

根据我国《刑事诉讼法》的规定,非法证据排除规则仅适用于侦查阶段的非法侦查行为,而对初查阶段的任何违法行为均无法直接适用。因此,侦查机关通过初查的"侦查化"往往可以有效规避非法证据排除规则,导致非法证据得以使用,严重损害了当事人的合法权益和司法公正。这种情况可能会导致司法不公、不公正判决的产生,影响司法权威和社会稳定。为了保障司法公正和法治原则,有必要加强对刑事案件初查过程的监督和规范,严格执行非法证据排除规则,防止非法证据的使用,确保司法裁判的公正性和合

---

〔1〕 蔡宏图、蒋文玉:《刑事初查制度视角下我国刑事启动程序的改革初探》,载《山东社会科学》2014 年第 5 期。

法性。

（三）导致权力运行得不到有效监督

尽管检察机关在我国承担着对刑事侦查活动的监督职责，但初查活动并不属于法定的侦查程序，检察机关的监督权力受到限制。这种情况下，侦查机关可能会滥用调查权力，违反法律法规，而未受到有效监督和制约。这种权力失控的现象可能会导致滥用职权、腐败现象的滋生，严重损害司法公正和社会公信力。因此，为了加强对刑事侦查活动的监督，有必要扩大检察机关的监督范围，加强对刑事案件初查阶段的监督和评估，防止权力滥用和违法行为的发生。

（四）导致刑事立案程序出现种种乱象

刑事立案在惩罚犯罪和保障人权的同时，不可避免地会影响到刑事诉讼的效率。非法的初查行为给侦查机关"当立案不立案"及"不当立案而立案"都提供了极好的借口。在初查阶段，侦查机关可能会以各种理由拖延立案，或者在不符合立案条件的情况下强行立案，从而影响刑事司法的公正性和效率性。这种乱象可能会导致司法资源的浪费、案件审理周期的延长，甚至可能导致错误判决的产生，严重损害司法权威和社会公信力。为了避免刑事立案程序出现乱象，有必要对刑事案件初查过程进行规范化，严格执行法定程序和条件，加强对立案决定的监督和审查，确保刑事立案的合法性和公正性。

三、如何将我国的刑事初查活动纳入法治轨道?

（一）明确刑事初查活动的行政执法属性

当前刑事案件初查活动的法律定位不明确，这是导致种种乱象的根本原因之一。因此，有必要在法律上明确刑事初查活动的行政执法属性，将其纳入法治框架，以保障司法公正和维护当事人合法权益。

首先，明确刑事初查活动的行政执法属性有助于界定其职责和权限。行政执法具有明确的职责范围和法定程序，依法行使行政执法权力，保障了公民的合法权益和社会秩序。将刑事初查活动纳入行政执法范畴，可以明确初查机关的职责和权限，规范其行为，防止滥用调查权力和侵犯当事人权利的发生。此外，明确行政执法属性还有利于加强对初查活动的监督和评估，提高司法机关的工作效率和公信力。

其次，可以通过立法改革，明确刑事初查活动的法律地位和法定程序。在刑事诉讼法或相关法律中明确规定刑事初查活动的性质、职责和程序，明确初查机关的组织结构和工作程序，规范初查活动的进行，确保其合法性和公正性。同时，明确刑事初查活动的法律地位还有助于划清司法权力和行政权力的边界，防止权力滥用和冲突的发生，维护司法独立和权威。

此外，应当建立健全的监督机制，加强对刑事初查活动的监督和审查。建立独立的监督机构或委员会，负责监督和评估刑事初查活动的合法性和公正性，及时发现和纠正初查活动中存在的问题和不正之风，保障当事人的合法权益和司法公正。同时，加强对初查活动的信息公开和社会监督，提升公众的参与度和监督力度，提高司法机关的透明度和责任感。

（二）对行政执法强制措施进行更严格的程序控制

无论是刑事强制措施还是行政执法强制措施，都可能侵犯公民的合法权益，因此都必须受到严格的程序控制。特别是可能对公民权益造成较大侵害的措施，其程序控制应当更为严格。

首先，对行政执法强制措施进行更严格的程序控制有助于保障公民的合法权益。行政执法强制措施包括行政拘留、行政强制执行、行政处罚等，这些措施可能会对公民的人身自由、财产权利等造成严重影响。因此，必须确保在适用这些措施时，严格按照法定程序和程序规定进行，避免滥用职权和侵犯公民权益。

其次，应当尽量以行政听证的形式对行政执法强制措施的适用进行更加严格、公开、透明、对抗的审查。行政听证是一种保障公民合法权益的重要手段，能够确保行政决策的公正性和合法性。在适用行政强制措施之前，应当依法听证，听取当事人的意见和申辩，确保决策的合法性和公正性。

此外，应当建立健全的行政执法监督机制，加强对行政执法活动的监督和评估。建立独立的行政执法监督机构或委员会，负责监督和评估行政执法活动的合法性和公正性，及时发现和纠正行政执法活动中存在的问题和不正之风，保障公民的合法权益和社会公正。

（三）强化检察机关对行政行为的监督职能

在我国，检察机关是法律监督的重要组成部分，其监督职能不仅包括对刑事诉讼和侦查活动的监督，还应当包括对行政执法活动的监督。强化检察机关对行政行为的监督职能，有助于规范行政执法行为，保障公民的合法权益，维护社会稳定和法治建设。

首先，强化检察机关对行政行为的监督职能有助于保障行政执法活动的合法性和公正性。检察机关作为法律监督机关，有权对行政执法活动的合法性和程序是否合法进行监督和审查。通过对行政行为的监督，可以发现和纠正行政机关的违法行为和不正之风，确保行政执法活动的合法性和公正性，维护公民的合法权益和社会秩序。

其次，强化检察机关对行政行为的监督职能有助于提高行政机关的责任感和透明度。检察机关不仅可以发现行政机关存在的问题和不足，还可以推动行政机关加强自身建设，提高执法水平和效率，增强对法律法规的遵守和执行力度。同时，加强对行政行为的监督也有利于推动行政机关的信息公开和社会监督，提高行政机关的透明度和公信力。

论我国刑事强制措施的程序控制机制

刘 圣*

（中国政法大学 北京 100088）

摘 要： 我国刑事强制措施作为保障诉讼活动顺利进行的重要手段，其程序控制的完善程度会直接影响到司法公正与权利保障。本文将探讨我国刑事强制措施的现状，尤其是程序控制问题，并提出相应的改革完善建议。针对刑事强制措施存在的过度使用、程序不规范等问题，分析深层次原因，从明确适用标准、规范执行行为、强化监督制约等方面着手，以实现刑事强制措施的合法、适度与有效。

关键词： 刑事强制措施 程序控制机制 权利保障

一、我国刑事强制措施的现状概述

（一）立法不明确的拘传程序

由于刑事诉讼程序涉及公安机关、检察院、法院及其他法律授权的机关。各机关由自己制定颁布或者联合颁布某些法律适用细则的条文，公检法对于拘传程序的规定都只是对简单的法条进行重复而并没有对拘传的具体运行进行系统性规定。[1]这导致三机关规定不一致、内容相互冲突、适用程序不明确。人民法院、人民检察院、公安机关、国家安全机关、军队保卫部门以及其他法律授权的机关在决定适用拘传时都以"根据案件情况"这一表述来广

---

* 作者简介：刘圣（1997年— ），男，汉族，河南郑州人中国政法大学2023级同等学力在读研究生。研究方向：刑事诉讼法学。

〔1〕 郭烁：《中国刑事拘传存在的问题及其变革》，载《比较法研究》2013年第4期。

泛概括，作出有针对性的明确内容。同时，也未明确规定两次拘传的间隔时间，导致司法实践中出现了连续拘传的变相拘禁被传拘人现象。这极易造成司法权的随意适用。

（二）过度的拘留适用

拘留作为司法实践中保障诉讼顺利进行的有力工具，是我国执法机关在执行强制措施时的最早介入手段。但侦查人员往往基于错误的认知或为了图方便，致使在实践中不断扩大刑事拘留措施的实施范围，对一些情节轻微，没有采取刑事拘留必要的案件，仍然以刑事拘留来代替非羁押性的刑事强制措施。相比于监视居住、取保候审等其他非羁押性强制措施，刑事拘留往往执行更为便利，且可以限制犯罪嫌疑人人身自由达最高 37 天，[1]更利于侦查机关后续侦查活动与取得口供。因此，拘留措施在实践中时常被滥用。

（三）实践中取保候审与监视居住的弊端

取保候审与监视居住同为我国刑事强制措施中的非羁押性手段，意指在确保被取保候审人不逃避侦查、起诉或审判的前提下，尽量减少对个人自由的限制。但在实践中仍存在规定不明确、实施不到位的情况。如根据《刑事诉讼法》第 66 条的规定，人民法院、人民检察院和公安机关均可以决定取保候审或者监视居住。执行机关为公安机关，在由检察机关、审判机关决定适用哪种时，公安机关配合不到位或不愿执行时，犯罪嫌疑人将会短暂地处于失控状态。再者，法条对两者的区分和方式使用不当，极易造成被追诉人逃避刑罚。最后，实践中存在对取保候审的保证金收取不规范、收取保证金的程序不当的问题。这也是因为法条缺少对保证金孳息如何处置的适用规定。

（四）逮捕的适用比例过高

逮捕作为我国五种刑事强制措施中最严厉的一种，会直接影响到犯罪嫌疑人的自由权和诉讼的公正性。近年来，我国审前羁押比例虽有明显改善，严重犯罪案件的占比下降，但轻罪案件大幅增加。甚至出现为了提高破案率而对可以采取取保候审、监视居住措施的案件，不注重认罪情节、不考虑认罪

---

[1] 罗绍华、全莉：《我国刑事强制措施制度的重构》，载《西南政法大学学报》2007 年第 6 期。

认罚后的人身危险性大不大,一律使用"构罪即捕",[1]造成逮捕人数直线上升的情况。在刑事诉讼实践中,被逮捕人对检察院不批准逮捕规定了较为详尽的救济途径。但对不服批准逮捕的决定,在我国现行的刑法制度中却找不到有效的救济条文,造成在实践中缺乏实质程序的保障。

二、刑事强制措施改革的总体思路

当前,我国刑事强制措施在保障诉讼活动顺利进行方面发挥了重要作用,但在实践中仍存在诸多问题。

(一)完善救济制度

我国现行《刑事诉讼法》虽然明确了一定的强制措施救助机制,但具体实施并没有相应的规范,因此为了防止强制措施权力被滥用,必须严格限制国家公权力以防止公民个人权利受到侵害。杜绝在追究、惩罚犯罪的过程中,事先带入主观臆断的思想自觉或不自觉地超越权限、滥用权力,从而侵犯诉讼参与人(特别是犯罪嫌疑人、被告人)的权利,严重损害司法公正。同时保证犯罪嫌疑人、被告人对刑事强制措施不服的申告权、变更的申请权、超期羁押的控告权。

(二)完善立法程序

刑事强制措施的相关立法滞后于实践发展。现有法律规定对新型犯罪的应对能力不足,导致实践中对强制措施的使用缺乏明确的指导和约束。在司法实践中,除了先期拘留和批准逮捕外,公安机关、检察机关、人民法院有权根据自身办案的需要决定强制措施的适用。造成各司法机关适用强制措施存在随意性、滥用性极易破坏法律的权威性。

(三)完善程序及执法观念

部分执法人员过于重视案件解决速度,而忽视了对权利的保护,导致在执法过程中未能充分权衡侦查准确率与个人自由。在实际操作中,强制措施的执行往往缺乏严格的程序遵循,如未及时备案、未出示有效证件、讯问或审判程序不严谨等。公众对刑事强制措施的监督意识也不强,社会对于权利保障的关注程度相对有限,这在一定程度上影响了对强制措施滥用的制约。

---

〔1〕 郭璐璐:《最高检:减少不必要的逮捕,合理降低逮捕羁押率》,载 https://www.spp.gov.cn/spp/zdgz/202102/t20210202_ 508278. shtml,最后访问日期:2024 年 6 月 7 日。

基于此，我国应强化对权利保障的立法，确立严格的羁押必要性审查制度，赋予被采取强制措施人更多的申诉权和救济途径。

三、刑事强制措施改革的具体方案

（一）刑事强制措施制度的完善

我国应以保障诉讼效率与权利保障的平衡为核心目标，对现有制度进行创新和完善：第一，完善拘传规定。在立法层面规定拘传的适用条件和次数。避免出现变相拘禁的二次不间断拘传。明确两次拘传间至少相隔 12 小时。[1] 第二，完善拘留规定。各地应结合案情以本地或异地为划分，根据以往适用经验、侦查条件、侦查能力，自主延长或缩短时间，以增强实用性，并报上级机关批准。第三，完善取保候审规定。明确规定取保候审的适用条件、次数及期限，前后取保候审总和不得超过 12 个月。提升对被取保人和保证人的监督力度，被取保人在取保候审期间逃跑的，保证人不仅缴纳罚金还要承担相应的刑事责任。第四，完善监视居住规定。明确监视居住的对象、条件及范围。使用电子监控、不定期检查等方法。[2] 检察机关发现不宜适用时，应及时解除或变更强制措施。同时，还应对检察机关在监视居住过程中是否存在非法取证行为、是否存在限制或剥夺被指居人获得律师帮助的情况作出规定。第五，完善逮捕规定。转变逮捕理念，从"够罪即捕"到"必要逮捕"。

（二）刑事强制措施改革的路径

刑事强制措施的改革和完善是确保司法公正与权利保障的重要环节。面对我国刑事强制措施在实践中存在的问题，我国可以从以下几个方面加以完善：第一，立法修订与完善。针对立法滞后于实践发展的现状，应适时修订《刑事诉讼法》，补充完善规定，明确适用条件和程序。第二，执法观念转变与培训。通过教育和培训，引导执法人员形成尊重和保障权利的执法理念。第三，程序规范化与监督强化。完善刑事拘传的程序控制，确保全过程有理可依、有法可循，增加程序上的严谨性和透明度。第四，监督体系的构建。建立多元化的监督体系，包括内部监督、外部监督以及社会监督，确保强制

---

〔1〕 陶翠霞：《论我国刑事强制措施制度的完善》，山东大学 2009 年硕士学位论文。

〔2〕 王冰：《论我国刑事强制措施制度的完善》，中国海洋大学 2011 年硕士学位论文。

措施的执行受到有效制约。第五，技术手段的运用。利用现代科技，如电子监控技术，提升监视居住的执行效果，减少对被执行人生活的干扰；借鉴国际先进经验，结合我国国情优化适用标准，完善配套制度，以实现强制措施的适度与公正。

认罪认罚案件中不起诉裁量权的扩张适用

刘永开*

（中国政法大学 北京 100088）

摘　要：本文旨在讨论，认罪认罚案件中的不起诉裁量权对于提高司法诉讼效率和实现刑事政策的宽严相济扩张适用而言具有重要意义。然而，为了平衡权力的行使与公正，需要相应的程序保障措施，如简化审批程序、增加公开听证等，以确保裁量权的扩张不会损害司法的公正性。当前，我国存在酌定不起诉率上升缓慢、适用范围受限以及配套制度不完善等问题。基于此，学界和实务界提出提升不起诉裁量权在提高认罪认罚制度中的适用率、将酌定不起诉与附条件不起诉相结合、简化审批程序，这实际上是将酌定不起诉限定在最小适用范围内。

关键词：不起诉裁量权　制度适用率　司法诉讼效率　司法公正

一、认罪认罚案件中不起诉制度的现状

（一）酌定不起诉率上升缓慢

在刑事司法过程中，酌定不起诉率决定不予起诉的案件比例。近些年来，我国酌定不起诉率有所上升，并成了刑事司法中的一个重要指标。[1] 但基于法律规定、理解适用、工作机制等方面的原因，酌定不起诉的适用率仍然极低。现行《刑事诉讼法》对酌定不起诉的适用范围设定了"犯罪情节轻微"

---

　　* 作者简介：刘永开（1979 年— ），男，汉族，广东中山人，中国政法大学 2023 级同等学力在读研究生。研究方向：刑事诉讼法学。
　　〔1〕 陈光中主编：《刑事诉讼法》（第 2 版），北京大学出版社 2005 年版。

这一前提，[1]这在一定程度上制约了其适用频率。在司法实践中，检察官在运用酌定不起诉时对"犯罪情节轻微"的理解存在偏差，法律上没有明确的规定进行解释。这也是导致检察机关对酌定不起诉适用不统一的原因之一，这直接导致了酌定不起诉案件数量的减少。数据表明：我国近年来酌定不起诉率有所上升，但幅度不明显。以某市为例，2017年酌定不起诉率为12.4%，而2018年1月至10月，在认罪认罚案件中，有13%的案件作了不起诉处理。[2]在实际操作中，确保刑事司法制度的公正性和效率是一个值得持续关注的问题。基于此，我国应加强监督机制建设，完善对不起诉决定的监督，确保裁量权的合理行使，并增加裁量结果的公信力。上述改革措施可以提高酌定不起诉的适用率。

（二）酌定不起诉仅适用于法定情形

基于不起诉裁量权扩张的重要性，我国应简化审批程序、在重点案件中实行公开听证等。因此，可以推断：酌定不起诉目前主要适用于法定情形，但有观点认为应该扩大其适用范围，但这实际上是将酌定不起诉限定在最小适用范围内。

（三）酌定不起诉的配套制度尚不完善

酌定不起诉制度工作流程的复杂性会可能导致其效率不高。简化流程可以让检察官更快地作出不起诉决定。这不仅能够提高司法透明度，还有助于增强不起诉决定的正当性和公信力。这暗示了当前的不起诉决定可能缺乏足够的外部审查和公众监督，进而导致公正性和问责性缺失。为了解决这个问题，笔者提出以下几点建议：扩大监督机制的透明度，例如通过发布不起诉决定的理由和依据，让公众能够更好地理解检察官的决策过程和结果。

二、扩大认罪认罚不起诉裁量权的重要意义

（一）加大从宽力度，提高认罪认罚制度适用率

应当将酌定不起诉的适用范围扩张到《刑法》规定的法定情形之外，给予检察官更大的自由裁量权。将认罪认罚从宽与附条件不起诉有机结合，以

---

〔1〕 李建玲、杨秀春：《检察机关适用酌定不起诉情况实证研究》，载《政法论丛》2009年第4期。

〔2〕《最高人民检察院工作报告（第十四届全国人民代表大会第二次会议 应勇 2024年3月8日）》，载 https://www.spp.gov.cn/spp/gzbg/202403/t20240315_ 649603.shtml，最后访问日期：2024年7月24日。

更好地适应不同案件的具体情况。简化绝大多数不起诉案件的审批程序，提高司法效率，以增加决策的透明度和公正性。通过这些改革措施，提高该制度的适用率，提升整体诉讼效率。

（二）推进繁简分流，提升诉讼效率

推进繁简分流，提升诉讼效率是扩大认罪认罚不起诉裁量权的另一个重要意义：扩大酌定不起诉的适用范围，允许检察官在更多情况下行使不起诉裁量权，从而减少不必要的审判程序。对于认罪认罚的案件，简化审批程序，以加快处理速度。通过这些措施，司法机关可以将更多的资源投入对复杂案件的审理。而对于那些相对简单的案件，则可以通过简化流程来提高处理速度，进而提升整个诉讼系统的效率。

（三）落实宽严相济的刑事政策

落实宽严相济的刑事政策是认罪认罚不起诉裁量权扩张的第三个重要意义。[1]这一政策的核心是在刑事司法过程中根据不同情况区别对待犯罪嫌疑人和被告人，对于罪行较轻的给予宽容处理，而对于罪行较重的则要严厉惩处。为了落实这一政策，应该提升对轻罪和微罪的从宽力度，例如醉驾等行为虽然构成犯罪，但其社会危害性相对较小，因此可以通过认罪认罚制度适用不起诉裁量权，避免刑罚的过度使用。另一方面，对于严重犯罪，需要保持足够的严厉性，以确保罪责刑相适应。必须严格依照法律规定，并充分考虑案件的具体情况，以维护刑事司法的公正和权威。在我国无罪判决率过低的当下，应通过审前环节尽可能实现微罪的出罪化。

三、认罪认罚不起诉裁量权扩张的程序保障

（一）将认罪认罚从宽与附条件不起诉有机结

在犯罪嫌疑人自愿认罪认罚并符合相关条件的情况下，同时也能更好地体现宽严相济的刑事政策。这可能有助于更灵活地处理案件，从而提高司法效率。[2]在实践中，要实现这种结合，可能需要以下几个方面的措施：对于绝大多数不起诉案件，应当简化审批程序，以提高司法效率。可以增加不起

---

〔1〕 周慧娟等：《认罪认罚轻罪案件不起诉裁量权之行使》，载《人民检察》2022年第5期。

〔2〕 狄小华：《强化程序保障促进公正价值实现》，载 https://www.spp.gov.cn/spp/llyj/20220 8/t20220810_570445.shtml，最后访问日期：2024年7月24日。

诉决定的透明度，完善相关配套制度，如对犯罪嫌疑人的教育矫治、社会公益服务等方面的要求，以确保不起诉裁量权的有效行使。综上所述，将认罪认罚从宽与附条件不起诉有机结合，还能促进对犯罪嫌疑人的教育矫治和社会融合，是一种具有积极意义的司法实践创新。

（二）简化绝大多数不起诉案件的审批程序

目的在于提高司法效率，减轻检察官的工作负担，同时加快案件处理速度，使有限的司法资源能够更加集中地处理重大、复杂的案件。以下是一些可能的简化措施：第一，建立快速审查机制。对于事实清楚的案件，可以适用快速审查机制，缩短审查起诉的时间。第二，减少审批层级。对于一些简单案件，可以减少审批层级，由基层检察官直接作出不起诉决定，无须上报检察长审批。第三，推行标准化流程。制定详细的不起诉案件审查指引，对于常见类型的不起诉案件，可以设定标准化的审查流程和文书格式，以便快速处理。第四，利用科技手段。利用信息技术，比如建立电子卷宗、推广远程视频讯问等方式，减少纸质文件流转，提高工作效率。第五，强化内部监督。在简化审批程序的同时，应建立检察官的责任意识和案件质量评价体系，以确保案件质量不因程序简化而降低。第六，公开透明。对于不起诉决定，应按规定及时告知当事人，并说明理由，接受社会监督。简化审批程序并不意味着忽视案件质量。因此，在简化程序的同时，还需要建立健全相关监督机制，确保权力不被滥用，维护司法公正。

（三）在重点案件中实现不起诉案件的公开听证

在重点案件中实现不起诉案件的公开听证具有以下几个方面的意义：第一，提高司法透明度。公开听证可以使社会各界了解案件处理过程，实现多方参与。公开听证允许被害人、犯罪嫌疑人、辩护律师以及其他利害关系人参与，可以提供一个平等对话的平台，有利于听取各方意见，促进公正裁决，促进司法民主。第二，让公众了解司法决策的过程和依据，增进司法决策的民主性。第三，防止权力滥用，公开听证使得检察官的不起诉决定受到社会监督，有助于制约和防止检察权的滥用。为了在重点案件中实现不起诉案件的公开听证，可以采取以下措施：第一，制定听证规则，明确哪些案件适合进行公开听证，规范听证程序、听证参加人的权利义务、听证会的组织方式等。第二，建立专业的听证员队伍，选拔具有一定法律知识和社会经验的人员，组成听证员库，为听证会提供专业支持。第三，加强技术支持，利用网络直播等方式，扩大公开听证的受众范围，便于更多的公众参与和监督。增强司法解释，对于听证结果，应给出详尽的法律解释和裁决理由，以确保裁决的合理性和公正性。总之，实现不起诉案件的公开听证，既可以保障司法决策的公正性，又可以提升司法公信力，是司法民主化和透明化的重要体现。

认罪认罚案件中律师参与机制探析

田 甜*

（中国政法大学 北京 100088）

摘 要： 本文旨在深入探析认罪认罚案件中律师参与机制的重要性与运作方式，特别是关注值班律师和辩护律师在其中的角色和作用。认罪认罚从宽制度作为我国刑事司法体系中的一项重要改革，其设计初衷在于提高诉讼效率、优化司法资源配置，并在保障人权的同时实现惩罚犯罪的目标。律师的参与，特别是值班律师和辩护律师的积极参与，对于确保制度的公正、高效运行具有不可或缺的作用。

关键词： 认罪认罚 值班律师 辩护律师

一、认罪认罚案件中律师参与的不同形式

（一）作为值班律师参与

值班律师是指法律援助机构在看守所、人民检察院、人民法院等场所设立法律援助工作站，通过派驻或安排的方式，为没有辩护人的犯罪嫌疑人、被告人提供法律帮助的律师。[1]值班律师提供的主要是"法律帮助"，而非"辩护"，例如提供法律咨询、提供程序选择建议、帮助犯罪嫌疑人或被告人申请变更强制措施，对案件处理提出意见，以及帮助犯罪嫌疑人或被告人及其近亲属申请法律援助等。因此，他们并不具备辩护人的身份，而是作为法

---

* 作者简介：田甜（1993年—），女，汉族，辽宁北票人，北京市东元律师事务所专职律师，中国政法大学2022级同等学力在读研究生。研究方向：民商法学。

〔1〕 张晨：《法律援助值班律师工作办法》，载《法治日报》2020年9月8日。

律帮助者的角色存在。

（二）作为辩护律师参与

辩护律师与值班律师不同，前者与当事人签订了委托代理合同，从职责来看，其自然应当以维护委托人的合法权益为核心，进行全面而深入的辩护，而值班律师并没有与当事人建立委托代理关系，因此不承担上述私法义务，[1]主要定位为提供法律咨询、程序选择建议以及帮助申请变更强制措施等法律帮助。因此，值班律师与辩护律师的这一本质区别导致二者在诉讼中的制度功能也有所不同。从诉讼权利方面来看，辩护人相比较值班律师享有调查取证和阅卷权，可以对检察官掌握的证据进行全面和有效的审查，且有足够的时间与犯罪嫌疑人交流，不像值班律师那样只有简短的时间会见。

二、认罪认罚案件中律师参与机制存在的各种问题

（一）值班律师制度存在的问题

1. 值班律师诉讼权利的欠缺

与辩护人相比，值班律师的权利范围较为有限，这在一定程度上可能影响了他们为犯罪嫌疑人或被告人提供法律帮助的效果。辩护律师享有较为广泛的权利，包括阅卷权、会见权、调查取证权等。这些权利使得辩护律师能够全面地了解案情、收集证据，为被追诉人进行有效的辩护。[2]然而，相比之下，值班律师虽然享有阅卷权和会见权，但通常并不享有调查取证权等重要权利。这可能导致值班律师在提供法律帮助时受到一定的限制，无法充分发挥其应有的作用。

2. 值班律师参与的效果有限

值班律师较为欠缺的诉讼权利制约了其参与诉讼的实际效果，他们可能无法充分调查案件事实、获取相关证据或提出有效的辩护策略。值班律师接触案件的时间通常非常短暂。由于犯罪嫌疑人或被告人在短时间内需要作出是否认罪认罚的决定，而值班律师往往只能在有限的时间内介入案件，导致他们难以对案件进行深入的分析和研究，从而影响了他们的参与效果。此外，

---

〔1〕 姚莉：《认罪认罚程序中值班律师的角色与功能》，载《法商研究》2017 年第 6 期。

〔2〕 刘奕君：《强制辩护制度之类型化分析与本土化实践——以认罪认罚从宽制度为切入点》，载《当代法学》2021 年第 6 期。

值班律师的报酬普遍较低，这也是影响他们参与效果的一个重要因素。一些值班律师可能缺乏足够的动力和积极性将更多的时间和精力投入案件。他们可能只是简单地履行一些程序性的任务，而未能对案件进行全面的分析和处理。同时，缺乏有效的追责机制也限制了值班律师的参与效果，如果值班律师未能充分履行其职责或存在不当行为，往往缺乏明确的追责机制来对其进行惩处，这可能导致一些值班律师在工作中缺乏责任感，进一步削弱了他们的参与效果。

3. 值班律师能否向辩护人转化？

现有的法律文件将值班律师定位为"法律帮助者"，而非正式的辩护律师。然而，在实际操作中，如果值班律师与犯罪嫌疑人或被告人之间建立了信任关系，且犯罪嫌疑人或被告人愿意委托该值班律师作为后续阶段的辩护人，并且值班律师本身具备辩护能力与工作经验，那么值班律师向辩护律师的转化在理论上是可能的。《最高人民法院、最高人民检察院、公安部、国家安全部、司法部关于开展法律援助值班律师工作的意见》规定，值班律师"严禁利用值班便利招揽案源、介绍律师有偿服务及其他违反值班律师工作纪律的行为"。这一规定的目的也是确保值班律师能够公正、客观地履行其职责，避免利用值班身份谋取私利或进行不正当的招揽行为。值班律师的主要职责是为没有辩护人的犯罪嫌疑人或被告人提供法律咨询、程序选择建议等法律帮助，而不是为了招揽案源或介绍有偿服务。

(二) 辩护律师制度存在的问题

1. 辩护律师的独立辩护权在行使过程中存在受到限制情况

辩护律师在刑事诉讼中具有独立的诉讼地位，有权根据自己对案件事实和法律的理解，独立地提出辩护意见和策略，有权在法庭上独立地发表辩护意见，与公诉人进行辩论。然而，在实际运作中，这种权利可能会受到各种因素的影响和制约。一是立法上的缺陷会对律师的权利保护产生直接影响。如果律师的诉讼权利得不到充分保障，或者易受到刑事追究，那么律师在行使独立辩护权时就有可能会受到限制。二是司法人员的权力意识和传统诉讼观念也会对律师的独立辩护权产生影响。如果司法人员对律师的辩护权利缺乏尊重或理解，那么律师在行使独立辩护权时就有可能会遭遇困难。三是律师自身也面临着诸多挑战和制约。律师在行使辩护权时可能受到当事人和其他利益相关方的影响，从而影响律师的独立判断和辩护效果。

2. 辩护律师与控诉机关之间存在权利不对等性

一是在法律地位上，公权力机关拥有强大的调查取证权、起诉权和审判权，这些权力使得他们在刑事诉讼中处于主导地位。而辩护律师则主要承担为被告人提供法律帮助、维护其合法权益的职责。二是在实际运作过程中，辩护律师在调查取证、会见被告人等方面往往受到各种限制和约束，而公权力机关在行使职权时则具有更大的自由度和便利性。三是在双方的信息获取和资源利用上，公权力机关通常拥有更丰富的信息资源和更强大的技术支持，这使得他们在处理案件时能够更全面地掌握情况、更准确地作出判断，而辩护律师则可能因为信息获取渠道有限、资源不足等原因而无法充分履行其职责。

三、认罪认罚案件中律师参与机制的立法完善

（一）强化认罪认罚案件中律师权利的保障机制

一是完善律师参与认罪认罚案件的程序。明确律师在案件中的定位和作用，确保律师在案件办理过程中能够充分发挥专业优势。二是加强对律师权利的保障力度。律师的会见权、阅卷权、调查取证权等应得到充分保障，对于侵犯律师权利的行为，为律师提供有效的维权途径，依法追究相关人员的责任。三是提升律师在认罪认罚案件中的专业能力。加强律师业务培训，提高律师对认罪认罚制度的认识和理解，鼓励律师积极参与认罪认罚案件的研讨和交流活动，分享办案经验、提高案件办理水平。四是建立认罪认罚案件的监督机制。检察机关、审判机关以及社会应加强对涉及律师权利保障案件的关注和监督，对于发现的问题及时予以纠正。

（二）允许认罪认罚案件中辩护律师进行独立辩护

认罪认罚是被告人在了解案情和法律后果的基础上作出的选择，但这并不意味着他们放弃了辩护的权利。律师作为被告人的法律代表，即使在被告人认罪认罚的情况下，仍有权根据事实和法律提出无罪或罪轻的辩护意见。[1]立法应当保障律师在行使独立辩护权时不受任何不当干扰，确保律师能够独立

---

[1] 杨晓静、赵子杭：《认罪认罚案件中控辩关系新模式及其应对》，载《山东警察学院学报》2022年第4期。

思考、独立判断、独立发表辩护意见。同时，还需要建立健全相关的配套机制。例如，可以建立律师与司法机关的沟通机制，确保律师在案件处理过程中能够及时获取案件信息、了解案件进展，并有效提出辩护意见。此外，还可以加强对律师执业行为的监管和规范，确保律师在行使独立辩护权时遵守职业道德和法律法规。

（三）鼓励值班律师向辩护人角色的适时转化

推动值班律师向辩护人角色的转化，有助于更好地保障当事人的合法权益，实现司法公正。一是加强值班律师的专业素养和技能培训。值班律师应当具备扎实的法律基础知识和良好的沟通技巧，能够准确理解当事人的需求并提供有效的法律帮助。同时，他们还需要掌握辩护技巧、熟悉诉讼程序，以便在必要时能够胜任辩护人的角色。二是建立健全的值班律师与辩护人之间的衔接机制。这包括建立信息共享平台，使值班律师能够及时了解当事人的案件进展和辩护需求。同时，也可以设立专门的转介机构，为值班律师提供向辩护人转化的渠道和平台。三是完善相关的法律法规和政策支持。例如，可以制定明确的值班律师向辩护人转化的条件和程序，以及相应的激励机制和保障措施。

刑事再审启动理由之重构

袁　源*

（中国政法大学 北京 100088）

摘　要：当前，我国的刑事再审启动理由存在立法上的缺陷，应当遵循"依法纠错"而非"有错必纠"，即应在打击犯罪与保障人权、公正与效率、发现真实与裁判稳定性三方面实现有效平衡，彰显司法公正。对此，本文将从统一申诉再审理由与职权再审理由、区分有利于被告人的再审和不利于被告人的再审以及对再审理由进行更加精细化的表达等方面提出相关立法建议。

关键词：刑事再审理由　有错必纠　依法纠错

一、我国刑事再审启动理由的立法缺陷

（一）《刑事诉讼法》第 253 条与第 254 条的关系不明

我国《刑事诉讼法》第 253 条规定："当事人及其法定代理人、近亲属的申诉符合下列情形之一的，人民法院应当重新审判：（一）有新的证据证明原判决、裁定认定的事实确有错误，可能影响定罪量刑的；（二）据以定罪量刑的证据不确实、不充分、依法应当予以排除，或者证明案件事实的主要证据之间存在矛盾的；……（五）审判人员在审理该案件的时候，有贪污受贿，徇私舞弊，枉法裁判行为的。"该条款是对申诉再审理由的明确规定。与之相对的第 254 条规定："各级人民法院院长对本院已经发生法律效力的判决和裁定，如果发现在认定事实上或者在适用法律上确有错误，必须提交审判委员

＊ 作者简介：袁源（1987 年—），女，中国政法大学同等学力高级研修班 2023 级春季班学员。研究方向：法学。

会处理。……对于原判决事实不清楚或者证据不足的，可以指令下级人民法院再审。"即各级法院、检察院只要认为原审"确有错误"就可依职权启动再审。那么，《刑事诉讼法》第254条规定依职权再审是否应受到第253条中申诉再审理由的约束？这一点从现有的立法表述来看并不明确。

（二）未区分有利或不利于原审被告人的再审理由

域外法治发达国家通常会区分有利或不利于原审被告人的再审理由。且出于保护被告人合法权益、限制国家权力等目的，对不利于被告人的再审启动理由限制得更加严格。如《德国刑事诉讼法》第359、362、373a条规定了提起刑事再审的理由。[1] 其中，第359条规定"（1）审判时作为真实证书……系伪造或者变造的"；第362条规定"（3）参与了判决的法官……做出不是由受有罪判决人所引起的、可处罚的违反其职务义务的行为"；第373a条规定"如果提出新的事实……对受有罪判决人不利地进行再审"。而我国却未有此限定，并且法院也可以随意启动再审，刑事再审制度未区分有利于或不利于原审被告人的再审理由，[2]存在损害被告人权益、降低司法公信力、可能造成权力滥用以及与国际法治标准脱节等立法缺陷。

（三）立法语言不够精细

除上述问题外，我国刑事再审理由的相关立法语言也较为粗糙。例如，何为"新的证据"？何为"适用法律确有错误"？"贪污受贿、徇私舞弊、枉法裁判"是发现相应线索即可，还是要有生效判决确定原审相关司法人员构成职务犯罪才能引起再审？[3]作为对我国《刑事诉讼法》第254条中再审启动条件的细化规定，第253条规定的5种情形其实已经在一定程度上限缩了"确有错误"的判断标准。对"确有错误"的严格字面理解应为"一切事实认定或法律适用上的错误"，而《刑事诉讼法》第253条除第3项"原判决、裁定适用法律确有错误的"外，其余4项均在"确有错误"标准之外施加了额外的再审启动条件限制。除此之外，最高人民法院、最高人民检察院在其各自的司法解释中均呈现出一种扩大适用前述限制条件的倾向，但其具体的解释依据不明，该立法缺陷导致出现了法律适用上的混乱。

〔1〕 [德]托马斯·魏根特：《德国刑事诉讼程序》，岳礼玲、温小洁译，中国政法大学出版社2004年版。

〔2〕 张建良、胡子君：《我国刑事再审事由设置的反思与重构》，载《法学评论》2005年第1期。

〔3〕 李训虎：《刑事再审程序改革检讨》，载《政法论坛》2014年第3期。

二、刑事再审理由立法应遵循的基本原则

刑事再审理由立法应当遵循"依法纠错"而非"有错必纠"。其中,"有错必纠"是指:最高人民法院对待刑事错案的原则,即如果发现已经发生法律效力的判决、裁定在认定事实上或者适用法律上确有错误,必须予以纠正。"依法纠错"是指:刑事再审中,在遵循法律原则和规范的前提下,对存在错误或偏差的行为、决策或结果进行纠正的过程。这一过程旨在维护法律的权威性和公正性,确保社会秩序的稳定和对公民权益的保障。司法实践表明,"依法纠错"比"有错必纠"更为科学合理。主要体现在以下三个方面:

(一)"依法纠错"有利于实现打击犯罪与保障人权并重

从打击犯罪与保障人权并重的角度来看,[1]"依法纠错"能确保在维护社会公正和法治秩序的同时,也充分尊重和保护人权,需要我们在司法实践中注重法律的规定和程序以及平衡打击犯罪和保障人权的关系。为了保障被告人的人权,许多国家的法律一般规定只有在为了被告人的利益时,才允许提出再审。

(二)"依法纠错"有利于实现公正与效率并重

刑事程序讲求公正与效率并重。这就需要在确保公正的前提下追求效率、优化纠错流程、合理分配司法资源、加强对司法人员的培训和管理等措施,可以提高纠错过程的效率和准确性。同时,也应坚持公正优先的原则,确保纠错过程的公正性和合法性。法院的生效判决结论一经作出,就具有权威性。应坚持司法公正优先,并追求效率。适当限制国家追诉机构刑事诉讼再审的启动条件,坚持公正是前提,但却不可一味地追求所谓的"公正"而忽视当事人角色感受和人权。

(三)"依法纠错"有利于实现发现真实与裁判稳定性并重

这要求我们在维护司法裁判稳定性的同时,也不忽视对事实真相的追求。有人认为:"根据中国的实际情况,在特定情况下保留法院主动提起再审的权力是必要的。因为法院在审判中发现的新情况、新事实,当事人可能无法知道,检察机关也不一定知道或者即使知道也不一定提出抗诉。"如果按照这种

---

[1] 张建伟:《刑事申诉的重新定位及其诉讼化难题》,载《吉林大学社会科学学报》2020年第4期。

理论，那么法院既是诉讼的提起者，也是裁判者，同时担当了两个本应该是在一定程度上对立的角色，丧失了法院的中立地位，很难作出公正的裁判。

三、我国刑事再审启动理由重构的立法建议

（一）统一申诉再审理由与职权再审理由

即应当对当事人申诉再审与法院、检察院依职权启动再审的法定理由予以统一规定、一视同仁，不要搞区别对待。《刑事诉讼法》第 254 条是对法院、检察院启动再审方式及条件的规定，第 253 条则规定了对申诉应当重新审判的法定情形，其中所表述的再审启动条件比第 254 条的规定更加细致、具体。《刑事诉讼法》第 253 条虽然在条文次序先于第 254 条，但其中规定的 5 种情形其实是对《刑事诉讼法》第 254 条"确有错误"标准的细化规定。正如有学者所言："刑事诉讼法对于当事人的申诉确立了启动再审的具体法定情形。这些足以引发再审程序启动的法定情形，其实也就是刑事再审的法定事由。"[1]

（二）未区分有利于被告人的再审和不利于被告人的再审

我国的刑事再审程序应当借鉴德国的经验，将其分为有利于被告人的再审和不利于被告人的再审。[2]应分别细化考量启动刑事再审的主体、提起再审的理由、申诉等多维角度，不断优化、细化直至完善。另外，坚持中国的刑事再审制度是一种诉讼制度的坚定立场，要逐环节体现诉讼特征、体现程序公正合理，以"控审分离、不告不理、司法独立"为原则准绳。从司法实践来看，不利于被告人的再审必须受到更加严格的限制。同时，有利于被告人的再审呼吁获得更多的程序保障。折射出对处于弱势地位的被告人加以特殊保护，对处于强势地位的国家权力加以适当限制的精细化理念。

（三）对再审理由进行更加精细化的表达

刑事再审的立法目的通常为：为当事人提供救济、维护法律秩序的统一等。[3]《刑事诉讼法》相邻条文间的关系，所涉的各种立法目的仍然是零散的、碎片化的，不能直接指明对《刑事诉讼法》第 254 条的解释方向。作为

---

[1] 卞建林、桂梦美：《启动刑事审判监督程序的困境与出路》，载《法学》2016 年第 4 期。
[2] 陈光中、郑未媚：《论我国刑事审判监督程序之改革》，载《中国法学》2005 年第 2 期。
[3] 卞建林、桂梦美：《启动刑事审判监督程序的困境与出路》，载《法学》2016 年第 4 期。

对《刑事诉讼法》第 254 条中再审启动条件的细化规定，第 253 条规定的 5 种情形其实已经在一定程度上限缩了"确有错误"的判断标准。因为如前所述，对"确有错误"的严格字面理解应为"一切事实认定或法律适用上的错误"。而《刑事诉讼法》第 253 条除第 3 项"原判决、裁定适用法律确有错误的"外，其余 4 项均在"确有错误"标准之外施加了额外的再审启动条件限制。然而，再审的立法目的决定了在何种情况下应当发起再审，故而可以通过一定的视角改变将再审制度的立法目的与再审启动条件的立法目的二者视为同一的情况。我国刑事再审的价值在于：一是维护生效裁判的权威性，[1] 二是维护司法裁判终决性，"平等保护双方当事人"。[2] 即既保护原审被告人的合法权益也保护原审被害人的合法权益。可见，"依法纠错"方可更好地实现刑事再审的价值和立法目的，对刑事再审理由进行更加精细化的表达、保持各条文"在事理上的一致性"成了我国司法改革的题中之义。

---

〔1〕 程相鹏：《刑事审判监督程序启动事由完善研究》，载《中国检察官》2018 年第 19 期。

〔2〕 赵燕：《论刑事申诉制度》，载陈光中主编：《刑事再审程序与人权保障》，北京大学出版社 2005 年版。

论认罪认罚从宽案件中抗诉权与上诉权的协调

张 晨*

（中国政法大学 北京 100088）

摘 要： 现行《刑事诉讼法》未明确规定被告人在认罪认罚后提起上诉的权利及其保护，导致司法实践中存在检察院以被告人上诉为由提起"跟进性抗诉"的问题。这可能被视为报复性行为，不利于保障被告人的人权。因此，检察权的运行应遵循谦抑原则，即在行使追诉权时应保持克制，避免无端增加追诉力度或范围，尊重和保护被告人的合法权益。抗诉应基于一审判决确有错误，而非仅仅因为被告人行使上诉权。为了合理降低认罪认罚被告人的上诉率，应该强化对案件事实基础的审查，提高认罪认罚合意的质量，以及提高检察院量刑建议的精准性，这些措施可以确保司法效率和公正，同时保障被告人的合法权益。

关键词： 认罪认罚 上诉不加刑 二审抗诉

一、认罪认罚后被告人提起上诉在司法实践中普遍存在的问题

认罪认罚从宽制度属于协商性司法的基本范畴，[1]在认罪认罚案件中，检察院与被告人之间的关系，往往通过被告人的认罪认罚，将控辩关系由对抗转变为协商。同时，基于被告人签订的认罪认罚具结书，法院审判的核心也转变为以审查合意是否自愿、真实、合法为主。若精准量刑建议得到法院

---

　* 作者简介：张晨（1988年—），女，汉族，湖北黄冈人，中国政法大学2023级同等学力在读研究生。研究方向：经济法学。

〔1〕 马明亮：《协商性司法：一种新程序主义理念》，法律出版社2007年版，第26页。

的采纳和认可,检察机关既可兑现对犯罪嫌疑人的承诺,有助于提升自身的司法公信力,又可优化司法职权配置,从而助推认罪认罚制度的适用。[1]然而,由此引发的问题是:对于认罪认罚的案件,被告人能否提起上诉,并依旧得到"上诉不加刑"原则的保护?目前,我国《刑事诉讼法》对此并没有明确的规定。鉴于现有立法的不完善,部分检察院将提起抗诉作为监督被告人履行认罪认罚承诺的一种重要手段。只要检察院认为被告人认罪认罚后又提起的二审上诉"不具有正当理由",往往会提起"跟进性抗诉",并要求二审法院加重对被告人的刑罚。这可能被视为报复性行为,影响司法权威,也不利于保障被告人的人权。

二、认罪认罚案件中不应允许"跟进性抗诉"

(一)检察权的运行应遵循谦抑原则

谦抑原则,又被称为节制原则或适度原则,是指在司法实践中,检察机关在行使追诉权时应当保持克制,不应无端增加追诉力度或范围,以避免对被告人的合法权益造成不必要的损害。这一原则体现了对被告人权利的尊重和保护,是法治精神的重要体现。从人权保障的角度讲,行使国家追诉权力的检察机关应当保持克制,对于被告人在法律框架内行使权利的行为不应过分苛责。而且,上诉是否"具有正当理由"的判断标准不明,允许检察院提起"跟进性抗诉"可能不当压制被告人上诉权的行使。抗诉应当基于一审判决确有错误,而非仅仅因为被告人行使上诉权。检察机关在司法实践中应避免因被告人上诉而采取报复性的司法行为,在追求司法效率的同时,检察机关应确保司法公正不受影响,避免因追求效率而牺牲被告人的合法权益。

(二)二审抗诉的法定条件为一审"确有错误"

在《刑事诉讼法》中,关于抗诉的条件有明确的规定:地方各级人民检察院认为本级人民法院第一审的判决、裁定确有错误的时候,有权向上一级人民法院提出抗诉;最高人民检察院对各级人民法院已经发生法律效力的判决和裁定,上级人民检察院对下级人民法院已经发生法律效力的判决和裁定,如果发现确有错误,有权按照审判监督程序向同级人民法院提出抗诉。[2]由

---

[1] 凌月:《认罪认罚从宽制度下的量刑建议精准化方向》,载《法制与社会》2021年第23期。
[2] 《刑事诉讼法》(2018年修正)第228条和第229条。

此可见，抗诉是指检察院对法院作出的判决或裁定认为确有错误时，向上一级法院提出的重新审理的要求。抗诉权的行使应当符合法律规定。"确有错误"指的是法院的判决或裁定在事实认定、证据采信、法律适用、量刑等方面存在明显的错误或不当，因而二审抗诉条件为检察院认为一审法院的判决、裁定"确有错误"。因此，抗诉是在一审宣判时，在被告人确实已经认罪认罚，一审判决并无问题的情况下，检察院为实现二审加刑的目的而提起。

在"林某、冯某故意伤害案"中，[1]一审法院依法适用简易程序审理本案，林某被适用了认罪认罚制度，并且法院接受了检察院提出的建议，判处林某有期徒刑 10 个月。然而，林某因不满原判的量刑而提出上诉。检察院则以林某的上诉缺乏真诚性为由，认为不应给予其从宽处理，并提出抗诉，建议在原判基础上增加 15 天的刑期。经过审理，二审法院认为，林某的行为构成了故意伤害罪，但由于其主动自首并得到了受害者的谅解，因此可以对其从轻处罚。对于林某及其辩护人对原判事实提出的异议、要求改判缓刑的辩护意见，以及检察院要求加重刑罚的理由，二审法院均认为不成立，不予采纳。最终，二审法院依法决定驳回上诉和抗诉，维持了原判。

在该案中，抗诉的对象应当是确有错误的裁判，而不是被告人的上诉行为。在本案中，检察院所提出的建议是正确的，并且一审法院遵循了认罪认罚的程序，根据检察院的量刑建议，对被告林某判处了 10 个月的有期徒刑。一审法院在事实认定上清晰明确、证据确凿、法律适用恰当、量刑合理、审判过程合法，因此一审的裁决是正确的。由此，检察院对本案提起的上诉与法律规定不相符。检察院的上诉权应当受到限制，如果检察院仅因被告提起上诉就对一审判决提出上诉，这将是对公共权力行使的不当否定，会严重损害司法的信誉和权威。

（三）"跟进性抗诉"反而降低诉讼效率

检察院提起"跟进性抗诉"的一项重要理由是：被告人认罪认罚后又提出上诉，使得原本被节约的诉讼资源再次被浪费，导致其从宽的基础丧失。但仅有被告人上诉的案件可由二审法院不开庭审理，检察院抗诉案件则必须开庭审理。跟进性抗诉可能导致司法资源在某些案件上过度集中，从而影响

---

　　[1]　详见浙江省温州市中级人民法院［2019］浙 03 刑终 1452 号刑事判决书，案例来源于中国裁判文书网。

到其他案件的资源分配，降低整体司法效率。并且，如果跟进性抗诉被视为报复性行为，更可能会损害司法公正的形象，影响公众对司法系统的信任。跟进性抗诉可能会对被告人产生震慑作用，使他们在考虑上诉时更加谨慎。然而，这种做法也可能会抑制被告人合法行使上诉权，影响对其合法权益的保护。法律没有规定认罪认罚案件被告人不能上诉，上诉权是被告人的基本权利，法律保留了认罪认罚案件中被告人的上诉权，实质上是为了保证被告人在认罪认罚案件中遭遇违背意愿的情形，通过行使上诉权进行救济。

三、应如何合理降低认罪认罚被告人的上诉率？

合理降低认罪认罚被告人的上诉率是确保司法效率和公正的重要方面，尽量减少被告人认罪认罚的上诉率确实有助于认罪认罚从宽制度立法目的的实现，但要注意以合理、合法的方式推进，不能对被告人上诉权进行不当限制。

（一）强化对案件事实基础的审查

案件事实审查是确保司法公正和效率的关键环节，特别是在认罪认罚从宽制度中，准确的案件事实审查可以减少冤假错案的发生，提高司法公信力。在案件受理阶段，对案件材料进行初步审查，确保基本的证据和程序要求得到满足，确保用于支持案件事实的证据是充分的，包括直接证据和间接证据以及证据的收集是否合法、审查被告人的陈述是否一致以及是否有其他证据支持其陈述。

（二）提高认罪认罚合意的质量

加强与被告人、辩护人或值班律师的审前有效沟通，确保被告人是在完全自愿的基础上作出认罪认罚的决定，没有受到任何形式的强迫或者诱导。为被告人提供充分的法律咨询，确保被告人了解自己的权利以及认罪认罚的后果。检察官在提出量刑建议时，应基于明确的标准和充分的证据，向被告人清晰解释量刑建议的依据，避免量刑的随意性。

（三）提高检察院量刑建议的精准性

在检察官和被告人及其辩护人之间应该建立透明的沟通机制，确保量刑建议的透明度，鼓励辩护人积极参与量刑建议的形成过程，提出辩护意见、平衡控辩双方的意见。对影响量刑的各种因素进行细化，包括犯罪的性质、严重程度、犯罪人的悔罪表现等，通过收集和分析类似案件的量刑数据，为量刑建议提供参考和依据，在涉及专业领域的案件中，引入专家意见，帮助检察官更加准确地评估案件的复杂性和严重程度。通过上述措施，检察院可以提高量刑建议的精准性，减少量刑上的争议，提高司法公信力，并促进司法公正和效率。

认罪认罚自愿性保障措施构建

郑幸乾*

（中国政法大学 北京 100088）

摘　要：认罪认罚自愿性是认罪认罚从宽制度的前提基础，司法机关在实体从宽、程序简化的同时，往往会忽视保障被追诉人的认罪认罚自愿性。但被追诉人签署认罪认罚具结书时，拥有选择的权利，其对犯罪的性质及后果应有足够的了解和认识。现行法在保障被追诉人自愿性上存在不足的同时，检察机关、审判机关应从多方面保障被追诉人认罪认罚的自愿性，值班律师应合理利用自身的权利，为被追诉人提供有效的辩护。

关键词：认罪认罚自愿性　认罪认罚从宽　证据开示　反悔权

一、被告人认罪认罚自愿性的三重维度

（一）被告人认罪认罚的选择不能基于强迫

我国《刑事诉讼法》第 15 条规定："犯罪嫌疑人、被告人自愿如实供述自己的罪行，承认指控的犯罪事实，愿意接受处罚的，可以依法从宽处理。"在实务文书中，被告人认罪认罚往往被表述为"被告人某某自愿认罪认罚，可以从轻处罚。"不难看出，被告人"自愿"是被告人"认罪"和被告人"认罚"的核心和前提。

与自愿相对立的是强迫。强迫被告人选择认罪认罚表现为身体上和心理上两种形式。第一种形式是追诉机关采取暴力殴打方式，逼迫被告人认罪认

---

* 作者简介：郑幸乾（1993 年—），男，汉族，浙江舟山人，中国政法大学 2023 级同等学力在读研究生。研究方向：刑事诉讼法学。

罚。由于同步录音录像机制和律师在场机制的建立，这类形式在当前司法实践中已经极为少见。[1]第二种形式则是追诉机关采取威逼利诱方式，以反悔加重刑期、认罪予以缓刑可不再关押等方法威胁、诱导被告人认罪认罚，这类形式在强迫被告人认罪认罚的案件中是最为普遍的，《最高人民法院、最高人民检察院、公安部、国家安全部、司法部关于适用认罪认罚从宽制度的指导意见》（以下简称《意见》）明确规定，对认罪认罚的审查，要审查有无威胁、引诱从而违背意愿认罪认罚的情况。

（二）被告人对自身犯罪的性质要有了解

在实务中，被告人在认罪认罚过程中往往会因为缺乏法律素养和信息支持而简单地自称认罪，这种停留在表面的认罪方式实际上并非认罪认罚制度上的"认罪"，而是日常生活中犯错后挨罚前口口声声的认错，大多数的被告人在"认罪"前对自身犯罪的性质、自身的犯罪行为往往会认识不够，不清楚为什么犯罪、哪个行为是犯罪。他们可能会通过先口述认罪的方式博取公诉机关、审判机关的同情以减轻自身的刑罚。真正意义上的认罪，不仅需要表面上的认罪，还需要被告人对自身所认犯罪的性质有所了解。

（三）被告人对认罪认罚的后果要有认识

被告人在认罪认罚前，需要认识到认罪认罚的法律后果。一是实体从宽。认罪认罚的被告人将获得从宽处理的优惠条件，认罪认罚具结前检察官会告知量刑建议的具体刑期、刑罚执行方式、退赃金额等。二是程序简化。对于认罪认罚案件，检察院在提起公诉时一般会建议适用简易程序，检察官在认罪认罚具结前也会询问犯罪嫌疑人对适用简易程序是否有异议，审判长在庭审时也会告知被告人适用的程序。但被告人的关注点通常集中在自身的刑期上，往往会忽视诉讼简化程序的重要性。程序简化意味着被告人将缩短自身的刑辩期限，对于某些案件，可能会对被告人更为不利。例如，被告人将没有足够的准备时间去获取被害人的谅解书，去获取有力的减刑证据。

二、现行法在自愿性保障方面存在的不足

（一）律师对认罪认罚被告人的帮助不到位

有学者认为："值班律师不需要对案件进行实质性参与，只需在一些比较

---

[1] 周欣、许浩：《对认罪认罚从宽制度实践中三个问题的厘清与完善》，载《人民法院报》2023年7月27日。

重大的场合证明办案机关办案程序的合法性。"实务中，值班律师大多由公职律师兼任，由于公职律师具有职业任务性且缺乏实务诉讼经验，通常在认罪认罚过程中仅能发挥形式化功能，沦为认罪认罚具结书的单纯背书者。在庭审中法官询问被告人签署认罪认罚具结书时，被告人甚至会当庭表明签署时不清楚身旁值班律师的律师身份。

法律援助律师分为指定辩护和依申请辩护两种，通常由社会年轻律师担任，年轻律师由于不熟悉业务流程和缺乏实务经验，在认罪认罚过程中往往会屈附于司法机关的意见，作着千篇一律的罪轻辩护而没有自身的见解，没有完全行使辩护律师应有的独立辩护权，只是走个形式，起不到实质性的援助作用。

（二）认罪认罚案件的审前证据开示不充分

在无自行委托辩护律师的情形时，值班律师充当着犯罪嫌疑人获取案件进度和信息过程中最重要的角色，其依据《意见》拥有阅卷权，但值班律师对案件信息的掌握与犯罪嫌疑人之间的衔接存在几个问题：一是值班律师不具备重复阅卷的时间条件。认罪认罚制度的首要目的是诉讼效率和节约司法资源，一名值班律师需要在短时间内为多个犯罪嫌疑人提供法律帮助，预留给值班律师的阅卷时间相当有限。二是值班律师通常由公职律师担任，其公职属性与犯罪嫌疑人本身就存在着天然的对立性，值班律师对犯罪嫌疑人证据开示的尺度把握往往与司法机关基本一致。三是值班律师不具备阅卷的待遇激励，现有补贴制度一般是日结的形式，由各级司法行政机关予以保障。这种固定了每日额度标准的结算制度缺乏绩效考核的梯度性，一些地方补贴标准很低，难以有效调动值班律师深度参与案件的积极性。[1]

（三）法院审查被告人认罪认罚自愿性的程序不明确

一些认罪认罚案件的法官在审查被告人认罪认罚自愿性的时候，只停留在庭审中的当面询问，而未在庭前审查自愿性。在开庭认罪认罚自愿性的询问过程中，有些低文化的被告人在没有理解法官询问内容的时候，法官也会提示被告人回答"自愿认罪认罚"，或者以认罪认罚具结书是本人所签就应该回答"自愿认罪认罚"的暗示方式草草完成认罪认罚询问程序。原因在于现行《刑事诉讼法》仅规定在认罪认罚案件中法官可简化庭审程序，在速裁程

---

〔1〕 鲍文强：《认罪认罚案件中的证据开示制度》，载《国家检察官学院学报》2020 年第 6 期。

序中可省略法庭调查、法庭辩论，但并未明确法官究竟应以何种方式审查被告人认罪认罚的自愿性。

三、我国认罪认罚自愿性保障措施应如何构建？

（一）强化值班律师的职责监管及职能范围

在立法层面，值班律师的定位是"法律帮助人"而非"辩护人"。这极大地限制了值班律师在认罪认罚过程中的作用。有学者认为，应当坚持值班律师辩护人化的方向，赋予值班律师出席法庭参与刑事诉讼程序的权利。虽然《意见》赋予了值班律师会见权和阅卷权，但并未明确值班律师是否拥有调查取证权，且现行法律规定值班律师不参与出庭辩护，因此值班律师同辩护人相比，权利范围相当有限。由于立法层面的不完善，强化对值班律师的履职监管，提升值班律师的职业素养就显得尤为重要。[1]

（二）强化对被追诉人案件知悉权的保障

在保障认罪认罚案件被告人自愿性的过程中，应当保障被追诉人对案件的知悉权。《刑事诉讼法》规定辩护律师享有阅卷权，《意见》赋予了值班律师阅卷权，但未有法律规定被追诉人享有阅卷权。撇开案件保密性的要求，即使给予被追诉人完全的阅卷权，大部分被追诉人也会因自身法律素养的不足和案卷证据的繁杂而无法消化吸收有用的案件信息。但办案机关提供给被追诉人的证据开示表，可以使其较快地了解到侦查机关、检察机关所掌握的信息，包括犯罪数额、获利数额等重要信息，同时也可以在较大程度上保证案件的保密性。这样既保障了被追诉人的知悉权，也为被追诉人认罪认罚的自愿性提供了前提保障。

（三）构建以当庭讯问为核心的自愿性审查机制

认罪认罚从宽制度虽然在极大程度上提高了诉讼效率，但也造成了在某种程度上导致了诉讼中心前移，甚至出现了"检察官法官化"的现象，特别是在简易程序和速裁程序中形成了审查起诉实质化、庭审程序化的局面。

以审判为中心的诉讼制度不可动摇，追求实体真实仍应是上位追求，即便被追诉人作了有罪供述、与检察机关签署了具结书，也不能免除法院"发现真相"的义务。司法审判是确保真实被发现的最后一道关口。因此，被告

---

[1] 李淑敏：《认罪认罚从宽制度下被追诉人自愿性保障研究》，石河子大学 2022 年硕士学位论文。

人认罪认罚应以当庭询问为主。当然，在简化庭审程序的认罪认罚案件中，审判庭可通过查阅卷宗、庭外调查、听取意见等方式、手段对案件的事实基础进行附带性审查，同时不能因认罪认罚从宽制度的适用就降低证明标准。

（四）保障被告人在刑事诉讼全过程的认罪认罚反悔权

认罪认罚反悔权是犯罪嫌疑人、被告人的专属权利，是认罪认罚自愿性的重要兜底机制。保障认罪认罚反悔权有利于保障被追诉人认罪认罚的自愿性、真实性、公正性。其意义在于，被告人在案件彻底终结前的任何阶段只要意识到自己的认罪认罚其实并非完全的自愿、明智便可以随时撤回自己认罪认罚的意思表示。[1]

---

〔1〕 潘春伟、孙宋龙：《被追诉人认罪认罚后反悔权的保障与规制》，载上海市法学会编：《上海法学研究》（2021 年第 6 卷），上海人民出版社 2022 年版。

刑事庭审中未成年人社会调查报告的使用

陈 亮*

（中国政法大学 北京 100088）

摘　要：《刑事诉讼法》明确规定了未成年人社会调查报告制度，要求公安机关、人民检察院及人民法院在办理未成年人刑事案件时，根据具体情况对未成年犯罪嫌疑人或被告人的成长经历、犯罪原因、监护教育等情况进行调查。这项制度旨在通过专业的社会调查，为法庭提供量刑参考，确保判决能充分考虑未成年人的个体差异、犯罪背景及可塑性，从而实施更加个性化和教育导向的处理措施。

关键词：未成年人　社会调查报告　刑事案件

一、未成年人社会调查报告在庭审中的功能定位

（一）作为量刑证据

未成年人社会调查报告在刑事庭审中的功能定位集中体现为其作为量刑证据的关键作用，该报告本质上为品格证据，全面剖析涉案未成年人的家庭、教育、心理及社会环境等多方面因素，而非直接参与定罪过程。通过细致的社会调查，报告为法庭提供了量刑时不可或缺的个性化考量基础，不仅可以揭示犯罪行为背后的复杂社会与个人动因，还着重强调对未成年人的教育与矫正，倡导采取符合其年龄、心智特点的恢复性措施（如社区服务、教育指导和心理支持），以替代单纯的惩罚性判决。报告致力于保护未成年人权益，

---

* 作者简介：陈亮（1988 年—），男，汉族，北京通州人，中国政法大学 2022 级同等学力在读研究生。研究方向：刑事诉讼法学。

确保司法过程中特别保护原则的实施，并为法庭、缓刑机构和社会服务部门提供了决策与资源配置的科学依据，助力精确干预与支持，促进未成年人健康成长及顺利重返社会。社会调查报告在刑事庭审中扮演着确保量刑公正、促进少年犯改造与保护未成年权益的综合性角色，体现了司法系统对未成年人案件处理的特殊性和人性化关注。

（二）作为帮扶依据

未成年人刑事诉讼体系的核心差异，在于其侧重于帮扶教育而非纯粹的刑事处罚，这一特色使得社会调查报告的角色超越了单纯作为判决依据的范畴，转而成为法庭设计教育计划与矫正策略不可或缺的基础。在未成年人案件中，社会调查报告不仅是量刑时衡量个体情况、确保判决公正性的关键证据，它更深层次的价值在于为法庭开启了一扇窗，透过这扇窗，司法工作者能深入洞察每位涉案少年的特有境遇与需求。报告中关于未成年人生活背景、心理状态、社交环境的翔实信息，为法庭量身定制帮扶方案提供了精准导向，确保教育干预和矫正措施能够直击问题核心，有的放矢地促进少年的心理康复、行为修正和社会功能恢复。因此，社会调查报告成了连接法律制裁与社会支持系统的桥梁，推动构建一个以未成年人全面发展与复归社会为目标的司法干预模式，体现了少年司法理念中对教育优先、矫正为本原则的深刻践行。

二、社会调查报告在庭审运用中的现实问题

（一）重惩罚轻教育

在实际的刑事庭审运用中，社会调查报告面临着一系列现实问题，其中首要挑战在于法庭可能过分侧重于利用报告进行量刑裁断，而忽视了其作为帮扶教育重要工具的本质价值。尽管法律规定未成年人刑事诉讼应侧重于教育与矫正，但在司法实践中，调查报告的内容常被简化为量刑情节的罗列，法庭在判决时可能更多地关注报告中反映的犯罪原因、行为严重性等对惩罚有直接影响的因素，却未能充分挖掘并应用报告中关于未成年人个人发展、家庭环境、社会关系等信息来设计具有针对性的帮扶与教育方案。这种"重惩罚、轻教育"的倾向，导致社会调查报告的潜在教育功能和促进未成年人回归社会的作用未能得到有效发挥，有悖于少年司法制度旨在通过综合干预实现未成年人改过自新、社会融合的初衷。因此，如何在庭审中更全面、深

人地运用社会调查报告，将帮扶教育理念真正贯穿于司法实践之中成了亟待解决的现实问题。

（二）重打击轻保护

在实际操作层面，社会调查报告在庭审中的运用还面临"重打击、轻保护"的问题，这体现在法庭有时倾向于将报告中揭示的家庭环境不良、个人性格缺陷等信息作为加重惩罚的理由，而非作为理解和减轻责任的基础上。尽管报告中反映出的不利因素确实能部分解释未成年人犯罪行为的发生，但这种侧重于负面信息的解读方式，往往会忽略每位少年内在的可塑性和通过适当干预实现转变的可能性。少年司法的核心精神在于教育、挽救与感化，意在为迷途青少年提供改正机会，而非仅仅基于其背景缺陷施以严苛惩罚。当法庭过度聚焦于报告中的负面因素并将之作为从重量刑的依据时，实际上是缩小了对未成年人保护与支持的空间，可能错失通过教育引导、心理辅导和社会帮扶等积极措施促使其正向转化的良机。因此，如何平衡报告的使用，既认识到问题所在又不放弃对未成年人潜力的挖掘和保护成了提升少年司法质量的关键考量之一。

（三）质证程序不明

社会调查报告在庭审运用中遭遇的另一现实困境，集中于质证程序的不明确性，尤其是关于报告制作主体的出庭问题。当前，对于负责撰写社会调查报告的专业人员是否应当出庭接受询问，以及他们应以何种法律身份参与庭审过程的问题，法律规范与司法实践之间存在着一定的模糊地带。这一不确定性不仅影响了报告本身的权威性和可信度，也限制了辩护方对报告内容进行有效质证的权利，难以确保法庭对报告内容进行全面、公正的审查。质证程序的不明晰，可能导致法庭无法充分探讨报告背后的方法论、数据来源及分析逻辑，进而影响到报告作为量刑证据的准确性和适用性。因此，明确社会调查报告制作主体的出庭规则及其法律地位，对于增强庭审透明度、维护当事人权益及提升司法公信力具有重要意义。

三、社会调查报告的庭审运用之完善

（一）转变庭审运用思路

完善社会调查报告在庭审中的运用，首先需从根本上转变现有的思维模式，摒弃以往"重惩罚轻教育""重打击轻保护"的传统做法。这意味着法庭应当超越简单依据调查报告内容进行量刑的局限性，转向更加全面和深入地理解报告背后所蕴含的教育与保护价值。这要求司法工作者在审理未成年人案件时，不仅要关注报告反映的量刑因素，更要重视报告所提供的关于未成年人生活环境、心理状况及个人特质的信息，以此为基础制定出既能体现法律威严又能兼顾未成年人发展需要的裁判方案。通过强化法庭教育功能，推广恢复性司法理念，确保每一份社会调查报告都能成为引导少年犯走上正轨、促进其健康成长的有力工具，而非仅仅是加重惩罚的依据。这种思路的转变，标志着少年司法实践向更加人性化、科学化迈进。

（二）限制从重量刑作用

为了进一步完善社会调查报告在庭审中的运用，应当严格限制其作为从重量刑的依据，坚守制度设计之初衷，即全面维护未成年人被告人的合法权益。社会调查报告的核心目标在于通过深入了解个体情况促进教育与挽救，而非为加重惩罚提供额外理由。若将报告中的负面信息直接等同于从重量刑的依据，无异于对未成年人实施相对成年人更为严厉的刑事追究，因为成年人犯罪并不常规要求进行同等深度的社会背景调查。这种做法违背了少年司法制度旨在实现的个别化处理和教育优先原则，有可能在无形中加剧司法不公，损害未成年人的合法利益和未来发展的可能性。因此，必须明确社会调查报告的主要功能应聚焦于揭示有利于教育矫治的信息，引导法庭在量刑时更多地考虑如何通过适当的教育、辅导及社会支持措施，帮助未成年人走出犯罪阴影、重归正轨，而非不加区分地将报告内容作为加重惩罚的依据。

（三）明确庭审质证程序

为确保社会调查报告在庭审中的公正有效运用，需明确并强化其质证程序。这包括确立社会调查报告制作主体出庭作证的法律义务与权利，明确规定其以专家证人或类似身份参与庭审，就报告的制作流程、方法、数据来源及结论接受控辩双方的询问与质证。现场对质不仅能增加报告的透明度与可信度，还能保障被告人及其律师充分行使质询权，对报告内容的客观性、准确性进行严格检验。此外，法庭应建立健全相关机制，确保质证过程专业、有序。既要防止报告内容被片面解读，又要保护制作人员免受不当压力，从而在维护司法公正的同时，促进报告信息的有效转化与应用，为法庭作出更为科学合理的判决提供坚实支撑。

论我国证券内幕交易行为的法律规制

邓 威[*]

（中国政法大学 北京 100088）

摘 要： 我国资本市场自改革开放以来取得了长足发展，但内幕交易现象依然频发，严重影响了市场的稳定与发展。现行法律法规虽对内幕交易行为进行了规制，但在实践中仍存在诸多不足。为进一步规范我国证券市场的内幕交易行为，提升市场透明度和投资者信心，探讨内幕交易法律规制的完善路径显得尤为必要。

关键词： 证券市场 内幕交易 法律规制

内幕交易作为资本市场的顽疾，一直都是各国证券监管的重要课题。内幕交易不仅会破坏市场的公平竞争秩序，侵害广大投资者的合法权益，还会削弱市场的透明度和公信力。各国立法基本对内幕交易持禁止态度，以维护市场的正常秩序和健康发展。

一、内幕交易的定义

内幕交易是指证券市场中的一些内部人员利用其职务便利，获取未公开的内幕信息，并在该信息公开前进行证券交易，以获取不正当利益的行为。内幕信息通常包括公司财务状况、重大投资计划、并购重组等对证券价格有重大影响的尚未公开信息。结合国内外的一些观点，我们可以将内幕交易的表现形式具体分为三种：掌握内幕信息者利用该信息进行自我交易、向他人

　＊ 作者简介：邓威（1993 年— ），男，汉族，浙江杭州人，中国政法大学同等学力研修班 2022 级学员。研究方向：经济法学。

泄露内幕信息以促使其进行交易，或者不直接泄露信息但建议他人进行证券买卖的行为。[1]

二、我国内幕交易行为规制的现状

我国的内幕交易法律规制始于 20 世纪 90 年代，早期的内幕交易规制仅限于政府规章，直至 1997 年《刑法》生效后才首次在法律层面得到确立。直到 1999 年《证券法》出台，我国内幕交易的法律规制体系才正式形成。[2]经过近三十年的发展，已经形成了一套较为完整的法律体系。其中，《证券法》对内幕交易进行了明确规定，奠定了我国内幕交易规制的法律基础。

我国内幕交易法律规制建设虽然已取得一些成果，但在实践中仍面临着多方面的问题和挑战。

（一）信息披露机制的不健全

信息披露机制的不健全是当前内幕交易的关键问题之一。首先，信息披露在时效性上存在不足，内幕交易者能利用未公开信息在信息公布前进行交易，获利或规避损失。当前机制未能确保内幕信息得到及时披露，便利了内幕交易行为。此外，信息披露在全面性上也存在不足，上市公司披露的信息缺乏必要的细节和背景，难以为投资者提供全面决策依据，尤其是在涉及重大事项时，信息披露不够及时和透明，增加了内幕交易的风险。现有信息披露要求在严格性上也存在问题，一些公司未按规定时间和标准披露信息，监管部门对此态度宽松、制裁和惩罚不足。这种宽松的披露要求使公司和内幕交易者更容易逃避披露义务，导致市场信息不透明，增加了内幕交易的风险。

（二）监管力度的不足

监管力度不足是当前内幕交易监管的主要问题。中国证券监督管理委员会及地方监管局因职能多元化，导致监管效率和力度不足。多机构职责分工不明确，共同承担监管职责，执行效率低下，信息共享不畅，责任推诿现象频发，影响了对内幕交易的有效监管。部门间协作机制不完善，信息共享不畅，跨部门合作效率低下，导致案件调查和处理中的信息不对称和资源浪费问题。内幕交易的隐蔽性和复杂性也增加了调查取证难度，证监会在调查时

---

〔1〕 何雅婷：《论我国内幕交易法律规制》，载《法制与社会》2012 年第 19 期。

〔2〕 李梦梦：《传递型内幕交易犯罪主体的法律规制》，载《法制与社会》2021 年第 4 期。

常面临信息不对称和证据难以获取的挑战，案件侦办进展缓慢。此外，监管机构缺乏大数据分析和人工智能等技术支持，难以及时发现和精准打击内幕交易行为。

（三）法律责任不合理

当前，内幕交易者承担法律责任方面存在诸多不合理之处，难以形成有效震慑。我国对内幕交易的处罚力度较弱，处罚措施主要集中在罚款和市场禁入等行政处罚上，缺乏严厉的刑事处罚。这些方式难以充分威慑内幕交易者，使其仍有逃避监管的动机。尽管《刑法》第180条对"内幕交易罪"进行了明确规定，但查处率低，能够追究刑事责任的案件寥寥无几，大多数案件均以行政处罚处理，大有重视行政处罚、忽略刑事责任的态势。[1]

此外，我国的民事赔偿制度不完善，缺乏具体的赔偿标准和计算方法规定，使受害投资者难以获得合理赔偿。《证券法》虽然提及了内幕交易的民事赔偿问题，但内容笼统，没有明确计算方法，导致民事赔偿请求缺乏可操作性。[2]受害投资者在诉讼中难以被确定为适格原告，赔偿请求难以达成一致，维权过程复杂，削弱了民事赔偿责任的约束力和震慑效果。

三、我国内幕交易法律规制的完善路径

（一）强化信息披露制度

强化信息披露制度是有效规范和管理内幕交易的关键举措之一。通过加强信息披露，可以提高市场的透明度和公平性，增强投资者信心，有效预防和打击内幕交易。首先，需要完善上市公司信息披露制度，明确内幕信息的披露要求和程序，确保及时、全面地披露信息，帮助投资者作出理性决策。同时，监管部门应加强审核和监督，确保信息披露的及时性、公正性，并防止虚假陈述和重大遗漏。

在大数据和人工智能时代，借助技术实现信息实时更新和监控也是重要措施。监管部门可以建立基于大数据和人工智能的披露监管系统，实时跟踪和监管市场信息，及时发现和处置内幕交易行为。这不仅可以提高信息披露的效率和准确性，还可以增强对内幕信息的监管，确保市场信息透明和公正。

---

〔1〕 谢婷：《从"光大事件"看我国内幕交易法律规制》，载《法制与社会》2014年第24期。

〔2〕 刘智鸿：《论我国证券内幕交易的法律规制》，载《西部学刊》2019年第22期。

（二）加强监管力度

完善执法机制是保障内幕交易法律规制得到有效执行的关键，涉及证券监管部门的独立性、执法效率、监督机制和信息共享等方面的改进。首先，证券监管部门需独立行使职能，不受外界干扰，以确保监管工作的公正和有效。可以通过完善任职资格和评价机制，选拔专业且有道德的监管人员，提高机构的独立性和权威性。其次，提高执法效率和透明度也是必要的，监管部门应加强对内幕交易的监测和调查，及时处置违规行为，并通过人员培训和技术支持提升执法效率。再次，加强对执法过程的监督和公开，确保公正透明，增强市场信任。建立健全的监督机制也是至关重要的，包括内部监督和外部监督，前者通过内部评估和审查及时发现并纠正问题，后者由独立机构和专家进行，提供改进建议，促进监管工作的规范化和专业化。最后，完善信息共享机制是提高内幕交易监管效率的有效手段。需要建立信息共享平台，确保各部门和机构间的信息互通，提高监管的效率和准确性。国际合作也必不可少，应通过分享经验和信息，提升国内监管水平和国际竞争力。同时，基于大数据和人工智能技术的监管系统，可以实现市场信息的实时跟踪和分析，及时发现内幕交易行为。监管部门应当加强对市场的定期检查和抽查，及时处理问题，确保市场正常运行。

（三）完善民事法律责任与刑事法律责任规定

完善民事法律责任是加强内幕交易法律规制的重要举措之一，旨在保护投资者权益、提高违法成本，从而有效遏制内幕交易。制定明确的有关民事赔偿标准和计算方法的规则，确保投资者在内幕交易确认后得到相应赔偿，保障其合法权益。简化维权诉讼程序、降低维权成本、提高维权效率、建立快速高效的投资者维权机制，为受害者提供便捷的法律救济渠道。建立集体诉讼体制，提高中小投资者维权的便利性和效率，降低维权成本和风险，保护集体利益。在刑事责任方面，追究严重内幕交易者的刑事责任不仅能够有效惩治违法者，还能起到震慑作用，防止内幕交易蔓延。[1]因此，应加强内幕交易案件的刑事立案和侦查力度，严格执行《刑法》的规定，追究更多内幕交易行为的刑事责任，确保法律的威慑力和执行力。

---

〔1〕 王浩：《论内幕交易的法律规制》，载《法制与经济》2017年第8期。

结 论

内幕交易的禁止不仅是为了维护证券交易的秩序，更是为了确保市场的公平和公正。证券市场的规则建立在公众信任和市场统一的基础之上，在面对这种难以避免的"顽疾"时，问题的解决并非一蹴而就，需要持续不断地加强监管力度、完善法律制度，逐步建立起有效的内幕交易防范机制。

隐名股东排除强制执行法律问题研究

杨 堃*

（中国政法大学，北京，100088）

摘 要：在民商事法律实践中，股权代持行为普遍存在，在法律实践层面已对代持行为的效力予以认定。有关隐名股东、显名股东及善意第三人之间冲突的立法尚不健全，是司法实践中亟待解决的课题。隐名股东能否以案外人执行之诉排除强制执行，在法律界存在争议，涉及外观主义与实质主义原则之辩，及"善意第三人"的利益保护，极具理论价值和现实意义。

关键词：隐名股东 显名股东 代持协议 善意第三人 强制执行

股权代持行为横跨《民法典》"合同编"、《公司法》两大领域，涉及多方利益主体、多种法律关系，实体、程序、法理问题交错，是法理研究和司法实践领域的热点。

在股权代持关系中，显名股东与隐名股东相互分离。显名股东被记载于股东名册及工商登记之中，但实际上不履行出资义务、不享有股东权利；隐名股东则实际上履行出资义务、享有股东权利，但并不被记载于公司登记之中。股权代持安排，难以被社会公众与外部关联方所知悉，难以穿透。在显名股东面临强制执行时，隐名股东常以案外人提出执行异议之诉、申请排除强制执行。本文将对隐名股东排除善意第三人之强制执行的法律问题进行探讨。

---

* 作者简介：杨堃（1980年—），男，黑龙江齐齐哈尔人，中国政法大学研究生研修班2023级学生。研究方向：经济法。

一、隐名股东的法律地位及风险

(一) 隐名股东的法律地位认定

《最高人民法院关于适用〈中华人民共和国公司法〉若干问题的规定（三）》（以下简称《公司法解释（三）》）第 24 条确认了代持协议在未有法律认定为无效的情况下，应予有效认定。《公司法解释（三）》没有"隐名股东"概念，未对隐名股东身份作出明确定义，而是采用了"实际出资人"说法。法律实践中，多将"隐名股东"与"实际出资人"混同使用。[1]

《公司法》第 34 条规定股东的公司登记效力，不得对抗善意第三人。在对内关系中，隐名股东基于代持协议的有效性、实际出资等情况，享有一定的股东权益，并不等同于其自然拥有"股东"法律地位，两者法律地位存在实质区别。[2]

(二) 隐名股东的法律风险

隐名股东面临四个法律风险，如下：

第一，代持协议被认定无效的风险。股权代持合同需符合《民法典》的规定，否则其可能被认定无效。在商事实践中，存在部分股权代持存在规避投资人身份的禁止性规定、隐瞒出资或资产、隐瞒身份享受特定投资优惠或节税等，可能导致代持协议被认定为无效。

第二，显名股东侵犯隐名股东权利的风险。显名股东利用其在登记机关的股东身份登记的便利，对善意第三人履行股东权利，违背对隐名股东的约定，擅自行使分红权、经营管理权等或抵押、处置持有的股权，侵害隐名股东的权利。[3]

第三，隐名股东的法律身份认定风险。隐名股东与显名股东约定的代持协议，属于内部合同约定，无法直接对公司主张其股东权利与身份。隐名股东如有意转为显名股东，需经过公司其他股东半数以上同意，均存在法律或程序上的风险。

第四，显名股东的债务纠纷及强制执行风险。善意第三人与显名股东发

---

〔1〕 王毓莹：《股权代持的权利架构——股权归属与处分效力的追问》，载《比较法研究》2020年第 3 期。

〔2〕 况方良：《股权代持法律问题探讨》，载《法制博览》2021 年第 23 期。

〔3〕 胡松松：《股权代持中隐名股东法律风险相关问题分析》，载《法制博览》2019 年第 28 期。

生债务纠纷，取得司法判决，申请强制执行。隐名股东要求排除强制执行时，缺少完备的法理支持，存在较大不确定性。[1]

二、隐名股东的权益保护

隐名股东选择"股权代持"，应充分认识和评估法律风险，采取权益保护措施。

首先，签署正式股权代持协议，防范代持协议被认定无效的风险。隐名股东与显名股东签署正式的股权代持协议，明确双方的身份、权利及义务，明确排除违反《民法典》规定之内容，从形式合规与实质合规两方面保证代持协议的合法效力。

其次，保留履行出资义务的证明。作为隐名股东，出资证明是其履行出资义务、作为"实际出资人"的重要证明。在受到权利侵害时，相关出资证明与股权代持协议，将形成完整的证据链，保障隐名股东的合法权利。

再次，"显名转换"的程序准备。在签署代持协议时，隐名股东应取得半数股东的书面同意，为后续换为"显名股东"扫清程序上的障碍，降低不确定性，有效地保护"显名权"。

最后，明确显名股东的权利限制与损害赔偿责任。隐名股东为了保护自身权益、防范风险，应以书面形式，就显名股东代为履行股东权利的行为进行限制，对显名股东违反约定损害自身权利的赔偿责任和追究机制作出界定。

三、隐名股东排除强制执行之议

在隐名股东、显名股东及善意第三人的关系之中，最为常见的纠纷类型为：显名股东的债权人，通过司法程序申请强制执行显名股东持有股权，隐名股东以案外人身份诉讼以排除强制执行。

在隐名股东排除强制执行之诉中有两个必要法律认定步骤：其一，代持股协议效力之认定。从裁判文书库选取代持协议效力认定一审案件（共 1149 个）分析，全部支持判例为 755 件（65.24%），全部驳回为 329 件（28.70%），驳回起诉为 55 件（4.81%）。按照《公司法解释（三）》第 24 条的规定，存

---

[1] 崔文静：《从司法判例中看公司隐名股东风险防范》，载《法制博览》2021 年第 7 期。

在书面代持协议且出资证据清晰的，法院均认定代持协议有效。[1]其二，隐名股东能否排除强制执行之认定。理清代持股权之归属后，能否排除强制执行的问题，既涉及公司法股权变动与股东资格规则，又关系到对善意第三人交易安全与合法利益之保护，法律关系与法律结构较为复杂。在司法实践中，法院更为倾向于善意第三人利益保护、隐名股东无权排除善意第三人的强制执行申请。法院驳回"排除强制执行"申请，系基于如下考虑：其一、显名股东的股东身份被登记于工商注册信息之中，具有公示效力，善意第三人合理相信股权登记的公信力；其二、代持协议属于内部法律关系，不对外部产生约束力。如排除善意第三人的强制执行申请，将极大增加社会交易成本，影响正常经济秩序。[2]

四、强制执行冲突中"外观主义原则"之探讨

在"隐名股东排除强制执行"的司法实践中，隐名股东的代持协议效力认定，基于《公司法解释（三）》，存在较为成熟的司法应用，确认隐名股东权利。在隐名股东排除强制执行及异议之诉中，法理上的关键分歧为"外观主义"与"实质主义"原则之争。

在外观主义之视角下，基于股东的工商登记注册，登记信息具有公开性、公信力和易获得特点，善意第三人与显名股东交易时，可依赖与信任注册登记之股东信息，依据权利外观进行判断，具有合理性。显名股东与隐名股东间的代持协议不具有公开性，属于内部合同，无对抗外部第三人之效力。[3]

相对于外观主义的原则，部分法学学者坚守实质主义原则，认为隐名股东作为实际出资人，其权利应得到妥善保护。善意第三人与显名股东的债务基于其他交易行为而产生，而非对代持股权的抵押、处置行为。从实质主义角度出发，在确认隐名股东对执行标的所有权的基础之上，可排除强制执行申请。[4]

---

〔1〕 崔文静：《从司法判例中看公司隐名股东风险防范》，载《法制博览》2021年第7期。

〔2〕 丁广宇：《股权代持纠纷的有关法律问题》，载《人民司法》2019年第17期。

〔3〕 孙宏涛、刘梦：《显名股东股权强制执行中的利益冲突与平衡》，载《天津法学》2019年第4期。

〔4〕 孙宏涛、刘梦：《显名股东股权强制执行中的利益冲突与平衡》，载《天津法学》2019年第4期。

就"排除强制执行"之分歧，从便利商业活动、维护交易安全角度，股东权利的外观主义，为各商事参与主体之间正常商业交易提供了基础，具有法理基础与合理性，符合公序良俗。如果从实质主义出发，以内部协议或约定来对抗、损害善意第三人的合理诉求和合法权利，将危害公平交易的基础，无限度地增加交易成本与难度，亦将导致滥用代持协议、串通逃避债务等情况出现。

结　论

隐名股东、显名股东及善意第三人之强制执行的纠纷，具有广泛性与现实性。在隐名股东排除强制执行之司法实践中，从法理角度出发，以股权代持协议认定为基础，以权利外观原则为依规，外部效力优于内部效力，切实保护善意第三人之债权，落实于具体司法案件，彰显社会价值与现实意义。

论股东失权的法律后果及救济途径

陈可佳*

（中国政法大学 北京 100088）

摘 要： 2023 年 12 月 29 日，新修订的《公司法》（以下简称新《公司法》）经全国人民代表大会常务委员会表决通过，将于 2024 年 7 月 1 日起施行。本次修订的亮点之一在于首次确立了股东失权制度，为处理有限公司股东出资不到位问题提供了更完善的法律规则，具有维护公司资本充实、保护股东和债权人合法权益的功能。

关键词： 催缴出资 股东失权 法律后果 救济

一、股东失权制度及其确立

（一）股东失权制度概述

根据新《公司法》第 52 条的规定，[1]股东失权是指股东未按期足额缴纳公司章程规定的出资，并且在公司发出书面催缴通知后仍未履行其出资义务的情况下，公司经董事会决议可向该股东发出失权通知，自通知发出之日起，该股东将丧失其未缴纳出资股权的制度。这一制度的确立，不仅有助于提升公司治理水平、促进公司的稳定发展，也为解决因股东出资问题而引发的纠

---

　* 作者简介：陈可佳（1991 年—　），男，汉族，广西北流人，中国政法大学同等学力研修班 2023 级学员。研究方向：民商法。

　[1] 新《公司法》第 52 条第 1 款规定："股东未按照公司章程规定的出资日期缴纳出资，公司依照前条第一款规定发出书面催缴书催缴出资的，可以载明缴纳出资的宽限期；宽限期自公司发出催缴书之日起，不得少于六十日。宽限期届满，股东仍未履行出资义务的，公司经董事会决议可以向该股东发出失权通知，通知应当以书面形式发出。自通知发出之日起，该股东丧失其未缴纳出资的股权。"

纷提供了路径。在新《公司法》修订的内容中，股东失权制度无疑是一大亮点，它标志着我国公司法在规范股东行为、维护公司利益方面迈出了坚实的一步。

（二）股东失权制度的立法演变

新《公司法》的股东失权制度是从《最高人民法院关于适用〈中华人民共和国公司法〉若干问题的规定（三）》（以下简称《公司法解释（三）》）的股东除名制度演变而来的，并经公司法修订草案的三次审议和修改而最终确立。

股东除名制度，是指出现法定事由时，公司按照法定程序剥夺不履行出资义务股东的股东资格的制度。《公司法解释（三）》第 17 条[1]对股东除名制度作出了规定，明确了只在股东完全未履行出资义务或抽逃全部出资的情况下才能适用，且除名前应当给予合理期限催告股东缴纳或返还出资，在合理期间内股东仍未缴纳或者返还出资，公司可以股东会决议解除该股东的股东资格。

在股东除名制度的基础上，新《公司法》在修订的过程中吸收相似规则，逐步确立了股东失权制度。《公司法（修订草案一审稿）》规定，股东失权制度的催缴义务主体是公司，且催缴失权的适用情形包括两种：一是股东未按期足额缴纳出资；二是作为出资的非货币财产的实际价额明显低于所认缴的出资额。《公司法（修订草案二审稿）》相较于一审稿，催缴义务主体由公司改成了董事会，且仅明确了一种适用情形，即股东未按期足额缴纳出资，删除了作为出资的非货币财产的实际价额明显低于所认缴的出资额的情形。《公司法（修订草案三审稿）》相较于二审稿，增加了股东会未履行催缴义务的赔偿责任。新《公司法》相较于三审稿，增加了公司必须经过董事会决议才可发出失权通知的规定，且增加了失权异议之诉的规定。

二、股东失权制度的法律后果

（一）股东失权制度的运行程序

根据新《公司法》的规定，股东失权以公司催缴为前提，并明确了董事

---

〔1〕《公司法解释（三）》第 17 条第 1 款规定："有限责任公司的股东未履行出资义务或者抽逃全部出资，经公司催告缴纳或者返还，其在合理期间内仍未缴纳或者返还出资，公司以股东会决议解除该股东的股东资格，该股东请求确认该解除行为无效的，人民法院不予支持。"

会的催缴义务，即董事会应当对股东的出资情况进行核查，如果董事会发现股东未按期足额缴纳公司章程规定出资，应当由公司向该股东书面催缴出资。如果催缴成功，则不会启动股东失权的程序。当催缴不能时，董事会通过决议，可以公司名义向股东发出失权通知，通知发出之日即为股东失去未缴出资股权之日。

（二）股东失权后的各方后果

1. 对股东的效果

（1）瑕疵出资股东丧失未缴出资的股权，但是否对公司债权人承担相应责任却并未得到明确。

根据新《公司法》第52条的规定，自失权通知发出之日起，股东丧失未缴出资的股权，且不再承担该部分的出资义务，但股东已经缴纳出资部分的股权不受影响。

根据《公司法解释（三）》第17条第2款[1]的规定，在股东除名制度下，债权人可依照相关规定请求除名股东承担相应责任。但在新《公司法》中，失权股东对公司债权人是否承担相应责任并未得到明确。一种观点认为，失权通知发出后，失权股东的出资义务随即消灭，无须再对公司债权人承担任何责任；另一种观点则认为，由于债权人对股东失权与否并无控制力，出于保护债权人利益的考虑，应当赋予债权人主张失权股东承担相应责任的权利。

笔者赞同后一种观点，但是否能成为普遍适用的规则以及是否需要对特殊情形作出特别规定，仍需要司法实践的进一步验证。《德国有限责任公司法》第21条规定，股东迟延缴付出资，经催缴后，宽限期届满仍不缴付的，公司可将该股东的未出资的股份和已经出资部分收归公司。笔者认为，可在今后的实践中考虑借鉴《德国有限责任公司法》对失权股东的"惩罚性"责任，作为失权股东对公司债权人的补充责任，以此增强股东出资风险意识和信义义务，避免股东滥用股东权利侵害公司资本充实和债权人合法权益。有观点认为，失权股东的出资义务消灭，无须再对公司债权人承担任何责任是

---

[1]《公司法解释（三）》第17条第2款规定："在前款规定的情形下，人民法院在判决时应当释明，公司应当及时办理法定减资程序或者由其他股东或者第三人缴纳相应的出资。在办理法定减资程序或者其他股东或者第三人缴纳相应的出资之前，公司债权人依照本规定第十三条或者第十四条请求相关当事人承担相应责任的，人民法院应予支持。"

因为可以通过董事会的信义义务规则保护公司利益和公司债权人的合法权益，即董事会因故意或重大过失作出失权决定，导致公司债权人无法实现债权，公司债权人可以请求董事会承担赔偿责任。该观点虽然在一定程度上弥补了失权制度下公司债权人的救济途径，但失权决定不利于债权实现的举证责任、举证难度以及故意和过失的认定标准都将成为新的空白点，这为司法实践带来了一定困难。

（2）非失权股东的出资义务或增加。根据新《公司法》第52条第2款〔1〕的规定，失权股东丧失的股权转为公司库存股后应当依法转让，或者相应减少注册资本并注销该股权，若超过6个月未转让或注销，其他股东须按照出资比例足额缴纳相应出资。由此可见，当公司未完成库存股的转让或注销时，非失权股东的出资义务将增加。但对于应承担出资义务的非失权股东该如何确认，新《公司法》并没有予以明确。有观点认为，应当由失权通知发出之日（即瑕疵出资股东失权之日）的非失权股东来承担出资义务。笔者并不赞同该观点，既然新《公司法》规定库存股超过6个月未转让或注销才需要非失权股东承担出资义务，则应当按照规定在6个月期限届满之日确定应承担出资义务的非失权股东，而前述观点忽视了6个月的期间内仍然有可能存在其他股权转让和实缴出资的情况，若按失权通知发出之日确定应承担出资义务的非失权股东，则容易导致非失权股东承担毫无意义的出资责任，这不符合常理，或给实践增加操作困难。

2. 对公司的效果

根据新《公司法》第52条第2款的规定，在非失权股东承担出资义务之前，失权股东丧失的股权已被转为公司库存股，需要公司对该部分股权进行处置，要么将股权转让给第三人，要么进行减资注销该股权。但是，新《公司法》并没有明确股东失权的减资程序是适用等比减资还是非等比减资，如果按照新《公司法》第224条第3款〔2〕的规定，公司减资只有在有限责任公

〔1〕 新《公司法》第52条第2款规定："依照前款规定丧失的股权应当依法转让，或者相应减少注册资本并注销该股权；六个月内未转让或者注销的，由公司其他股东按照其出资比例足额缴纳相应出资。"

〔2〕 新《公司法》第224条第3款规定："公司减少注册资本，应当按照股东出资或者持有股份的比例相应减少出资额或者股份，法律另有规定、有限责任公司全体股东另有约定或者股份有限公司章程另有规定的除外。"

司全体股东另有约定或股份公司章程另有规定的情况下才能进行非等比减资，否则只能进行等比减资。而等比减资又无法实现股东失权制度下对库存股的减资目的，如果有限责任公司全体股东无法达成一致意见或股份公司章程没有规定，则股东失权制度下对库存股的减资要求就将是一纸"空话"，也会增加库存股处置的不确定性。笔者认为，在股东失权情形下的减资程序，可例外适用非等比减资，不需要有限责任公司全体股东另有约定或股份公司章程另有规定。

三、股东失权制度的救济

新《公司法》第52条第3款[1]规定了将失权异议之诉作为股东失权的救济手段，该救济手段是新《公司法》为失权股东专门设置的救济之诉。但是，新设的失权异议之诉与传统的公司决议救济制度又存在交叉，如果董事会作出失权通知的决议，满足公司决议救济制度的条件，那么失权股东该如何选择？对于该问题，新《公司法》并没有作出明确规定。笔者认为，失权异议之诉优先于公司效力救济制度，但在实践中，如果失权股东同时提起失权异议之诉和公司决议诉讼，或在公司决议诉讼中提出了失权异议请求，法院可从实质解决争议的角度，考虑并案审理，以减少诉累。

总　结

股东失权制度的确立，是我国公司法修改的一次突破，具有重大的现实意义。然而，尽管股东失权制度在新《公司法》中得到了明确规定，但在实际运用过程中，股东失权的法律后果及救济途径必然会存在新的盲点和问题，这就需要在今后适用新法的实践中进一步加以完善和解决，以确保该制度能够更好地适应不同公司的实际情况，为新《公司法》的适用和公司的稳定发展提供有力保障。

---

〔1〕 新《公司法》第52条第3款："股东对失权有异议的，应当自接到失权通知之日起三十日内，向人民法院提起诉讼。"

我国特色轻罪治理体系的改革路径

王智会*

（中国政法大学 北京 100088）

摘　要：我国的轻罪治理体系存在着立法标准不明确、治理"轻重不分"、执行"轻罪不轻"的问题。应当在立足中国实际的基础上，借鉴域外轻罪治理经验，通过发扬"慎刑"思想、差别化处理轻罪和重罪、畅通行刑衔接诉源治理、构建轻罪犯罪记录消除制度等方式，探索我国轻罪治理体系的改革路径。

关键词：轻罪　轻罪治理　法治现代化

近年来，我国刑事犯罪结构发生明显变化，刑事犯罪案件总量和严重暴力犯罪案件总体下降，轻罪案件持续上升，标志着轻罪已经成为犯罪治理的主要对象。

一、轻罪治理体系概述

我国刑法尚未明确区分轻罪与重罪。纵观世界，不同国家对轻罪和重罪的认定标准相差甚远。在法国，轻罪是指最高刑为 10 年监禁或者罚金至少为25 000 法郎的矫正刑的犯罪，重罪是指应当判处终身监禁或者 15 年以上监禁的犯罪。在德国，轻罪是指最高刑为 1 年以下自由刑或者科处罚金刑的犯罪，重罪是最低刑为 1 年或者 1 年以上自由刑的犯罪。[1]在日本，轻罪属于违警

---

　　* 作者简介：王智会（1992 年—），女，汉族，河南滑县人，中国政法大学同等学力研修班 2023级学员。研究方向：刑事诉讼法学。

　　〔1〕 陈兴良：《轻罪治理的理论思考》，载《中国刑事法杂志》2023 年第 3 期。

罪或者微罪范畴，对应的刑罚只有拘役、科料。

在我国，刑法学者张明楷主张将法定最高刑为三年以下有期徒刑或者拘役的犯罪认定为轻罪。[1]最高人民检察院在第十三届全国人民代表大会常务委员会第二十二次会议上作出的《最高人民检察院关于人民检察院适用认罪认罚从宽制度情况的报告》也提出，将法定最高刑为三年以下有期徒刑作为确定轻罪案件的标准。

笔者认为，将"法定最高刑为三年以下有期徒刑、拘役、管制或者独立适用附加刑的"犯罪认定为轻罪符合我国国情，具有合理性和正当性。

准确区分轻罪与重罪，对于构建我国特色轻罪治理体系具有重要意义。从实体上讲，区分轻罪与重罪，有利于节省刑法条文的表述，贯彻罪刑法定原则。从程序上讲，区分轻罪与重罪，有利于做到轻重有别，案件繁简分流，提高诉讼效率。从政策上讲，区分轻罪与重罪，有利于贯彻落实宽严相济刑事政策和少捕、慎诉、慎押刑事司法政策，精准打击治理犯罪。从情理上讲，区分轻罪与重罪，有利于淡化一般人对轻罪犯人的仇恨程度，帮助改造好的轻罪犯人早日回归社会。

二、我国轻罪治理面临的挑战

2024年，"轻罪治理"被首次写进《最高人民检察院工作报告》。据统计：近二十年来，刑法修正案通过新增轻罪罪名的方式积极参与社会治理，但轻罪和重罪在立法层面、治理模式和刑罚执行效果上"轻重不分"的问题也更加突出。

首先，在刑事立法方面，没有在刑法条文中明确区分轻罪和重罪的范围、标准，缺乏适合轻罪的出罪通道。

其次，犯罪治理模式上"轻重不分"，对轻罪和重罪没有作差别化处理，过度依赖增加轻罪罪名治理社会，将一般违法行为拔高认定为刑事犯罪，严重违背刑法的谦抑性原则。在审理程序上，沿用重罪的处理模式审理轻罪案件，缺乏适合轻罪的诉讼程序。

最后，刑罚执行效果上"轻罪不轻"，轻罪和重罪在犯罪附随后果上没有做到轻重分轨，造成轻罪犯人不仅要承受刑罚的不利后果，还要承担严重的

---

[1] 张明楷：《轻罪立法的推进与附随后果的变更》，载《比较法研究》2023年第4期。

附随后果。好比一个人一旦被贴上"罪犯"的标签，就等于被社会判处了"死刑"，这一现状不利于轻罪犯人的社会改造，更不利于家庭和睦和社会和谐。

三、轻罪治理体系的改革路径

习近平总书记在 2019 年 1 月 15 日中央政法工作会议上的讲话中提出："要深化诉讼制度改革，推进案件繁简分流、轻重分离、快慢分道"，这为我国特色轻罪治理体系的构建在实体和程序上指明了方向。[1]

在域外，分层治理犯罪已成为共识并积累了有益经验，如实体上明确区分轻罪与重罪，程序上对重罪适用普通程序，对轻罪适用简易程序。在我国，中华民族优秀法律中的"慎刑"思想、宽严相济的刑事政策、少捕慎诉慎押刑事司法政策对轻罪治理体系的构建提供理论基础。

（一）借鉴域外经验

在美国，轻罪案件与重罪案件在处理模式、诉讼程序设置、当事人权利保障方面均存在差异。对轻罪和重罪做出差别化处理有利于提高诉讼效率，但随着轻罪案件数量的增多，轻罪治理呈现出了入罪门槛过低、程序任意性过度，以及罪刑不均等问题。[2]

随着国家治理体系和治理能力现代化的发展，我国迫切需要改变"重打击、轻治理"的传统治罪模式，对轻罪和重罪在实体上、程序上做到"轻重有别"。

虽然美国的国情与我国存在较大差异，但美国关于轻罪治理的经验和不足对我国仍有所启示。一方面，在轻罪案件特别是认罪认罚案件中，应当充分保障犯罪嫌疑人、被告人的诉讼权利，告知其诉讼程序及流程。另一方面，对轻罪犯人的犯罪附随后果与重罪犯罪作出适当区分，刑法作为参与社会治理的最严厉的方式，既要打击犯罪，也应预防犯罪。对于犯罪情节轻微的轻罪犯人，尤其是没有前科、劣迹的轻罪犯人，应在法院判决时设置一定的考验期，即经过考验期，消除相关犯罪记录，避免因该犯罪附随后果影响罪犯

〔1〕 张洋：《习近平在中央政法工作会议上强调：全面深入做好新时代政法各项工作促进社会公平正义保障人民安居乐业》，载《人民日报》2019 年 1 月 17 日。
〔2〕 冀莹：《美国轻罪治理体系的现状、困境及反思》，载《政治与法律》2022 年第 1 期。

本人及家属的就业、教育。

（二）立足中国实际

我国特色的轻罪治理体系需要立足中国实际，以人民为中心，积极回应人民群众的新要求和新期待，不断增强人民群众的获得感、幸福感、安全感。[1]既要继承和发扬中华民族优秀法律文化中的"慎刑"思想，又要立足我国的法律规定，明确划分轻罪标准，完善刑事出罪机制，畅通行刑衔接渠道，构建轻罪犯罪记录消除制度。

1. 继承和发扬"慎刑"思想

"慎刑"思想是我国古代的主流法律思想，核心是慎用刑罚，将"明德慎罚""德主刑辅""轻刑慎罚"作为立法遵循的重要原则。[2]少捕慎诉慎押刑事司法政策，与"慎刑"思想一脉相传，是对中华传统法律文明实践的传承与创新。对轻罪案件慎用刑罚，能不作为犯罪处理就不作为犯罪处理，能不起诉就不起诉，能判缓刑就不判处实刑。

2. 差别化处理轻罪和重罪

实体上，在刑法条文中明确法定刑为三年以下有期徒刑、管制、拘役或者独立适用附加刑的为轻罪，与之相对对应的是重罪，形成过滤机制，将轻罪与重罪作差别化处理。同时，以《刑法》第37条作为合理扩大裁量不起诉适用的刑法依据，对"犯罪情节轻微"加以扩张解释。程序上，对轻罪适用简易程序审理（认罪认罚的轻罪案件可以适用速裁程序），对重罪适用普通程序审理，真正实现轻罪和重罪快慢分道。实现犯罪附随后果的"轻重分轨"。坚持罪责自负原则，原则上不得对犯罪人亲属及特定社会关系人设置附随后果，避免一人犯罪，全家受刑。

3. 畅通行刑衔接诉源治理

2023年7月，《最高人民检察院关于推进行刑双向衔接和行政违法行为监督构建检察监督与行政执法衔接制度的意见》明确提出由行政检察部门牵头负责行刑反向衔接工作。对于犯罪情节较轻的法定犯，可以依据《刑事诉讼法》和《人民检察院刑事诉讼规则》的相关规定，先由检察机关作出相对不

---

〔1〕 高铭暄：《习近平法治思想指导下中国特色刑法学高质量发展论纲》，载《中国应用法学》2023年第2期。

〔2〕 李勇、于菲：《中国特色轻罪治理体系之建构》，载《人民检察》2024年第6期。

起诉决定后，再由行政监察部门移送行政机关作出相应的行政处罚。通过行刑反向衔接，即可以消除追责盲区，避免"不刑不罚"，又能体现宽严相济刑事政策，对违法者做到"罚当其责"。

4. 构建轻罪犯罪记录消除制度

为了帮助已经改造好的罪犯回归社会，有必要把《刑事诉讼法》中的犯罪记录封存制度的适用范围从未成年人适当扩大到被判处法定最高刑为三年以下有期徒刑、拘役、管制或者独立适用附加刑的轻罪犯人。适用前提条件是轻罪犯人主动申请并由法院在作出判决时设置期限，当经过法定期限且犯罪人没有新的违法犯罪行为时，经法院裁定前科消灭，相关权利同时恢复[1]。

轻罪时代，法律积极参与社会治理是全面推进依法治国战略的重要举措，必须树立科学的轻罪治理理念，构建特色的轻罪治理体系。坚持以人民为中心，在实体和程序上轻重分离、快慢分道，真正实现刑事法治的现代化。

---

[1]《轻罪治理之策：应轻重有别，构建中国特色的轻罪治理体系》，载 https://baijiahao.baidu.com/s？id＝1793217326927839367&wfr＝spider&for＝pc，2024 年 7 月 9 日访问。

瑕疵股权转让的效力和受让救济

曹 戈*

（中国政法大学 北京 100088）

摘 要：纵观全球公司法体系的衍变进程，基于增加参与市场经济的主体数目，提升市场交易活跃度的出发点，公司法一直在鼓励投资人设立公司，我国公司法也并无例外。然而，自2013年《公司法》修订，我国施行全面认缴制以来，由瑕疵股权引发的纠纷数量激增，瑕疵股权出让人、受让人双方与公司债权人之间的三方法益冲突，已成为《公司法》实践中的重大难题。本文旨在探寻瑕疵股权转让的效力和实践中瑕疵股权受让方的救济困境。

关键词：瑕疵股权 股权转让效力 受让救济

一、瑕疵股权的界定

在我国现行的《公司法》中，并未对瑕疵股权进行明确的定义，2021年1月1日实施的《最高人民法院关于适用〈中华人民共和国公司法〉若干问题的规定（三）》（以下简称《公司法解释（三）》）第11条第1款第2项提及了"出资的股权无权利瑕疵或权利负担"，但未就瑕疵股权作出进一步的解释和定义。笔者认为，因登记而产生瑕疵的股权，登记行为本身即产生了对第三人的对抗效力，仅会导致股权归属的主体纠纷，而对股权本身的真实性、其权利义务转移的合法性并无影响，[1] 故本文所称"瑕疵股权"，为

---

* 作者简介：曹戈（1998年—），男，汉族，天津人，中国政法大学同等学力研修班2023级学员。研究方向：民商法学。

[1] 肖海军：《瑕疵出资股权转让的法律效力》，载《政法论坛》2013年第2期。

狭义瑕疵股权。

实践中，瑕疵股权一般通过完全没有出资、没有完全出资（没有足额出资或者没有及时出资）、出资不实、出资后抽逃等形式而获得。

二、瑕疵股权转让的效力

瑕疵股权转让，顾名思义，仍然为股权转让的一种，仅因为其转让的股权存在瑕疵而在效力上存在争议。在探究股权转让的效力问题时，本文仅讨论符合《公司法》股权转让有关规定和公司章程，具有合法合规外观的转让情形（即若转让的是无瑕疵股权则毋庸置疑合法有效的股权转让情形）是否有效。不符合《公司法》规定或公司章程的股权转让有效与否与转让的股权是否存在瑕疵并无直接关联，无探讨的必要。

（一）瑕疵股权的产生背景

在我国《公司法》的演变进程中，为了鼓励投资人开设公司，我国《公司法》在法定最低资本额门槛、出资形式等方面一再放宽。1993 年《公司法》分门别类地规定了公司的最低法定资本额，且只允许货币、实物、工业产权等特定的出资形式，而到了 2005 年《公司法》，就将公司的最低法定资本额调整为 5 万元，出资的形式也开始涵盖知识产权、债权等权益类资产，2013 年《公司法》更是放弃了法定最低资本额的要求。其中最重要、影响最深刻的调整则是将对股东的出资时限从 1993 年的全面实缴调整到 2005 年的部分实缴部分认缴，直至 2013 年的全面认缴。

实践表明，全面认缴制实施后，并未比部分认缴制有更突出的优势，反而将认缴制的弊害若干倍放大。巨额注册资本公司大量涌现，注册资本额与出资人的出资能力严重不匹配；超长认缴期限也屡见不鲜，甚至长达上百年。此外，通过股权转让抽逃离场的出资人和各种空壳公司也不在少数，种种情况严重放大了债权人的风险。[1]

从债权人的角度，希望股东投入公司的股本越多越好，以此提升自己手中债权的清偿保证能力。反之，在当前《公司法》不断软化资本管制的演变中，股东则越来越倾向于少出资甚至不出资，以在亏损时减小自己的实际损失。在此背景下，股东瑕疵出资产生的瑕疵股权便应运而生。

---

[1] 朱慈蕴：《股东出资义务的性质与公司资本制度完善》，载《清华法学》2022 年第 2 期。

（二）瑕疵股权转让效力的不同观点

对于瑕疵股权转让的效力问题，众学者看法不一，但总结起来无外乎转让无效、转让可撤销和转让有效三种观点。下面，笔者将逐一进行论述。

1. 转让无效

转让无效说认为，股东是公司的投资者，履行出资义务和享有股东权利是相互对应的，股东权利的原始取得以股东出资为前提。简言之，股东资格取得的实质要件是股东（出资人）已经对公司适格履行出资义务，股东出资存在瑕疵，未履行或未完全履行出资义务，出资人不能获得完全的股东身份，也不能享有实质股权。既然转让的"股权"不复存在，失去了合同标的，股权转让的效力自然无从谈起。

2. 转让可撤销

此种观点认为，股权转让是否有效，关键不在于转让的股权是否存在出资瑕疵或出让人是否具有股东身份，而是在于出让人在转让股权时是否具有欺诈故意。一言以概之，若受让人在进行股权转让时并不知道出让人未适当履行出资义务，其受让的股权存在出资瑕疵，则该股权转让合同应当被视为因存在欺诈而可撤销的合同；若受让人明知其受让的股权存在瑕疵，仍予以接受，则应当视为真实意思表示，对该股权转让合同的效力应当予以肯定。实践中，我国法院在判决中多采纳此种意见。

3. 转让有效

有效说认为，股权转让的实质是股东身份资格的转让，出让股权的股东虽违反出资义务，但并未对其所持股权产生实质影响，仍有权将其存在瑕疵的股东资格出让。而且，基于商事外观主义，瑕疵股权股东的身份已经被工商登记、股东名册等文件确认，受让人有理由相信股权出让人的股东身份和股权出让资格，该股权转让合同具有法律行为效力要件之表征，应予以肯定，这是商法对交易安全和效率维持的基本要求。[1]

我国法律对于合同有效性的基本态度是，除非合同订立时违反了法律的特殊规定，否则合同一经订立便受到法律保护。股权作为一种私权，股权转让合同显然不存在损害国家利益、公共安全等法定无效情形。

---

〔1〕 杜甲华：《瑕疵股权转让合同效力之析》，载《社会科学辑刊》2011年第6期。

（三）瑕疵出资补正责任的承担

《公司法解释（三）》第 18 条第 1 款规定："有限责任公司的股东未履行或者未全面履行出资义务即转让股权，受让人对此知道或者应当知道，公司请求该股东履行出资义务、受让人对此承担连带责任的，人民法院应予支持；……"公司债权人依照本规定第 13 条第 2 款向该股东提起诉讼，同时请求前述受让人对此承担连带责任的，人民法院应予支持。第 18 条第 2 款规定："受让人根据前款规定承担责任后，向该未履行或者未全面履行出资义务的股东追偿的，人民法院应予支持。……"由此可见，瑕疵出资的最终清偿责任在于瑕疵股权出让方，知情或应当知情的瑕疵股权受让方在承担连带责任后，有权向瑕疵股权出让方追偿。

三、瑕疵股权受让人的救济困境和改进建议

首先，受让人的连带责任易被扩大。公司作为独立法人，对外债务与公司股东并无直接关联，公司股东对公司的债权人无直接的清偿义务。若出让股东的瑕疵出资影响了公司的正常经营，公司难以为继进入破产清算程序，按照资本充实原则，追缴股东瑕疵出资不足的部分作为公司清算财产，并由知情或应当知情的受让人承担连带责任，属应有之义。反之，若出让股东的瑕疵出资并未影响公司经营，债权人却可直接对瑕疵股权出让人行使债权，并要求瑕疵股权受让人承担连带责任，即实际越过公司法人行使权利，未免有权利扩大之嫌。

其次，知情或应当知情的瑕疵股权受让人应当承担连带责任，是否可以据此推定，不知情的瑕疵股权受让人当然不承担连带责任？在司法实践中，如若不知情的瑕疵股权受让人提起股权转让合同撤销之诉，公司债权人提起的债务连带清偿之诉将失去立诉依据，[1]为保护公司债权人的利益，即使是不知情的瑕疵股权受让人，往往也需要先承担连带清偿责任，再向出让人进行追偿，"知情与否"将完全沦为空谈。

2014 年 10 月 1 日实施的《企业信息公示暂行条例》（中华人民共和国国务院令第 654 号）第 10 条第 1 款第 1 项规定，企业应当将股东或发起人认缴

---

〔1〕 綦敏：《不知情瑕疵出资股权受让方的救济困境及突破——以公司债权人与受让方利益平衡为视角》，载《东南大学学报（哲学社会科学版）》2019 年第 S1 期。

和实缴的出资额、出资时间、出资方式等信息在信息形成之日起 20 个工作日内通过企业信用信息公示系统向社会公示。该项规定有利于解决瑕疵股权受让方的知情问题，也便于合理分配瑕疵股权出让方与受让方间的补正责任。[1]此条例的落实，需要市场监管部门加强监督配合，也需要《公司法》进一步根据市场需求加以修订，将条例内容落实在法条之中。

〔1〕 綦敏：《不知情瑕疵出资股权受让方的救济困境及突破——以公司债权人与受让方利益平衡为视角》，载《东南大学学报（哲学社会科学版）》2019 年第 S1 期。

浅析我国企业信息公示制度的优势与不足

张 琳*

（中国政法大学 北京 100088）

摘 要：《企业信息公示暂行条例》的适用与修改意味着我国对于企业这一市场主体的监督管理不断适应市场变化，对社会经济进行宏观规制及引导，以适应并促进我国社会经济的发展。同时，该条例在施行过程中面临诸多困难与挑战，我国现有企业信息公示制度仍存在有待完善之处。

关键词：企业信息公示；年报抽检制度；监管

2014 年 8 月 7 日，国务院颁布第 654 号国务院令，公布《企业信息公示暂行条例》（以下简称《条例》），自 2014 年 10 月 1 日起正式施行，根据 2024 年 3 月 10 日《国务院关于修改和废止部分行政法规的决定》修改，最新《条例》自 2024 年 5 月 1 日起施行。《条例》的适用与修改意味着我国对于企业的监督管理不断适应市场变化，对社会经济进行宏观引导，促进我国社会经济的发展。同时，《条例》在施行过程中面临诸多困难与挑战，我国现有企业信息公示制度仍存在有待完善之处。基于此，本文将从我国当前企业信息公示制度的实情入手，尝试研究其优势及不足之处。

一、我国企业信息公示制度的目的

我国对于企业信息的监督管理从此前的年检制度变更为目前的企业信息公示制度，极大地便利了企业的运行及政府的监管效率，将信息公示责任落

---

* 作者简介：张琳（1991 年— ），女，满族，中国政法大学同等学力研修班 2023 级学员。研究方向：民商法学。

实到企业。建立企业信息公示制度，目的在于，通过一系列的规则、政策等构建企业信息的快速、真实反馈，推进政府对市场的宏观了解，提升企业自我规制意识，提高企业自身的运行效率。同时，使一般个人或企业了解市场主体情况、初步排除重大合作经营风险、降低经济损失可能性，维护社会稳定发展。

二、我国企业信息公示制度的优势

我国企业信息公示制度要求企业在每年1月1日至6月30日，通过国家企业信用信息公示系统将企业上一年度的规定信息进行填写上报，并向社会公示。该公示制度运行多年，并在实践中不断完善，有着适配社会主义社会经济的多项优势。[1]

（一）进行社会资源配置，提高市场运行效率

企业信息公示要求各企业通过国家企业信用信息公示系统填报上一年度的公司基础信息、从业人数、社保信息、资产或负债总额、主营业务收入、股东情况、担保情况等。通过前述信息，市场主体可初步判断该企业的基本情况，可查看企业股东投资信息、处罚情况等，进而判断企业的发展预期，相关人员的竞业情况等。通过上述判断，企业可以初步筛查合格的合作意向伙伴，排除风险点。通过市场的自主选择，优质的企业将获得更多的社会资源，未有效运行的企业将逐步被市场淘汰。企业信息公示为社会资源的优化配置、提高市场运行效率提供了初始的信息获取可能性。

（二）提升政府监管有效性及针对性

在企业信息公示制度施行前，对于企业监管采取的是年检制度，相比于此前，企业信息公示制度将信息真实性、准确性的保证义务落实到企业自身，化被动监管为主动公示，政府监管变更为抽查方式，降低了政府监管的工作量。[2]通过审查企业自行公示信息，政府更能全面、准确地了解企业情况，筛选需关注的企业类型，使监管更有针对性。企业信息公示逐年提交，信息可更加便捷且准确地留存，使政府在监管过程中的信息查询、追溯、对比效

〔1〕 王伟：《企业信息公示机制的逻辑与立法研究——兼论〈企业信息公示暂行条例〉的修法思路》，载《首都师范大学学报（社会科学版）》2021年第1期。

〔2〕 周友苏、张异冉：《〈企业信息公示暂行条例〉的制度亮点与实施要点》，载《中国工商管理研究》2014年第10期。

率更高。同时，政府监管较以往幅度缩小，强化信用监管，减少对企业的直接干预，采取抽查检验的方式，增加市场活跃度。

（三）促进社会信用体系建设

随着我国社会经济的发展，社会信用体系受到越来越多的关注，而我国企业信息公示制度的确立，对于我国社会信用体系建设具有里程碑式的意义。[1] 一方面，对于企业而言，如提交虚假信息，或未按要求在规定时间段内完成信息公示，将有可能被列入异常经营名录。更进一步，如企业存在失信行为，企业法定代表人等有失信行为，将在企业信息公示等公开网站上向社会公示，对未履行诚信义务的企业进行惩戒，使瑕疵暴露于阳光之下。另一方面，对于个人，无论是否参与企业运营，对于企业信息公示的形式，均有一定的警示作用。基于此，我国企业信息公示制度从事前警示、事后惩戒两方面共同促进构建全社会面的信用体系。[2]

三、我国企业信息公示制度的不足

我国拥有着庞大的企业数量，在我国社会主义经济大背景下，对企业的行政管理面临的是不同区域的情况多样性、市场环境的复杂性，行政管理难度艰巨，在此基础上提炼出可通行全国的基本公示信息要求并形成制度将必然存在一些有待改进之处。

（一）信息强制公示内容不足

根据《条例》的规定，企业需在信息公示中登记企业基本信息、股东信息、投资信息等，对于企业从业人数、社保缴纳信息、资产总额、营业收入、提供担保情况等人力、财务性质信息，企业可在填写完毕后选择"不公示"，如其他企业欲知晓该企业的不公示信息，只有获得该企业同意，才有可能获知。这项规定可在一定程度上保护企业商业信息，在市场稳定方面发挥一定作用。但是，对于此部分信息的未强制公示，将导致作为非行政主体的一般企业无法通过信息公示制度知晓其他企业更真实的运行情况，从而可能埋下后期履约主体资质的瑕疵隐患。此外，在国家企业信用信息公示平台上，对

---

〔1〕 王伟：《企业信息公示机制的逻辑与立法研究——兼论〈企业信息公示暂行条例〉的修法思路》，载《首都师范大学学报（社会科学版）》2021年第1期。

〔2〕 宋芳明：《论企业信息公示制度与社会信用体系建设》，载《商场现代化》2015年第32期。

于经营异常、行政处罚、涉诉案件等信息公示不完全，未实现详细信息强制公示，但这些信息往往会反映一个企业在市场经济环境下的诚信度及运行情况。扩大强制信息公示的范围，使各个市场主体在合作开始前即可预估合作可能性，降低履约风险，同时也降低后续可能有的仲裁、诉讼等争议解决成本，加速社会发展进度。

（二）抽检制度覆盖面不够造成风险隐藏

根据《条例》的规定，市场监督管理部门对企业公示的信息依法开展抽查或根据举报进行核查，即我国企业信息公示制度实行后，行政管理机关对于企业自行公示的信息采取抽检制度，即在信息公示企业中按一定规则、一定比例抽取一部分企业进行检验的制度，该抽检比例一般较低，被举报进行核查概率也较低。抽检制度使企业是否被检验成了一个随机事件，使得部分企业或负责人对企业信息公示的重视程度不够，抽检制度未能充分发挥其警示、检查的目的及作用，使企业违规操作有了更大的空间。[1]抽检制度的施行，以及抽检比例及范围较企业总数量较小，必然会导致大部分的企业多年都不面临行政管理机关的检查，此将逐步形成自行信息公示的惰性，隐藏在企业信息公示制度之下的违规行为将得不到严格的监管。

（三）惩处力度不足

2024年新修订的《条例》第18条规定，企业未按照条例的期限公示年度报告或者未按照市场监督管理部门责令的期限公示企业信息的，企业将被列入经营异常名录，直至被吊销营业执照，同时有最高20万元的罚款，被列入市场监督管理严重违法失信名单的企业的法定代表人、负责人，3年内不得担任其他企业的法定代表人、负责人。以上对于企业违规行为的惩处力度显然不足。首先，对于违反规定的企业，其罚款等措施未落实到人，大多数企业可独立享有权利、承担义务，股东以其实际出资额为限承担相应责任。对企业的惩戒很难对背后的实际控制人或主要经营人员起到震慑作用。其次，对于被列入失信名单的企业的法定代表人、负责人，仅规定了3年的职业禁止，无其他惩处措施。被列入失信名单的企业可能是运营不善，亦有可能是有大额欠款等对社会公众影响较大的原因，仅规定职业禁止，法定代表人、

［1］ 王延川、郭琦：《企业信息真实性的保障困境及机制改善——以企业信息平台完善为视角》，载《西部法学评论》2017年第6期。

负责人可以用其他身份继续经营其他公司，与原企业剥离，而不承担对等的责任。最后，公示经营异常，列入失信名单需要满足的条件较高。[1]企业信息公示为每年一次，经 2 年未按规定公示的，方可进入失信名单，时间要求较长，无法发挥及时警示及检验惩处的作用，可能会有企业在被列入失信名单前注销，导致实际相关联的企业或个人在未查看到企业异常情况公示的前提下，该企业即已注销完成，对相关联的利益主体造成损害。

结　论

总而言之，企业信息公示制度在我国社会主义现代化建设的时间长廊中，仍是一个较为年轻的制度。其拥有着适用于我国市场经济的独特优势，亦有有待于改进的不足之处。客观看待之，应将趋于成熟的优势部分进一步细化，将不足之处逐步通过制度建设、实际执行来发现问题并解决问题，相信我国企业信息公示制度将日趋完善。

---

〔1〕 范伟、朱广东：《论经营异常名录制度的建构与完善》，载《政法学刊》2016 年第 1 期。

专利挖掘与布局在专利预警机制中的理性反思

关晨晨*

（中国政法大学 北京 100088）

摘　要：本文旨在以专利挖掘与布局、专利预警机制相关文献为研究资料，通过系统回顾与深度分析，对多元主体需求下的专利挖掘与布局在预警机制中发挥的作用与困境进行总结与梳理，分析专利挖掘与布局工作存在的问题，并提出促进其在专利预警机制中创新发展的改进方向。

关键词：专利挖掘　专利布局　专利预警机制　专利信息分析

一、专利挖掘与布局以及专利预警的概念辨析

（一）专利挖掘与布局的概念

专利挖掘的概念最初源自艾伦·波特（Alan L. Porter）和斯科特·康宁汉姆（Scott W. Cunningham）所著的 *Tech Mining*。书中将专利挖掘定义为通过对技术创新过程的理解，将文本挖掘工具应用于科技信息的过程。他们将专利挖掘与数据挖掘和文本挖掘区分开来，因为其依赖于科学技术领域的知识来为其实践提供信息。[1] 随着现代化信息技术的快速发展，人们对于专利挖掘这一概念的理解也在不断深化，最典型的表现是将数据挖掘和文本挖掘相互结合并互为补充，共同构成专利挖掘的两大研究方面，从竞争对手、产业环

---

* 作者简介：关晨晨（1992年—），女，满族，黑龙江人，中国政法大学同等学力研修班2023级学员。研究方向：知识产权法学。

〔1〕 See Alan L. Porter, Scott W. Cunningham, *Tech Mining: Exploiting New Technologies for Competitive Advantage*, John Wiley & Sons, 2005, p. 384.

境、技术、市场、法律等多个维度对创新成果进行剖析、拆分、筛选及合理推测，提炼重要的技术情报信息，并针对有价值的方案寻求专利保护。专利挖掘作为专利布局的基础，决定了专利布局的成功与否。

专利布局，是指一种有规划、有策略的专利挖掘和申请行为，其能够有效克服专利申请的盲目性和零散性。例如，对于企业而言，可以由被动地"为专利而进行专利申请"转变为"为企业的发展需求有目标、有规划地进行专利申请"，从而提升专利申请资源的利用效率，以及其专利集群的整体价值，为企业发展提供切实有效的专利支撑。

（二）专利预警的概念

宏观上而言，专利预警可以被理解为一种危机预警行为，以专利信息分析为基础，通过综合评估相关信息，从危机管理的角度出发，从而维护相关主体利益并最大限度地减少损失。

为了实现专利预警的目标，需要建立核心内容涵盖风险识别、风险评估和风险应对等切实有效的预警机制。在流程设计方面，国内外大体相同。大致包括了确定专利预警对象、采集相关信息、构建分析和评价模型、进行预警分析和评价、预警结果应对、跟踪反馈等节点。[1]同时又存在一定的差异，主要体现在预警分析方法分析工具等方面。[2]

二、专利挖掘与布局在专利预警中的作用与困境

（一）作用机制

专利挖掘和布局在预警分析中发挥着重要作用。对于企业而言，专利挖掘和布局能够提供重要的商业信息技术动态，指导决策者制定更加合理、全面的预警方案，实现企业利益最大化。对于政府而言，有助于更加全面地了解行业技术发展情况，提供战略指导和决策建议。对于科研院校而言，能够促进科技成果转化，提升专利质量。

本文将重点从企业的角度，探讨专利挖掘与布局在预警机制中的作用。首先，从防范侵权的角度来看，通过对相关技术进行充分的专利挖掘，利用专利布局的方式，通过规划设计布局策略，有效规避侵权风险。其次，从辅

---

〔1〕 参见贺德方：《中国专利预警机制建设实践研究》，载《中国科技论坛》2013年第5期。
〔2〕 参见刘玉琴、彭茂祥：《国内外专利分析工具比较研究》，载《情报理论与实践》2012年第9期。

助相关主体明确研发方向的角度来看，其可以根据专利布局分析的内容，基于多种分析维度开展专利挖掘，发现技术热点和空白点，从而提供创新灵感和研发方向。进言之，在有利于形成高质量专利方面，专利挖掘和布局能够提高专利授权的可能性，保证专利授权后获得尽可能大的保护范围，进而提升相关主体无形资产的质量和技术实力。此外，从提高核心竞争力的角度来看，其可以通过分析比较相关信息，挖掘相关主体资源优势，形成专利保护壁垒，提高自身核心竞争力。总之，挖掘和布局不仅能够帮助相关主体洞察竞争对手情况、指导战略决策、保持行业竞争优势，而且能够保护其知识产权，揭示技术演进和创新发展趋势，为技术创新和行业发展提供有效的参考依据。

（二）现存问题

第一，未意识到专利挖掘与布局的重要性。相较于国内而言，西方发达国家的知识产权保护制度更为完善，并已有相对完善的专利预警机制。中国在知识产权方面的起步较晚，于 2003 年首次提出建立专利预警机制，但在理论研究和实践工作方面均有待加强。大多数相关主体也尚且缺乏对于知识产权价值的认知，尤其是在专利的创造保护、专利运营、预警机制建设等方面的意识还不够成熟，认为投入产出没有成正比，短期内也没有看到成效等。[1]第二，不清楚专利挖掘与布局的工作重点。技术创新成果离不开申请专利进行保护。但是，如何挖掘和布局专利、如何申请专利、该怎么制定布局策略对于企业而言都是可能会面临的难题。尤其是我国中小型企业占多数，其中大多缺乏知识产权构建和保护的能力，科研人员欠缺对知识产权的认识，导致自身有创新点但难以转化运用。此外，尽管科研院校的专利产量高，但实际转化实施的情况却并不理想。与国外相比，呈现出基数大但质量低的问题。总之，专利信息分析和挖掘布局的全流程复杂又需要较高的专业性，面临的共性问题是创新能力不足，主要表现在仅局限于将方法论应用于现有数据，这样得出的研究结果往往在企业中难以实现落地应用。

三、专利挖掘与布局在专利预警中的改进方向

（一）多方协同推进，强化主体知识产权保护意识

习近平总书记在中央政治局第二十五次集体学习时深刻指出，"创新是引

---

〔1〕 参见贺德方：《中国专利预警机制建设实践研究》，载《中国科技论坛》2013 年第 5 期。

领发展的第一动力，保护知识产权就是保护创新""要加强关键领域自主知识产权创造和储备"。知识产权保护工作关系国家治理体系和治理能力现代化，关系高质量发展，关系人民生活幸福，关系国家对外开放大局，关系国家安全。至此，知识产权保护被上升到了一个前所未有的新高度。并且，"十四五"规划也提出："实施知识产权强国战略，实行严格的知识产权保护制度，优化专利资助奖励政策和考核评价机制，更好保护和激励高价值专利。"[1]

当前，我国正从知识产权大国向知识产权强国转变。因此，知识产权工作从追求数量向提高质量转变，高质量专利、高价值专利成了企业追求的目标和重点。高质量专利和高价值专利离不开专利挖掘和布局工作的开展、离不了专业团体和技术专家的配合，更离不开企业的大力支持和配合。基于此，国家相关部门要联合各地方政府，从重点产业和地区入手，协同推进专利的创造保护、专利运营、预警机制建设，同时在组织实施的过程中，明确和细化要求，进一步强化相关主体的知识产权保护意识。

（二）形成挖掘布局方法论，保护技术创新成果

企业和科研院校（尤其是科研人员），需要提高对专利重要性的认知，提升自身专利管理水平、优化知识产权配置。例如，企业可以聘请外部知识产权专业机构对相关内容进行指导和审核，熟悉专利分析和挖掘布局的全流程，进而形成一套关于技术成果保护的专利布局方法论，未来可以在企业内部进行复用和推广，也可以将专利技术分析与布局作为立项研发过程中的标准化环节，以保证在研发过程中可以实时掌握技术的专利申请现状，规避专利风险，并全面保护技术研发成果。

（三）开拓专利工作新模式，提升挖掘布局水平

对于挖掘与布局工作的开展，知识产权从业人员需要提升创新能力，培养前瞻性思维，要从相关主体面临的实际问题角度出发，做好专利与技术需求的衔接。从专利检索、专利分析、专利挖掘、专利布局等多个方面，给予相关主体切实可行的指导性建议和布局成果物，从而对其创新成果进行全面保护，提升其无形资产质量，发挥知识产权核心竞争力。

---

[1]　参见《关于推动科研组织知识产权高质量发展的指导意见》（国知发运字［2021］7号）。

新就业形态劳动者权利保护研究

郭 雨*

（中国政法大学 北京 100088）

摘 要：随着科技的进步和互联网的普及，新就业形态（如远程工作、平台就业等）快速发展，为劳动者提供了更多就业机会和灵活性。然而，这些新兴就业形势也给传统劳动法律关系、劳动者权益保障等方面带来了挑战。本文首先对新就业形态劳动者权利保护的现状进行了分析，并提出了完善新就业形态劳动者权利保护的立法、完善新就业形态下劳动者社会保障体系、完善相关司法制度降低劳动者维权难度等对策。

关键词：新就业形态 劳动者权利保护 维权

引 言

党的二十大的报告明确指出要落实"落实就业优先""强化灵活就业、保障新形式劳动者合法权益"。随着人工智能、大数据等新兴科技的迅猛发展与商务转型，"互联网+"等新就业形态应运而生，如自媒体、网约车、外卖、居家办公和互联网教育等新业态也逐渐进入人们的视线。就业没有门槛，没有工作单位、工作时间限制以及工资发放规定等，这类就业的就业风险较大，引起了广泛的重视。

---

* 作者简介：郭雨（1994 年—），女，汉族，江苏宝应人，中国政法大学同等学力研修班 2023 级学员。研究方向：民商法学。

一、新就业形态劳动者权利保护的现状

新就业形态劳动者的用工形态多样，包括建立劳动关系的直接用工、劳动派遣用工、劳务外包用工、众包型用工（平台用工）等。[1] 这导致了对新就业形态劳动者权利保护的需求和方式也呈现出多样性，而且新就业形态的工作形式、工作内容、工作时间等都有较大的灵活性，劳动者的权利保护需要考虑到更多的因素，如工作时间的界定、劳动报酬的计算、社会保险的缴纳等。为了支持和规范新就业形态的良性发展，切实维护新就业形态劳动者的各项权益，人力资源社会保障部会同国家发展改革委等多个部委共同发布《人力资源社会保障部、国家发展改革委、交通运输部等关于维护新就业形态劳动者劳动保障权益的指导意见》，以支撑和监管新业态发展，有效保护新业态劳动者的合法权益。该意见明确规定了新业态劳动者的劳动报酬、合理休息、社会保险、劳动安全等权益的相关内容。[2] 用人单位应当与劳动者签订劳动合同；如果劳动者不能充分建立劳动关系，用人单位则要加以引导，利用劳动合同合理界定用人单位和劳动者的权力和责任。最近几年，一些涉及新就业形态劳动者权益保护的案例逐渐增多。这些案例不仅提高了社会对新就业形态劳动者权益保护的关注度，也为相关法律法规的完善提供了实践经验。但在新业态出现后，我国尚未制定完善的劳动者权益保护法律法规，在劳动者的权利受到侵害时，依然遵循的是原先的劳动法，导致仍有很多劳动者的权利得不到充分保护。

二、新就业形态劳动者权利保护存在的问题

（一）新就业形态劳动者权利保护的立法不完善

随着平台经济的快速发展，现有的法律法规无法完全适应新就业形态发展的需要，对于新就业形态用工产生的新法律问题，在规范和处理时依据仍然不足。根据目前的《劳动法》，《劳动法》保护的对象主要是该法所规定的劳动者，通常是与用人单位订立了劳动合同并确立了劳动关系或具有实际劳

---

〔1〕 孟琦：《完善新就业形态的法律保障》，载《人民论坛》2020 年第 30 期。

〔2〕 徐新鹏、袁文全：《新就业形态下灵活就业群体劳动权益保障研究》，载《中州学刊》2023 年第 1 期。

务关系的职工。但大部分新业态的劳动者，如灵活就业、平台就业等，更多地被界定为劳务关系而非劳动关系，因而无法受到《劳动合同法》的规制与保护。[1]由于新形态的企业在用工主体、工作时间、工作方式、劳动报酬等方面有了更多的弹性，在外卖、快递、网约车等平台公司中，大部分职工都是由于计件制薪酬标准偏低而不得不增加工作时间，很多网约车司机平均每天的工作时间都在 10 小时以上。虽然"996"制度已被立法明文规定为非法，但仍广泛出现在网络等新兴经济领域，对促进科技进步和创新发展起到了积极的促进作用，但却侵害了劳动者的休息权、健康权、报酬权等权利。[2]当前，法律法规对于新就业形态劳动者的保护还不够完善，存在法律政策缺位的问题。

（二）新就业形态下劳动者社会保障不足

根据国家总工会发布的统计：2022 年，包含新业态等各类灵活就业人员已突破 2 亿，但参保人员只有 4853 万，参保比例低于 24%。其中，社保覆盖率高于医保 50%。由此粗略估计，其中包含新就业形态劳动者的参保比例约为 36%，而没有参加保险的约有 70%。原因在于，除了平台通过新业态下的工作特点来逃避为新就业形态下的员工缴纳社会保险的义务外，更多的是以灵活就业群体为主体的高缴费基础。在政府的正面指导下，一些新业态的企业也推出了类似于"工伤认定"的职业伤害保险。曾有调查发现，此类商业保险的使用面相对狭窄，当前主要用于即时配送服务业，并且一般仅对配送员残疾或死亡给予赔付，因此当出现一般的交通意外或者轻伤时，配送员和快递员为了尽快完成任务，避免受到平台惩罚，往往会选择私底下协商，无法彻底缓解由平台经济的"去雇佣"导致的新就业形态劳动者的职业伤害风险保障难题。

（三）新就业形态劳动者司法保护存在困难

新就业形态工作方式多样灵活，导致传统的劳动关系认定标准难以适用。新业态劳动者与用工单位关系复杂，大多借助平台进行，双方不直接接触，没有明确的身份归属关系，这增加了劳动关系认定的难度。再加上新就业形

---

〔1〕 王从容：《和谐社会视角下的劳动者权利保护问题探析——以〈劳动合同法（草案）〉为例》，载《中州学刊》2007 年第 2 期。

〔2〕 弭晶：《"共享经济"时代非典型劳动者权益保护研究》，载《学习与实践》2020 年第 7 期。

态的特殊性，劳动纠纷的调查取证往往面临困难。例如，线上工作的记录、电子证据等难以收集，给事实认定带来了挑战。针对新就业形态劳动者的法律援助服务仍然不足，使得劳动者在维权过程中难以获得有效的法律帮助。此外，新就业形态劳动者普遍议价能力较弱，难以影响任务单价与平台抽成比例，导致劳动者在面临权益侵害时，往往无法通过协商等方式解决问题，只能依赖司法途径进行维权。

三、新就业形态劳动者权利保护的对策

（一）完善新就业形态劳动者权利保护的立法

一是在制定相关法律法规时，应将新型劳动关系列入本地法律，提高其可执行性。二是整合多方资源，促进全国范围内相关劳动关系立法规章的不断改进和修正。关于工伤保障，对平台公司和员工间的特定法律关系实施分级保护。需要注意的是，对于灵活就业劳动者而言，参保缴费年限很少会超过 1 年，可适当降低失业保险金申领年限要求。[1]另外，还要基于所在行业、地域和自身特殊情况等因素，对劳动者进行灵活给付、人性化给付。

（二）完善新就业形态下劳动者社会保障体系

一是推动新型就业模式下的平台企业完善计件单价、提成比例、薪酬构成、支付方式和奖惩机制，使平台企业难以利用算法压榨新就业形态下的劳动者，为就业形态下的劳动者带来更多收入。[2]二是促进新就业形态下平台企业对其算法进行优化，降低快递员、外卖员等物流配送员的负担，在快速、高效和高利润率的基础上，保护他们的基础权利。[3]三是要深入贯彻"十四五"计划关于完善多层次社保制度、增加参保人数等方面的内容，并针对就业形态劳动者对社保的迫切需要，按"工伤-医疗-养老-失业"的次序，逐渐纳入参保范围，逐渐减少企业社保的盲点与空白。[4]四是提升新就业形态从业人员的社会保险缴纳水平，持续完善其缴纳费率和缴纳方法，增加进入

---

〔1〕 吴清军：《加强新就业形态劳动者权益保障》，载《人民论坛》2023 年第 10 期。

〔2〕 余晓龙、查璎娟：《新就业形态下平台用工的内在逻辑与治理规则优化》，载《山东警察学院学报》2023 年第 4 期。

〔3〕 毛艾琳：《新就业形态劳动者权益保障问题研究——基于平台责任的理论思考》，载《长白学刊》2022 年第 1 期。

〔4〕 王甫希、习怡衡：《新就业形态劳动者的法律保障》，载《中国人民大学学报》2020 年第 5 期。

劳动市场时间较短、收入尚未稳定的新就业形态从业劳动者的参保意愿和积极性，并充分发挥电子政务服务平台的作用，畅通网上办理社保渠道，为新就业形态从业劳动者线上办理社保提供便利。

（三）完善相关司法制度降低劳动者维权难度

在司法制度中，应加强对新就业形态劳动者权益的保护。一是要加强裁审衔接，统一裁审尺度；探索建立信息化和智能化协同机制，使整个流程达到无缝式衔接。二是要适度提高诉讼成本、减轻诉讼负担、合理分配司法资源。[1]三是要通过多种方式来确定有关的审判准则，对仲裁和审判程序进行进一步简化，并建立相应的司法文件范本。四是要加强与执法部门的合作，促进社会保障支付等方面的信息共享，提高司法办案中的证据支撑能力，降低工人的举证难度，促进行政机构履行职责，提高对违法犯罪行为的处罚，提高平台违法成本。为保证审判工作的正常开展，必须在法律上规定新业态劳动者的权利保护条款，规定他们应该享受的权利和福利，比如最低工资、工作时间、休息休假、社会保险等。

结 论

新就业形态劳动者的权利保护是个复杂而紧迫的问题。随着新就业形态的不断发展，劳动者的权益保护需求也日益凸显。本文研究发现，新就业形态劳动者在权利保护方面面临着诸多困境，比如立法不完善、社会保障体系不足、司法保护存在困难等，需要采取措施，包括完善新就业形态劳动者权利保护的立法、完善新就业形态下的劳动者社会保障体系、完善相关司法制度降低劳动者维权难度等，从而保障新就业形态劳动者的合法权益。

---

[1] 刘蓉：《新就业形态劳动保障法制化实践与探索》，载《兰州学刊》2023年第9期。

涉外劳务派遣用工的法律规制完善

倪晓薇*

（中国政法大学 北京 100088）

摘　要：随着全球化的深入发展，涉外用工关系日益成为国际经济合作的重要组成部分。劳务派遣作为一种灵活的用工方式，在涉外用工关系中发挥着越来越重要的作用。然而，我国劳务派遣在涉外用工关系中的适用问题逐渐凸显，亟待解决。本文旨在探讨劳务派遣在我国涉外用工关系中的适用问题，并提出相应的法律完善建议。

关键词：劳务派遣　涉外用工关系　劳动法

近年来，随着"一带一路"倡议的推进，我国企业在海外投资、承包工程等领域的活动日益增多，[1] 涉外用工需求随之增加。与此同时，外国人在中国境内的劳务活动也与日俱增。[2]劳务派遣作为一种灵活的用工方式，在一定程度上满足了涉外用工的需求。然而，由于劳务派遣在涉外用工关系中的特殊性，其法律适用问题仍然面临诸多挑战。

一、涉外劳务派遣用工的适用现状

劳务派遣作为一种灵活多变的用工形式，在涉外用工关系中发挥着日益

---

*　作者简介：倪晓薇（1989年—　），女，汉族，上海人，中国政法大学同等学力研修班2023级学员。研究方向：社会法学。

〔1〕　张鑫：《"一带一路"跨境次区域跨境劳务合作模式与路径》，载《现代经济探讨》2019年第1期。

〔2〕　国际劳工局和国际移民组织：《中国吸引国际技术人才的政策与实践比较研究报告》，载 https://publications. iom. int/system/files/pdf/attracting_ skilled_ ch. pdf，最后访问日期：2024年7月24日。

重要的作用。随着我国企业"走出去"步伐的加快，越来越多的企业开始采用劳务派遣的方式，以满足其在国际市场上的用工需求。根据商务部数据中心的统计：截至 2024 年 3 月底，我国对外劳务合作派出总人数为 9.7 万人，比去年同期增加了 1.7 万人。随着国际经济合作的进一步加强和我国劳动力市场的不断完善，涉外劳务派遣有望在未来继续保持强劲的发展势头。

从普及程序与特点来看，劳务派遣在涉外用工中的应用已相当广泛，这是全球化进程、劳动力资源优势、政府推动以及劳动者个人意愿等多种因素共同作用的结果。[1]其积极影响主要体现在以下几个方面：一是提高了用工效率。劳务派遣机构通常具有丰富的人才资源和专业的筛选、培训能力，可以为企业提供更加符合项目需求的高素质员工。二是降低了用工成本。通过劳务派遣的方式，企业可以避免在海外市场设立分支机构或招聘大量全职员工的成本投入，从而实现对成本的有效控制。三是规避了用工风险。在国际市场中，由于法律、文化等差异的存在，用工风险相对较高。通过劳务派遣的方式，企业可以将部分用工风险转移给劳务派遣机构，从而降低自身的风险承担。

二、涉外劳务派遣用工所面临的挑战

尽管劳务派遣已然成为我国对外经济合作的重要组成部分，但也存在一些问题和挑战需要解决。主要体现在以下几个方面：

（一）劳务派遣的法律定位不明确

不同国家对劳务派遣的法律规制不同，导致在实际操作中存在诸多不确定性。涉外用工关系涉及不同国家的法律制度和文化背景，使劳务派遣的法律定位问题更加复杂。

从我国现行法律法规来看，《劳动合同法》及其相关条例对劳务派遣作出了一定的规范，但相对简单和宽松，[2]并未明确界定其法律地位。这导致在实际操作中，劳务派遣单位、用工单位以及劳动者之间的权益关系难以明确界定，容易产生纠纷。

---

〔1〕《中国对外劳务合作发展报告 2019-2020》，载 http://m. mofcom. gov. cn/article/i/jyjl/e/2021 01/20210103032641. shtml，最后访问日期：2024 年 7 月 24 日。

〔2〕王美艳：《对〈劳动合同法〉执行状况的再考察》，载《中国发展观察》2018 年第 19 期。

目前，我国尚未有专门针对涉外劳务派遣的法律法规，因此在处理此类纠纷时，往往难以确定其法律属性和适用的法律。在实务操作中，关于涉外劳务派遣的法律适用存在两种情况。一种情况是强行性法律规范。例如，《涉外民事关系法律适用法》第 8 条规定："涉外民事关系的定性，适用法院地法律。"即"当事人不能通过约定排除适用、无须通过冲突规范指引而直接适用于涉外民事关系的法律、行政法规的规定"。[1]另一种情况是选择性法律规范，允许当事人通过约定来选择适用法律，或在当事人没有约定的情况下，法官根据"最密切联系原则"选择适用。在目前的司法实践中，对涉外用工法律适用问题仍有争议，但在整体上，法院侧重于保护中国劳动者和中国企业，因此适用工作地法律在我国成为主流。[2]然而，现存的不确定性往往会使得当事人在面临争议时难以找到明确的法律依据。

（二）劳动者权益保障不足

劳务派遣中的劳动者往往处于弱势地位，其权益容易受到侵害。劳务派遣公司作为用人单位，在涉外劳务派遣关系中拥有较强的议价能力和话语权，劳动者往往只能被动接受劳务派遣公司提供的条件和待遇，缺乏足够的谈判能力和议价空间。[3]这种不平衡的权力关系使得劳动者在面临不公正待遇时，难以通过谈判或协商解决问题。

而法律救济机制的不完善更是使得劳动者维权困难。在一些情况下，尽管法律规定了对劳动者权益的保护，但由于执行力度不够、监管不到位等问题，导致他们的权益无法得到及时有效的保障。此外，由于不同国家的法律体系和司法制度存在差异，劳动者可能需要跨越国界寻求法律救济，这不仅增加了维权成本，还可能面临语言、文化、法律等方面的障碍。

（三）劳务派遣单位与用工单位责任界定模糊

在涉外用工关系中，劳务派遣单位与用工单位之间的责任界定往往不够明确，导致在出现纠纷时难以确定责任主体。

---

〔1〕《最高人民法院关于适用〈中华人民共和国涉外民事关系法律适用法〉若干问题的解释（一）》第 8 条。

〔2〕 罗艾、汤晓静：《跨境用工安排，适用中国法还是外国法？——涉外用工关系之境内法律适用简析》，载 http://www.cqlsw.net/business/theory/2023110641938.html，最后访问日期：2024 年 7 月 24 日。

〔3〕 阿梅娜·阿布力米提、阿孜古丽·莫依丁：《"一带一路"倡议背景下我国跨境劳动者权益保障的困境与对策》，载《现代商业》2020 年第 4 期。

在我国，涉外劳务派遣中的劳务派遣单位和用工单位之间的责任界定仍存在模糊地带。这主要体现在：其一，涉外劳务派遣涉及的法律关系更为复杂，包括国内法与国际法的交叉适用问题。因此，在界定责任时需要综合考虑不同法律体系的规定，增加了责任界定的难度。其二，我国目前的法律制度对于涉外劳务派遣的专门规定尚不完善，缺乏针对涉外劳务派遣的专门性法规或规章，导致在实际操作中难以准确界定责任。

此外，劳务派遣单位和用工单位在涉外劳务派遣中可能存在利益不一致的情况，如果缺乏明确的法律规定和解释，双方可能会相互推诿责任，导致劳动者的权益无法得到保障。

（四）国际法律冲突的解决机制缺乏

涉外用工关系涉及不同国家的法律制度，劳务派遣在其中往往会面临国际法律冲突的问题。一方面，我国尚未建立起完善的国际法律冲突解决机制。虽然我国已经加入了一些国际劳工组织并签署了一些国际劳工公约，但在实际操作中，如何将这些国际法律规范与国内法律制度相结合，以有效解决涉外劳务派遣中的法律冲突，仍是一个需要深入探讨的问题。另一方面，我国在涉外劳务派遣方面的国际合作还有待加强。虽然我国已经与一些国家签订了双边或多边劳务合作协议，但在实际操作中，如何加强这些协议的执行力度，确保劳动者的权益得到保障，也是一个挑战。

三、涉外劳务派遣用工的法律完善建议

针对劳务派遣在涉外用工关系中的适用问题，本文提出以下解决思路：

（一）完善国内劳务派遣法律制度

在我国现行的相关法律法规的基础上，可以进一步明确劳务派遣的法律地位，清晰界定其适用范围。特别是随着涉外劳务派遣活动的日益普遍，制定专门的规定以应对其特殊性和复杂性显得越来越有必要。

在对涉外劳务派遣的法律适用方面，可以采取更加灵活的态度，在不违反我国劳动法强行性规定的基础上，有条件地适用外国的劳动法，以此来保护劳动者的合法权益，这也符合我国的人才引进政策。[1]

---

〔1〕 董勤：《涉外劳动争议中劳动法适用问题》，载《江淮论坛》2005 年第 3 期。

（二）加强劳动者权益保障

针对劳务派遣劳动者的权益保护机制，可以借鉴国外先进机制，完善劳动监察、法律援助等方面的规范。建立专门的法律援助制度，为涉外劳务派遣劳动者提供法律咨询和代理服务，减轻其维权成本。

在国际层面，通过国际组织或双边、多边协议等方式，可以形成国际社会对劳务派遣中劳动者权益保障的共同标准和原则。通过加强与国际劳工组织的合作，参与制定和推动国际劳务派遣相关法规的完善。

（三）促进国际法律协调与合作

我国应积极参与针对国际劳务合作的谈判和协商，推动制定统一的劳务派遣国际法律规范，加强与其他国家在劳务派遣领域的双边或多边合作，通过签订合作协议、建立信息共享机制等方式共同应对涉外用工关系中的挑战和问题，以此减少不同国家法律制度之间的差异和冲突，为涉外劳务派遣提供更加稳定和可预测的法律环境。

在国际法律冲突方面，探索建立有效的解决机制，如设立专门的国际劳务仲裁机构或法院，为涉外劳务派遣纠纷提供解决途径，确保劳动者和用人单位在面临跨境劳务纠纷时能够得到有效、公正的解决。

四、结论与展望

劳务派遣在我国涉外用工关系中发挥着重要作用，但现行法律制度的不足限制了其作用的发挥。因此，完善劳务派遣法律制度、加强对涉外劳务派遣纠纷的法律适用研究具有重要的现实意义和理论价值。在未来的研究中，可以进一步探讨劳务派遣在国际劳务合作中的应用及其法律问题，借鉴国际先进经验，为我国劳务派遣法律制度的完善提供更多有益的启示和建议。同时，也需要关注劳务派遣行业的新变化和新挑战，及时调整和完善相关政策措施，以适应新的国际经济环境和发展需求。

论劳动法法典化的可能性

许丹青*

（中国政法大学 北京 100087）

摘　要：党中央制定颁布《法治社会建设实施纲要（2020-2025 年）》，提出了进一步"完善社会重要领域立法"的要求。回顾我国劳动法发展脉络，反思劳动法发展过程中出现的"劳动合同短期化""有劳动法典框架但以法律形式颁布而非基本法律"等问题，劳动法是调整劳动关系、解决劳动矛盾的法律规范的总和，是国际公认的法律部门，需要根据中国实际编纂劳动法典。所以，应当审视劳动法发展过程中积累的问题，结合新就业形态的丰富现状，探索劳动法法典化未来的发展方向。

关键词：劳动法　法典编纂　新业态

一、劳动立法发展阶段

（一）21 世纪前劳动法的发展进程

劳动法是随着近代工业化大生产诞生的一个法律领域，其立法理念和大量的结构性制度设计都带有时代的烙印。经济体制改革初期，党的十一届三中全会召开后近十年来，劳动关系一直处于变革与发展之中，劳动法体系不完整，很多领域存在规范空白，劳动法制建设相对落后。1966—1976 年，劳动立法基本上处于停滞状态。1994 年 7 月 5 日第八届全国人民代表大会常务委员会第八次会议通过并颁布《劳动法》，确立了用人单位与劳动者的市场主

---

　* 作者简介：许丹青（1987 年—），女，汉族，云南昆明人，中国政法大学同等学力研修班 2023 级学员。研究方向：社会法学。

体地位，为建立统一、公平的劳动力市场提供了基本原则和法治规则。《劳动法》的颁布标志着中国劳动法制进入了一个新的历史阶段。1994 年《劳动法》缓解了人民对劳动法法典化的迫切需求，但此时我国的劳动法领域依旧存在很多问题。例如，合理性、科学性、滞后性等。在后期实践中，出现了"未签订书面劳动合同，劳动关系无效"等严重侵害劳动者合法权益的行为。

（二）21 世纪后以《劳动法》为基础形成的完整法律渊源体系

2007 年是中国立法史上极为重要的一年。《劳动合同法》得以通过，这是一部规范劳动关系的社会法，价值在于追求劳资双方关系的相互平衡。形成了以《劳动法》《劳动合同法》为中心的劳动法模式。加之《就业促进法》《劳动争议调解仲裁法》也于同年出台，以《劳动法》为基础，逐渐形成了包括劳动法律、劳动法规、劳动司法解释、地方性法规和地方政府规章、国际条约的完整法律渊源体系。

二、制定劳动法典的必要性

截至 2022 年末，我国就业人数已达 7.3 亿，数量庞大的经营主体意味着劳动关系以及与其有密切联系的其他社会关系发生着转变。《劳动法》的地位与作用十分突出，必然要作出相对应的改变，以面对社会实践中涌现出的一系列新情况及新问题。

（一）新时代保障劳动者合法权益所必需

新就业形态已经成为当今中国劳动变革的代名词。人力资源和社会保障部的数据显示：我国的灵活就业规模已达 2 亿人，新型就业形态中劳资矛盾多发，所以制定劳动法典是基于市场经济发展、完善社会主义市场经济法律体系、保护劳动者合法权益、维护劳动关系稳定及劳动法律体系自身发展系统成熟化的需要。

（二）劳动法治化过程进一步推动劳动法法典化进程

我国劳动立法在过往的劳动者保护中扮演着极其重要的角色。习近平总书记在 2020 年中央全面依法治国工作会议上强调，《民法典》为其他领域的立法法典化提供了很好的范例，要总结好、运用好编纂《民法典》的经验，加强对条件成熟立法领域法典编纂工作的研究。回应新时代经济和社会发展带来的新挑战，劳动法律制度有必要进行修改，我国劳动法律制度本身存在基础性法律欠缺、新旧立法冲突、立法风格粗放而分散、规范效力低而执行力弱等问题，因此仅靠"打补丁"式的修法或单行基本法律的制定已经无法满足需求，且修法难度不亚于编纂一部劳动法典。而以法典化方式健全劳动法律法规才是适应经济和社会发展、满足劳动者权利实有化、完善劳动法律体系的必然选择。

编纂劳动法典，可以更好地保护劳动者劳动权益，保障劳动者的工资收入等基本需要，并不断满足劳动者在平等就业、安全健康、休息休假、民主管理、个人信息保护等方面的更高要求，促进高质量充分就业，不断增强广大劳动者的获得感、幸福感、安全感，提高就业带动力，在保障劳动者基本收入的同时提高收入，促进共同富裕。

三、新业态对劳动法制带来的挑战

（一）新业态下用工形式与本质

目前，我国处于经济增长趋势放缓和经济结构深度调整阶段，经济发展从要素驱动、投资驱动转向创新驱动。近年来，平台经济迅速发展，依托互联网平台就业的劳动者数量大幅度增加，新就业形态劳动者队伍也快速增加。根据国家统计局的统计：截止到 2020 年底，平台企业员工数约 631 万人，相关服务提供者约为 8400 万人。平台从业者已经成为劳动者队伍的有生力量，但面对这些劳动者的身份及权益如何来保障，我国现行的劳动法还远没有做好准备。新业态下，变的是用工形式，不变的是工作本质，劳动者保护这一价值取向不应该有变。另外，社会化生产模式没有变，应从整个社会的角度考虑劳动者保护问题。在不变的领域，劳动关系的从属性认定可能没有变化，但用工的外在表现形式呈现出技术化趋势，可能会面临具体的规则解释调整，应当把握好部门间的协同、平台企业的配合度、数据共享等规制的前提性条件。

（二）劳动法典编纂在新业态用工背景下面临的挑战

当前，科技发展迅猛，数字经济日新月异，新就业形态蓬勃发展，劳动关系遭遇了许多新情况、新问题，迫切需要立法作出回应。不同于工业时代，数字时代的劳动法典必须适应数字经济和新就业形态发展的要求，注重法典内容和形式的创新，努力编纂一部回应时代要求的劳动法典。注重法典内容创新。应深入总结劳动关系的发展历程和发展规律，把握劳动关系发展的特点和趋势，创新劳动关系的概念和判定方法，扩大劳动法律的调整范围，优化调整方式，进一步提炼劳动法律的基本原则，明确用人单位和劳动者的基本权利义务。加强对灵活就业人员和新就业形态劳动者的权益保障。适应数字时代要求，加强对劳动者个人信息权等新型权益的保护。关注网络通信等技术在职场中的使用可能带来的劳动者安全健康、休息权等劳动保护问题，不断完善劳动法律的权利体系和权利内容。我国劳动基准立法比较薄弱，应重点完善劳动基准相关内容，工资立法应突出其保障性，工时立法应适应用工多样性的特点，平衡好灵活性和安全性，休假立法应着力提高规则的统一性。努力实现法典形式创新。要创新劳动法调整模式，适应新就业形态用工灵活性的要求，对新就业形态劳动者进行分类处理，加强对劳动者基本权益的保障，切实维护他们在平等就业、工资、工时、劳动安全健康、职业伤害保障等方面的权利，促进新就业形态健康发展。实践中，很多新就业形态劳动者与平台关系属于不完全符合确立劳动关系，有独特的劳动权益需要，单纯适用劳动法或者民法保护都存在缺陷，很多处于空白地带。要破解目前这种新旧僵局，必须顺应新就业形态发展的需要，填补制度空白，采用法典化形式对多个劳动制度进行整合。[1]

结　论

党的二十大报告指出，完善以宪法为核心的中国特色社会主义法律体系。推进科学立法、民主立法、依法立法，统筹立、改、废、释、纂，增强立法系统性、整体性、协同性、时效性。编纂劳动法典是完善劳动者权益保障制度，完善中国特色社会主义法律体系的重要内容，应加快法典编纂步伐。应当看过去、看现在、看未来，审视劳动法发展过程中积累的问题、观察新就业形态的丰富现状、探索制度的未来发展方向。

---

〔1〕　林嘉：《论我国劳动法的法典化》，载《浙江社会科学》2021 年第 12 期。

新《公司法》下董监高个人责任风险研究

张鲁奇*

（中国政法大学 北京 100088）

摘　要：新《公司法》于2024年7月1日起施行，除变化巨大的实缴出资制度之外，公司董事、监事、高级管理人员的履职义务及应当承担的各种责任也有明显的修改，主要集中于明确了忠实勤勉义务，规定了关联关系、竞业限制、财务资助、违法分配利润、违法减少注册资本、催缴股东出资义务、股东抽逃出资、未及时履行清算义务、怠于履行清算责任、执行职务致损等。本文旨在分析新《公司法》下董监高的个人责任风险及防范措施，以期在具体司法解释出台之前对董监高的责任风险有所了解。

关键词：新公司法　董监高　个人责任　忠实勤勉义务

一、新《公司法》关于董监高责任的规定

（一）董监高需对公司承担责任的情形

董监高需对公司承担责任的情形

忠实勤勉义务	第 180 条
违反忠实义务的情形	第 181 条
公司归入权	第 186 条

---

* 作者介绍：张鲁奇（1995年—），男，汉族，山东滨州人，中国政法大学同等学力高等研修班2023级学员。研究方向：民商法。

关联关系损害公司利益	第 22 条、第 182 条
竞业限制	第 184 条
独立履职	第 125 条、第 192 条
财务资助	第 211 条
违法减资	第 226 条
执行职务违法	第 188 条

（二）董监高需对股东承担责任的情形

董监高需对股东承担责任的情形

未依法履职制作保存法律规定的公司文件资料给股东造成损失的	《公司法解释（四）》第 12 条
未及时履行协助办理股权变更登记的职务存在过错的	《公司法解释（三）》第 27 条

（三）董监高需对债权人、第三人承担责任的情形

董监高需对债权人、第三人承担责任的情形

核查股东出资、催缴未按期足额缴纳出资	第 51 条
对股东抽逃出资负有责任	第 53 条
清算义务人未及时履行清算义务	第 232 条
清算组成员怠于履行清算职责	第 23 条
妨害清算行为	第 256 条
执行职务给第三人造成损害的	第 191 条
财务资助	第 211 条
违法减资	第 226 条
执行职务违法	第 188 条

二、董监高赔偿责任缘由分析

首先，新《公司法》对忠实义务和勤勉义务的具体内涵进行了明确的界定，忠实义务系严格的禁止行为，即若非除外规定，董监高不得从事违反忠实义务的禁止性行为，避免损害公司利益，避免自身利益与公司利益产生冲突，不得利用其职权牟取不正当的利益。而勤勉义务的表现则更多地倾向于善意的注意义务，体现于在执行职务时为实现公司的最大利益而尽到其作为管理者以通常标准来判断合理的注意义务。[1] 由此可见，忠实勤勉义务还是有具体区分的，新《公司法》对忠实勤勉义务予以明确界定，甚至在将来的配套司法解释中会有进一步细化，对于董监高以及实际执行公司事务的控股股东、实际控制人来说，承担责任的判断标准可以更加明确，在其执行公司事务时应当予以注意。对董监高赔偿责任的具体缘由分析如下：

（一）存在关联关系

新《公司法》新增了董监高与公司存在潜在的利益冲突时需要履行报告义务，并将董事会作为履行审查同意义务的主体，新增了禁止谋取公司商业机会的但书情形，并完善了存在利益冲突时的表决机制。

实践中，关联关系问题的主要表现形式为不公允的关联交易。目前，公司法解释规定了关联交易不仅应满足程序合法的要求，还应当满足实质公平的要求。新《公司法》在要求关联交易实质公平的基础上，进一步加强了董监高应对关联交易履行报告义务的程序要求。但其并未明确报告的具体内容，需待进一步细化。需要注意的是，关联交易损害公司利益实质上属于侵权行为的范畴，需符合侵权的构成要件。

（二）实施财务资助

禁止实施财务资助行为系本次新《公司法》的新增内容之一，规定除实施员工持股计划外，公司不得为他人取得本公司或者其母公司的股份提供赠与、借款、担保以及其他财务资助行为。但也有除外规定，在基于公司利益的前提下，经法定表决程序在一定范围内可以进行财务资助。董监高存在违反法律规定实施财务资助的行为，给公司造成损失的，应当承担赔偿责任。

需要注意的是，对于实践中大量存在的"对赌协议"中存在的目标公司

---

[1] 周亚丽、严武洲：《新公司法加固董监高责任围栏》，载《法人》2024 年第 4 期。

为股东在某些条件成就时应当履行的回购义务承担连带责任保证担保的约定，是否属于财务资助的范畴，是否属于公司为他人取得本公司股份提供担保的情形，仍需进一步明确。

（三）违法分配利润、减少注册资本

新《公司法》规定，对违法分配利润的股东以及负有责任的董监高，给公司造成损失的，应当承担赔偿责任。违法分配利润的情形主要包括：未经股东会审议通过、违反法定、章程规定、全体股东约定的分配方式进行分配、未依法纳税补亏等等。相对于股东来说，违法分配利润如果要求董监高承担赔偿责任，需要满足一个条件，即其对此"负有责任"，终究还是要归结于其是否履行了忠实勤勉义务。

新《公司法》规定，违法减少注册资本的，股东应退还其收到的资金，减免出资的应恢复原状，给公司造成损失的，股东及负有责任董监高应当承担赔偿责任。在新《公司法》实缴出资制度出台的背景下，违法减资的责任规定具有了更重要的现实意义。

（四）未履行催缴出资义务、协助股东抽逃出资

新《公司法》新增了有限责任公司董事会对于股东出资的催缴义务，并规定未履行义务的董事给公司造成损失的，应当承担赔偿责任。此条规定也是在新《公司法》实缴出资制度出台的背景下新增细化的条款，明确了对于未按期足额缴纳公司章程规定出资的股东，应当由公司向该股东发出书面催缴书，催缴其出资。落实了董事会维护公司资本充实的义务。但目前尚未对催缴的时间作出限制，仍有待于司法解释予以进一步细化。同时需注意，可能承担该责任的仅限于董事，监事及高级管理人员不包含在内。

新《公司法》规定，股东抽逃出资的，应当返还抽逃的出资，给公司造成损失的，负有责任的董监高应当与该股东承担连带赔偿责任。[1]对于董监高来讲，新《公司法》将原有的表述"协助抽逃"变更为"负有责任"，显然扩大了董监高承担责任的情形，若董监高未忠实勤勉履行义务，即可能被认定为对抽逃出资负有责任。

（五）未及时履行清算义务、怠于履行清算职责

新《公司法》明确了董事为清算义务人，同步明确了清算义务人未及时

---

[1] 邹海林：《〈公司法〉修订的制度创新：回顾与展望——以〈公司法〉修订草案二次审议稿为蓝本》，载《法律适用》2023年第8期。

履行清算义务给公司或者债权人造成损失的应当承担赔偿责任。对于怠于履行清算责任的问题，与未及时履行清算义务存在不同，怠于履行的责任主体为清算组成员，清算组成员不局限为公司董事，公司董事也不必然为清算组成员；承担责任的标准也不同，清算义务人造成损失即需承担责任，清算组成员只有因故意或重大过失造成损失才需承担赔偿责任。

（六）执行职务时造成他人损害的赔偿责任

新《公司法》规定，董事、高级管理人员在执行职务时，若给他人造成损害，公司应当承担赔偿责任；董事、高级管理人员存在故意或者重大过失的，也应当承担赔偿责任。此条款有助于加强董事、高级管理人员的忠实勤勉义务，有助于保护交易对手。此条款中的"他人"主要是指公司债权人，"执行职务行为"主要是指董事、高级管理人员职务范围内的行为以公司法人身体具象化之后的侵害行为，如果是以其自然人身份作出的侵权行为则不应适用本条款。

三、对于董监高责任的防范建议

对于新《公司法》中董监高个人责任风险的防范，显然要以严格履行忠实义务及勤勉义务为原则。其一，对于关联关系问题，董监高在直接或间接与公司发生关联交易或类似行为时，需及时履行报告义务，严格保障实质公平。其二，对于财务资助问题，董监高需关注资助对象和资助目的是否符合法定要求，同时需注意对赌协议中的保证责任问题。其三，对于分配利润问题，在利润分配时，董监高需特别关注分配方案是否符合法律规定、章程约定或者全体股东约定，是否严格履行审批决议程序，是否依法纳税补亏等。其四，对于违法减资问题，需董监高履职尽责，规范减资流程，严格履行内部决议程序，编制资产负债表，通知已知债权人进行减资公告等。其五，对于抽逃出资、催缴出资问题，董监高需在履行职务过程中须严格遵守忠实勤勉原则，防止股东抽逃出资，对于可能的抽逃出资行为须履行管理限制义务，不能放任不管。同时，董事会应积极核查股东出资情况，以公司名义向未按期足额缴纳出资的股东发出催缴通知，履行催缴义务。其六，对于清算相关问题，董事作为清算义务人，在清算情形发生时，应在法定时间限制内组成清算组进行清算；清算组成员应严格依法依规履行清算义务，积极推进清算工作进行。其七，对于执行职务致损问题，董事及高级管理人员在履行公司职务行为时，需审慎考量该行为是否存在对公司债权人等第三人造成侵害的可能，即需依法依规履职经营。

结 论

新《公司法》对于公司董事、监事、高级管理人员履职过程中的忠实义务、勤勉义务作出了明确界定，显然给董事、监事、高级管理人员提出了更高的要求，作出了更严格的限制。作为公司董监高，在下一步的履职过程中，须严格遵守忠实勤勉履行义务的原则，并且按照新《公司法》的相关规定，在履行具体职务事项时，注意依法依规进行。同时，需积极关注司法解释以及相关行政监督管理部门的具体细化规定，进一步细化履职规范。

环境公益诉讼中的原告资格多元化探究

张晓文*

（中国政法大学 北京 100088）

摘　要： 随着工业化和城市化的快速发展，环境问题日益凸显。在此背景下，环境公益诉讼作为一种有效的法律手段，旨在通过司法途径维护公共利益。围绕原告资格问题，学界与实务界近年来在环境公益诉讼方面进行了一系列有益的探索和实践。然而，我国在环境公益诉讼原告资格方面仍存在诸多问题和挑战。本文旨在通过对环境公益诉讼中原告资格多元化的深入探究，从环境公益诉讼现状入手，结合理论基础及实践探索、分析其面临的挑战，并尝试构建相应的法律路径。通过本文的研究，以期能够为推动我国环境保护事业的发展贡献一份力量。

关键词： 环境公益诉讼　原告资格　环境保护法

一、环境公益诉讼原告资格的现状分析

近年来，生态保护问题愈发受到重视，在法律上也有相应体现，我国于2014年4月24日公布《环境保护法》，通过专门立法加强对环境保护问题的处理。此法第58条便对环境公益诉讼进行了相应规定。

（一）专门法领域

目前，我国现行法律以专门法的形式明确针对环境公益诉讼原告资格进行规定的，仅有2014年《环境保护法》第58条和此部法律对应的《最高人

　＊ 作者简介：张晓文（1993年—），女，汉族，广东汕头人，中国政法大学同等学力研修班2023级学员。研究方向：社会法学。

民法院关于审理环境民事公益诉讼案件适用法律若干问题的解释》第 2~5 条。这两部规定所指向的环境公益诉讼原告都只聚焦于社会组织。

（二）诉讼法领域

环境公益诉讼主要发生在民事领域和行政公益诉讼领域。在民事领域，《民事诉讼法》第 58 条规定，对于污染环境等损害社会公共利益的行为，法律规定的机关和有关组织可以向人民法院提起诉讼，但是没有明确定义符合哪些条件方可具有起诉资格。第 2 款则赋予了人民检察院原告资格，并且是在有关机关和组织不提起诉讼的情况下，可以向人民法院提起诉讼。

从更为广泛的公益诉讼角度，《民事诉讼法》第 15 条赋予了机关、社会团体和企事业单位在涉及国家、集体或个人民事权益方面参加诉讼的法律依据，可以支持受损害的单位或个人提起诉讼，但是并没有明确赋予其原告资格。

在赋予公权力机关原告资格问题上，除了上述的《民事诉讼法》第 58 条第 2 款，还有《行政诉讼法》第 25 条第 4 款，均赋予了人民检察院对不依法履行职责的有关行政机关提出检察建议的权利，并且具有向人民法院提起诉讼的权利。

综上，我国现有关于环境公益诉讼原告资格的规定，分为私权利主体和公权力主体。私权利主体以有无利害关系区分，仅有社会组织能在无利害关系的情况下作为原告向法院提起环境公益诉讼。公权力主体则为行政机关及人民检察院，两者的区别在于行政机关只对本单位负有监督管理职责的领域具有公益诉讼原告资格。而人民检察院虽没有领域的限制，但更多是体现为补充功能，在缺乏明确的原告资格规定或原告消极对待时进行补位。

二、现有环境公益诉讼原告资格制度的不足

根据最高人民法院《中国环境资源审判》公告的信息来看，2017 年到 2021 年全国环境公益诉讼案件的数量呈现增长态势，5 年间立案数量增幅为 433%。但是与同期的环境纠纷总立案数量相比，所占比例依然很低，[1]这也在一定程度上反映了环境公益诉讼在实践操作中困难重重。虽然我国现有法律体系对于环境公益诉讼有相关的法律法规，但是在实践中仍然面临不少问题。

---

[1] 葛迪等：《环境公益诉讼立案难及其纾解》，载《中国检察官》2023 年第 23 期。

（一）公权力主导

现有的环境公益诉讼更多是将原告资格赋予公权力机关，《民事诉讼法》第58条第2款以及《行政诉讼法》第25条第4款均规定人民检察院可以向人民法院提起诉讼。在司法实践中，也是检察院作为原告提起环境公益诉讼居多。检察院作为原告虽然能够就维护社会公共利益发挥一定的监督作用，但公权力主体作为原告则存在一些弊端。首先，检察机关作为环境公益诉讼的原告，存在破坏法律监督中立性的问题。在我国，检察机关负有监督的职权，当其作为原告参与了环境公益诉讼时，则既是原告又是监督者，存在相互矛盾的立场，[1]是否能做到同时兼顾两种身份，很难保证。其次，"检察机关作为国家机关，天然地会更多考虑国家利益，而在某些情况下，国家利益与社会公共利益并不一致"。[2]环境公益诉讼的起诉过多地依赖公权力来进行，可能会导致公共利益在其他利益面前失去通过诉讼途径进行救济的可能性。地方政府可能为了实现经济发展，对环境和自然资源的破坏行为没有进行干预甚至是积极促成。当公权力追求经济利益大于环境公共利益时，当公权力面临经济利益和环境公共利益的权衡问题时，地方政府在追求经济发展水平的考核指标下，多数都会为了经济利益而舍弃一定的环境利益。[3]

（二）民间参与力量薄弱

2012年修订的《民事诉讼法》第55条将环境公益诉讼的原告限定为"法律规定的机关和有关组织"，此表述较为模糊。2014年《环境保护法》第58条则对"有关组织"进行了细化，2015年《最高人民法院关于审理环境民事公益诉讼案件适用法律若干问题的解释》第2条至第5条对"社会组织"进行了更详细的解释，分别从登记级别、成立年限、业务范围、与案件关联性、违法记录等几方面对"社会组织"进行限缩。虽然上述立法对何为"有关组织"作出了更明确的规定，但是从表述来看，实际上是对"社会组织"进行了一次缩小解释，将大部分环保组织予以排除的同时，也将公民排除在外。

---

〔1〕 伊媛媛、王树义：《论中国环境公益诉讼制度之原告选择》，载《河南财经政法大学学报》2012年第5期。

〔2〕 林莉红：《法社会学视野下的中国公益诉讼》，载《学习与探索》2008年第1期。

〔3〕 龚学德：《论行政机关提起环境公益诉讼的弊端》，载《山西财经大学学报》2012年第S5期。

在实践中，法院对社会组织提起环境公益诉讼也存在严格限定的情况，如 2017 年"中国生物多样性保护与绿色发展基金会（以下简称'绿发会'）诉青海珠峰宏源商贸有限公司及青海省国土资源厅案"[1]。绿发会成立于1985 年，并且是由国务院批准设立的全国性公益组织，在其章程及业务范围明确指出是以环境和自然资源保护为主。但是，在该起案件的起诉过程中，青海省玉树藏族自治州中级人民法院以该案不属于环境民事公益诉讼受理范围为由裁定不予受理。

三、国外原告资格多元化的经验借鉴

在法治社会的构建过程中，原告资格的多元化是一个重要的议题。在国际视野下，许多国家已在这条道路上探索出了宝贵的经验，值得我们学习与借鉴。以美国为例，公民诉讼制度被视为美国公益诉讼确定的原告资格的依据，在法律实践中，法院仍会要求起诉人与案件有利益关联，但是基于美国《宪法》中没有比较明确的规定，所以法官在实际案件中对如何界定两者之间的关联、是否符合原告资格具有较大的解释空间。美国最高法院在处理此类问题时，始终坚守一个底线，那便是联邦司法权的边界。法院认为，如果原告不能证明"实际损害"和"利害关系"，原告希望诉诸法院处理的事项就不是一个属于应当由法院处理的事项，而是应当由立法机关或行政机关处理的事项。[2]这种立法处理方式是由美国三权分立的政治体制决定的。

而作为第一个引入公益诉讼制度的国家——印度，在处理环境公益诉讼原告资格的问题上，则更显宽松。印度的环境公益诉讼概念有其自身的特点，任何个人和社会团体都有权提起公益诉讼，而不必证明其与案件有直接的利害关系。[3]在如此宽松的原告资格限定条件下，为了防范可能出现的滥诉现象，法院在面对起诉时会重点审查原告的起诉动机，并且会将起诉人的诚实和善意也纳入审查考量范围。如果原告起诉是为了私人利益、政治目的或基于对被告的嫉妒、仇恨和敌意，或起诉人是一个纯粹的商业机构，则起诉将因

---

〔1〕 参见青海省玉树藏族自治州中级人民法院民事裁定书，[2019] 青 27 民初 6 号。

〔2〕 王曦：《美国最高法院环境判例起诉资格考》，载《清华法学》2021 年第 2 期。

〔3〕 曹明德、王凤远：《美国和印度 ENGO 环境公益诉讼制度及其借鉴意义》，载《河北法学》2009 年第 9 期。

丧失公益诉讼的特质而被法院驳回。[1]

结 论

党的二十大报告明确要求"完善公益诉讼制度",充分彰显了党中央对环境问题的重视。建立环境公益诉讼制度是环境治理的最后一道防线,但我国目前的环境公益诉讼制度还存在较多不足,原告资格作为环境公益诉讼中的基础问题,研究我国环境公益诉讼原告资格的多元化很有必要。本文通过梳理现行关于环境公益诉讼原告资格的相关法律规定,发现现行制度中原告资格存在过度依赖公权力、民间力量参与薄弱等问题。再结合国外相关立法经验,从经济发展程度和公益诉讼制度引入先后两个角度,选取了美国和印度作为分析案例。以期为我国完善公益诉讼原告资格的路径提供有益借鉴。

---

[1] 吴卫星:《环境公益诉讼原告资格比较研究与借鉴——以美国、印度和欧盟为例》,载《江苏行政学院学报》2011年第3期。

抚养费应明确包含必要的兴趣班和补习班费用

赵寅娜*

（中国政法大学 北京 100088）

摘　要： 近年来，随着社会经济发展和婚姻观念的改变，我国的离婚率逐年攀升。夫妻离婚产生纠纷的诉讼案件，也有逐年增多的趋势。夫妻离婚不仅涉及两人的身份与财产关系，还不可避免地牵涉子女抚养问题。夫妻离婚后子女抚养费的支付也是理论和实践中的热点与难点。《民法典》第 1067 条所称"抚养费"，包括子女生活费、教育费、医疗费等费用。法律规定抚养费包括基本的教育费用，但没有规定辅导班等校外培训课程费用是否属于教育费用。我国的教育目标是培养一批德、智、体、美全面发展的社会主义建设者和接班人，必要的学科辅导和有助于孩子综合发展的兴趣班应属于基本的教育费用。完善和明确抚养费支付标准，根据子女不同受教育阶段的实际需求，动态调整抚养费支付项目，方可有效保障未成年子女的受教育权，真正实现儿童利益最大化。

关键词： 抚养费　教育费用　兴趣班　补习班

一、单亲家庭的社会现状

中国妇联 2018 年的统计显示：中国的单亲家庭已经超过了 2000 万户，

---

* 作者简介：赵寅娜（1986 年—　），女，汉族，北京人，中国政法大学同等学力研修班 2023 级学员。研究方向：经济法学。

其中有 70% 为单亲妈妈，而且这个数据还在持续上涨中。[1]易言之，几乎每 200 个家庭就有 7 个单亲妈妈。单亲家庭成为越来越常见的现状后，单亲妈妈得不到社会的关注与有效帮助，也难以得到前任丈夫及时、足够的抚养费，这不仅使得单亲妈妈与单亲子女面临阶段性或长期性的经济压力和心理危机，也将对未婚女性的结婚与生育意愿造成冲击，不利于保护和实现妇女和儿童的权利。

二、单亲子女抚养费的支付现状

(一) 单亲子女的生活现状

在新时代下，当温饱不再成为问题，培养一个全面发展的祖国栋梁已成为全新的育儿目标。现行法律规定，抚养费包含生活费用、教育费用与医疗费用等费用。对于一个未成年人而言，在成长过程中，原本花费最多的就是医疗费用与教育费用。网民戏称新时代育儿中压倒父母的"四座大山"：视力、整牙、身高和鼻炎。可见，对于未成年子女的养育，抚养一方付出的不仅仅是越来越高的经济成本，更是时间、精力。

再具体到教育费用方面，结合时代现状，未成年子女的养育难免会涉及上兴趣班和参加课外辅导班的支出。兴趣在个人发展和成长中扮演着至关重要的角色。兴趣班的重要性不仅体现在对个人学习和职业发展的促进上，还表现在对心理健康和情感满足的积极作用上。对于课外辅导班，虽然教育部整顿校外机构，其目的在于提升教育的公平性和取缔乱象收费，但并没有彻底取消课外辅导班，客观上课外辅导班长期存在并且构成未成年人教育的重要组成部分。学校学习不可避免地会产生学生难以及时消化的知识，这会给学生造成一定的学习障碍。而校外辅导班针对性的辅导可以弥补校内教育的不足。

大部分兴趣班和课外班都伴随着学生的各个教育阶段，存在较强的持续性和连续性，如果因为父母离婚就停止支付单亲子女的兴趣班和课外班费用，无疑也是对儿童利益最大化的损害。

---

[1] 文梅、陈柯宇：《"隐蔽而伟大'的独抚妈妈群体：面临重重困难，需要社会更多的宽容》，载 https://m.chinatimes.net.cn/article/104127.html，最后访问日期：2021 年 1 月 27 日。

（二）主张离异后子女抚养费的案件现状

根据最高人民法院发布的 2023 年人民法院审判执行工作主要数据，[1]离婚纠纷案件仅次于合同借款纠纷，位居民商事案件收案数量第二。在公开平台能够查阅到的全部二审案件中，[2]截至 2023 年 7 月 31 日，共搜集到涉及未成年人的离婚纠纷、抚养费纠纷、变更抚养关系纠纷、探望权纠纷等二审案件 1382 个。其中，离婚纠纷 610 件，抚养费纠纷、变更抚养关系纠纷、探望权纠纷案例共 772 件，占到总案件的 55%。而在抚养费纠纷案件中，23.5%为追索拖欠抚养费，20.9%主张增加抚养费，16.2%要求不直接抚养方支付抚养费，多项诉讼请求的占 8.5%，另有 3.3%主张支付教育、医疗、保险等费用。由此可见，单亲子女抚养费支付纠纷成了不可忽视的社会问题。

（三）抚养费案件同案不同判

司法案例中不乏离异后实际抚养子女的一方请求非抚养方根据子女的实际教育需求，增加支付子女兴趣班与教育培训费的纠纷，法院的判决也各不相同。

例如，在一起案例中，2022 年张女士起诉前夫罗先生支付罗小花参加兴趣班的培训费。[3]二人在离婚后，罗女士通过微信告知罗先生，为提升罗小花的综合素质，陆续为罗小花报名十余个兴趣班，但未获罗先生肯定性答复。法院审理认定，参加兴趣班的费用系超出基本教育的额外教育费用，在罗先生未明确表示愿意负担此费用的情况下，张女士要求罗先生负担此费用的主张无事实及法律依据，最终未获法院支持。而在另一起案例中，2022 年李女士起诉至法院，[4]请求前夫谢先生增加每月应当支付的抚养费，并要求谢先生支付谢某某的教育培训费。依据双方离婚协议书中的约定：双方婚生之子谢某某由女方抚养，男方每月支付抚养费 1500 元，抚养费每年根据情

〔1〕《最高法发布 2023 年人民法院审判执行工作主要数据》，载 https://www.chinacourt.org/article/detail/2024/03/id/7838921.shtml，最后访问日期：2024 年 3 月 9 日。

〔2〕北京青年报官方账号："北京青少年法律援助与研究中心梳理千余份涉未成年人家事纠纷：涉案未成年人平均年龄仅 8 岁 抚养费难满足实际需求"，载北青 Qnew 官方公众号，2024 年 1 月 12 日。

〔3〕刘洋、伍柯聿、王玉国：《离婚后，孩子的兴趣班费用可否纳入抚养费中分摊？重庆三中院：超出基本教育的额外教育费用不应纳入抚养费范畴》，载 https://www.chinacourt.org/article/detail/2022/08/id/6834706.shtml，最后访问日期：2022 年 8 月 5 日。

〔4〕石鑫、王旭东：《【以案释法】离婚后，孩子的兴趣班费用可否纳入抚养费中分摊?》，载 http://qxnzy.guizhoucourt.gov.cn/alyj/261702.jhtml，最后访问日期：2023 年 6 月 10 日。

况酌情增加，谢某某在学习、医疗等各方面的开支双方共同承担。法院裁判，关于子女生活费和教育费的协议或判决，不妨碍子女在必要时向父母任何一方提出超过协议或判决原定数额的合理要求。谢某某长期参加辅导班，谢某在婚姻关系存续期间对此予以同意，离婚后知情但未明确表示反对。目前也缺乏证据证明围棋班与谢某兴趣不符，并不属于过分的报班情形，因而依法应予支持。经法院主持调解，谢某同意支付谢某某所参加培训班的50%的培训费用。

我国作为《联合国儿童权利公约》第105个签署国家，在贯彻"儿童利益最大化"原则时，在司法实践中认定的教育费用的范围主要是高中、初中和小学的教育费用，包括学费、书本费及孩子必须接受的教育项目的相关支出。超出基本教育的额外教育费用，如补习班、兴趣班的费用及择校费等，往往不被计算在教育费的范畴，由未成年人父母协商确定。在上述两起案件中，由于没有关于夫妻离异后子女教育费用支付的统一标准，在实际审理中，容易出现类案不同判的问题，不利于实现儿童利益最大化，也对我国司法统一和权威造成了负面影响。未成年子女虽是家庭成员，但在关系到自己切身利益时，法律却没有赋予他们独立主体的地位，导致他们成了失语者，父母对其正当合法权利未做到全面保护，立法和司法也难以对其权利受损进行适时救济。

三、对解决离异后子女抚养费纠纷的立法及司法建议

一直以来，我国对不履行支付抚养费义务者的制裁措施都比较弱，虽也有考虑父母实际负担能力的因素，却也给非抚养方逃避支付合理必要的抚养费以漏洞可钻。[1]法律只规定了在一般情况下未成年子女的生活教育费给付问题，而对父母离婚后，因突发事变又如何解决抚育费的问题、何为"必要"的教育支出，法律却无明确规定和司法解释。针对上述问题，本文提出以下建议：

第一，我国应当借鉴域外先进经验，通过立法明确抚养费计算指南，设

---

［1］ 北京市高级人民法院民一庭《关于审理婚姻纠纷案件若干疑难问题的参考意见》第10条第1款规定："抚养费包括必要生活费、教育费、医疗费等费用，应主要根据当地实际生活水平和子女实际需要确定，也应当考虑父母实际负担能力。"

立专门收取抚养费的机构。在判决夫妻离婚时，要求从夫妻共同财产中分出一部分作为抚养子女的保证基金，由第三方或公证机构进行保管。[1]

第二，对于以失业无收入为由逃避支付抚养费的，根据当事人的实际工作收入再考虑生活支出等因素后，综合确定基础收入，判定给付子女抚养费。[2]

第三，明确将必要的兴趣班与补习班费用列入教育费用，以适应社会发展和子女教育的实际变化，全面、充分保障单亲子女的身心健康成长，缓解单亲父母的经济压力。

第四，设立独立的抚养费审理程序，区别于民事纠纷中的家事纠纷。这将对未成年子女的成长和生活问题，以及社会的稳定起到保障作用。

结　语

抚养子女是父母应尽的义务，是为人之本，只有在法律上完善和明确抚养费中教育费用的支付，才能督促非抚养方及时、合理地支付抚养费，有效保障未成年子女受教育权，确保子女能够达到与父母共同生活时的生活标准，真正落实儿童利益最大化。

---

〔1〕 陶建国：《美国夫妻离婚后未成年子女抚养费制度及其启示》，载《理论月刊》2016 年第 3 期。

〔2〕 陶建国：《美国夫妻离婚后未成年子女抚养费制度及其启示》，载《理论月刊》2016 年第 3 期。

数据交易合同安全保障条款研究

周 丹*

（中国政法大学 北京 100088）

摘　要：数据交易合同是构建数据市场规则、促进数据要素市场化配置的重要工具，对提升数据资源配置效率、激发数据要素潜能、推动经济社会发展具有深远影响。数据交易合同的安全保障条款对于确保数据交易的安全、合规和有效而言至关重要，未来应持续关注数据交易实践的新发展，不断优化和更新安全保障条款，以适应不断变化的法律和技术环境。

关键词：数据交易、安全保障条款、合规管理、标准合同

引　言

在数字化时代背景下，数据交易作为新兴的商业活动，正逐渐成为推动经济发展的关键力量。2020 年 3 月，《中共中央、国务院关于构建更加完善的要素市场化配置体制机制的意见》首次将数据增列为一种新型生产要素；2022 年 12 月，《中共中央、国务院关于构建数据基础制度更好发挥数据要素作用的意见》强调构建合规高效的数据流通交易机制；2023 年 12 月 31 日，国家数据局等十七部门联合印发《"数据要素×"三年行动计划（2024—2026年）》，提出推动数据要素市场化，提升数据治理能力，以支撑数据要素市场的健康发展。然而，数据交易的特殊性和复杂性也带来了众多法律和安全问题，这些问题需要通过合理的合同安全保障条款来解决。因此，研究数据交

---

* 作者简介：周丹（1983 年—），女，汉族，江西南昌人，中国政法大学同等学力研修班 2023级学员。研究方向：民商法。

易合同中的安全保障条款，对于构建一个安全、可靠、高效的数据交易环境具有重要意义。首先，明确数据交易合同中各方的安全保障义务，有助于规范交易行为，确保数据交易的合法性和安全性。其次，确立数据交易合同的安全保障标准，可以为数据交易提供明确的法律依据，降低交易风险，增强市场主体的信心。最后，提出完善数据交易合同安全保障条款的建议，旨在促进数据交易市场的健康发展、保护消费者权益、维护公平竞争的市场秩序。

一、数据交易合同中的安全保障义务

数据是数字经济的生产要素，数据交易是满足数据供给和需求的最为重要的方式，[1]数据交易合同是数据交易相关方进行安全、合规交易的基础，而数据合同的安全保障义务则是确保交易顺利进行和风险控制的关键。

（一）数据提供方的安全保障义务

数据提供方在数据交易中扮演着源头的角色，其安全保障义务至关重要。首先，数据提供方必须确保所提供数据的合法性，包括但不限于数据来源的合法性、数据收集过程的合规性以及数据内容的真实性和准确性。其次，数据提供方需要采取必要的技术和管理措施，保护数据不被非法访问、篡改或泄露。此外，数据提供方还应当建立数据分类和备份机制，确保数据的完整性和可恢复性。

（二）数据需求方的安全保障义务

数据需求方在交易中承担着数据使用和保护的责任。数据需求方应当对接收的数据进行安全评估，确保数据的使用符合其业务需求并且不违反相关法律法规。同时，数据需求方也应当建立数据安全管理体系，采取适当的技术措施，预防数据在存储、处理和传输过程中的安全风险。此外，数据需求方还应当针对数据使用过程中可能出现的安全事件制定应急预案，确保能够及时响应和处理。

（三）第三方的安全保障义务

第三方在数据交易中可能扮演多种角色，包括但不限于交易平台提供者、数据处理者、服务提供者等。第三方对于数据交易的安全保障同样重要。第三方应当确保其提供的平台或服务符合国家关于数据安全的标准和要求，采

---

〔1〕 张敏、朱雪燕：《我国大数据交易的立法思考》，载《学习与实践》2018 年第 7 期。

取有效的安全措施保护用户数据。同时，第三方还应当建立透明的运营机制，向交易双方提供清晰的服务条款和安全保障措施说明，增强用户的信任。

（四）数据处理者的风险评估和安全保障措施

数据处理者在数据交易中承担着数据处理和分析的重要职责。数据处理者需要对数据进行风险评估，识别和评估数据交易过程中可能出现的各种风险，并根据评估结果制定相应的安全保障措施。这些措施可能包括但不限于数据加密、访问控制、数据隔离、安全审计等。数据处理者还应当定期对安全保障措施的有效性进行审查和更新，确保其能够应对新出现的安全威胁。

明确各方在数据交易合同中的安全保障义务，可以为数据交易提供一个安全、可靠的法律环境，促进数据资源的合理流动和有效利用，同时也可以保护交易各方的合法权益。

二、数据交易合同安全保障条款的内容与标准

数据交易以合同为工具，当事人通过订立合同实现数据流转。数据交易合同并不属于有名合同，现行法律尚未规定数据交易合同的类型和内容。[1] 数据交易合同的安全保障条款是确保交易双方权益、维护数据安全和合法性的关键。

（一）数据合法性要求

数据合法性是数据交易的前提。合同中的安全保障条款必须确保所有交易数据的来源和使用均符合现行法律法规。数据提供方需证明其对数据拥有合法的收集和处分权利，并且数据的收集过程遵守了隐私保护和数据安全的相关规定。此外，数据内容应真实、准确，不得包含非法或虚假信息，以保证数据交易的正当性和有效性。

（二）数据交易的安全性要求

数据交易的安全性要求是保障数据不被非法访问、篡改或丢失的重要措施。合同应规定数据在传输、存储和处理过程中必须采取的安全技术和管理措施。具体包括但不限于数据加密、访问控制、网络安全防护、数据备份与恢复等。这些措施旨在降低数据泄露和滥用的风险，确保数据在整个交易周期中的安全性。

---

〔1〕 高郦梅：《论数据交易合同规则的适用》，载《法商研究》2023 年第 4 期。

（三）数据交易责任承担的规定

明确的责任分配是数据交易合同中不可或缺的部分。合同应详细规定在数据泄露、数据错误、违反数据使用约定等情况下，各方的责任和义务。这包括违约责任的确定、损害赔偿的范围和计算方法、责任限制条款等。同时，合同还应规定争议解决机制，如协商、调解、仲裁或诉讼等，以便在发生纠纷时及时有效地解决问题。

通过上述三个方面的规定，数据交易合同的安全保障条款将为交易双方提供一个稳定、可预测的法律环境。这不仅有助于降低交易风险，还有助于提升数据交易的透明度和信任度，促进数据市场的健康发展。随着数据经济的不断发展，对数据交易合同安全保障条款的细化和完善将持续成为法律实践和学术研究的重点。

三、数据交易合同安全保障条款的完善建议

数据交易合同的安全保障条款对于维护交易秩序、保护当事人权益、促进数据市场健康发展而言具有至关重要的作用。为应对日益复杂的数据交易环境，本文提出以下完善建议。

（一）使用标准合同文本规范交易行为

使用标准合同文本可以明确规定双方的权利和义务，降低双方的谈判成本和时间，提高合同达成效率。标准合同文本在保护数据安全、规范数据处理行为、保护数据主体权益、简化监管流程、平衡各方利益以及推动形成国际标准等方面具有重要意义。[1]

（二）明确各方的安全保障义务

合同必须明确各方的安全保障义务。数据提供方应确保数据来源合法、内容真实，同时采取必要措施保障数据在传输和存储过程中的安全。数据需求方则应承诺数据的合法使用，不得将数据用于违法活动或超出约定范围。此外，双方均应承担起保护数据不被非法访问、泄露或篡改的责任。为实现此目标，合同中可包含以下内容：一是数据合法性声明与保证；二是数据泄露或滥用时的通知和应对机制；三是违约责任的界定与承担。

---

〔1〕 金晶：《作为个人信息跨境传输监管工具的标准合同条款》，载《法学研究》2022年第5期。

（三）建立健全数据交易合同安全保障制度

应建立健全数据交易合同的安全保障制度。这包括但不限于数据分类与风险评估：根据数据的敏感性和重要性进行分类，并针对不同类别的数据制定相应的风险评估和保护措施。具体包括但不限于如下制度：①安全技术措施。采用先进的加密技术、访问控制、网络安全防护等手段，确保数据在交易过程中的安全性。②合同履行监控。建立合同履行的监控机制，对数据交易过程进行实时监控，及时发现并处理异常情况。③应急响应与数据恢复。制定应急响应计划和数据恢复策略，以应对可能的安全事件。④合规性审查。定期进行合规性审查，确保数据交易活动遵守相关法律法规和政策要求。

（四）引入第三方监管机构

引入第三方监管机构是提升数据交易安全性的有效途径。第三方监管机构能够提供客观、专业的监管服务。包括但不限于：①交易监督。第三方机构对数据交易过程进行独立监督，确保交易的透明性和公正性。②安全评估。提供专业的安全评估服务，帮助交易双方识别潜在风险，制定有效的风险防控措施。③纠纷调解。在交易双方出现纠纷时，第三方机构可以提供中立的调解服务，协助双方达成和解。④监管审计。定期对数据交易合同的履行情况进行审计，确保合同条款得到有效执行。⑤公众教育与意识提升。第三方机构还可以开展公众教育活动，提升社会对数据交易安全重要性的认识。

灵活就业人员劳动权益保障的法律研究

王鑫磊*

（中国政法大学 北京 100088）

摘　要： 灵活就业人员作为现代劳动力市场的重要组成部分，其劳动权益保障日益受到关注。本文旨在深入探讨灵活就业人员的劳动权益现状，分析存在的问题与挑战，并提出有针对性的保障策略。通过问卷调查、访谈等方法收集数据，发现灵活就业人员面临工资不稳定、社保参保率低、劳动合同缺失等困境。为此，建议完善相关法律法规，强化政府监管，促进企业履行社会责任，并提升灵活就业人员的自我保护意识，共同构建和谐的劳动关系。

关键词： 灵活就业　劳动法　权益保障

一、灵活就业概述

灵活就业，也被称为弹性就业、自由职业或自主创业等，是一种非传统、非全职、非固定工时的就业方式，这种就业形式在劳动时间、收入报酬、工作场所、保险福利、劳动关系等方面均不同于建立在工商业制度和现代企业制度基础上的传统主流就业方式。这种就业形式允许个体根据自己的兴趣、需求和生活情况，自主决定工作时间、工作地点、工作内容和工作方式，享有更大的灵活性和自主权。[1]近年来，我国的灵活就业岗位主要集中于新近

---

　　* 作者简介：王鑫磊（1995 年—　），女，汉族，河南漯河人，中国政法大学同等学力研修班 2023 级学员。研究方向：民商法学。
　　〔1〕 参见刘桂莲：《数字平台劳动者就业身份认定及社会保障权益实现路径》，载《国际经济评论》2023 年第 1 期。

兴起的主播、自媒体、配音、电竞、网络电商等领域。当前，我国灵活就业人员主要表现出以下特征：

（一）自主性强

从就业自主性层面来看，新业态相较于以制造业为主导的传统业态展现出了显著的优势。在传统业态中，劳动者往往需要严格遵循用人单位所设定的规章制度，按时上下班打卡，并在固定的工作场所完成既定的任务，这种模式往往会限制劳动者的灵活性。然而，在新业态的背景下，就业人员借助网络平台，能够更加自主地决定自己的工作时间、工作量以及工作内容，摆脱了固定工作场所的束缚，展现出了极高的灵活性。同时，这种就业模式也使得就业人员对平台企业的人格从属性有所降低，进一步提升了他们的就业自主性。[1]

（二）主体之间的关系更为复杂

在互联网平台的推动下，传统的劳动生产组织方式和任务分配模式发生了深刻变革。这导致劳动者与用工单位、用人单位之间的界限变得模糊，使得劳动关系的认定变得更为复杂和困难。同时，这种变革也增加了各主体间权利义务划分的难度，使得主体间的关系变得更为错综复杂。因此，我们需要更加审慎地处理互联网平台下的劳动关系问题，确保各方权益得到有效保障。

（三）劳动报酬凸显数据依赖性

新业态灵活就业者的收入主要源自所接订单与完成配送的数量，同时还受在线获得的点赞、评价、参与度以及下载量的影响。其报酬机制紧密关联着大数据算法和智能终端数据的分析结果。此外，若遭遇客户投诉或收到负面评价，他们还可能面临罚款。

二、灵活就业人员劳动权益保障的法律发展现状与问题分析

我国《宪法》第42条明确规定："中华人民共和国公民有劳动的权利和义务。"灵活就业人员的劳动权益亦应当得到法律充分、公平的保护。当前，随着我国经济结构的转型升级，新业态的不断涌现，灵活就业人员的数量日

---

[1] 参见严玉兔：《"数字化"解题 新形势下灵活就业人员权益保障》，载《中国社会保障》2021年第10期。

益增多。然而，现行法律对于这一群体的劳动权益保障尚存诸多不足，有待于进一步完善。具体如下：

（一）我国有关灵活就业人员劳动权益保障的立法尚不完善

一方面，现行法律对于灵活就业人员的定位与保护尚未跟上新业态的发展步伐，导致大量灵活就业者（如季节性临时用工、兼职者等）未被纳入法律的有效保护范畴。另一方面，关于灵活就业人员的社会保障、劳动权益、工作时间与薪酬等基本权益的法律规定尚显笼统，缺乏具体的执行细则，使得他们在面对劳动纠纷、社保缴纳等问题时往往处于弱势地位。因此，进一步完善灵活就业人员的法律保障体系，明确其权益边界，是当前立法工作亟待解决的重要课题。

（二）对灵活就业人员劳动权益侵害的司法救济不充分

当前，尽管相关法律对灵活就业人员的权益保护作出了一些规定，但在实际执行过程中，司法救济途径的局限性和不畅通成了制约其权益保障的重要因素。一方面，灵活就业人员的劳动关系认定复杂，司法实践中对于其法律地位的界定存在模糊地带，导致许多权益受损者难以找到合适的救济途径。另一方面，司法救济程序繁琐、成本高昂，很多灵活就业人员因经济条件有限而难以承受诉讼的压力，使得他们的权益难以得到有效维护。

（三）灵活就业人员劳动权益保障问题上监管措施不到位

尽管法律对于保障灵活就业人员的权益作出了明确规定，但由于监管体系尚不完善，导致这些规定在执行过程中存在诸多漏洞。监管部门对于新业态下的灵活就业模式了解不足，缺乏有效的监管手段和措施，使得一些企业或个人得以规避法律责任，侵害灵活就业人员的权益。[1]同时，监管部门之间的协调与沟通也存在问题，导致监管盲区较多，无法形成有效的监管合力。因此，加强监管体系的建设和完善、提升监管能力和水平是保障我国灵活就业人员权益的迫切需求。

三、灵活就业人员劳动权益保障的法律完善

（一）明确、细化关键的立法条文

针对当前的立法现状与存在的问题，我们首先要深入剖析并明确灵活就

---

〔1〕 参见杜人淮、徐宇：《新型灵活就业人员劳动和社会保障研究》，载《中国劳动》2018 年第 10 期。

业人员劳动权益保障的关键条款。这些关键条款不仅是对灵活就业人员权益保障的法律基石，更是构建公正、合理劳动法律环境的基础。

1. 明确灵活就业人员的认定标准

由于新业态的不断涌现，灵活就业的形式愈发多样，包括但不限于临时性、季节性、兼职性等多种模式。因此，明确一个既科学又合理的认定标准，对于保障灵活就业人员的合法权益而言至关重要。我们需要结合当前的经济社会发展状况，考虑新业态的特点，以及灵活就业人员的实际需求，制定出一个既符合实际又具有可操作性的认定标准。

2. 明确劳动关系的界定

灵活就业模式下的劳动关系往往呈现出模糊、复杂的特点，这给劳动权益的保障带来了不小的挑战。因此，我们需要通过立法明确劳动关系的性质、类型及界定标准，从而确保灵活就业人员在劳动过程中能够享受到应有的权益保障。

3. 明确劳动权益具体内容

所谓劳动权益具体内容，应当包括但不限于工作时间、休息休假、薪酬支付、劳动安全卫生、社会保险等方面。通过细化这些权益内容，我们可以为灵活就业人员提供更加全面、具体的法律保障，确保他们在劳动过程中的合法权益不受侵犯。[1]

（二）提升司法救济水平

必须通过提升司法人员的专业素养、完善司法程序和机制、强化司法监督等多种方式，全面加强司法水平。这不仅能够提高司法公正性和效率性，为灵活就业人员提供更加高效、便捷的司法救济途径，还能够通过对典型案例的审判和解释，进一步推动相关法律的完善和发展，为灵活就业人员的权益保障提供更加坚实的法律支撑。

（三）加强执法与执法监督能力

当前，提升执法部门的执法能力和监督能力显得尤为迫切。具体而言：

1. 应加强对执法人员的执法培训

通过系统的学习和实践锻炼，提高执法人员的专业素养和执法水平。培训内容可以包括灵活就业人员的认定标准、劳动关系的界定、劳动权益的具

---

〔1〕 参见张俊桥：《如何维护灵活就业人员的劳动保障权益》，载《人力资源》2024 年第 6 期。

体内容等方面，使执法人员能够熟练掌握相关法律知识，准确判断和处理涉及灵活就业人员劳动权益的案件。

2. 完善监督机制

应建立健全内部监督制度，对执法过程进行全程监控，确保执法人员依法行使职权，避免出现滥用职权、徇私舞弊等问题。此外，还应加强对执法行为的外部监督，通过社会监督、舆论监督等方式，形成对执法行为的制约和督促，确保法律得到严格执行。

（四）强化法律宣传和教育

应当充分普及法律知识，深化灵活就业人员对法律的认识与理解，进而提高他们的法律素养和维权能力，如定期举办法律讲座，邀请法律专家就灵活就业人员的权益保障问题进行深入浅出的讲解。同时，还可以制作并发放相关的宣传资料。法律宣传与教育不仅是唤醒灵活就业人员法律意识、激发他们维护自身权益意愿的关键途径，更是保障其合法权益不受侵害的重要手段。

电子商务中消费者权益的法律保护

许 浒*

（中国政法大学 北京 100088）

摘 要：我国电子商务市场运行秩序不断规范，但仍存在消费者知情权、公平交易权、隐私权受到损害，取证难度较大等问题。为规范消费者权益保护，促进电子商务健康发展，本文旨在关注电子商务中的消费者权利受损问题，考察相关法律规定情况，讨论调整预防方法的实现可能。

关键词：电子商务 消费者权益 权益保护

我国现已成为全球最大网络零售市场，运行秩序不断规范。[1]在各领域的电子商务中，对消费者合法权益保护的忽视、缺失或侵犯等问题引发了社会的高度关注和广泛讨论。例如，2021年7月国家互联网信息办公室对滴滴全球股份有限公司依法作出网络安全审查相关行政处罚。[2]滴滴作为移动出行科技平台，[3]过度或非法收集处理用户个人隐私、生物信息，频繁索取无

---

* 作者简介：许浒（1987年— ），男，汉族，内蒙古准格尔人，中国政法大学同等学力研修班2023级学员。研究方向：经济法学。

〔1〕《中国电子商务报告（2022）》，载 http://dzsws. mofcom. gov. cn/article/ztxx/ndbg/202306/2023 0603415404. shtml，最后访问日期：2024年6月4日；完么才项：《电子商务中消费者权益保护意义及立法建议》，载《中国商贸》2015年第11期；李玉梅等：《中国平台经济的现状、意义、问题及对策》，载《华东经济管理》2024年第5期。

〔2〕《国家互联网信息办公室对滴滴全球股份有限公司依法作出网络安全审查相关行政处罚的决定》，载 https://www. cac. gov. cn/2022-07/21/c_ 1660021534306352. htm，最后访问日期：2024年5月26日。

〔3〕参见 https://www. didiglobal. com/about-didi/about-us，最后访问日期：2024年5月26日。

关权限等，危害了消费者权益、影响了国家安全。[1]在促进发展电子商务过程中，对消费者合法权益的发现与保护显得尤为重要，也更具挑战性。

一、电子商务概述

(一) 电子商务的快速发展对消费者权益的影响

电子商务是指通过互联网等信息网络销售商品或者提供服务的经营活动。[2]虚拟联系与实体交付的结合，增加了消费者维权复杂性。商务主体与线下商事主体不完全相同，[3]仅能通过互联网平台反映诉求，维权时间成本增加、解决效率降低，维权复杂程度相对增加。即时交易与跨区服务的组合提升了消费者维权困难性。消费者意愿达成的即时性与维权磋商的延时性不对称，存在远距离维权困难，地理距离、区域限制等时空因素增加了消费者维权的现实困难性。发展迅速与规范滞后的矛盾扩大了消费者维权空白区。传统民法思维适用具有局限性，电子商务平台参与者的法律地位不完全平等，[4]法律规范建设发展滞后于新的经济交易形式。

(二) 消费者权益保护在电子商务中的重要性

电子商务中的消费者合法权益保障是平台安全保障义务的核心，[5]保护消费者权益是电子商务运行的基本要求。电子商务平台事实履行了市场监管、纠纷裁处等公共管理职能，[6]电子商务平台承担相应的社会责任和公共安全义务。[7]保护消费者权益是从事商务活动的法定原则和义务。《电子商务法》对自愿、平等、公平、诚信原则作出明确规定，[8]并对电子商务主体在消费者权益保护和环境保护等方面义务加以要求。保护消费者权益是电子商务秩

---

〔1〕 中国网信网：《国家互联网信息办公室有关负责人就对滴滴全球股份有限公司依法作出网络安全审查相关行政处罚的决定答记者问》，载 https://www.cac.gov.cn/2022-07/21/c_1660021534364 976.htm，最后访问日期：2024 年 5 月 26 日。

〔2〕《电子商务法》第 2 条第 2 款。

〔3〕 赵旭东主编：《中华人民共和国电子商务法释义与原理》，中国法制出版社 2018 年版，第 50~ 52 页。

〔4〕 蓝寿荣：《消法视角下的电子商务平台安全保障义务》，载《政法论丛》2023 年第 2 期。

〔5〕 魏昀天：《电子商务平台安全保障义务的实证考察与理论进路》，载《法律适用》2021 年第 3 期。

〔6〕 蓝寿荣：《消法视角下的电子商务平台安全保障义务》，载《政法论丛》2023 年第 2 期。

〔7〕 米新丽、刘正之：《论电子商务平台的安全保障义务》，载《行政管理改革》2020 年第 11 期。

〔8〕《电子商务法》第 5 条。

序的规范保障。以消费者权益保护为出发点，规范电子商务行为、维护市场秩序、促进产业可持续健康发展作出规制，注重经营者和消费者之间的利益平衡，[1]以保障市场自由与激发发展活力。

二、电子商务中消费者权益面临的主要问题

（一）消费者知情权受到损害

电子商务的交易双方在信息网络上完成交易，商品或服务的信息真实可靠难以得到完全保证，不同参与者之间的信息不对称可能会被扩大，[2]电子商务经营者可能故意或过失侵犯消费的知情权，甚至欺骗、误导消费者作出非本意或错误的意思自治。

（二）消费者公平交易权受到损害

消费者享有公平交易的权利，[3]但商务平台或者经营者利用其独有地位、技术手段、市场规模等优势，要求经营者或消费者"二选一"进行强迫交易，[4]利用大数据、AI等新技术对消费者进行大数据杀熟，实施差别定价，既侵害消费者合法权益，又破坏电子商务交易秩序。[5]

（三）消费者隐私权受到损害

隐私权中的隐私与个人信息之间是交叉关系，隐私权中的隐私主要包含个人信息、私人活动及私人领域等内容。[6]在平台商务模式和信息技术相融合的驱动下，隐私侵犯的范围从个人信息、时空标识等直接隐私信息，逐步扩展至个体间关系、经济能力等深层非直接隐私，引发数字经济发展对隐私权保护机制的冲击。[7]

（四）消费者取证难度较大

《民事诉讼法》《仲裁法》《人民调解法》等争议解决方式的沿用，从某

〔1〕 刘颖、刘文鉴：《数字化背景下德国消费者保护法的新发展——德国〈公平消费者合同法〉评述与启示》，载《德国研究》2023年第1期。

〔2〕 余成峰：《数字时代隐私权的社会理论重构》，载《中国法学》2023年第2期。

〔3〕 《消费者权益保护法》第10条。

〔4〕 王晓晔：《论电商平台"二选一"行为的法律规制》，载《现代法学》2020年第3期。

〔5〕 胡元聪、冯一帆：《大数据杀熟中消费者公平交易权保护探究探赜》，载《陕西师范大学学报（哲学社会科学版）》2022年第1期。

〔6〕 陈锦波：《从私法到公法：数字时代隐私权保护的模式延展》，载《政治与法律》2023年第11期。

〔7〕 李姝卉：《数字时代隐私权保护的立法因应》，载《法学》2024年第3期。

种程度上增加了依据传统民法权利救济制度维权的难度。[1]电子证据收集、鉴证、采信的法律规范不够完备，电子证据公证的昂贵、程序的繁琐等因素增加了消费者取证的成本和难度。[2]

三、我国电子商务中消费者权益保护的法律分析

（一）我国电子商务中消费者权益保护的立法现状

《电子商务法》既是对体系结构、具体内容的创新，还是对其他法律的援引、衔接和协调。此外，我国在电子商务领域的法律建设持续推进，2021年通过《数据安全法》《个人信息保护法》等，[3]2022年修正《反垄断法》、修订《农产品质量安全法》、通过《反电信网络诈骗法》等。[4]

（二）我国电子商务中消费者权益保护的法律问题

电子商务领域存在干扰意思自由、扩大不同参与者之间信息不对称的个性化推荐算法规范尚未完备，[5]诉讼程序严时间长、非诉讼解决无强制执行力等现实客观因素制约着电子商务争议的高效解决，[6]利用网络发布虚假、不完整、错误广告或者广告信息误导、欺瞒甚至诈骗消费者的违法行为举证维权难等问题。

（三）我国电子商务中消费者权益保护的法律完善

解决急速发展的社会生活变化的电子商务法律适用问题，可以通过转变治理模式，提高监管平台在推动网络算法中个人知情权、拒绝权、影响后果等方面的规范治理能力，加强对在线调解与平台经营者制度结合、诉讼与非诉讼争端解决的对接机制等法治建设，细化对电商平台中告知性或展示性等非广告信息[7]的监管规范途径，构建完备的电子商务消费者权益保护法律体系。

---

〔1〕 赵旭东主编：《中华人民共和国电子商务法释义与原理》，中国法制出版社2018年版，第471~487页。

〔2〕 王畅、范志勇：《互联网金融案件中电子证据制度的适用》，载《法律适用》2018年第7期。

〔3〕《中华人民共和国商务部：中国电子商务报告（2022）》，载 http://dzsws.mofcom.gov.cn/article/ztxx/ndbg/202306/20230603415404.shtml，最后访问日期：2024年6月4日。

〔4〕《中华人民共和国商务部：中国电子商务报告（2021）》，载 http://m.mofcom.gov.cn/article/zwgk/gkbnjg/202211/20221103368045.shtml，最后访问日期：2024年7月25日。

〔5〕 林洹民：《个性化推荐算法的多维治理》，载《法制与社会发展》2022年第4期。

〔6〕 赵旭东主编：《中华人民共和国电子商务法释义与原理》，中国法制出版社2018年版，第477~480页。

〔7〕 张龙：《互联网广告管理的法律规制与问题思考》，载《编辑之友》2018年第4期。

结 论

现有民法法律规范不能很好地适用于电子商务新领域，消费者权益作为电子商务安全保障义务的核心，应当予以足够的重视与保护。为了规范消费者权益保护、促进电子商务健康发展、关注电子商务中消费者权利受损问题，讨论调整预防方法的实现可能性确有必要。

数字经济时代的隐私权保护规则完善研究

覃千扬*

（中国政法大学 北京 100088）

摘　要： 数字化技术的迭代更新赋予了经济新的发展动力，但也带来了新的问题与挑战。目前，我国对个人隐私及个人信息权益的保护仍有不少欠缺，而数字化技术的应用可能会为了追求经济效益而忽视对用户隐私权和个人信息的保护，导致给用户带来潜在威胁。本文将从隐私权的概念特征、此背景下隐私权保护的挑战和需求、隐私权保护规则进行分析，并进一步给出完善隐私权保护的建议。

关键词： 数字经济　隐私权　个人信息

一、数字经济时代的隐私权概述

（一）隐私权的概念和特征

隐私权主要是指公民的一项人身权利，属于一种具体的人格权，[1]即涉及自然人的隐私享有不受侵害的权利，其在我国《民法典》有相应的规定。对于隐私的范围，《民法典》第 1032 条第 2 款作出了描述："隐私是自然人的私人生活安宁和不愿为他人知晓的私密空间、私密活动、私密信息。"而不愿为他人知晓的私密空间、私密活动、私密信息是指，自然人没有意愿对外公开、展示时，他人无权通过任何方式探知上述空间、活动或信息。其中"私

---

* 作者简介：覃千扬（1991 年—　），女，汉族，广东佛山人，中国政法大学同等学力研修班 2023 级学员。研究方向：经济法学。

〔1〕 王利明：《隐私权概念的再界定》，载《法学家》2012 年第 1 期。

密信息"有可能单独存在，也有可能同时出现在私密空间、私密活动中。同时，私密信息与个人信息存在交叉部分，[1]这也是隐私权与个人信息权益关系密切的重要原因。

隐私权的特点是基于隐私的鲜明属性而形成的：一是隐私权的权利主体必须是自然人，法人、非法人等组织均不能成为其权利主体，这些组织的秘密信息另外设有专门的概念和区分；二是隐私权的权利客体是相对广泛的，因为私密空间、私密活动、私密信息的具体识别会根据具体情况而有所不同；三是隐私权具有人格性，其并不是一种财产性权利，不具有可转让性，对其的处理方式和程序也会有别于财产性权利，虽然在救济过程中有可能会涉及经济性赔偿，但并不是可以单一地只用经济属性去衡量的权利。

（二）数字经济时代下隐私权保护的挑战和需求

数字技术在被应用的过程中会不同程度地对公民的信息进行收集、储存、分析等。在这些环节中，个人信息会面临严重的泄漏风险，导致个人信息权益及隐私权被侵犯。例如，存在过度获取个人信息的情况，即超越本层级应用所需数据而无限制地获取个人不同状态的信息，进一步挖掘商业价值。再者，对个人信息获取的预先告知也做得并不够充分和精准，没有设置足够明显和精确的提示标示，而只是简单地获取用户同意，[2]而用户作出的简单授权在其技术背景下则有可能被放大为免责的背书。

在满足经济、科学技术发展的同时，如何平衡地做到保护公民的基本权利，则需要法律进一步适应社会发展，不断进行完善。在立法方面应该明确科技应用的价值取向，让数字化发展与社会的价值体系相向而行。科学技术触及个人权益、社会伦理边界时，应及时根据现实情况作相应界定和引导。而当发生争议时，司法机关一般会就案件的具体情况与法律适用作出判断，厘清责任归属。而假如一个数字化技术带来的新社会问题在裁判时还未拥有具体的法律法规，又是否能够根据社会价值取向在现行的法律法规中作权利明晰和各方责任权衡呢？

---

〔1〕 朱晶晶：《论〈民法典〉中私密信息保护的双重结构》，载《科技与法律（中英文）》2022年第1期。

〔2〕 刘泽刚：《大数据隐私权的不确定性及其应对机制》，载《浙江学刊》2020年第6期。

二、我国隐私权保护规则分析

（一）我国隐私权保护立法现状

现行对于隐私权的规定主要集中在《民法典》中，我国《民法典》对隐私权的概念和范围作了描述及概括，隐私权的救济也有了明确的途径。此外，我国还出台了《个人信息保护法》，虽然个人信息不等于就是隐私中的私密信息，但其与隐私权有着密切的联系，当个人信息涉及隐私时优先适用隐私权相关法律规定，其余则适用《个人信息保护法》来调节。而其他的法律也涉及对个人隐私的保护，如《刑法》针对侵害公民个人信息、住宅、人身自由、通信自由的罪名设置等。

（二）我国隐私权保护的立法不足

当前，我国《民法典》虽然规定了隐私权的内容和救济途径，但对隐私的界定还是有点宽泛和抽象，针对私密空间、私密活动、私密信息的界限其实并没有作出更具体、详细的陈述。在现实中，当需要为个人隐私权寻求实际保护时，某些具体情形并不能很好地被有效涵盖或定义。

一方面，对敏感个人信息的界定不够明确，[1]个人私密信息在实际的数字化应用中得到有效保护。虽然之后出台了《个人信息保护法》来进一步明确数据主体的权利及数据处理者的义务，但其中对涉及敏感信息的描述还是相对笼统。那么，当这些敏感信息部分涉及个人隐私时，其权利又是否可以被归入隐私权范畴？

另一方面，数字化技术的特点决定了其具有极强的专业性和隐蔽性，[2]这导致数字应用的用户在进行侵权取证认定的时候难以获得具体证据，面对技术持有方与用户方如此不对等的现实情况，相关法律并没有强制性要求技术持有方公开涉事技术和相关数据，从而证明自己的责任。如当前生成式人工智能为了抓取个人海量数据入库训练，利用后台数据追踪个人习惯而后分析，这是否属于随意利用个人敏感信息？对于个人而言，想证明该技术侵犯其权益并有效取证是困难的。

---

〔1〕 朱桂林：《互联网时代算法歧视问题成因及民法规制》，载《哈尔滨学院学报》2023 年第 12 期。

〔2〕 张然：《算法侵权的法律规制》，载《法制博览》2023 年第 9 期。

三、数字经济时代下隐私权保护的完善

（一）完善立法

完善隐私权立法，减少数字化发展与维护个人合法权益之间的矛盾。针对在个人信息流通过程中涉及个人敏感信息、私密信息的情况，我国应该补充设置数据内容分级评价体系，用于界定信息私密度的边界。具体可以先根据涉及个人信息的维度、深度、场景等来判断是否属于敏感信息，然后根据现实的变化动态调整各级别的内容。这样有利于实时细化、明确数据处理中的权利和责任，也便于用户识别数据处理者是否侵犯到了自己的个人信息权益以及隐私权。

数据处理者在其专业技术领域一般处于优势地位，作为没有专业技术背景的普通用户，个人权益受其侵害时，是难以对晦涩的专业技术进行举证的，此时数据处理者的举证责任则可以根据举证责任倒置规则来设置。[1]这样数字化应用侵权的举证难度可以降低，也可以从源头上提醒、引导各数据处理者、技术提供方注意自身的技术路径是否合规。

同时，在涉及数字化技术是否侵犯个人权益的案件中，基于其技术的隐蔽性特点，对于是否公开涉及侵犯个人权益的技术和数据以用于证明责任，可以设置专门的司法机关审理此类案件，并只在涉诉的情况下公开专门的司法机关。这样有助于查清案件事实及维护个人权益，也可以减少数字化技术被暴露的风险。

（二）加强监管

做好对数字化发展的监管，首先是要有针对监督数字化侵犯个人权益的法律法规，让数据处理者知道哪些数字化技术是应该受到监管的；次要的是要明确数字化侵犯个人权益的监督责任主体，让监督职权能得到明确，这样也有助于在涉及数字化场景里的个人权益受侵害时，被侵权人能够在第一时间准确地找到可以申诉的部门；再者，监督部门可以利用数字化技术去监督数字化应用过程中侵犯个人权益的多发领域，重点监控个人信息容易被利用的场景，设立数字化应用侵权投诉举报平台收集数据，同时加强监督部门中

---

〔1〕 白昌前、徐凡：《数字经济时代下算法消费者个人信息保护困境与出路》，载《网络安全技术与应用》2024 年第 2 期。

的数字化技术人才队伍建设，建立数字化个人权益预防侵害的预警机制等。

（三）提升信息保护手段

加快对个人隐私信息保护技术的建设，针对数字化应用发展同步开发预防个人隐私暴露的技术手段。[1]对于普通的数字用户来说，被数字化技术侵害个人权益的最大原因是缺乏相应的专业知识及判断力。针对此种情况，可以在源头发展对应的个人信息保护技术。当数字化技术被不正当使用时，通过相关个人信息保护技术及时、自动地向个人用户发出预警、反应、关闭传输等，帮助用户作出保护反应及记录。同时，应鼓励相关市场主体参与保护个人信息的数字化信息技术开发，引导各方关注和支持个人信息保护工作的落实，并逐步提升个人对于隐私信息的预防暴露意识和能力。

---

[1] 王忠、梁力恒、谢卫红：《美国促进数字隐私技术发展的举措及启示》，载《科技中国》2022 年第 7 期。

我国商业银行适当性义务法律研究

孙　静[*]

（中国政法大学 北京 100088）

摘　要： 我国商业银行销售金融产品市场规模庞大且增长迅速。同时，金融产品呈现专业性和复杂性的特征，因此从保护金融消费者角度考虑，规范商业银行的适当性义务显得尤为重要。商业银行的适当性义务包含了解产品、了解客户、适当匹配三大项。本文将结合诸多案例、相关法律法规、学界不同理论观点对我国商业银行适当性义务的现状及问题进行剖析，从形式上和内容上对立法方面存在的问题进行分析。面对司法实践和立法上存在的不足之处，本文试分析商业银行适当性义务的立法不足并找出可完善的路径，充分保障金融消费的合法权益，促进金融市场健康发展。

关键词： 商业银行　适当性义务　法律责任

一、商业银行适当性义务的基础理论

（一）商业银行适当性义务

商业银行的适当性义务是指商业银行在向投资者销售其自有或者代销的金融产品或者提供相关服务时应当保证投资对该客户是适当的，金融机构有了解客户、了解产品、了解客户与产品匹配的义务以及风险揭示义务，否则在对金融投资者权益造成损害时，应承担赔偿投资者相应损失的民事责任。

在司法实践中，一些法院通常会从两个方面去审查商业银行是否充分履

---

* 作者简介：孙静（1991年—　），女，汉族，河南南阳人，中国政法大学同等学力研修班2023级学员。研究方向：民商法。

行了适当性义务：一是是否适当推介；二是是否进行风险揭示。其中，适当推介是指商业银行应在充分了解投资者及金融产品的基础上，向客户推荐符合其风险承受能力的产品，使客户充分知晓产品属性，这就要求商业银行不能超出客户的风险评级为其推荐不匹配的产品；若投资者自愿要求购买，应尽到充分揭示风险的义务，做到"卖者尽责，买者自负"。[1]

商业银行适当性义务的履行对于降低商业银行理财业务的非系统性风险、实现商业银行理财业务稳健发展、保障我国金融市场的稳定发展具有重要意义。同时，这也是从道德义务转化为法定义务的重要步骤，体现了对投资者权益的保护和对金融市场的规范。

（二）商业银行适当性义务的性质

目前，学界对于商业银行的适当性义务的定性存在不同的观点：一种观点认为，适当性义务是法定义务，一旦违反适当性义务便应承担侵权责任。法定义务是由我国宪法和法律规定的，具有强制性，法律要求做的必须去做，法律禁止做的坚决不做。在我国，商业银行适当性义务已被纳入法律和行政法规，广泛存在于《民法典》《证券投资基金法》《信托法》、国务院规范性文件、部门规章中。另外一种观点认为，适当性义务是先合同义务，违反适当性义务应承担缔约过失责任。该观点认为，商业银行的适当性义务是在合同的磋商、缔结阶段产生的，随着双方当事人不断接触、磋商，缔约的联系会越来越紧密，彼此信赖，基于诚实信用原则产生的义务就是先合同义务。在司法实践中，两种观点均有适用。

（三）商业银行适当性义务的内容

第一，了解客户的义务。金融机构应对客户进行风险测评，了解客户的年龄、家庭年收入、过往投资经验、投资目的、计划投资期限、投资出现何种波动会明显焦虑等，将其识别为普通投资者和合格投资者。

第二，了解产品的义务。金融机构（包含代销机构）应当充分了解其所推荐的金融产品或服务的价款、费用构成及资金去向、使用方式、履行期限、实际收益的计算方法、售后服务等内容，不能推荐自己不了解、不熟悉的产品。

第三，适当性匹配义务。金融机构应当根据客户的风险承受能力向其推

---

〔1〕 参见《关于规范金融机构资产管理业务的指导意见》第 5 条、第 6 条。

荐相应风险等级的产品或服务。

第四，告知说明义务，即销售阶段的信息披露义务，金融机构在推荐理财产品时，应该充分说明与产品有关的风险及合同主要内容，以便投资者对产品有足够的认识，从而作出投资决定，属于金融机构在销售阶段的信息披露义务。

二、我国商业银行适当性义务的立法现状

商业银行的销售行为通过适当性义务来规范：一方面，有利于营造良好的金融秩序；另一方面，能够有效预防金融风险。2005 年 11 月 1 日起施行的《商业银行个人理财业务管理暂行办法》对商业银行在发行和销售金融产品过程中应当履行的适当性义务作出了规定。例如第 3 条、第 4 条规定："商业银行开展个人理财业务，应遵守法律、行政法规和国家有关政策规定。商业银行不得利用个人理财业务，违反国家利率管理政策进行变相高息揽储。商业银行应按照符合客户利益和风险承受能力的原则，审慎尽责地开展个人理财业务。"该办法虽然没有对商业银行的适当性义务进行准确定义，但在内容上不言而喻，其实已经体现了适当性义务的要求。2018 年 9 月中国银行保险监督管理委员会发布《商业银行理财业务监督管理办法》，目的是加强对商业银行理财业务的监督管理，促进商业银行理财业务规范健康发展，依法保护投资者合法权益，对商业银行的适当性义务内容进行进一步丰富和发展。2019年 11 月，《全国法院民商事审判工作会议纪要》（以下简称《九民纪要》）的颁布意味着我国司法机关开始重视商业银行适当性义务在司法实践中的适用。该纪要体现适当性义务的适用原则为"卖者尽责、买者自负"，同时对适当性义务的适用规则、责任主体、举证责任与损失赔偿数额等方面作出规定。《九民纪要》对金融机构适当性义务的规定表明适当性义务趋向成熟。尽管其得到了一定程度的发展，但是现阶段义务仍存在诸多问题。[1]

三、我国商业银行适当性义务存在的立法问题分析

（一）我国商业银行适当性义务的立法不足

首先，适当性义务的适用范围不够明确。目前，金融机构适当性义务的

---

[1] 参见《全国人民法院民商事审判工作会议纪要》第五部分关于金融消费者权益保护纠纷案件的审理。

适用范围仍有待进一步明确和清晰化，不同主体间义务的差别有待明确，有些方面仍存在模糊地带。基于此，我国应设置投资者分类与动态转换机制，开展定期风险测评，以及细化形式与实质适当性义务履行审查标准等。

其次，举证责任分配规则不完善。在适当性义务纠纷中，举证责任的分配规则需要优化。尽管《九民纪要》为金融市场投资者的赔偿比例合理化提供了法律支持，但具体实施细则和操作标准仍有待完善。

再次，内控合规制度执行不力。一些金融机构在适当性管理上出现了问题，主要是因为内控合规的理念和落实不够，没有形成全员合规的文化。业务人员是第一道防线，但在实际操作中往往缺乏有效的执行和监督。强化合规，内外部审查相结合。

最后，线上适当性义务履行存在现实困难。随着金融服务的数字化，通过金融机构的 APP 等线上渠道销售高风险产品的情况日益普遍，但线上适当性义务的履行存在较大的风险和困难，程序简单，客户认知存在一定偏差。这背离了适当性义务的要求，需要"扎紧篱笆"加强内控管理。[1]

（二）我国商业银行适当性义务的立法完善：

第一，立法主体应明确适当性义务的适用范围。应当涉及金融服务的各个领域，特别是证券、基金、期货、信托等投资领域，这关系到每一位投资者的资金安全，明晰线上线下适用统一规则和要求。同时，商业银行应当建立完善的风险管理机制，强化员工合规意识，定期学习违规操作案例，确保适当性义务的落实。

第二，立法完善还需要加强监管和执法力度。对于违反适当性义务的商业银行应加大处罚力度。随着科技的发展，商业银行在提供金融产品和服务时越来越多地借助大数据、人工智能等技术手段。因此，立法完善还需要考虑到这些新技术的特点，制定相应的规范和要求，以确保银行在利用新技术提升服务效率的同时也能够充分履行适当性义务。

第三，应当细化举证责任分配规则，完善商业银行违反适当性义务的法律后果。[2]明确的法律后果对于保护金融消费者权益、维护市场秩序具有重

〔1〕 参见杨疏影：《网上银行消费者权益保护的理性回归——基于责任倾斜分配的视角》，载《法治研究》2014 年第 3 期。

〔2〕 参见黄辉：《金融机构的投资者适当性义务：实证研究与完善建议》，载《法学评论》2021 年第 2 期。

要意义。当前，部分商业银行在业务开展过程中未能充分履行适当性义务，导致消费者权益受损，市场信任度下降。为此，有必要加强法律监管，对于违规行为，应依法追究商业银行的法律责任，包括罚款、吊销业务资格等，确保违法成本高于违法所得。同时，还应加强信息披露和监管，推动商业银行自觉遵守适当性义务，提升市场的透明度和公信力。

商业信托转型发展中法律监管标准研究

黄朦禾*

（中国政法大学 北京 100088）

摘　要： 随着经济发展进入新阶段，金融市场内外部环境都发生了巨大变化，信托业务分类新规的出台促使信托业务模式发生根本性改变，行业步入深度调整的发展新时期。受经济形势下行和日益严峻的监管环境影响，信托项目风险不断释放，信托纠纷呈增长态势。商业信托在纠纷中财产损失认定标准不够清晰、委托人和受益人知情权的边界不明，使得监管难以统一标准，行业转型发展面临挑战。

关键词： 商业信托　转型发展　财产损失判断　知情权边界

21 世纪初期，我国信托业经历了一段高速发展时期，目前已进入转型发展阶段。中国信托业协会公布的数据显示：截至 2023 年四季度末，全行业信托资产规模为 23.92 万亿元，相较于 2017 年四季度的历史峰值，规模下降了 8.89%。社会经济下行、监管政策出台、监管判断标准不明确等多种因素交织，导致信托纠纷案件数量在近几年呈现增长态势。"财产损失确已发生"的判断标准和委托人和受益人的知情权边界仍存在分歧，法律监管标准难以统一，商业信托如何在行业转型中防范法律风险问题亟待得到解决。

一、信托业改革发展背景

1979 年 10 月，中国国际信托投资公司作为我国第一家信托机构宣告成

---

* 作者简介：黄朦禾（1992 年— ），女，汉族，云南昆明人，中国政法大学同等学力研修班 2023 级学员。研究方向：经济法。

立，经历了初步发展阶段（1979—1999 年）、旧两规阶段（2000—2006 年）、新两规阶段（2007—2016 年）。2017 年资管新规发布后我国正式进入新阶段，即回归信托本源转型期，让信托回归受托人定位，重塑可持续的商业模式，但此阶段信托业对传统模式仍然存在依赖，转型面临较大挑战。2023 年，中国银保监会发布《中国银保监会关于规范信托公司信托业务分类的通知》（银保监规〔2023〕1 号），正式迎来信托业务分类新规阶段，将信托业务分类为资产服务信托、资产管理信托、公益/慈善信托，传统非标融资类业务将逐步压缩退出，盈利模式将逐步从资金利差模式向服务收费等模式转变，对信托公司转型提出了更高的发展要求。

二、信托财产损失和知情权原则

转型新阶段要求信托聚焦本源，通过明确业务分类提出了新的监管要求。然而，在财产损失界定、知情权边界问题上，各界仍然存在分歧。我国《信托法》第 22 条第 1 款规定："受托人违反信托目的处分信托财产或者因违背管理职责、处理信托事务不当致使信托财产受到损失的，委托人有权申请人民法院撤销该处分行为，并有权要求受托人恢复信托财产的原状或者予以赔偿；该信托财产的受让人明知是违反信托目的而接受该财产的，应当予以返还或者予以赔偿。"基于该规定，如果受托人违反信托目的处分信托财产或者因违背管理职责、处理信托事务不当致使信托财产受到损失，委托人或者受益人有权要求受托人恢复信托财产的原状或者予以赔偿。

根据《信托公司管理办法》（中国银行业监督管理委员会令 2007 年第 2 号）第 28 条的规定："信托公司应当妥善保存处理信托事务的完整记录，定期向委托人、受益人报告信托财产及其管理运用、处分及收支的情况。委托人、受益人有权向信托公司了解对其信托财产的管理运用、处分及收支情况，并要求信托公司作出说明。"《信托公司集合资金信托计划管理办法》（2009 年修订）第 35 条规定："受益人有权向信托公司查询与其信托财产相关的信息，信托公司应在不损害其他受益人合法权益的前提下，准确、及时、完整地提供相关信息，不得拒绝、推诿。"信托委托人和受益人享有知情权，即委托人和受益人有权了解其信托财产的管理运用、处分及收支情况，并有权要求受托人作出说明，有权查阅、抄录或者复制与其信托财产有关的信托账目以及处理信托事务的其他文件。[1]

一方面，在现有信托法的逻辑体系下，投资者在请求信托公司承担赔偿责任时，需要明确损失的数额，但信托财产的损失数额在信托存续期内往往缺少判断标准，同时，信托财产损失确已发生的判断标准不够清晰。另外，委托人和受益人对信托行使监督权的前提是对信托事务享有知情权，但知情权不能无限扩大，知情权边界不清晰。

三、商业信托发展面临的挑战

（一）缺少信托财产发生损失的标准

受托人恢复信托财产原状或者承担赔偿责任的前提是信托财产遭受损失，但对于判断信托财产已经达到"损失"的标准，在商业信托实践中仍有不同观点。

传统信托的信托财产类型以土地为主，信托财产是否已经实际发生损失较为容易辨别。进入商业信托时代后，商业信托的信托财产类型主要为金融资产，而对金融资产实际损失的认定则较为困难。如果信托财产被允许负债，负债行为造成的损失容易判断。但根据现行的信托监管规定，实践中，信托财产负债的可能性较小，信托财产的管理运用方式多为对外投融资行为，对于投融资的实际损失如何计算，较容易产生分歧。

另外，如果信托产品仍处于存续期内，投资者如何主张其损失已经确定发生，此类问题在实践中仍有待商榷。在过往的案例中，有的裁判观点认为，信托到期后，在信托公司未进行合法延期的情况下，投资者可以向信托公司主张清算分配，在信托公司尚未对项目进行清算分配的情况下，不能确定违约延期给投资者造成的损失，投资者要求赔偿本金及利息的请求不能成立。[2]也有的裁判观点认为，信托公司正在通过法律诉讼途径追索债权，信托计划仍处于处置期，信托财产暂未清算，投资者是否存在损失以及损失情况尚无法确定。[3]按照这些裁判观点，信托清算与否是确定投资者是否实际发生损失的标准，未进行清算的实际损失应被认定为无法确定。

---

[1] 刘丹冰：《论国有资产信托及法律调整》，载《中国法学》2002 年第 5 期。

[2] 案号：[2018] 最高法民终 173 号，判决作出日期：2018 年 12 月 24 日。案号：[2021] 京 0102 民初 17703 号，判决作出日期：2022 年 2 月 7 日。

[3] 案号：[2016] 最高法民终 548 号，裁定作出日期：2017 年 5 月 4 日。

(二) 委托人和受益人知情权的边界问题

为了维护信托目的, 保障信托财产的安全, 委托人和受益人应当对信托财产的管理和信托事务的处理享有监督权, 而要有效实施监督, 其必须享有搜集有关信息的权利。因此, 从法律上明确赋予其知情权是必要的。[1]但对于知情权的具体边界, 具体项目中的某类文件是否属于知情权的范围, 考虑到信托的多样性特点,《信托法》及相关监管规定没有也难以作出列举式规定。

知情权是行使监督权的前提, 但其行使却是有代价的。例如, 如果赋予委托人和受益人过于宽泛的查阅权, 受托人的管理成本就会上升, 从而可能导致受托人通过增加受托人报酬或信托管理费用的方式转嫁成本。另外, 在商业信托中, 通过行使知情权开展不正当竞争的风险也更加现实, 商业信托存在流动性较高的信托受益权市场, 商业信托的竞争对手可以较为容易地在公开市场上受让信托受益权, 获得收益权后, 竞争对手便能成为信息披露对象。由于通常难以就信息披露对象设置出资门槛, 如果不对商业信托受益人的知情权设置条件, 竞争对手可以通过付出较小的代价实现对相关商业秘密的了解, 以开展不正当竞争, 获取高收益。因此, 在商业信托中, 对于知情权的合理要求和合理目的, 是对受益人知情权行使方式的重要限制, 受托人有权拒绝目的不合理的查询要求。[2]例如,《日本信托法》就列举了受托人可以拒绝信息公开的情形, 包括请求人因确保和行使权利以外的调查目的而请求的、在不当时候提出请求的、以妨碍信托的处理或者损害受益人共同利益为目的提出请求的、请求人经营与信托相关业务有实质性竞争关系的项目等情形。[3]但在实践中, 判断 "不合理的查询要求" 是十分困难的。

---

[1] 卞耀武主编:《中华人民共和国信托法释义》, 法律出版社 2002 年版, 第 88 页。

[2] 李宇:《商业信托法》, 法律出版社 2021 年版, 第 701 页。

[3] [日] 田中和明、田村直史:《信托法理论与实务入门》, 丁相顺等译, 中国人民大学出版社 2018 年版, 第 74 页。

新《证券法》的修订对财务报表审计的影响

瞿 英*

（中国政法大学 北京 100088）

摘 要： 本文深入分析了 2019 年中国证券法的修订及其对财务报表审计的影响。新法规明确了注册会计师的责任，加强了对证券违法行为的处罚，并实施了股票发行注册制，这些改革显著提高了财务报表审计的风险和违法成本，同时也提升了审计质量标准。本文探讨了审计职业面临的新挑战，并提出了加强风险管理、提高职业道德和审计质量的策略，以适应新的法律环境，确保资本市场的透明度和效率。

关键词： 新证券法 财务报表 审计

1998 年全国人民代表大会常务委员会首次通过《证券法》，对于规范资本市场发展而言具有重要作用。经过多次的修正和修订，《证券法》日趋完善。在最近的一次《证券法》修订过程中，立法者提高了对证券违法犯罪行为的处罚力度，这引起了社会的广泛讨论，严罚重罚的法律制度将重燃投资者对资本市场的热情，但也带来了些许疑问。这次改革将以逐步实现注册制作为重点方向，随着注册制的落实，政府监管退居幕后，注册会计师走上台前，承担起监督审计财务报表的职责。基于目前我国的审计环境，注册会计师无疑会面对很多质疑。基于此，本次改革对财务报表有何影响将成为本文所要重点讨论的内容。

---

* 作者简介：瞿英（1997 年— ），女，汉族，黑龙江人，中国政法大学同等学力研修班 2023 级学员。研究方向：经济法。

一、新《证券法》修订历程和重点方向

2019 年 12 月 28 日，第十三届全国人民代表大会常务委员会第十五次会议，审议通过了《证券法（修订案草案）》。[1] 2020 年 3 月 1 日，修订后的新《证券法》正式施行。在我国《证券法》颁布的二十年间，共经历了三次修正和两次修订，分别是 2004 年第一次修正、2005 年第一次修订、2013 年第二次修正、2014 年第三次修正以及本次 2019 年第二次修订。《证券法》是资本市场的根本大法，《证券法》的本次修订推动了我国资本市场向市场化、法治化发展，更为深化资本市场改革奠定了法律基础。

新《证券法》与 2014 年《证券法》相比，在结构上基本保持不变，但在内容上修改幅度较大，共涉及约 150 个条款，并从过去的 12 章增加到 14 章，增设了信息披露和投资者保护两个专章。总体来说，本次证券法修订做出了一系列新的改革，重点修改方向如下：全面确定、分步实施证券发行注册制度；加强监管，证券违法成本显著提高；加强投资者保护，引入集团诉讼制度；强化信息披露要求；扩大证券法的适用范围，统一监管标准。

二、新证券法颁布对财务报表审计的挑战

在 2023 年，证监会及证监局共对 53 家会计师事务所开具了 133 项监管措施，包括 7 件行政处罚和 126 件警示函。7 件行政处罚主要是针对财务造假的公司及其对应的审计机构。2023 年，因中介机构未勤勉尽责作出的行政处罚决定共计 22 件，超过 60% 被处罚主体为财务造假案中承担财务报表审计报告出具责任的会计师事务所与签字会计师。新《证券法》的颁布，给财务报表审计带来了前所未有的挑战。具体如下：

（一）财务报表审计风险显著增加

2019 年，新《证券法》确定将分步实现证券发行注册制，截至 2023 年 2 月，证监会正式宣布全面实行股票发行注册制改革。这意味着，证监会等政府监管部门将退居幕后，注册会计师走向前台，负责审核企业财务信息，这强化了财务报表审计责任。证券市场的运行方式也较以前发生了重大变革，财务报表审计的风险大大提高。对于企业来说，上市的难度降低，不再有名

---

［1］ 王雪：《新〈证券法〉实施与公司避税》，载《财会月刊》2024 年第 7 期。

额和审核限制，随之而来的便是，一些企业为了上市不择手段、粉饰报表，这显然提高了财务报表审计的风险。同时，从审计的内容来看，由于互联网和科技的发展，审计内容不再仅局限于传统项目，非财务报表因素对企业的影响越发重要，这就要求审计师更具洞察力，能够及时发现并预测影响企业经营风险的因素。为此，一旦企业出现困难，便很难发现是属于财务审计问题还是经营问题，这也同样会使审计风险提高。

（二）财务报表审计违法成本提高

新《证券法》第213条第3款规定："证券服务机构违反本法第一百六十三条的规定，未勤勉尽责，所制作、出具的文件有虚假记载、误导性陈述或者重大遗漏的，责令改正，没收业务收入，并处以业务收入一倍以上十倍以下的罚款，没有业务收入或者业务收入不足五十万元的，处以五十万元以上五百万元以下的罚款；情节严重的，并处暂停或者禁止从事证券服务业务。对直接负责的主管人员和其他直接责任人员给予警告，并处以二十万元以上二百万元以下的罚款。"另外，新《证券法》不再以注册会计师是否存在主观故意为处罚的构成要件，过失同样要追责。[1]显然，新《证券法》提高了违法处罚力度，也扩大了责任范围，提高了财务报表审计的违法成本。同时，新《证券法》还强调了投资者保护，引入了集团诉讼制度，即当事人一方人数众多，其诉讼标的是同一种类，由其中一人或数人代表全体相同权益人进行诉讼，法院判决效力及于全体相同权益人的诉讼。集团诉讼制度无疑降低了权益者的诉讼成本，增加了权益受损者的维权途径，让违法者更容易受到法律处罚，这也提高了相关责任方的违法成本。

（三）财务报表审计质量标准提升

新《证券法》实施后，证券发行注册制逐步实施，证券发行和交易都需要依赖审计后的财务报表。其中，在证券发行阶段，从以前的需要证监会审批，转变为现在的满足一定财务指标即可发行证券。这不免让一些企业为了发行股票而粉饰报表。所以，企业财务报表需要经过第三方独立注册会计师审计后才能公布于众，这样经审计后的财务报表才更有说服力，这将对财务报表审计质量提出更高要求。与此同时，在证券交易阶段，越来越多的投资者更倾向于通过财务指标来判断一家企业的未来价值。在注册制下，未来上

---

[1] 李克亮：《新〈证券法〉对独立审计的影响及应对》，载《财会月刊》2020年第16期。

市企业的数量会大大增加，证券市场会变成买方市场，这就需要投资者具备鉴别能力，而鉴别的工具主要是审计后的财务报表，这也要求财务报表审计提高质量，以满足资本市场对财务报表质量的需求。

三、财务报表审计工作的应对措施

（一）重视审计风险，加强防范审计风险

强化审计风险意识，保持应有的职业谨慎，重视防范和控制审计风险是基于保障审计质量、维护审计声誉、促进审计事业发展的需要。如果因为忽视审计风险而导致审计失败，不仅会造成不良的社会影响，而且会损害审计形象，危及审计事业发展。实践证明，只有牢固树立风险观念、恪守应有的谨慎与合理的怀疑才能最大限度地降低审计风险，防止审计失败。

（二）提高职业道德，严禁审计违法行为

审计职业道德六大原则包括：诚信、独立性、客观和公正、专业胜任能力、保密、良好的职业行为。审计的六大职业道德原则是审计人员的核心价值观，也是审计事业发展的思想基础和精神动力。审计职业道德修养的高低事关审计质量的提高和审计效果的提升。强化审计职业道德、增强审计人员的责任感、提升审计队伍的"精气神"是摆在每一个审计人面前的重要课题。

（三）加强专业水平，提高报表审计质量

高质量的财务报表审计是资本市场稳定运行的基础。从长远来看，想要提升财务报表审计质量，需要做到以下三点：一是培养并储备优秀的审计人才。基于审计工作的复杂性，审计人员不仅需要专业的财务知识，还需要丰富的工作经验、敏锐的职业判断和适度的职业怀疑，这导致优秀审计人才是稀缺的。二是完善审计程序。在项目选择上下功夫，充分衡量财务报表存在的风险，避免陷入被动局面。同时，在审计的每一环节都要做好复核工作。三是充分利用社会媒体资源，关注企业新闻动态，了解企业最新资金状况，为财务报表审计提供分析思路。

结　论

新《证券法》较以往做出了多个方面调整，完善了证券市场相关法律法规，也为证券发行注册制打下了法律基础。新《证券法》的颁布提高了财务报表审计的审计风险、违法成本和质量标准，给财务报表审计工作带来了诸

多挑战，但同时也推动了整个审计行业职业水平的进步，使财务报表信息更具透明度和说服力。这对于资本市场筹资和投资环境而言是重大利好，可以减少由财务信息不准确造成的企业价值估值困难问题，保护资本市场的投资者。

授权资本制原理与我国制度支持

马旭东*

（中国政法大学 北京 100088）

摘　要：授权资本制与法定资本制相比，其核心在于赋予公司董事会在一定条件下自主决定发行新股或增加出资比例的权利，这一制度在提高公司融资灵活性和效率方面具有明显优势。此次新《公司法》的修订明确了在股份有限公司可以适用授权资本制，并以法定方式细化了授权的规则及限制条件，相关规则的确立体现了资产信用以及董事会优位主义等公司法现代化的改革趋势。

关键词：授权资本制；法定资本制；公司法修订

2023 年 12 月 29 日修订通过的新《公司法》确立了授权资本制的引入。具体体现为新《公司法》第 152 条第 1 款规定："公司章程或者股东会可以授权董事会在三年内决定发行不超过已发行股份百分之五十的股份。……"我国的资本制度自被 1993 年《公司法》确定为典型的法定资本制以来，经过 2005 年、2013 年两次重大调整。我国通过取消最低注册资本制、实现完全的认缴制等，从严苛的法定资本制走向了宽松，但究其本质仍然属于法定资本制的范畴。此次新《公司法》的修订引入了授权资本制，是在发行体系规则层面上的重塑。基于此，我们需要通过厘清授权资本制的原理以及规则制度层面的变化，理解公司资本制度改革的必然趋势。

---

* 作者简介：马旭东（1990 年—），男，汉族，浙江象山人，中国政法大学同等学力研修班 2023 级学员。研究方向：经济法。

一、授权资本制概念及发展

（一）授权资本制与法定资本制的概念与特征

公司资本制度分为法定资本制和授权资本制。法定资本制主要为大陆法系国家所遵行，指公司设立时必须确定公司的资本总额，并一次性发行且足额认缴或募足才能成立公司。其核心特征在于股份一次性发行，此后的增资须经股东会作出决议。授权资本制则主要由英美法系国家采纳，指在公司设立时需明确公司的资本总额，但公司股份不必一次性发行完毕或出资比例不必一次性认缴完毕，股东只需认缴或实缴一部分公司即可成立，剩余部分则由股东会决议或章程授权董事会在必要时自主决定发行或募集，其核心特征在于董事会在经营过程中有自主决定发行新股或增加出资比例的权利。[1]

（二）授权资本制的产生与发展

授权资本制的产生与发展源于世界各国在 20 世纪以来因顺应全球化竞争、放松管制的时代背景，而广泛开展的对法定资本制的变革。严苛的法定资本制因对公司资本的严格管控而并没有实现保护债权人利益和发挥资本信用的初衷，反而因僵化的制度阻滞了资本市场的发展。《美国特拉华州普通公司法》第 161 条首创性地提出了"授权资本制"的概念。其规定："公司章程大纲授权发行的资本股股份，如果还没有全部发行或认购完毕，也还没有以其他方式承诺发行的，董事会可以随时追加发行资本股股份，或者接受对追加发行的资本股股份的认购，直到达到章程大纲授权的数额。"[2]该法所界定的"董事会授权发行股份"精准地概括了授权资本制的本质特征与精神所在，一直为引入授权资本制的各国公司法所借鉴。许多大陆法系国家在认识到授权资本制在市场经济的优势后，纷纷选择效仿，进而衍生出了兼具两者特色的折中资本制概念。

二、授权资本制的比较优势及意义

（一）破解法定资本制的融资阻碍

在法定资本制下，公司设立时一次性收足大量资本导致公司设立的高门

---

〔1〕 沈朝晖：《授权股份制的体系构造——兼评 2021 年〈公司法〉（修订草案）相关规定》，载《当代法学》2022 年第 2 期。

〔2〕《特拉华州普通公司法》，徐文彬等译，中国法制出版社 2010 年版，第 60 页。

槛，抑制了投资者对于初创企业（尤其是对于创新型项目）的投资积极性，造成了资本的冗余与积压。同时，增资程序中股东会决议等繁琐的召集议决程序增加了公司的运营成本，阻碍了公司的融资效率与规模，也限制了资本市场的灵活性与响应速度，不利于公司运营策略的及时调整。而授权资本制分次发行的特点，则可以避免公司一次性积累大量闲置资本，提高资本融通的灵活性，进而发挥市场主体的经济活力。

（二）资本信用到资产信用的转变的必然要求

从法定资本制到授权资本制的变革，其核心在于现代公司信用基础从资本信用到资产信用的转变。在严格的法定资本制下，公司设立时一次性缴足所有股份，公司的注册资本额可以被视作其偿债能力的客观外化，但公司经营期间总会发生盈亏或资产的涨跌，注册资本与总资产、净资产之间不可避免地会存在脱节的状态，公司对外承担责任的基础终究不是资本而是资产。[1]立法所规制的只是抽象的注册资本，对于反映公司实际运营中的资产状态却无能为力。[2]资产信用由于能反映公司真实资产状态和偿债能力，日益成为公司外部人决定与公司交易与否的关键因素。

（三）顺应了董事会优位主义的改革趋势

授权资本制和法定资本制的本质区别在于公司新股发行的最终权限在于董事会还是股东会，[3]其根源在于股东会优位与董事会优位两大主义的对垒。对于两权充分分离的公司（尤其是上市公司）而言，董事会作为掌握公司整体经营状况的管理层，其能够站在公司经营一线及时利用公司资本的变动来为公司优化经营模式，适用董事会优位则更富有效率。

三、新《公司法》修订中对于授权资本制的制度支持

（一）授权资本制的确立与调整

在此次新《公司法》的修订过程中，关于授权资本制度的规定自2021年12月公布的第一次审议稿到正式稿均予以规定并逐步完善。一次审议稿确定了授权资本制度，并以股东会决议的形式对董事会的发行授权作出了限制，

---

〔1〕赵旭东等：《公司资本制度改革研究》，法律出版社2004年版，第7页。
〔2〕李建伟：《授权资本发行制与认缴制的融合——公司资本制度的变革及公司法修订选择》，载《现代法学》2021年第6期。
〔3〕彭冰：《股东分期缴纳出资制度研究》，载《金融法苑》2005年第4期。

二次审议稿则放弃了以股东会决议限制董事会的立法设计，而是以法定的方式细化了授权的限制条件，包括授权比例、授权时间，并规定了不包括非货币财产作价出资的例外情形。正式稿在保留上述修改的同时在第 152 条增加了第 2 款规定，董事会在授权发行股份后，修改公司章程中的注册资本和已发行的股份数等事项不需要经过股东会表决。

（二）授权资本与注册资本的具体适用

在授权资本制下，公司设立时将会在章程中载明公司资本总额，其中包括注册资本和授权资本。注册资本是基于公司首次发行股份时确定的资本总额，总数为股份数与面额的乘积。并且，根据新《公司法》第 96 条、第 98 条之规定，股份有限公司的注册资本为登记的已发行股份的股本总额，且发起人应当实缴其认购的股份。而授权资本则因其尚未发行故在公司设立阶段不形成公司注册资本，而是体现为一种面向未来的预期将会进入公司的资本，其价值为可发行股份总数与其发行面额的乘积，公司设立后的每一次新股发行都是公司注册资本增加、授权资本减少的过程，在未发生公司增资减资的情形下，公司的总股本始终保持不变。[1]

（三）授权资本制与法定资本制的法定选择

新《公司法》同时包容了授权资本制与法定资本制，即有限公司适用法定资本制，在股份公司则规定了授权股份制。对于股份有限公司，尤其是上市公司等资合性更强的主体而言，通过发行新股融资、扩大公司规模的需求更高，但因其股东众多、召集较难，通过股东会形成发行新股融资的决定阻碍更多，将发行新股的权利配备给董事会显然更为需要。而对于封闭性及人合性更强的有限责任公司而言，因其股东人数少且依赖人身信任机制等特点，增加授权资本的发行规则反而会令规范设计更为冗杂。此外，新《公司法》第 152 条中公司章程或者股东会可以授权董事会发行股份的规定，表示股份有限公司对于适用法定资本制或授权资本制具有选择权，该模式为公司留下了自治空间。当然，根据新《公司法》第 98 条及第 228 条之规定，股份有限公司无论是采取一次发行的法定资本制还是分次发行的授权资本制，股东的出资均需实缴到位。

---

〔1〕 马更新、安振雷：《重塑资本形成：授权资本制的本土化建构》，载《经贸法律评论》2023 年第 3 期。

（四）对授权资本制的约束机制尚待构建

新《公司法》赋予了董事会根据授权自行决定发行股份的权利，董事会若滥用权利违反信义义务而不当发行，应当承担相应的责任。董事会依据授权发行新股而引入新的股东，可能存在原股东股权被稀释而导致新旧股东之间利益冲突的情况，利益受损的原股东是否可以要求停止发行并要求赔偿？由此衍生的新股发行瑕疵救济及权利保障制度的设立与否问题，尚待立法与司法的进一步明确。

行政约谈的反垄断应用分析

苗国华*

（中国政法大学 北京 100088）

摘　要： 随着社会主义市场经济法律体系的不断完善和深化，行政约谈作为一种新型执法手段，在反垄断领域的应用日益广泛。本文旨在探讨行政约谈在市场经济法制化前提下的反垄断具体应用、其优势与面临挑战，并通过案例分析其实际效果，以期为完善我国反垄断执法体系提供理论支持和实践参考。

关键词： 行政约谈　反垄断　监管执法　行政垄断　企业垄断

引　言

政府作为社会主义市场经济体制中市场规则的制定者和监管者，扮演着举足轻重的角色，发挥着多重且不可或缺的职能。政府通过颁布相关法律法规和政策措施，规范市场主体的行为，保护市场主体的合法权益。同时，政府还通过建立健全监管机制，对市场活动进行监督和检查，确保市场运行的秩序和稳定。近年来，反垄断的行政及执法实践随着市场经济的发展不断深化，行政约谈作为一种常见的行政行为，在反垄断领域的应用日渐广泛，其以柔性执法、预防为主、强化沟通等特点，为反垄断监管及执法提供了新的思路和方法。与此同时，其面临的挑战也不可忽视，行政约谈应避免以问题为中心的导向，应从作为过程的行政决定策略角度来予以完善。唯有如此，

---

* 作者简介：苗国华（1983 年—），男，汉族，山西太原人，中国政法大学同等学力研修班 2023级学员。研究方向：经济法学。

才能使行政约谈回归到实现公共理性的正确轨道上来。[1]

二、行政约谈在反垄断监管执法体系中的应用

(一) 行政约谈的概念与特点

将行政约谈定义为"政府对市场的干预"更能凸显行政约谈的本质,[2]行政约谈依约谈对象不同,分为内部约谈和外部约谈。前者指上级行政机关对下级行政机关的有关工作通过约谈给予警示、告诫、告知或指导,属内部行政行为,是传统的行政命令的替代选择或前置的新形式;后者指主管行政机关通过与行政相对人或有关社会组织(如具有一定配合性权力的自治团体、行业协会等)的谈话沟通交流、通报情况、听取意见以及研究指导等,属外部行政行为。[3]故此,行政约谈应指行政机关在履行行政管理职责过程中,针对特定问题或事项,依法约请相关单位或个人进行沟通交流,了解情况、听取意见、提出要求或建议的一种行政行为。在反垄断法中,行政约谈主要用于预防和纠正行政机关滥用行政权力排除、限制竞争及相关头部企业进行市场垄断,侵害消费者合法权益的行为。其特点包括:柔性执法、预防为主、强化沟通等。

(二) 行政约谈在反垄断监管执法中的具体应用

行政约谈作为一种非处分性、非惩罚性、非强制性的行政事实行为和行政指导行为,在反垄断监管中发挥着重要作用。

预防及纠正行政垄断行为。如某市房地产管理局发布一项规定,对当地房产测绘市场准入设置了不合理的限制条件,仅允许该市范围内的部分头部企业参与房产测绘相关业务,导致外地企业难以进入该市场,形成了事实上的行政垄断。该行为限制了市场自由竞争,损害了消费者权益。当地省级市场监管部门得知后,约谈了该局相关负责人,向其详细解释了反垄断法相关规定,指出了其行为可能带来的负面影响,要求其立即撤销不合理规定,恢复市场自由竞争。经过行政约谈,该局撤销了相关的限制性规定,并表示将加强内部学习,确保今后不再出现类似问题。同时,监管部门也对该市市场

---

[1] 王虎:《风险社会中的行政约谈制度:因应、反思与完善》,载《法商研究》2018年第1期。

[2] 胡明:《论行政约谈——以政府对市场的干预为视角》,载《现代法学》2015年第1期。

[3] 郑毅:《现代行政法视野下的约谈——从价格约谈说起》,载《行政法学研究》2012年第4期。

进行了进一步的观察和监测，避免类似行政垄断行为。此案例充分展示了行政约谈在预防和纠正行政垄断行为中的有效性，通过行政约谈，可以及时发现并纠正有关行政部门的违法行为，避免其对市场竞争造成不利影响。相应的，行政约谈增强了行政部门的法律意识和合规意识，可以规范其依法行政、规范行政。

预防及纠正企业垄断行为。如 2023 年 7 月 31 日国家市场监管总局依法约谈 4 家国内知名生猪养殖企业防范企业市场垄断风险的案例。4 家头部企业作为发起人，签订了《互不挖人公约》。该行为背离了我国《反垄断法》精神，不利于构建全国统一大市场。国家市场监管总局依据《反垄断法》和《禁止垄断协议规定》有关规定，约谈了上述 4 家生猪养殖企业，要求企业正视《互不挖人公约》存在的问题，主动整改，规范自身经营行为，切实提升反垄断合规意识和能力。同日，4 家企业发布联合声明，诚恳接受市场监管总局约谈指出的问题，立即整改，撤销有关协议，支持人才自由流动。案例充分展示了行政约谈在预防和纠正企业垄断行为中的积极作用，它能够有效促进企业自觉遵守法律法规，维护市场公平竞争秩序。对推动市场经济高质量发展，具有重要意义。

行政约谈与市场监管执法的关系。首先，行政约谈是市场监管执法的一种前置性预防手段。在市场监管过程中，政府通过行政约谈方式，与市场主体进行面对面的交流和沟通，了解市场主体的经营情况、存在的困难和问题以及潜在的风险隐患。通过这种方式，政府可以及时提醒市场主体遵守法律法规，规范经营行为，防止违法违规行为的发生。其次，行政约谈是市场监管执法的一种柔性可控手段。与传统的行政处罚相比，行政约谈更注重通过信息交流、风险提示等方式，引导市场主体自我纠正、自我规范。有助于减少执法冲突，提高执法效率，还有助于增强市场主体的法律意识和自律意识，促进市场健康发展。此外，行政约谈与市场监管执法相互促进。通过行政约谈，政府可以收集到更多的市场信息和监管线索，为后续的执法工作提供有力支持。同时，市场监管执法可以为行政约谈提供有力支撑，通过执法行动的威慑力，进一步巩固提升行政约谈的效果。

三、行政约谈在反垄断监管执法中的优势与挑战

在反垄断监管领域，约谈从一种带有依附色彩的规制工具，逐渐发展为

了一种稳定的实践安排，

并最终转化为了法律制度。在这个过程中，约谈也从单纯的调查措施演变为了一种劝导优先的机制，并逐渐作为阶梯式监管工具的基础构建发挥作用，成为我国现代化市场监管工具的重要组成部分。[1]行政约谈作为一种非正式的监管方式，既有其显著的优势，也面临着一些挑战。

（一）行政约谈的优势

行政约谈在监管机构与被监管对象之间搭建了有效的沟通桥梁。通过约谈，监管机构能够深入阐述相关政策法规，使被监管对象更加明晰自身的权责与义务。同时，约谈具备较高的灵活性和效率性，在问题初现端倪时即可介入，避免了有关繁琐程序，提升了监管工作的时效性。此外，相较于正式执法手段，行政约谈在成本方面更具优势，有助于监管机构实现资源优化配置。

第一，柔性执法。行政约谈采用柔性执法方式，通过沟通交流的方式指出问题并要求改正，相对于行政处罚等刚性执法手段而言更易于被接受和执行。

第二，预防为主。行政约谈注重预防和纠正行政机关滥用行政权力排除、限制竞争的行为，有助于从源头上消除行政垄断。

第三，强化沟通。行政约谈强调与被约谈单位的沟通交流，有助于增进双方的理解和信任，促进问题的有效解决。

（二）行政约谈面临的挑战

行政约谈在反垄断监管执法中也面临着挑战。首先，其法律效力尚待进一步明确，这在一定程度上影响了其监管效果。其次，约谈对监管机构沟通技巧和专业素养要求较高，需要一定的准入门槛来保障约谈的质量和效果。最后，对行政约谈的监督和问责机制尚不完善，增加了约谈的风险和不确定性。

第一，法律效力问题。行政约谈作为一种柔性执法手段，其法律效力相对较弱，难以对被约谈单位产生强制性的约束力。

第二，执行力度问题。行政约谈的执行力度取决于被约谈单位的自觉性

---

〔1〕 叶明、李文博：《反垄断监管领域约谈制度研究——基于回应性规制理论的分析》，载《竞争政策研究》2023 年第 3 期。

和配合程度，如果被约谈单位拒不整改或配合不力，将影响行政约谈的效果。

第三，舆情影响问题。行政约谈在实践中因其公开性、时效性而难免在一定程度上引起多方的广泛关注和质疑。如国家发展和改革委员会针对部分市场头部企业的集体涨价行为约谈相关企业负责人引起的网络舆情。行政机关约谈企业是为了引导企业正确行使定价自主权，不是行政干预，更谈不上干涉企业的定价自主权。[1]故此，行政约谈要在制度及程序上进行规范和定性，既要关注市场监管的必要性，也要响应市场主体的呼声，在公开、公正、公平上下功夫。

结　论

行政约谈作为一种新型的行政监管手段在反垄断监管执法中的应用具有显著的优势和潜力。通过行政约谈可以及时发现和纠正行政机关滥用行政权力排除、限制竞争及相关头部企业进行市场垄断，侵害消费者合法权益的行为，从而预防行政垄断和行业垄断的发生，并促进市场竞争的健康发展。然而，行政约谈也面临着法律效力、执行力度、舆情影响等方面的挑战，需要进一步完善相关制度机制以提高其效果和执行力。未来我国反垄断监管执法机构应继续深化对行政约谈的研究和实践，探索推动其在反垄断领域发挥更大的作用。

---

〔1〕 钟晶晶：《发改委："约谈"不是行政干预》，载《新京报》2011 年 4 月 20 日。

全面注册制改革下主体定位转变与机制构建问题研究

陈展鸿*

（中国政法大学 北京 100088）

摘　要： 2023 年 2 月中国证监会发布了全面推行股票发行注册制的制度规则，全面注册制作为我国资本市场最具里程碑意义的改革正式全面落地。在新《证券法》于 2020 年 3 月正式实施前后，我国已在上海证券交易所科创板、深圳证券交易所创业板以及北京证券交易所先后开展了注册制的试点工作，为全面推进注册制进行了丰富的实践积累和铺垫。新制度的全面推进，势必伴随着市场参与主体和监管主体定位转变阵痛与机制的重构。

关键词： 新《证券法》　全面注册制　市场监管　定位转变　治理机制

在全面注册制大背景下，市场参与主体和监管主体的定位转变存在的客观问题，以及各参与方如何塑造新型的合作治理机制，能否适应全面注册制的要求，是决定全面注册制能否实质性落地、推动我国资本市场良性健康高质量发展的关键，也是亟须探讨和解决的核心问题。

一、注册制的基本逻辑和改革特点

（一）注册制的基本逻辑和理念

资本市场的基本逻辑在于市场对资源配置的决定性作用，相较于过往的

---

　* 作者简介：陈展鸿（1991 年—），男，汉族，广东海丰人，中国政法大学同等学力研修班 2023级学员。研究方向：经济法学。

股票核准制下由监管机构对证券的投资价值做实质判断，注册制的基本逻辑在于在充分信息披露的前提下，由投资者自行决定是否投资并承担相应的投资风险。注册制的核心理念为信息披露，并把选择权交还给市场，由市场进行判断和筛选。[1]

（二）我国全面注册制改革的特点

全面注册制改革综合前期试点的经验，推行"交易所审核+证监会注册"的基本架构，建立了分工明晰、各有侧重、相互衔接的中国特色注册制审核体系。在该基本架构下，在上市阶段，证券交易所承担实质审核工作，在发行注册阶段，证券监管机构占主导地位。在市场层次上，根据各证券交易所的不同板块定位、上市标准的差异，形成了主板定位于大盘蓝筹，服务于成熟期大型企业；科创板定位于硬科技，服务于高科技创新型企业；创业板主要服务于成长性双创企业；北交所集聚专精特新，服务于创新型中小企业的多层次资本市场。

二、全面注册制改革主体定位转变过程中存在的问题

（一）市场与监管边界仍需不断摸索

在注册制的制度模式下，市场要素发挥决定性作用，监管机构的职能主要在于促进和保障市场决定作用的发挥。相较于核准制，这种模式的转变，改变了政府作用机制和市场运行机制的功能定位和制度结构。在全面注册制改革过程中，监管审核部门仍需要不断摸索市场与监管的边界，这具体体现在把握审核过程中实质判断与形式审核、信息披露中核心信息与冗余信息、审核节奏中明确预期与相机抉择等核心概念边界。只有围绕发行人和投资者之间信息不对称这一核心问题，合理把握监管边界和市场预期，才能够使全面注册制充分调动市场各参与方的积极性，激发证券市场活力。

（二）中介机构义务界定、责任划分边界不清

虽然在注册制下证券法规以及配套业务规则在明确中介机构作为证券市场"看门人"责任上取得了显著进步，但实践中依然存在责任划分不明、免

---

[1] 陈洁：《实行全面注册制的中国逻辑》，载《中国金融》2023年第10期。

责条件不清的情况。[1]根据规定，中介机构应当勤勉尽责，对核查程序、专业判断、出具的专业文件负责，保荐人、会计师事务所、律师事务所等证券服务机构各自对专业领域事项具有特别注意义务，对专业范围之外的事项具有一般注意义务。然而，规则对"特别"和"一般"的区别并未加以明确，导致中介机构对各方责任及义务无法做到系统、准确地把握。在实操中，在证券发行审核过程中，中介机构责任及义务部分往往被扩大化，甚至沦为背书，这一方面与注册制高质高效的发展思路相违背，另一方面会在证券纠纷中引发责任推诿、诉累。

(三) 投资者面临"不合格"困境

在全面注册制下，投资者作为市场的核心参与主体，受主客观因素影响，面临来自市场的挑战和自我提升的困境。其一，伴随着注册制的深入，上市标的数量与时俱增，这对投资者的专业素养、经验、投资价值判断提出了更高的要求，注册制客观上拉高了"合格"投资者专业素养门槛。其二，上市标的数量的增加，也带来了更多潜在的投资风险，针对欺诈发行、财务造假、信息披露不实等上市公司不诚信行为，投资者因缺乏专业的判断和认知，往往处于弱势地位，容易落入欺诈陷阱。其三，在我国证券市场中，中小投资者多数为个人，具有法律意识淡薄且维权意识相对较弱的特点，这会在一定程度上影响投资者寻求权利救济的意愿。

三、全面注册制改革深入发展、完善的机制构建

(一) 构建全面注册制下市场、监管主体合作治理新模式

证券发行制度要解决的根本问题是发行人和投资者之间的信息不对称。[2]相比于核准制下的强监管模式，注册制下各主体合作治理模式的根本是通过高效组织利益相关者的沟通来解决信息不对称问题。全面注册制改革不仅需要法律和规则的确立，更需要监管思路的深刻改变。目前，制度参与的组织构建及运作雏形已经初步形成，机构上如审核中心、上市委员会、行业咨询专家库、行业咨询委员会、投资者保护组织等，运作形式上如证券发行过程

---

〔1〕 沈伟、沈平生：《注册制改革背景下中介机构勤勉尽责责任研究——"看门人"理论的中国版本和不足》，载《洛阳理工学院学报（社会科学版）》2021年第3期。

〔2〕 徐明：《以投资者需求为导向践行注册制改革》，载《中国金融》2023年第10期。

中的信息披露、多轮问询、沟通咨询机制、口碑声誉、重大舆情管理等，在一定程度上为扫清信息不对称的障碍提供了抓手。在全面注册制改革下，政府的角色应更多地聚焦在规则制定、监管和对市场秩序的维护上。[1]合作治理模式的关键是要转变目标、转变理念，将证监会作为规则的制定者和监管者，将交易所作为利益相关者的组织者和监督者，促成发行人与投资者之间的有效沟通。合作治理模式追求利益相关方通过对发行人的共性问题达成一致，对特性问题的解决方案达成认可，杜绝一边倒、一刀切及风险厌恶的监管思维和审核理念，以建立起有效的合作治理机制，高质量推动注册制改革深远发展。

（二）细化注意义务内涵，明确中介机构责任边界划分

针对中介机构责任划分，在规则方面，需要进一步细化和区分"注意义务"的具体情形，厘清中介机构的责任承担和免责具体前提。目前，我国证券保荐发行实际运作中以保荐人为核心，贯穿上市前中后整个流程。而基于这种角色定位，对保荐人一般注意义务的界定往往会超出合理的边界和"一般"的范畴。因此，对保荐人的一般注意义务，应当围绕"社会大众的一般注意水平"，[2]进一步进行梳理和细化，而非过度背书。在专业文件方面，中介机构出具的专业文件中如存在社会大众的一般注意水平皆可意识到的疏漏，则承担未履行一般注意义务的责任。在出现意见交叉、互相引用时，对于交叉部分，中介机构仅需达到一般注意义务水平即可，并与违背特别注意义务的中介机构共同承担责任，双方的具体责任则需根据过错归因、过错后果进行权衡判断。

（三）以价值投资导向的资本市场为立足点，引导市场有效调节，加强投资者教育与保护

上市公司和投资者是资本市场最为核心的组成部分，上市公司投资价值的提升将引发市场投资理念的变化，吸引更多坚持长期主义的投资者，推动资本市场高质量发展。注册制应当以建设价值投资导向的资本市场为立足点，在上市公司发行上市方面，从行业属性、财务指标质量、科技属性等多维度

---

〔1〕 李继伟：《注册制下股票发行制度的法理反思与监管理念革新》，载《河南财经政法大学学报》2024年第3期。

〔2〕 方姝茜：《虚假陈述案件中证券服务机构注意义务的厘清与修正》，载《西南金融》2023年第11期。

全面提高上市公司的内在质量和投资价值；在上市公司监管方面，通过深化退市制度改革，形成应退尽退、及时出清的常态化退市格局，以此推动上市标的池的流动和新陈代谢，有序引导市场有效调节；在投资者端，以培养注册制下的"合格"投资者为导向，加强投资者教育，引导投资者建立长期投资、价值投资的投资理念，提升投资者专业知识储备，风险识别能力和权利救济意识，拓宽投资者权利救济途径，加快建设以投资者为本的全方位、立体化的保护措施、监管体系，以及强化在涉及投资者权益保护的案件中在立案、审判、追责环节的司法保护。[1]

---

[1] 薛峰：《有效保护证券市场投资者权益》，载《中国金融》2024 年第 10 期。

党组织在国有企业法人治理中的法律地位研究

徐源盛*

（中国政法大学 北京 100088）

摘　要：国有企业是推进中国式现代化治理的物质基础和政治基础，法治是推进国有企业高质量发展的制度保障，法治与国企治理间蕴藏着紧密的内生关系。在全面推进依法治国的背景下，本文将以时序视角，理清国企改革的历史演进与党组织在国有企业法人治理中法律地位的历史变化，探讨党组织在国有企业法人治理中的法律地位，为后续完善党组织参与国企治理的法律法规提供理论支持。

关键词：党组织　国企法人治理　国有企业

引　言

随着全面深化改革和依法治国战略的深入推进，建设中国特色国有企业制度已成为国企改革的重要命题。中国特色国有企业制度的"特"在于通过党组织把党的领导融入公司治理各环节。党对国有企业的领导主要通过党组织来实现，在国企历次改革与各门类法律法规的完善过程中，法律对党组织参与国有企业法人治理行为的规范程度不断提高，在一定程度上体现了党组织在国有企业法人治理中法律地位的确立过程。

＊ 作者简介：徐源盛（1994 年— ），男，汉族，云南昆明人，中国政法大学同等学力研修班 2023 级学员。研究方向：经济法学。

一、国企改革中党组织参与国企法人治理的历史演进

在我国的国企改革中，党组织参与国企法人治理可以被分成四个阶段。第一阶段（1978年改革开放以前），处于企业属性混沌期。在有明确的国有企业改革政策以前，党的政策是国有企业管理的主要依据。在"一五"规划时期，我国学习并实行了苏联的"一长制"模式，实行"单一指挥制"和"专责制"。1961年的《工业二十七条》建立了"以厂长为首的统一指挥系统"，实现了"党委领导下的厂长负责制"。这种传统的党委负责领导体制导致党政不分，国有企业经营决策权受到限制。[1] 第二阶段（改革开放初期到20世纪90年代），处于经济属性的强化期。国企改革之初围绕扩大企业经营自主权而展开，十二大提出"计划经济为主，市场调节为辅"。1984年《中共中央关于经济体制改革的决定》明确提出，所有权和经营权适当分开，"厂长（经理）负责制"取代"党委领导下的厂长负责制"。党组织在国有企业中的功能被一定程度淡化。第三阶段（社会主义市场经济时期（1992—2012年）正处于产权改革平衡期，党组织并不参与具体决策，主要发挥政治核心作用，对政治方向进行把控。2004年《中央组织部、国务院国资委党委关于加强和改进中央企业党建工作的意见》首次提出了国企党组织"双向进入、交叉任职"的人员构成体制，同时党组织要参与到企业重大事项决策中。第四阶段（党的十八大以来），政治核心向领导核心转变期，2020年中央深改委第十四次会议审定《国企改革三年行动（2020—2022年）》，以及2023年改革政策《国有企业改革深化提升行动方案（2023—2025年）》印发以来，有效落实了《关于中央企业在完善公司治理中加强党的领导的意见》，通过坚持和加强党对国有企业的领导，一些企业党的领导、党的建设存在的弱化、虚化、淡化、边缘化等问题得到了根本扭转，党建政治优势更好地转化为企业发展优势，党组织从具有事前建议权的政治核心作用转变为具有决策权的领导核心作用，把党的领导贯穿到公司治理全过程成了趋势，为改革不深入的国企特色治理结构建设指明了方向。

---

〔1〕 漆思剑、漆丹：《企业党组织内嵌国有企业法人治理结构的法理基础及其实现路径》，载《经济法论丛》2021年第2期。

二、党组织在国有企业法人治理中的法律依据

（一）党组织国有企业法人治理的宪法依据

宪法作为我国的一项根本大法，自中华人民共和国成立以来，历经 4 次修订，在过往的宪法修订中，立法者始终强调国有经济是国民经济发展的重要支柱，是社会主义初级阶段时期内长期存在的，但没有对党的领导地位进行明确说明。在 2018 年 3 月，我国《宪法》序言对中国共产党的领导地位作出了明确规定："中国共产党领导是中国特色社会主义最本质的特征。"本次宪法修正进一步强调党的领导地位具有法律权威。此外，《宪法》还规定，党必须在宪法和法律的范围内活动，这表明党组织在参与国有企业治理的过程中也必须遵从宪法和法律范围的相关规定，这是对党组织治理国有企业的权利限制。

（二）党组织国有企业法人治理的党内法规依据

中国共产党是我国社会主义建设的领导核心，《中国共产党章程》是国家法律的指引，纵观党章修改历程，可以看到，党组织在国有企业治理中的管理范围、管理程度逐步得到确立。1956 年《中国共产党章程》到 1992 年《中国共产党章程》，从泛泛规定基层党支部讨论和决定本单位的工作问题，逐步对党组织领导工作范围、政治核心的作用作出更详细的规定。2002 年通过党的《中国共产党章程》将主体由"全民所有制企业"换成了"国有企业和集体企业"，把"企业内部架构"换成了"股东会、董事会、监事会和经理"，明确了党的领导的关键是要融入国有企业法人治理结构。2022 年 10 月修正的《中国共产党章程》规定，党组织在国有企业治理中起领导作用，把方向、管大局、保落实，依照规定讨论和决定企业重大事项。

（三）党组织国有企业法人治理的公司法依据

《公司法》是根据《宪法》的具体原则规定，对党组织在公司中的活动进行进一步明确要求。1993 年《公司法》提到，中国共产党基层组织的活动在公司中依照《中国共产党章程》办理。1999 年《公司法》"增设国有独资公司监事会"。2018 年《公司法》增加了"公司应当为党组织的活动提供必要条件"的规定，这一条款的增设赋予了国家控制大型国有公司的合法性。2023 年《公司法》扩大了对国有公司类型的规定，以国家出资公司作为国有独资公司和国有资本控股公司的上位概念重新进行范围界定，并对党组织在

国家出资公司治理中的作用作出了进一步明确："国家出资公司中中国共产党的组织，按照中国共产党章程的规定发挥领导作用，研究讨论公司重大经营管理事项，支持公司的组织机构依法行使职权。"为国有企业发挥社会和经济作用提供了制度保障。

三、强化党组织参与国有企业治理的法律地位面临的难点

（一）授权参与法规不明晰，法律地位确定性受到挑战

当下，对党组织参与国有公司治理的规定有《宪法》《公司法》，《宪法》是总纲领性的，《公司法》有且仅有1条规定，并且这条规定将党组织参与国有公司治理的依据援引到了《中国共产党章程》之中，而《中国共产党章程》对党组织参与国有公司治理的规定则较为抽象，法律依据不足。[1]缺乏可操作性的法律授权确权规定，对原本存在于国有公司中的权利没有予以总结、提炼、确认和保障，党组织参与决策的具体内容、形式和程序无法可依，这会导致党组织在行使权利和履行义务时缺乏明确的法律依据，进而影响到其法律地位的确定性。

（二）具体参与方式不明确，法律地位稳定性无法保障

无论是法律还是规范性文件，法律规定对党组织参与国有公司治理的功能作用和具体途径都不清晰，党组织通过"双向进入、交叉任职"的方式参与国有公司治理，但是该制度只能强化党组织在国有公司治理结构中的地位，间接地发挥作用，却不能明确党组织在国有公司治理结构中的法定地位。[2]如果想在重大问题决策上使党的意志得到实施，理论上在"双向进入、交叉任职"制度中并无规定。实践中，党组织的人员素质及能力难以担起此重任，法律地位稳定性无法得到保障。

（三）履责监督规定有空白，法律地位权威性易被质疑

虽然《公司法》等法律法规对公司的治理结构、权力运行等作出了有明确规定，但党组织在其中的角色定位、职责权限以及监督手段等仍存在制度性空白，使得党组织在履行监督职能时缺乏明确的法律依据和指导。一是现有规定多为原则性表述，缺乏针对性和可操作性，监督机制不健全、监督手

---

[1] 安志惠：《党组织参与国有公司治理法律问题研究》，福建师范大学2018年硕士学位论文。
[2] 陈云良：《从授权到控权：经济法的中国化路径》，载《政法论坛》2015年第2期。

段有限，党组织在履行监督职能时往往会面临诸多困难，对于违反规定的行为，党组织可能缺乏有效的制止和纠正手段，对于重大决策和经营活动，党组织可能难以获取充分的信息或参与决策过程；二是董事会成员与经理人员、国有企业党委成员之间的高度重合，使得监督者与被监督者之间往往存在复杂的利益关系和权力关系，这种体制性安排不仅影响了党组织监督职能的独立性，也容易导致监督工作的失效，影响其法律地位的权威性。

结　语

本文对党组织在国有企业法人治理中的法律地位进行了探讨，更多是基于对国企改革中党组织参与国有企业法人治理的演进过程和法律依据的脉络进行梳理，试图阐述清楚当前强化党组织参与国有企业治理的法律地位面临的难点。本文内容不可避免地存在局限和不足之处，留待以后深入研究。

董事高管内幕信息责任规则研究

张 岩*

（中国政法大学 北京 100088）

摘 要： 随着证券市场的快速发展，内幕信息泄露问题日益凸显，严重损害了投资者利益和市场公平。本文探讨了董事高管在信息披露、内幕交易及责任保险等方面的法律责任及其对上市公司财务报告真实性的影响。通过对不同国家和地区董事高管信息披露法律责任的比较研究，揭示了当前我国在此领域存在的问题和挑战。同时，分析了内幕交易对企业财务报告真实性的潜在影响，以及董事高管责任保险对提高企业信息透明度的作用。本文旨在为未来的法律制度改革提供理论支持和实践指导，以促进资本市场的健康发展。

关键词： 董事高管 内幕信息 法律责任

一、董事高管信息披露的刑事、行政和民事责任

（一）董事高管信息披露的法律责任在不同国家和地区的比较研究

董事高管信息披露的法律责任在不同国家和地区的比较研究涉及多个方面，包括信息披露制度的形成与建立过程、信息披露监管理念的变化及法律责任体系等。在美国，信息披露监管理念在不同阶段有所变化，但保护投资

---

* 作者简介：张岩（1986年—），女，汉族，山东日照人，中国政法大学同等学力研修班2023级学员。研究方向：经济法。

者始终是核心价值取向。[1]我国作为新兴市场国家，证券市场和法律制度建设处于快速发展阶段，试图吸收和借鉴发达国家的经验和教训。在信息披露法律责任体系方面，中美两国存在区别。美国特拉华州最高法院 2009 年的一项判决首次单独讨论了公司高管的信义义务，认为公司高管与董事的信义义务一致，但有学者认为应有所区别，主张高管主要承担注意义务，而董事则负责指示和监督。[2]美国公司高管与董事的法律责任界定更为明确，要求也更高。我国独立董事的法律责任制度具有特殊意义，采纳较低的实际责任水平，这与国外有所不同。这种差异反映了不同法系、国家和地区在公司董事义务及其责任研究上的不同立法规定和理论基础。通过对比研究可以发现，我国与发达国家在社会责任信息披露方面存在差异，表明企业社会责任信息披露实践和要求因国家而异，受各自法律、文化和经济发展水平的影响。这些差异不仅体现在信息披露制度的形成和建立上，也体现在信息披露法律责任体系的构建上。

(二) 董事高管信息披露的法律责任比较

1. 董事高管信息披露的刑事责任

在各国和地区，董事和高管基于信息披露违规行为所承担的刑事责任存在显著差异。在美国，证券法规严格要求信息披露的真实性和完整性，董事高管若违规，可能面临刑事指控。英国和德国等欧洲国家也有类似规定，但定罪标准和处罚力度不同。在中国和日本，针对信息披露违规的刑事处罚也在加强。

2. 董事高管信息披露的行政责任

行政责任是董事高管因信息披露违规而面临的主要责任形式之一。不同国家和地区的证券监管机构对信息披露违规的行政处罚方式和力度存在差异。例如，美国证券交易委员会 (SEC) 可以对违规的董事高管实施罚款、市场禁入等行政处罚；英国的金融行为监管局 (FCA) 则更注重对违规行为的调查和处罚。在中国，中国证券监督管理委员会 (CSRC) 对信息披露违规的董事高管也有明确的行政处罚措施，如警告、罚款等。

---

〔1〕 参见王斌：《证券市场信息披露及其法律责任研究——以中美两国制度比较为视野》，复旦大学 2008 年硕士学位论文。

〔2〕 参见樊云慧：《公司高管义务与董事义务一致吗？——美国的司法实践及其对我国的启示》，载《环球法律评论》2014 年第 1 期。

3. 董事高管信息披露的民事责任

民事责任是董事高管因信息披露违规而可能承担的另一种责任形式。当其行为导致投资者遭受损失时，投资者有权提起诉讼，要求赔偿。尽管不同国家和地区的民事赔偿制度存在差异，但普遍遵循"谁侵权谁赔偿"的原则。在美国，投资者可以通过民事诉讼要求违规的董事高管赔偿损失；在中国，投资者同样可以通过民事诉讼维护自己的合法权益。

4. 我国董事高管信息披露的法律责任

中国证监会对上市公司信息披露违法案件中董事责任的追究，是遏制信息披露违法、促使上市公司规范运作的重要手段。实证分析表明，我国独立董事在信息披露方面主要承担诚信义务、勤勉义务、民事责任、不保证声明以及责任限额与免责条件等法律责任。上市公司高管需要权衡造假收益与潜在惩罚，这种行为经济学分析解释了高管持续造假的形成机制。同时，内幕交易为我国证券法所明令禁止，但关于内幕交易引发的民事赔偿归责原则尚无直接规定或司法解释。

二、内幕交易对上市公司财务报告真实性的影响

内幕交易是证券市场中一个数量广且危害性大的违法行为类型，我国立法和执法层面均对内幕交易持严惩立场。内幕交易对上市公司财务报告真实性的影响主要体现在以下几个方面。

其一，内幕交易导致财务报告舞弊增加。内幕交易伴随信息不对称，董事高管利用未公开信息交易，有动机篡改财务报告掩盖非法获利。其二，内幕交易会导致股价与业绩扭曲。知情人利用未公开积极信息提前买入股票，在信息公开前推高股价。信息被普遍知晓后，股价过度调整，导致短期内股价与公司真实业绩出现偏差。其三，内幕交易导致监管难度增加。监管揭示内幕交易，需要追踪大量的内幕信息流动情况，其隐蔽性使得监管困难增加，甚至难以追究责任。其四，内幕交易致使广大普通投资者信心受损。内幕交易本质上会破坏市场公平和透明度，广大普通投资者难以获得准确的公司信息，会导致整个资本市场尤其是中小投资者的信心受损。其五，存在法律与制度环境的挑战。现有的法律和制度框架在信息披露和内部控制方面存在一些不足，所以内幕交易给现有的法律与制度环境带来了挑战。有效的监管和

法律制裁是防止内幕交易和相关财务报告舞弊的关键。[1]

综上，内幕交易对上市公司财务报告真实性的影响是多方面的，不仅包括直接的财务报告舞弊，还涉及股价与业绩的扭曲、监管难度的增加以及对投资者信心和法律制度环境的挑战。

三、董事高管责任保险与企业信息透明度

（一）董事高管个人信息披露对上市公司的实质影响

发达的证券市场需要完善的法律规制，尽管理论界对董事高管个人信息披露仍有质疑，但实践已开启其大门。董事高管的基本情况、专业背景、工作经历和年度报酬等信息对投资者决策有重要影响，有助于评估公司的管理能力和运营效率，从而影响投资决策。同时，个人信息披露还可以提升市场透明度，减少信息不对称，降低投资风险。公开披露个人信息有助于建立公司诚信、透明的形象，提升市场声誉，改善公司治理结构。明确董事高管个人信息披露的法律责任有助于维护市场秩序和投资者权益。因此，上市公司应重视对董事高管个人信息的披露，确保信息真实、准确、完整和及时。

（二）董事高管责任保险与企业信息透明度

D&O 保险具有激励和监督效应，提高企业信息透明度。企业认购 D&O 保险可显著提高信息透明度，特别是机构投资者持股高的企业。D&O 保险对信息透明度和投资者决策的影响主要体现在以下几个方面：首先，提高信息披露质量和降低信息不对称。引入第三方监督机构改善公司治理效果，向投资者传递积极信号，增强投资者信心。[2]此外，D&O 保险的购买还被视为一种外部监督机制，有助于优化内部控制环境和缓解代理冲突，从而提高会计信息披露质量。[3]其次，增强投资者信心，提供来自评估组织治理风险的无偏见信号。再次，通过抑制管理者过度自信，降低企业非效率投资，提高投资效率。最后，作为对公司治理的补充。

---

〔1〕 参见沈冰、郭粤、傅李洋：《中国股票市场内幕交易影响因素的实证研究》，载《财经问题研究》2013 年第 4 期。

〔2〕 参见赵国宇、梁慧萍：《董事高管责任保险促进企业创新吗？——基于信贷寻租和融资约束的视角》，载《外国经济与管理》2022 年第 3 期。

〔3〕 参见王岚、顾海荣：《董事高管责任保险能提高会计信息披露质量吗？——基于内部控制和代理成本的视角》，载《金融与经济》2022 年第 9 期。

综上，董事高管责任保险通过提高信息披露质量、增强投资者信心、促进企业创新、影响投资效率以及作为对公司治理的补充，对企业信息透明度和投资者决策过程产生了积极的影响。

证券信息披露制度的价值与改进

陈　攀*

（中国政法大学 北京 100088）

摘　要： 证券信息披露制度在证券市场当中占据着重要地位，平衡着投资者与经营者之间的关系，使之得以良性运行。注册制的推行使得我国的证券市场迈入了新的篇章，新兴板块的兴起使得我国的证券市场信息披露制度迈入了新阶段。本文旨在探讨证券信息披露制度的价值与改进。信息披露是证券市场的基础，对投资者、公司和市场监管机构而言都具有重要意义。因此，本文将结合我国国情，对信息披露制度的基础理论进行细致分析，对我国信息披露制度相关内容和现状进行总结，进而对我国的信息披露制度在立法与司法实践中存在的问题进行总结，并提出解决这些问题的建议。

关键词： 信息披露　证券市场　监管机构

引　言

证券市场作为经济的重要组成部分，对于资本的配置和企业的发展而言具有重要影响。在证券交易过程中，信息的披露是保护投资者利益、维护市场秩序的基础。然而，当前证券信息披露制度仍然存在一些问题，如信息不对称、披露不及时和披露内容不完整等。因此，改进证券信息披露制度具有重要的现实意义。

完善的信息披露制度对于证券市场而言具有诸多益处。其一，确保证券

---

　　* 作者简介：陈攀（1991 年—），女，亿佬族，贵州遵义人，中国政法大学同等学力研修班 2022 级学员。研究方向：经济法。

市场的理性运作。作为一个大数据提供者，股市需要一个信息披露系统来支持它。其二，保护了证券市场投资者的利益，及时掌握信息，作出合理选择。另外，由于信息披露制度要求公平、真实、完整、准确。因此，其可以改善公司的内部治理结构。使得上市公司了解自己在市场中的地位，及时互补，从而重置市场资源、促进证券市场发展。因此，本文将针对信息披露制度提出合理的建议，从而更好地完善信息披露制度。

一、证券市场信息披露的法律制度概述

信息披露制度最早起源于英国的《反金融欺诈和投资法》。但是，信息披露体系建设得比较完整的是美国。[1] 美国的《蓝天法》为规范证券市场、保护投资者利益奠定了良好的基础。由于国际证券市场均以美国证交会的要求为标准，加之美国大公司在世界各国的影响，尔后，所有证券业的后发展国家无不把证券信息披露制度作为证券法的基本制度加以系统性规范和严格执行。借此，从实用与理论的视角对其科学性给予充分论证，对于理解证券信息披露的基本原则和认识、完善我国的证券信息披露制度而言具有重大意义。[2]

证券信息披露制度是证券市场上非常重要的系统。具体表现为所有需要披露的信息都需要进行相关的披露。目的是保障证券市场中的中小投资者。另外，也保障股票市场的良好运行，从而平衡两者之间的关系。信息披露制度是由证券市场的投机行为产生的。所以，信息披露问题在股票市场中占据着重要的地位。

信息披露对于证券市场而言有很重要的价值，体现在方方面面上。上市公司的股票价格趋势与其对应时间披露的企业运作相关内容有一定的关系，虽然影响证券价格的因素有很多。证券的质量和价格直接受到发行人的组织结构、股权结构、财务状况和经营管理的影响。此外，信息披露还能有效防止证券欺诈，保护投资者的利益。信息披露内容的公开，有助于相关投资者基于披露的财产状况或其他资讯作出判断，从而防止证券欺诈。

因此，证券信息的披露可以提高证券市场效率。[3] 证券信息是复杂的，

---

〔1〕 侯汉杰：《证券信息披露制度的若干问题探讨》，载《经济法论丛》2001 年第 1 期。

〔2〕 侯汉杰：《证券信息披露法律制度的理论依据》，载《政法论丛》2004 年第 1 期。

〔3〕 冷军：《我国上市公司财务造假的民事责任研究》，载《现代经济信息》2010 年第 24 期。

投资者很难全面把握专业信息。完善的信息披露制度保障证券市场的良好运行，提高其效率，促进企业进行更好的管理。上市公司的股权相对分散，资本流动性强，为了在社会上获得更高的评价，公司管理层往往会注意到内部管理的改善，使得内部管理更加规范和稳定。

二、我国信息披露制度存在的问题与原因分析

(一) 证券市场监管不到位

在最近数年间，我国加强了对证券市场的监管，力求找寻最适合当前的监管方法。相对于成熟国家的证券交易所的自律监管而言，我国证券交易所的监管依然比较凌乱，多头监管部门存在重复审查现象和交互意见分歧。不同监管部门意见要求不同、标准不统一，增加了企业与各类监管部门的沟通和主动合规难度。由于处理方式不同，难免存在处罚失当问题。

我国对证券市场的监管比较简单，重视政府的监管，但是忽视了自主监管。这也是由我国的国情导致的。但是，这两者并不是相互排斥，而是相辅相成的。政府监管起主导作用，自律监管相较于政府监管而言更加柔和、贴近市场，从而使市场主体更易于接受。此外，政府监管与自律监管的联动性不强、配合度不高。

(二) 信息披露的违规成本低

最新《证券法》将罚款从 1 倍增加到了 10 倍。处以固定刑的，从 30 万元增加到 60 万元，此前最高不超过 200 万元，而当前最新法律的罚款则为不超过 2000 万元，违规成本相较于以前大幅度增加了。但不可否认的是，虽然违规成本大幅度增加，但是仍然存在需要解决的问题。例如，旧版本的《证券法》在处罚程度上还是存在一些问题。如旧版本的《证券法》规定，对信息披露违法行为的处罚从 30 万元到 60 万元不等。留给证监会酌情处理的余地不大，处罚 30 万元与处罚 60 万元相差并不是很大。但是，在欺诈罚款方面，处罚金额则为 200 万元到 2000 万元。相对比来看，两者之间的差距是巨大的。因此，留给证监会的裁量余地就会很大。

此外，新《证券法》规定的罚款起点仍然很低，而且仍有一个上限。例如，涉及虚假陈述的，处 100 万元到 1000 万元罚款，虽然处罚 1000 万元的罚款看起来并不低，但是这也意味着最高罚款是 1000 万元，对那些严重违法行为起不到威慑作用。另外，最低 100 万元的罚款并没有任何威慑力，相比于

旧版 60 万元的最高罚款并没有高多少。在信息非法披露的身后，通常隐藏着巨大的利益，比如欺诈性分销。[1]然而，也是由于法律法规的缺陷导致了不当的惩罚，从而导致了更多违法违规行为的发生。

三、完善我国证券市场信息披露制度的立法建议

（一）多方位建设我国证券市场信息披露制度

新版修订实施的《证券法》提到了自愿性信息披露，这表明我国开始重视自愿性信息披露，肯定了其地位。但是，并未系统地作出规范，仅仅只是提到。我国已经明确施行注册制，对企业的要求就会更高，参照欧美国家建立自愿性信息披露制度对于投资者和企业而言都是十分有利的，可以促进证券市场良好发展。

自愿性信息披露更强调自愿。何为自愿？其具体指公司自主决定所要披露的信息、披露什么信息、怎样披露。此外，由于自愿信息披露无具体规定，每个公司之间的经营情况又有所不同，作为理性的公司经营者在自愿披露信息时，一般都会选择披露对公司利好的信息，避开不好的信息，进而导致披露的信息存在很大的不确定性。

从新修订的《证券法》来看，我国正在逐步形成的是分层证券市场。例如证券交易所、国家证券市场、国务院批准的国家证券市场以及由国务院管理的区域证券市场。经国务院批准的证券交易所和其他国家证券交易所可以在法律上创造不同的市场水平。未注册的证券可以在上述证券交易所转让，应授权国务院开发国家证券交易所和区域股市管理工具。

（二）建立全方位的证券监管体系

随着证券市场的不断完善发展，自律组织的监管地位需要提高。在我国，政府监管一直居于主导地位。而如今随着经济的发展，需要发挥自律组织的作用。政府监管需要依赖法律规范对市场进行管理，但这样就失去了灵活性，且法律调整不了市场中的全部问题。政府监管的本质决定了自己本身存在一些限制。政府监管只能界定证券市场参与者的行为边界。对于市场参与者应该在法律允许的范围内做些什么，法律想要作出全面的规定是不可能的。

---

〔1〕《提高信息披露违规成本 补齐制度短板不可或缺》，载 https：//finance.sina.com.cn/stock/relnews/cn/2019-08-03/doc-ihytcerm8283468.shtml，最后访问日期：2024 年 7 月 26 日。

　　而证券交易所的自律监管在市场中更为灵活，监管效率更高。因为自律监管比证监会的监管更贴近市场。能够及时掌握证券市场的变化，同时灵活调整，更好地了解证券市场信息。

股东信义义务实现机制与法律保障

刘 飞*

（中国政法大学 北京 100088）

摘 要： 在中国的公司治理中，股东信义义务的实现机制与法律保障至关重要。股东信义义务主要体现在忠实义务和注意义务两个方面，要求控制股东在行使控制权时，不得损害公司及其他股东的利益。当前，中国的公司治理存在控制股东滥用权力的现象，亟须建立完善的法律保障机制。首先，必须在立法层面明确控制股东的信义义务，确保法律条文的可操作性和权威性。其次，强化公司内部的监督机制，包括监事会和独立董事的双重监督，以约束控制股东的行为。最后，建立有效的诉讼救济机制，降低中小股东的维权成本，提供实质性的法律救济。这些措施将有助于平衡股东之间的利益，促进公司健康发展。

关键词： 股东信义义务、法律保障、公司治理、控制股东、监督机制

引 言

在现代公司治理中，股东之间的利益冲突常常成为影响公司稳定和发展的关键因素。尤其是在股权高度集中的公司中，控制股东滥用权力损害中小股东和公司整体利益的现象屡见不鲜。如何在法律层面上保障股东信义义务的有效实现成了亟待解决的重要问题。系统的法律保障和监督机制既可以有效遏制控制股东的滥权行为，也能为中小股东提供切实可行的救济途径。本

---

* 作者简介：刘飞（1984年—），男，汉族，辽宁朝阳人，中国政法大学同等学力研修班2023级学员。研究方向：经济法。

文将围绕股东信义义务的实现机制与法律保障这一主论点，探讨现存问题及其解决方案，以期为构建更为公正和高效的公司治理结构提供理论支持和实践指引。

一、股东信义义务的基本概念与法律基础

（一）股东信义义务的定义与内涵

股东信义义务是一种法律义务，要求股东在行使其权利时必须考虑并保护公司及其他股东的利益。这一义务主要包括忠实义务和注意义务。忠实义务要求股东在行使控制权时，必须优先考虑公司的整体利益，避免任何形式的利益冲突行为。例如，控制股东不得通过关联交易或其他手段，从公司获取不正当利益，损害公司及其他股东的合法权益。忠实义务的核心在于防止股东利用其地位谋取私利，而不是为了公司的最佳利益行事。[1] 注意义务则要求股东在行使其权利时，以一个普通谨慎的投资者的标准进行合理判断和决策。这意味着股东应充分了解和掌握公司的经营状况和市场环境，作出有利于公司长期发展的决策。注意义务不仅限于形式上的遵守法律程序，还包括实质上的合理审慎。

（二）法律基础与相关法条

股东信义义务在中国法律体系中有明确的法律基础。现行《公司法》第21条明确规定，股东不得滥用股东权利损害公司或其他股东的利益。这一条款为股东信义义务提供了法律依据，强调股东在行使其权利时，应遵循诚信原则，避免任何形式的滥权行为。[2] 此外，《公司法》第265条对控股股东的定义及其责任作出了详细规定，进一步明确了股东信义义务的适用范围。《公司法》第180条规定，公司股东应当对公司及其他股东承担忠实义务和注意义务。此条款具体体现了股东信义义务的核心内容，即忠实义务和注意义务，要求股东在行使权利时，应当诚实守信、尽职尽责。该条款还规定，股东不得利用其股东地位损害公司和其他股东的利益，通过法律手段明确了股东行为的法律界限和责任追究机制。此外，相关的司法解释和部门规章也对股东

---

〔1〕 董敏、刘轶：《控股股东信义义务的理论反思与制度构建》，载《区域金融研究》2023年第12期。

〔2〕 参见邹学庚：《控股股东信义义务的理论反思与类型化》，载《比较法研究》2023年第4期。

信义义务进行了细化。这些法律条文和规章制度共同构成了股东信义义务的法律保障体系，为公司治理提供了坚实的法律基础。

二、股东信义义务实现的现存问题与难题

（一）控制股东滥权现象及其危害

控制股东滥用权力的问题在中国的公司治理中表现得尤为突出。由于股权高度集中，控制股东往往通过支配公司董事会和管理层来实现对公司的实际控制，从而可能发生滥用控制权的行为。这种行为包括但不限于以下几种形式：关联交易不公、侵占公司资产、违规担保、剥夺中小股东利益等。关联交易不公是控制股东滥权的常见形式。控制股东通过其控制的公司与其他关联公司进行交易，这些交易可能不符合市场公允价格，从而损害公司及其他股东的利益。侵占公司资产则表现为控制股东利用其控制地位，将公司的资金、资源转移至其控制的其他企业或个人账户，直接侵害了公司的财产权益。违规担保是指控制股东未经公司内部合法程序，为其控制的其他公司或个人提供担保，这不仅使公司承担了额外的财务风险，也违反了公司治理的基本原则。控制股东滥权还可能通过操纵股东大会、董事会等形式，剥夺中小股东的合法权益。控制股东滥权行为的危害是多方面的。它直接损害了公司和中小股东的经济利益，破坏了公司的治理结构和内部控制机制，降低了公司的市场价值和投资者的信心，影响了公司的长期发展和竞争力。

（二）监督机制的缺失与挑战

监督机制的缺失是制约股东信义义务实现的重要因素。在公司治理中，监事会和独立董事是对控制股东行为进行监督的重要机制。然而，当前的监督机制在实际操作中面临诸多挑战，未能充分发挥其应有的作用。监事会作为公司的内部监督机构，其主要职责是监督董事会和高级管理人员的行为，确保公司依法经营。然而，在实际运作中，许多公司的监事会成员由大股东或其关联方提名，导致监事会难以对控制股东的行为进行独立监督。此外，监事会成员的专业能力和履职能力不足，使其无法有效履行监督职责，对控制股东滥用权力的行为难以及时发现和制止。

独立董事制度是公司治理中另一项重要的监督机制。独立董事的主要职责是监督公司的管理层和控股股东，保护中小股东的利益。然而，独立董事在实践中面临多重困境。首先，独立董事的选任和评价机制不完善，独立性

不足，很多独立董事与公司或控制股东存在利益关联，难以真正发挥独立监督的作用。其次，独立董事的薪酬和工作条件不具吸引力，导致难以吸引高素质的专业人士担任独立董事。此外，独立董事缺乏有效的信息获取渠道和决策支持，难以全面了解公司的运营情况和决策背景，从而影响其履职效果。

三、完善股东信义义务法律保障的对策建议

（一）立法建议

完善股东信义义务的法律保障，首先需要在立法层面进行系统性的改进。明确控制股东的信义义务是关键。在《公司法》中，应增加专门条款，明确规定控制股东的忠实义务和注意义务，细化其具体内容和适用范围。同时，立法应当明确控制股东在关联交易中的行为规范，要求其披露关联交易的具体信息，并设立独立董事或特别委员会进行事前审批，以确保交易的公平性。对于控制股东滥用权力的行为，立法还应设立严厉的法律责任制度。包括民事责任、行政责任和刑事责任在内的多层次法律责任体系，可以有效威慑控制股东，促使其规范行使控制权。立法还应规定对于控制股东违信行为的举证责任倒置机制，减轻中小股东的举证负担，保障其合法权益。

（二）监督机制的强化

强化公司内部的监督机制是确保控制股东信义义务有效落实的重要环节。首先，监事会的独立性和权威性需要进一步提升。应完善监事会成员的选任机制，确保监事会成员独立于控制股东，并具备专业素质和履职能力。同时，应赋予监事会更大的职权，包括查阅公司财务报告、审核重大交易、监督公司高管等，以增强其监督效能。独立董事制度的改进同样重要。[1]应完善独立董事的选任和评价机制，确保独立董事真正具备独立性，并对公司事务有深入了解。还应提高独立董事的薪酬待遇和履职条件，吸引更多高素质的专业人士参与公司治理。

（三）诉讼救济机制的完善

完善的诉讼救济机制是保护中小股东合法权益的最后一道防线。首先，应降低中小股东提起股东代表诉讼的门槛，简化诉讼程序，减轻中小股东的诉讼负担。《公司法》应明确规定股东代表诉讼的具体条件和程序，保障中小

---

〔1〕 参见丁睿文：《控股股东信义义务规范路径研究》，北方工业大学 2022 年硕士学位论文。

股东能够依法对控制股东的违法行为提起诉讼。在诉讼过程中，应引入举证责任倒置机制，明确控制股东在关联交易和利益冲突交易中的举证责任。有效减轻中小股东的举证压力，增加控制股东的违法成本，促使其谨慎行事。

司法机关在审理股东诉讼案件时，应严格依法审判，确保公正裁判。应加强对公司法领域专业法官的培训，提升其审判能力和专业水平，以保障股东诉讼案件的审判质量。对于控制股东违信行为，应依法追究其法律责任，保护中小股东的合法权益。最后，监管机构应加强对股东诉讼案件的监管和指导，确保法律的正确实施。通过上述措施，形成完备的诉讼救济机制，为股东信义义务的实现提供有力保障。

必要设施理论的原理构造和应用

吉 宁*

（中国政法大学 北京 100088）

摘 要：必要设施理论是反垄断法中的重要概念，源自美国，是必要设施的控制者必须向其他竞争者开放其设施的反垄断法理论。必要设施理论的原理也基于不同的应用场景在不断发展和完善，尤其是在目前的互联网经济领域，存在着平台数据垄断的情况。由此，数据是否构成必要设施，需要进一步探讨，以使必要设施理论更好地促进市场公平竞争和可持续发展。

关键词：必要设施 原理构造 市场支配地位

必要设施理论源自美国，美国的反垄断司法实践最先创制和适用了必要设施理论，其被引入欧洲后，得到了进一步的发展完善，同时对必要设施理论的挑战和质疑也一直存在。对于我国是否应引进必要设施理论，学界曾多次进行过探讨，但是一直未被正式认可，可这并不影响必要设施理论在实践中的应用。

一、必要设施理论的渊源和原理构造

（一）必要设施理论的渊源

必要设施理论源自美国判例法，可以追溯到 1912 年的"Terminal Railroad 案"。但是，"必要设施理论"这个词，直到 1977 年的"Hecht V. Pro-Football 案"才首次出现。在 1983 年，联邦第七巡回法院才在"MCI 公司诉 AT&T 案"

---

　* 作者简介：吉宁（1988 年—），男，汉族，山西夏县人，中国政法大学同等学力研修班 2022 级学员。研究方向：经济法学。

中明确了必要设施理论，并确立了认定必要设施的四项标准：①垄断者控制了必要设施；②竞争对手事实上不能或无法合理地复制必要设施；③拒绝竞争对手使用该必要设施；④向他人提供该必要设施是可行的。[1]在司法实践中，必要设施理论仍未得到联邦最高法院的明确承认。从整体而言，美国对必要设施理论的适用呈现出谨慎的态度，"很大程度上源于理论界的反对，实务界也存在分歧"。[2]

欧盟必要设施理论的源头是 1974 年的"Commercial Solvents 案"，直到 1992 年的"Sealink 案"，欧委会才首次使用了"必要设施"这个词汇。必要设施理论在欧盟委员会和欧洲法院都得到了认可。在适用范围上，除了机场港口、电信网络、燃气管道、银行清算系统等可能符合必要设施定义的传统设施外，欧盟在知识产权和互联网领域适用必要设施理论也极具开放性。[3]

（二）必要设施理论的构成要件

研究必要设施原理的构成要件时，要综合考虑经营者的实际经营情况和其控制的必要设备排除竞争的情况，既要分析必要设施的判断标准，也要考虑必要设施控制者的拒绝理由。总结国外必要设施原理的适用理论和司法实践，必要设施原理的构成要件主要有以下五个方面：

1. 设施独特性

设施独特性是必要设施理论的首要构成要件。这指的是被涉及的设施或资源在市场上具有独特性，即无法被其他设施或资源所替代，这种独特性可能源于设施的地理位置、技术特性、历史原因或其他因素。由于这种独特性，该设施或资源对于市场上的竞争者而言具有极高的价值，是其参与市场竞争所必需的。

2. 市场竞争必要性

第二个构成要件是市场竞争必要性。这意味着被涉及的设施或资源对于市场竞争而言是不可或缺的。也就是说，如果没有这个设施或资源，市场上

---

[1] 段宏磊、沈斌：《互联网经济领域反垄断中的"必要设施理论"研究》，载《中国应用法学》2020 年第 4 期。

[2] 王中美：《必要设施原则在互联网反垄断中的可适用性探讨》，载《国际经济法学刊》2020 年第 1 期。

[3] See L. John Tomple, "Defining Legitimate Competition: Companies' Duties to Supply Competitors and Access to Essential Facilities", *Fordham International Law*, 18 (1994), 437.

的竞争将无法正常进行，或者竞争的效果将大打折扣。因此，确保该设施或资源的公平使用对于维护市场竞争秩序而言至关重要。

3. 市场支配地位

第三个构成要件是市场支配地位。这指的是拥有该设施或资源的企业在市场上具有支配地位，即其能够控制该设施或资源的使用和分配。这种支配地位可能源于企业的市场份额、技术优势、资金实力或其他因素。基于这种支配地位，该企业有可能滥用其权力，拒绝其他竞争者使用该设施或资源，从而破坏市场竞争秩序。

4. 非合理拒绝

第四个构成要件是非合理拒绝。这指的是拥有该设施或资源的企业无正当理由地拒绝其他竞争者使用该设施或资源。这种拒绝可能是出于恶意、歧视或其他不正当目的。如果企业有合理的商业理由拒绝其他竞争者使用该设施或资源，那么这并不构成非合理拒绝。然而，如果企业没有合理的商业理由而拒绝其他竞争者使用，那么就可能违反反垄断法的规定。

5. 可开放条件

最后一个构成要件是可开放条件。这指的是即使企业拥有该设施或资源的所有权或使用权，也应该在合理的条件下向其他竞争者开放该设施或资源的使用权。这些条件应该是公平、透明和可操作的，以确保所有竞争者都有机会使用该设施或资源。同时，这些条件也应该符合反垄断法的相关规定，以避免企业滥用其权力或破坏市场竞争秩序。

二、必要设施理论在我国的发展和应用

在我国，必要设施理论的应用和发展主要体现在以下三个方面：一是相关法律法规的完善，如《反垄断法》等相关法律条款的明确规定；二是执法实践的深入，反垄断执法机构通过查处一系列案件，不断积累经验；三是理论研究的深入，学术界对必要设施理论进行了广泛的研究和探讨，为其实践应用提供了理论支持。

在我国的实践中，必要设施理论是得到认可并被适用的。具体而言，必要设施理论适用的经济领域主要有：其一，某些商品分销领域，上下游经营者明显存在实力差距或依赖关系，如大型超市、农产品流通、汽车维

修等。[1]其二,知识产权许可。[2]2015年颁布的《国家市场监督管理总局关于禁止滥用知识产权排除、限制竞争行为的规定》第7条也正式明确了在知识产权领域适用必要设施理论。其三,互联网平台企业。近年来,伴随着我国互联网行业的发展,一些数据竞争环境下的限制竞争行为,如电商平台的"二选一"现象、大数据"杀熟"、社交软件彼此间的封禁行为等,导致对互联网平台企业适用必要设施理论的相关学术讨论逐渐增多。[3]

三、必要设施理论应用中的挑战与争议

必要设施理论的确立源于对市场竞争的关注和保护。在特定情况下,如果一个企业拥有对关键设施或资源的独占性控制,它可能会滥用这种控制地位,阻止其他企业进入市场或进行公平竞争。这种滥用行为可能会导致市场垄断、价格歧视等不公平现象发生,损害消费者利益和社会福利。

必要设施理论在维护市场竞争和消费者权益方面发挥着重要作用,但它也面临着一些争议和挑战。首先,确定一个设施或资源是否构成"必要设施"并非易事,这需要对相关市场进行深入分析,并考虑经济、技术等多个因素。在实践中,这可能会导致一些模糊和争议的情况。其次,即使认定某个设施为必要设施,如何确定公平、合理和无歧视的适用条件也是一个难题。

必要设施理论在学术界也存在诸多学术争议点。一些学者认为,该理论过于宽泛,可能导致对市场竞争的过度干预和限制企业的创新与发展。而另一些学者则认为,该理论在保护消费者权益和防止市场垄断方面具有重要作用,应当得到更广泛的应用和强化。

结　论

综上所述,必要设施理论作为维护市场竞争和消费者权益的重要法律工

---

[1] 参见王亚南:《滥用相对优势地位问题的反垄断法理分析与规制——以大型零售企业收取"通道费"为切入视角》,载《法学杂志》2011年第5期;段宏磊:《农产品流通竞争环境的现状审视与反垄断法规制改进》,载《法学论坛》2019年第2期。

[2] 张哲:《析"关键设施"原则在知识产权许可领域的应用》,载《电子知识产权》2011年第5期。

[3] 段宏磊、鲁伟:《从微信限制飞书事件中看互联网必要设施理论适应"门槛"》,载 https://news. caijingmobile. com/article/detail/413816? source_id=40&share_from=system,最后访问日期:2024年7月25日。

具，在实践中具有一定的应用价值。为了充分发挥其作用，我们需要进一步深入研究和探讨该理论的原理构造、应用领域和面临的困境和争议点，并根据具体情况进行综合分析和评估。同时，我们也需要密切关注市场和技术的发展变化，及时调整和完善该理论的适用范围和界限，以更好地适应新的情况和发展。

在实际操作中，监管机构必须依法行使职权，审慎判断并合理运用必要设施理论，既要防止企业滥用市场支配地位，也要避免对市场竞争造成不必要的干预。此外，加强与其他国家和地区的合作与交流、借鉴先进经验和做法也是推动必要设施理论发展和完善的重要途径。对于企业而言，应遵守相关的法律法规，积极履行社会责任，避免滥用市场支配或独占性控制地位。同时也应充分利用必要设施理论来维护自身的合法权益，促进市场公平竞争和可持续发展。

浅谈创新药企专利管理的风险及把控

李 硕*

（中国政法大学 北京 100088）

摘 要： 我国创新药企逐步开始对标同类最优或同类首创的药物，走向自主创新阶段，因此对于企业专利管理人员的水平要求也更加严格。但仍有不少创新药企在专利管理方面的经验稍显不足。为了减少潜在风险给企业造成的损失，本文旨在对创新药研发周期的三个阶段的潜在风险进行分析和讨论，并就主要风险提出风险把控建议。希望本文讨论的内容可以对创新药企的专利管理人员有一定的提示和参考价值。

关键字： 创新药企专利申请　专利风险　专利风险管理

创新药的研发在我国共迈了三大步：第一步，我国药物研发处于模仿阶段（Copy），药企主要进行仿制研发，市场上基本以仿制药为主。第二步，随着企业研发能力和水平的不断提高，我国的药物研发进入了同类跟随、同类最好以及快速跟进的研发阶段（Me-too，Me-better，Fast follow）。第三步，随着我国鼓励创新药行业的政策逐渐出台，我国药物研究开始走向自主创新阶段，获批上市的创新药逐渐向真正意义的创新药方向靠拢，开始对标同类最优（Best-in-class）或同类首创（First-in-class）的创新药。[1]

基于上述背景，创新药研发周期的不同阶段对专利管理的要求不同，对专利管理人员的水平和经验要求更高。因此，专利管理人员需要加强在不同

---

* 作者简介：李硕（1996年—），女，汉族，吉林蛟河人，中国政法大学同等学力研修班2023级学员。研究方向：知识产权。

[1]《艾瑞咨询系列研究报告》2022年第2期。

阶段的风险预警能力和提升对风险把控的水平。

一、创新药企专利管理概述

（一）创新药的定义与特点

创新药，也叫作原研药，是具有自主知识产权的药物。和仿制药不同，创新药是从未在市场中出现过的新的药物结构或新的治疗领域，以符合要求的数据为依据，是经批准首次上市的药物。我国药监局发布的《化学药品注册分类及申报资料要求（2020 年版）》写道，创新药是指境内外均未上市的、有新的结构明确的、具有药理作用，并且具有临床价值的药品。

（二）专利在创新药企中的重要性

按照研发流程，药物大概会经过十多年的时间才会上市，整个过程包括开始的靶点选择到最后的审批上市，平均每款药物需要投入数亿美元。创新药企主要以发明专利为主，根据《专利法》的规定，发明专利的保护期为 20 年，当专利保护期过后，就会被大量仿制。正如前面所提到的，一款新药成功上市至少需要十几年，如果没有合理的专利申请和专利布局，那么将会对企业本身的利益产生较大影响。

二、创新药企专利管理的风险

创新药企是创新研发技术密集的企业，对于技术创新和专利保护具有高度依赖性。[1]然而，目前中小型创新药企对于专利的认识不到位，研发人员对专利制度和专利保护的意识更是认识不深。笔者认为，主要有以下三点潜在的风险值得重点关注。

（一）药品研发初期的风险

我国的专利申请数量不断增加，说明企业的专利意识逐步提升，但问题在于，虽然我国创新药企开始逐步争做同类最优或首创品种，但对于中小型企业来说，部分仍处于模仿创新阶段，研发人员的自主创新意识和能力还有待提高，跟随和模仿的理念仍根深蒂固。相关研发人员在撰写专利申请文件时往往会忽略专利检索，对专利的创新点是否侵权问题认识不清晰，无法做到完全规避。这样撰写出来的发明专利自身的新颖性和创造性不强，即使后

---

〔1〕 熊珏、冯国忠：《我国医药企业专利战略研究》，载《现代商贸工业》2020 年第 29 期。

期顺利上市，没有新颖性和创造性也会导致专利在实审阶段被驳回，无法获得专利授权，从而对前期的投入和后期的效益产生巨大影响。

（二）专利申请阶段的风险

对创新药的专利来说，核心专利的数量本来就较少。以化学药为例，最核心专利一般包括通式化合物专利和具体化合物专利，其余还会围绕最核心的化合物存在多项晶型、制剂等专利。因此专利申请文件的撰写尤为重要，一份质量高的申请文件，可以包含最大的权利要求范围，可以更好地保护自身的权益，如果核心专利申请文件没有较好地保护到相关技术，那么前期的研发投入很有可能会付诸东流。

（三）专利布局与运营的风险

在提交专利申请后，需要进行专利布局与运营。首先需要确定何时提交专利申请，以因防止竞争对手在先申请而导致企业没有获得专利权，无法开展后续工作。例如，2023 年 11 月 21 日，百济神州和上海昂胜医疗科技有限公司联合宣布了一项授权许可的合作协议，即百济神州收到了上海昂胜医疗科技有限公司的一款在研并且即将提交新药临床试验（IND）申请的口服细胞周期蛋白依赖性激酶 2（CDK2）抑制剂的全球独家许可，涉及的金额为 13.3 亿美元。而实际上产生这笔交易的主要原因是两家公司均对 CDK2 抑制剂的管线做了专利布局，由于上海昂胜医疗科技有限公司所申请的专利优先权日比百济神州早 3 个月，对百济神州的专利构成了抵触申请，因此百济神州的专利基本就会被驳回。从交易额可以看出，百济神州应该比较重视这个项目，估计前期也投入不少，如果放弃非常可惜，所以只能通过独家许可的方式使自己能够保留这条药物研发管线，以保证后续药品上市。

其次对于创新药企来说，在专利的保护期届满时，所包含的专利技术就会进入公有领域，成为公开的技术，其他企业可以不经过许可仿制、研发并且出售此专利药的仿制药，导致企业的市场份额或利润下降，即出现"专利悬崖"现象。[1]因此，为了保证最长的药物研发品种的专利保护期，企业需要进行有效、全面的专利布局与运营。例如，奥巴捷是赛诺菲开发的一种口服嘧啶合成酶抑制剂和免疫调节剂。赛诺菲官网的财报显示：在 2023 年之前

---

[1] 李瑞丰、陈燕：《专利布局视角下药企应对"专利悬崖"策略研究及思考》，载《电子知识产权》2017 年第 6 期。

奥巴捷是当之无愧的明星产品，2017 年销售额超过 15 亿欧元，之后销售额逐渐向 20 亿欧元靠近，连续多年维持高销售额。然而，在 2023 年，奥巴捷全年销售额仅有 9.55 亿欧元。分析其主要原因正是因为专利到期，产品失去了市场独占权，所以市场遭遇激烈竞争，影响了销售额。

三、创新药企专利管理中的风险把控

（一）药品研发初期的风险把控

作为创新型企业，首先要不断强化研发创新的能力，把提升核心专利技术的水平放到更重要的战略地位。作为研发人员需要做到与时俱进，及时了解最先进的技术，将先进的技术运用到研发中，根据研究成果及时提交专利申请，防止竞争对手的在先申请对自己的核心技术造成抵触。

其次，创新药企需要加强专利管理工作，建立并完善专利评估体系，将专利工作渗透到各个环节。专利管理人员需要协助研发人员进行专利检索，通过检索发现现有技术的空白，对研发的核心技术的创新点进行归纳总结，找到与对比文件的不同，确认本技术文件所需要的权利要求是否与现有技术抵触，帮助研发人员改进技术方案，减少后期由无法得到专利授权造成的影响。

（二）专利申请阶段的风险把控

专利技术文件撰写可选择个人撰写或委托代理机构撰写，由于专利文件既是技术文件又是法律文件，为了降低在撰写时会产生的风险，建议选择由代理机构进行撰写。专利文件包括请求书、权利要求书、说明书及其摘要、说明书附图、摘要附图。代理机构拥有丰富的申请经验，更加了解各种文件的要求。专业的代理律师既有技术背景又有法律背景，可以完美地解决研发人员不懂法律文件的撰写，企业专利管理人员不懂技术的难题，降低时间成本，减少后续的经济损失。

（三）专利布局与运营的风险把控

对于医药专利而言，申请的时机最为重要，会影响专利的保护期限。如果研究的靶点是热门的管线，并且市场竞争激烈，那么就可以尽早申请专利，避免被其他公司抢先申请。如果研究的靶点不算热门，并且竞争对手不多，则可以推迟申请，避免过早暴露企业的研究管线，导致竞争对手获取相关信息。

另外，专利组合申请是目前比较有效的布局策略，创新药可以从其通式化合物、具体化合物、制备方法、剂型、晶型、治疗用途等多个角度提交专利申请，在布局上形成网状布局，在时间轴上形成链条式布局，最大范围地保护专利权利以及延长专利保护期限。

结　语

本文简单地讨论了创新药企专利管理的风险及把控问题，并针对可能存在的风险提出了相应的建议。但专利管理在每个企业中会有不同的风险，本文仅根据经验对几个工作中常见的风险进行了分析。当然，对于风险的把控方法没有最好的，只有最适合企业现状的。希望各企业后续能加强对创新药专利的申请、布局及运营工作，以核心技术专利为重要抓手，将专利价值最大化，促进我国创新药研发迈入新的阶段。

建设工程施工合同非法转包法律问题研究

郭兰英*

（中国政法大学 北京 100088）

摘　要：建设施工领域非法转包、违法分包等情况屡禁不止，承包人是在符合资质要求的前提下通过严格的招投标程序获得承包工程的资格，承包方的工程建设资格是通过程序正当而获得发包方的信任，因此未经过严格程序把控的转包行为违反了承包合同的主体特定性，转包人（尤其是没有相关资质的转包人）在实际施工中很有可能交付出一个难以满足发包人期待的合格工程，因此法律规定转包合同归于无效。但实际上多数农民工是实际施工人，基于对实际施工人的利益保护，如果工程竣工验收合格，基于不当得利的请求权，实际施工人可以作为债务人向发包人、承包人主张权利，以维护自身利益。

关键词：建设工程　转包　实际施工人　合同无效

房地产行业涉及国计民生，是国民经济的重要组成部分。无论是居民住宅、商业用地还是工厂建房，工程一旦建成投入使用便关涉千家万户的生命健康、财产安全。但一直以来，各地的"豆腐渣"工程、"楼歪歪"事件层出不穷，给人民安居乐业带来了巨大的威胁。如果中标单位严格按照中标标准进行实际施工，又怎么会产出如此低劣质量的建设工程？逐本溯源，我们还是要把目光聚焦在工程建设方的层层分包、转包行为之上。

---

* 作者简介：郭兰英（1982年—　），女，汉族，山西神池人，中国政法大学同等学力研修班2021级学员。研究方向：经济法学。

一、违法转包的概念及成因

转包在建设工程中屡禁不止，转包[1]是指在工程建设中，承包人依据合理程序中标后，将中标工程的建设任务全部转包给第三方，承办人实际退出整个工程建设承包关系，第三方成为实际施工方。从行为性质来说，转包的本质是承包人将合同的权利义务打包转让给转包人，这是明显的合同转让行为。在合同法中，债权转让通常只需要通知债务人，而债务转让则需要债权人的同意。从本质上来看，合同转让行为不为法律所禁止，但建设工程对于承包人有严格的准入条件限制，故基于对工程安全的考量，建设工程领域绝对禁止合同转让。[2]

我国法律法规、司法解释均明确规定转包为建设工程中的禁止行为。违法转包与违法分包行为在建筑市场屡禁不止主要是因为，建筑市场对投标人资质要求偏高，能满足工程中标条件的承包方很少。虽然从发包方角度来看，资质越高越有利于工程安全，但众多难以满足资质条件的建筑企业为了存活下去只能通过挂靠或转包等方式获得工程量。况且，当前市场细分程度不够，中标企业未必能满足对一项完整工程的全部细分领域的实际施工要求，因此只能通过转包或者分包的形式完成所中标工程建设。另外，转包、挂靠行为具有隐蔽性高、取证难的特征，在重利的诱惑下也助长了承包人与转包人知其不可为而为之的侥幸心理。[3]

二、违法转包的法律后果

《最高人民法院关于审理建设工程施工合同纠纷案件适用法律问题的解释（一）》第1条第2款明确规定："承包人因转包、违法分包建设工程与他人签订的建设工程施工合同，应当依据民法典第一百五十三条第一款及第七百

---

[1]《建筑工程施工发包与承包违法行为认定查处管理办法》第7条规定："本办法所称转包，是指承包单位承包工程后，不履行合同约定的责任和义务，将其承包的全部工程或者将其承包的全部工程肢解后以分包的名义分别转给其他单位或个人施工的行为。"

[2] 参见何兴：《工程建设领域非法转包、违法分包的法律界定与现实鉴别》，载《建筑经济》2010年第6期。

[3] 参见卢刚、严乐：《关于建设施工中转包及分包若干问题的探讨》，载《西安建筑科技大学学报（社会科学版）》2012年第6期。

九十一条第二款、第三款的规定，认定无效。"工程转包问题涉及两方合同效力判定问题：其一是发包人与承包人之间的合同效力；其二是承包人与转包人之间的合同效力。

1. 发包人与承包人之间的合同效力

民法的核心是意思自治，无论承包人与转包人之间如何约定，基于合同的相对性都不应制约发包人与承包人之间的合同效力。认定合同无效于法无据，并且在既存在违法分包又存在合法分包的情况下，如果直接否定基础合同的效力，会导致合法分包人的利益无法得到保障。当然，如果发包人与承包人是基于虚假合意而缔结合同，那么该合同就当然应被认定为无效。

2. 承包人与转包人之间的合同效力

法律明确规定承包人因转包与他人签订的工程施工合同，应该被认定为无效。如果承包人是将工程转包给无相应施工资质的转包人，那么该项目理应无效，但如果承包人是将工程转包给有相应资质的转包人，合同是否无效存在一定的争议。一种观点主张，《最高人民法院关于审理建设工程施工合同纠纷案件适用法律问题的解释（一）》第1条对转包人没有任何限定，因此只要是转包应一律被认定为无效。第二种观点主张如果转包人具有相应的工程施工资质，那么从工程施工角度来看，转包行为对工程质量影响较小，对社会公共利益影响也不大，基于合同稳定性的考量，应当认定此种情况下的合同是有效的。[1]

《民法典》《建筑法》等法律法规、司法解释均明确规定禁止承包人转包所承包的工程，并且未对转包人加以"无相关资质"的限定，因此笔者认为法律禁止一切转包行为，基于转包行为而缔结的转包合同无效。

三、实际施工人的权利保护

《民法典》第793条第1款规定："建设工程施工合同无效，但是建设工程经验收合格的，可以参照合同关于工程价款的约定折价补偿承包人。"在合同无效的前提下仍然赋予了实际施工人强有力的法律保护。《最高人民法院关于审理建设工程施工合同纠纷案件适用法律问题的解释（一）》第43条第2

---

〔1〕 参见龚雪林：《转包、分包和借用资质情形下的建设工程施工合同效力分析——兼论建设工程施工合同司法解释有关效力规定》，载《法律适用》2014年第12期。

款也规定："实际施工人以发包人为被告主张权利的，人民法院应当追加转包人或者违法分包人为本案第三人，在查明发包人欠付转包人或者违法分包人建设工程价款的数额后，判决发包人在欠付建设工程价款范围内对实际施工人承担责任。"转包关系涉及三方当事人，发包方、承包方与转包方，从合同相对性来看，能制约转包关系的双方当事人是承包方与转包方，如果严格按照合同相对性来认定，那么转承包人原则上只能向承包人请求支付工程款，无权向未与之直接签订合同的发包人提出请求。此项规定的法理根据是，转包合同虽然无效，但是合格的工程实际上已经建成，工程浩大无法恢复原状，如果工程竣工验收合格，发包方实际获得利益，而实际施工人付出劳动，法律赋予实际施工人以次债务人的地位。因此，《民法典》第793条的请求权基础应当是《民法典》关于不当得利的规定。[1]

建设工程施工合同是发包人与承包人之间签订的工程建设合同，承包人承担主要合同义务，依照合同约定和行业规范进行施工并最终交付质量合格的建设工程关涉人民的生命财产安全。为此，《建筑法》《招标投标法》《建设工程质量管理条例》等法律法规均从从业资格、招标手续、工程监理等方面对建设工程进行了全方面的监督和把控，目的均为使承包方能够高质量完成中标项目。法律明确禁止转包亦是因为发包方通过严格程序将工程承包给承包方，是基于程序合理、资质齐全而对承包方拥有相对的信任，如果法律允许承包人自由地将承包工程转包给第三人，那么工程质量何谈保障？另一方面，虽然转包是法律明确规定的禁止行为，但在实际活动中，工程建设始终与农民工等实际施工人群体息息相关，如果最终经过竣工工程验收工程合格，那么基于国家清理工程拖欠款和保障农民工工资，保护建筑企业和实际施工人合法利益的考虑，亦应从利益权衡的角度赋予实际施工人次债务人的地位，[2]使其能够向发包人行使合同抗辩权。如此一来，既可以维护转包合同实际违法的法律原则，也可以基于政策考量给予竣工合格工程一定的补偿。[3]

---

〔1〕 参见党海娟：《事实契约及其正当性之否定——兼评最高人民法院〈建设工程施工合同司法解释〉第2条》，载《西北政法大学学报（哲学社会科学版）》2015年第6期。

〔2〕 参见魏志强：《承包人在工程竣工后的瑕疵担保责任研究——基于〈法释〉〔2004〕14号第十三条的相关规定》，载《建筑经济》2016年第5期。

〔3〕 参见仲伟珩：《论转承包人法律地位的实务模糊、理论澄清与现实进路》，载《法律适用》2023年第7期。

财产性判项与减刑假释联动机制的探讨

曾庆强*

（中国政法大学 北京 100088）

摘　要： 财产性判项与减刑假释联动机制的实质在于，在处理减刑或假释案例时，需要调查犯罪者财产性判项的履行状况，并将这种行为视为判断其是否具备"真正悔过态度"的一个参考指标。针对改革过程中的缺陷及挑战，我国应充分利用各种资源，推动财产性判项与减刑、假释间联动机制的纵深发展。

关键词： 财产性判项　减刑假释　联动

一、财产性判项与减刑假释联动机制的制度背景

近年来，随着全面建设社会主义法治国家的进程加快，法院的判决效力得到了有力支撑，法律的尊严和权威得到彰显。在这种背景下，服刑人员履行财产性判决变得尤为关键。最高人民法院通过制度探索，多次发布相关的司法解释，激励犯罪行为人在服刑期间积极履行财产性判项。具体而言，财产性判项是指对罪犯所承担的附带民事赔偿责任，以及没收或罚款等涉及财产的判决。在《最高人民法院关于适用〈中华人民共和国刑事诉讼法〉的解释》中，罪犯退赃、退赔情况也被加入了人民法院审查范围，财产性判项所包括的范围和类型得到了完善规定。此后，最高人民法院陆续完善相关的政策条文，逐渐明确了财产性判项对假释、减刑制度相关的各项细化内容，在

---

* 作者简介：曾庆强（1993 年— ），男，汉族，广东广州人，中国政法大学同等学力研修班 2022 级学员。研究方向：刑法学。

制度和政策的推动下，财产性判项与减刑、假释联动机制逐渐被广泛应用于司法领域。司法机关的上述尝试不仅为联动机制的构建提供了规范依据，而且维护了司法权威，为法院生效刑事判决提供了有效执行的保障。

但我们也应该看到，在实际的司法实践活动中，很多时候财产刑和民事赔偿责任的裁判没有得到有效的执行，出现了严重的"空判"问题。这不仅大大损害了法院判决的权威性，也很大程度上削弱了司法机关司法实践的严肃性。[1] 而罪犯在服刑期间无论是否履行、在多大程度上履行都获得同样的减刑、假释的机会，这种有失司法公允的现象会对服刑人员形成错误的导向，导致更难执行财产刑。为了破解这一难点和堵点，各地司法部门不断探索财产刑的执行，最高人民法院也对全国各地的探索经验加以总结，发布了《最高人民法院关于办理减刑、假释案件具体应用法律的规定》，同时建立相关的制度来激励服刑人员在服刑期内继续积极履行生效的财产性判决。[2] 在制度和政策的推动下，财产性判项与减刑、假释联动机制逐渐被广泛应用于司法领域。

二、财产性判项与减刑、假释联动机制的制度价值

财产性判项与减刑假释联动机制对于社会以及各方人员来说，均具有重要的理论和实践价值。

1. 联动机制彰显宽严相济的政策精神

财产性判项与减刑假释联动机制符合宽严相济的政策导向，实现了公平正义。对于有履行判项义务却不履行或者不全部履行的人员，从严对待；对于积极履行判项义务的人员，从宽对待；对于经济困难人员综合考虑更多因素。[3] 这一系列做法不仅具有针对性，还彰显了法治社会的人文关怀。

2. 联动机制体现罪责刑相适应的原则

在联动机制的实践当中，服刑人员积极主动履行判项义务，体现了其认真悔罪的态度，表明该人员主观上已经降低了再犯的意愿，那么该人员对社

---

〔1〕 参见张亚平：《我国减刑、假释关系之反思与重构》，载《法律科学（西北政法大学学报）》2016 年第 4 期。

〔2〕 参见劳佳琦：《财产性判项与减刑假释的联动机制》，载《中外法学》2018 年第 3 期。

〔3〕 参见闫立苇：《财产性判项履行与减刑假释联动机制基本理论研究》，载《西部学刊》2023 第 20 期。

会和他人的危害性和危险程度就能降低。服刑人员通过积极履行判项义务，从而获取减刑、假释，这体现了罪责刑相适应原则的理念精神。[1]

3. 联动机制体现了激励手段

减刑、假释是对服刑人员的一种激励机制，能大大提高监狱管教工作的效率和效果。服刑人员普遍渴望自由的生活，负有财产性判项的罪犯能够因联动机制的导向，积极履行义务，从而换取政策上的倾斜考量。监狱可有根据地为其申请减刑、假释资格，使服刑人员最终实现减刑、假释。这不仅大大提高了服刑人员的管教和改造成效，同时也在很大程度上降低了监狱改造工作压力。[2]

三、联动机制的困境剖析

虽然各地的政府机构通过实践创新取得了成功，使得财产性判决条款与减刑及假释之间的关系得到了法院的高度认同和支持，但在实际操作过程中，由于对相关法规的理解不一致和不同地区在政策细节上存在偏差，造成司法裁决中的惩罚方式存在出入且不够平衡。这种现象不仅影响到了该关联机制的一致运用，也削弱了原本旨在促进财产性判决履行的激励功能，[3]反而使之成了一种新的制约要素，从而放大了负面效应，影响了其积极效果的发挥。

过去，对罪犯的减刑与假释主要依据其在监禁期间的表现。然而，自从建立了相关联制度后，执行的财务条款也被纳入了司法机构的评估范畴，这样就打破了之前罪犯行为与其获益之间的直接联系。现在，财务条款的遵守状况已经成了影响罪犯能否被减免刑期或提前释放的新制约要素。由于无法精确地判断出罪犯的实际财务履行能力，因此，那些认真遵循财务条款的罪犯并不会较之前的政策获得更多的优惠待遇，反而可能导致他们不再努力去完成这些义务。这种做法严重损害了该制度的效果，使其在实践中难以有效运行。

---

〔1〕 参见闫立苇：《财产性判项履行与减刑假释联动机制基本理论研究》，载《西部学刊》2023年第20期。

〔2〕 参见李晓磊：《罪犯执行财产义务与减刑、假释审理联动机制之研究》，载《西南政法大学学报》2016年第3期。

〔3〕 参见解添明：《我国减刑制度的困境与重构》，载《河南司法警官职业学院学报》2021年第4期。

四、联动机制的完善进路探寻

要健全财产性判项与减刑、假释联动机制，需要以问题为导向，立足于实践中遇到的问题和困境，探寻切实可行的办法。笔者建议从以下三方面着手进行优化：

1. 制定标准化政策及条例

为确保在减刑与假释过程中对财产判决执行状况的标准化处理，需要制定全国标准化的服刑者减刑及假释实施条例。该条例应包含如何确定服刑者财产判决的履行能力和其对应不同程度的减刑标准的内容，以增强联动的指导力和实用性，从而激发他们改过自新的动力。其次，把握好减刑假释的适用条件和政策，不许附加无法律根据的条件，应该通过指导性案例、司法解释的方式，明确"确有悔改表现"的统一考量标准和无再次犯罪的危险评估标准，提高减刑、假释适用率，从而提高服刑人员财产型履行能力的认定水平。[1]

2. 健全财产调查和保全机制

履行财产性判项义务的效果受到很多因素的影响。我国目前的居民财产状况不透明，考察罪犯的履行能力仅限于刑事审查，还没能实现实质审查。在实际的司法活动中，只有极少数的犯人全部执行了财产性判决，而大多数人则没有完全执行财产性判决。因此，要建立健全的财产调查和保全机制。要加强对财产状况的搜集和维护工作，以便全面了解并掌控服刑者所有的金融资源、不动产、证券投资等各种形式的财务情况，其中包含了他们的银行账户余额、房地产价值、股权或债券持有量以及其他类型的负债等情况。[2]此外，检察机关与公安机关形成联动合力，确保财产调查和财产保全工作有序、高效、公正。公安机关应当充分利用其充足的力量和丰富的资源，高效地做好相关控制工作，检察机关也应当充分发挥监督权，弥补公安机关侦查活动的瑕疵和漏洞。

---

〔1〕 参见王平：《减刑、假释适用比例失衡的成因与立法应对》，载《北京联合大学学报（人文社会科学版）》2020年第4期。

〔2〕 参见李存国等：《财产刑执行实证研究》，载《人民检察》2014年第7期。

3. 加强履行情况的核实

在督促服刑人员积极履行财产性判项前，应该先明确其是否有履行财产性义务以及已经履行的程度。因为多部门均涉及考察罪犯财产性判项履行情况，所以，对于执行机关来说，准确掌握罪犯财产性判项的履行情况有一定的难度。应明确以执法机构提交的信息为主导、以审判法庭调查为辅助的基本准则，即由刑罚实施单位依据一审法院所提供的处罚决定书及犯罪者填报的财务判决事项报告表格来获取关于刑事惩罚中财务部分的具体实行状况，以便对被监禁者的履约支付数额与类型有全局性了解，并实时跟踪其进度。[1]

结　语

自从财产性判项与减刑、假释联动机制建立实施以来，其积极作用已在社会各层面显现，彰显了宽严相济和罪责刑相适应原则的精神指引。在未来，进一步健全和完善联动机制，需要制定标准化政策条例、健全财产调查和保全机制，并加强核实判项履行情况。这既是依法治国的必然趋势，也是构建社会主义法治国家的重要一环。

---

[1]　参见蒋晓燕、王正阳：《财产性判项与减刑、假释关联机制运行的困境检视与裁判规则》，载《中国监狱学刊》2023 年第 4 期。

过度维权的刑法认定

吴限臣*

（中国政法大学　北京 100088 ）

摘　要： 司法实践中过度维权的案例频发，引发了如何对其进行认定的讨论。过度维权，是指公众在维权过程中超越合理范围，滥用权利，采取威胁、恐吓等非法手段获取高额赔偿的行为。过度维权的行为具有因由性，手段具有非法性，结果具有过度性。在判断过度维权行为是否构成犯罪时，不能一概论之，应当合理区分不同类型的维权行为，并采取相应的处理措施，以实现维护法律秩序和公众利益的制度目标。

关键词： 过度维权　敲诈勒索　法律风险

一、问题的提出

近年来，由过度维权引发的涉嫌敲诈勒索案件数量呈上升趋势。部分维权者滥用法律保护的权利，通过非法手段获取不当利益。这种现象不仅损害了被维权者的合法权益，也扰乱了正常的社会秩序，加剧了社会对维权行为的误解和不信任。同时，因为涉及维权，在一些案件中，法院如果作出有罪判决，又容易引发舆论关注和讨论。

试举两例典型案例予以论证。典型案例一为"李某峰今麦郎索赔案"。2014 年 2 月，李某峰购买了 4 包今麦郎方便面，食用后出现不适，发现方便面过期 1 年且醋包中有不明物体。2015 年 1 月，检测结果显示醋包中汞含量

＊ 作者简介：吴限臣（1984 年—），男，汉族，广西桂林人，中国政法大学同等学力研修班 2023 级学员。研究方向：刑法学。

超标 4.6 倍，李某峰向今麦郎索赔，双方未达成一致。李某峰在微博和网站上发布今麦郎产品含工业盐、重金属汞超标的信息，声称其母亲因长期食用患上乳腺癌，索赔 300 万元，后增至 500 万元，最终要求 450 万元。今麦郎报警，检察院以"敲诈勒索罪"提起公诉。一审判处李某峰有期徒刑 8 年 6 个月，罚款 2 万元，二审改判为 5 年。李某峰的行为不仅未能获得应有的赔偿，反而因此入狱。[1] 典型案例二为"郭某天价索赔案"。2008 年，郭某的女儿因食用了含有三聚氰胺的施恩奶粉而受害，郭某开始维权。他最初通过合法手段向施恩公司索赔，并获得 40 万元赔偿。然而，郭某并未就此止步，而是在媒体曝光后再次提出 300 万元的天价索赔，最终被施恩公司报警指控敲诈勒索。法院一审认定郭某构成"敲诈勒索罪"，判处有期徒刑 5 年，二审及再审均维持原判。舆论一片哗然。2017 年，广东省高级人民法院改判郭某无罪。

上述案例揭示了过度维权在司法实践中刑法认定的分歧和艰难处断。本文将聚焦实践中的过度维权行为，梳理总结过度维权行为的具体样态及其特征，以期更好地厘清此类行为罪与非罪的界限，为司法实践的具体运用提供有益借鉴。

二、过度维权的含义及特征界定

过度维权，指的是公众在维权过程中超越合理范围，滥用权利的行为。这种行为包括采用不法手段维权、以非法目的维权等多种方式。尽管学术界对过度维权的定义存在一些分歧，但核心问题集中在行为方式和主观意图两个方面。沈志民教授认为，过度维权需要满足三个要件："有行使权利的依据、采取威胁性的手段、索取高额赔偿。"[2]他强调，行为人在维权过程中必须具备合法的权利基础，但使用威胁性手段和高额索赔使其行为超出了合法范畴。童伟华教授提出了另一种观点，认为过度维权的三要件是："有主张权利的依据、采取不正当手段、索取超过主张的赔偿。"[3]他的定义比沈志民教授更为宽泛，涵盖了更多不正当手段的情况。刘明祥教授则进一步扩展了过度维权的定义，指出其包含"有行使权利的依据（行为人主观上认为）、采取

---

〔1〕 参见邓勇胜：《从典型案例看过度维权与敲诈勒索罪的界限》，载《犯罪研究》2018 年第 1 期。

〔2〕 沈志民：《对过度维权行为的刑法评价》，载《北方法学》2009 年第 6 期。

〔3〕 童伟华：《债权行使与财产罪》，载《法治研究》2011 年第 10 期。

窃取、夺取、骗取、敲诈等方式取得财产"。〔1〕他具体列举了这些非法手段，以避免因抽象描述带来误解。这种具体化的定义可以帮助我们更清晰地识别过度维权行为，并理解其背后的法律和道德问题。

尽管学者们对过度维权的界定细节有不同看法，但他们的争论焦点主要集中在三个方面：是否存在真实的权利基础、是否使用合法的维权手段以及是否索取过高（超额）赔偿。基于这些讨论，我们可以总结出过度维权的以下特征：

第一，行为体现有因性。过度维权的行为通常有一定的权利基础或法律依据，双方当事人通常存在一定的违约或侵权纠纷。〔2〕如李某峰购买并食用的今麦郎方便面确实存在过期和质量问题，符合《消费者权益保护法》的保护范畴，李某峰有向销售者或生产厂家今麦郎公司索赔的权利；郭某在其女儿食用了含有三聚氰胺的施恩奶粉受害后，也确有向施恩公司索赔的权利基础。

第二，手段具有非法性。因行为人维权通常采取的是私力救济形式，且行为人多数处于弱势地位，在协商不成的情况下，往往采用窃取、夺取、骗取、恐吓等非法手段获取财产达到维权目的。李某峰在与今麦郎公司的争端中，通过散布不实信息、夸大产品问题等手段，试图迫使对方支付高额赔偿，这种行为显然超出了合法维权的范畴。

第三，结果具有过度性。过度维权的结果往往会超出合法索赔的范围，涉及索取高额或过度赔偿，从而侵犯了法律所保护的利益。在很多过度维权案例中，维权者通常高额索赔，主张赔偿的金额与自身损害之间存在巨大的差距。〔3〕如在"李某峰今麦郎索赔案"中，李某峰的索赔金额显然超过了常人理解的合理范围，造成了严重的法律后果。

三、过度维权的刑法认定

过度维权行为的刑法评价，国内外理论界存在无罪说和有罪说等观点，目前尚未完全达成共识。我国的司法实践对过度维权的刑法认定也不尽相同，

---

〔1〕 刘明祥：《财产罪比较研究》，中国政法大学出版社 2001 年版，第 82 页。

〔2〕 参见李梦园：《消费者过度维权刑法规制问题探析》，载《西部学刊》2022 年第 13 期。

〔3〕 参见温萌：《过度维权的刑法规制——以敲诈勒索罪为视角》，中南财经政法大学 2022 年硕士学位论文。

时常有同案不同判甚至一个案件的不同审级判决大不相同的情况。下文将对过度维权行为是否构成"敲诈勒索罪"展开论证。

（一）敲诈勒索罪的构成分析

1. 主观方面

"敲诈勒索罪"的主观方面要求行为人具有故意，以及非法占有目的。[1] 在过度维权中，一些行为人通常以维护自身合法权益为借口，实则意图通过非法手段获取超出合理范围的赔偿，具有非法占有他人财物的目的。

2. 客观方面

"敲诈勒索罪"的客观方面要求行为人实施了威胁、恐吓等手段，利用被害人对其生命、财产或名誉的恐惧，迫使被害人交出财物，以此获得对财产的占有。[2] 在过度维权中，行为人通过散布不实信息、夸大事实、威胁等手段，迫使对方妥协。在"李某峰今麦郎索赔案"中，李某峰通过在社交媒体上发布不实信息，声称产品含有工业盐、重金属汞超标，并以此索要高额赔偿，最终导致其行为被认定为敲诈勒索。

（二）过度维权行为性质的刑法评价

1. 过度维权行为是否构成犯罪

过度维权行为是否构成犯罪，主要取决于行为人的主观目的和手段是否具有正当性。过度维权行为通常有一定的权利基础或法律依据，很难判定维权者的动机，即是否存在非法占有他人财物目的。笔者认为，主要的参照点有两个：一是行为人的索赔数额是否有法律依据且明显超出自身损害；二是维权中是否具有威胁、恐吓等迫使他人交出财物的非法手段。若维权人索赔数额无法律依据又明显超出损害，在被维权人不同意的情形下通过使用威胁、恐吓等非法手段企图迫使被维权人交出索赔钱物的，可推定为具有非法占有他人财物的目的。例如，在"李某峰今麦郎索赔案"中，行为具备上述要件，故被法院判定为"敲诈勒索罪"。

若行为人在维权过程中虽有过激言辞或行为，但并未超出法律允许的范围，或其索赔金额在合理范围内，且未采取非法手段，则不应轻易认定为犯

---

[1] 参见张明楷：《刑法学》（第6版）（下），法律出版社2021年版，第1332页。

[2] 参见陈丹：《消费者过度维权与敲诈勒索罪界限探究》，载《山西农业大学学报（社会科学版）》2016年第3期。

罪。在司法实践中，需要具体分析每个案件的具体情节，综合考虑行为人的主观动机和客观行为，准确划分罪与非罪的界限。

2. 过度维权行为的类型及处理

精准把握过度维权的司法处断具有重要意义。如果打击过严，则有害于私力（自力）救济作用的发挥。如果打击不力，则会让不法分子钻法律的漏洞，也不利于对社会秩序的维护。因此，对过度维权不能一概而论，而是应对不同类型的过度维权行为采取不同的处理方式。根据行为的性质和严重程度，可以将过度维权行为分为以下几类，并予以分别处置。

（1）在合法维权但手段不当的情况下，维权者有正当的权益诉求，但在维权过程中使用了不当的手段，例如过激言辞或行动。对于此类行为，主要以教育和引导为主，通过调解或行政处罚等方式解决，避免激化矛盾。〔1〕

（2）对于一定程度上超出合理范围的过度维权，维权者的索赔金额或要求超出了一定合理范围，且存在一定的威胁或胁迫行为。对于此类行为，应视具体情节进行处理，必要时采取行政处罚或民事制裁措施，以遏制不合理的索赔行为。

（3）对于明显超出范围，行为手段违法的过度维权行为，由于维权者的行为已经具备"敲诈勒索罪"的犯罪构成要件，主观上具有非法占有他人财物的目的，因此对于此类行为应依法追究刑事责任，以维护法律的严肃性和社会秩序。〔2〕

结　论

维权不当不仅难以实现正义，反而可能使维权者面临严重的法律风险。明确过度维权罪与非罪的界定标准显得尤为重要。合理区分不同类型的过度维权行为并采取相应的处理措施有助于维护法律秩序和公众利益。在维权过程中，公众应依法行使权利，避免非法手段，防止触犯法律。司法机关也应加强对过度维权行为的精准打击、不枉不纵，保障社会公平正义。利用法治手段来保护公民的合法权益，是解决过度维权问题的重要路径。

〔1〕 参见谢玮：《过度维权的刑法定性》，华东政法大学 2018 年硕士学位论文。
〔2〕 参见谢玮：《过度维权的刑法定性》，华东政法大学 2018 年硕士学位论文。

未成年人网络直播打赏法律分析

杨 慧*

（中国政法大学　北京　100088）

摘　要： 由于未成年人网络直播打赏行为具有主体多元化和网络消费的虚拟性以及法律对未成年人身份的特殊保护等多重考量因素，如何在维护未成年人权益的法律体系下保障合法运营的网络直播平台及主播的利益成了亟待解决的法律问题。对打赏行为效力的认定，需要对网络直播打赏行为发生的主体及行为人的行为能力进行综合判断，而不能简单地一刀切。在网络直播打赏被确认为无效或者撤销时，应综合分析各方有无过错以及财产的性质，由相关方承担财产返还、损失赔偿或者折价补偿等法律责任，以达到平衡各行为主体利益的法律效果。

关键词： 直播打赏　未成年人　法定代理人　法律效力

一、未成年人网络直播打赏的现状

未成年人在直播平台进行打赏的现象近年来愈发普遍。据官方网站报道，未成年人网络打赏的相关投诉层出不穷，涉及抖音、腾讯、网易云、快手等十余家互联网平台，打赏的金额在几十元至数万元不等，投诉的内容多数为"未成年人打赏、充值""退款难"等问题。从投诉平台消费者的反馈来看，未成年人网络直播打赏金额的追回存在诸多障碍。全国政协委员、中国国际青年交流中心党委书记王义军指出，未成年人高额打赏乱象的主要原因：一

---

　　* 作者简介：杨慧（1985年—），女，汉族，福建厦门人，中国政法大学同等学力研修班 2022 级学员。研究方向：民商法学。

是缺少父母的陪伴与交流；二是网络直播平台未尽到主体责任，一些平台对打赏人身份的识别功能不健全；三是家庭教育和学校教育缺位；四是立法不够完善以及监管不到位。[1]

二、未成年人网络直播打赏的效力认定

根据网络实名认证制度，网络平台及主播在接受打赏时一般有理由相信行为人具备民事行为能力，从而认定直播打赏行为是基于双方真实意思表示而确立的财产处分的法律行为。[2]因此，要推翻未成年人网络直播打赏的效力，首先需要明确打赏人有无从事民事法律行为的主体资格，这就需要从打赏行为主体及其行为能力两方面去认定。

（一）民事行为主体的认定

从网络平台实名认证制度出发，为保护善意交易行为的稳定性，根据《电子商务法》第 48 条的规定，在电子商务活动中一般推定网络直播打赏的行为人为实名注册人。从中国裁判文书网记录的案例来看，大部分败诉案例都是因原告主体不适格、举证不能、无法识别交易主体为未成年人，因此要确认直播打赏的行为主体为未成年人一般适用"谁主张谁举证"的规则。[3]结合案例分析，对直播打赏行为主体的认定主要从以下几个方面进行举证：

1. 结合交易主体的行为习惯

未成年人由于心智不成熟、喜好的不稳定性等，其打赏行为一般有总额高、批次多等特征，有别于成年人的日常消费习惯和消费水平，因而可以从消费习惯、消费频次、消费时段等方面判断交易主体的身份。如在"吴某诉北京快手科技有限公司网络购物合同纠纷案"中，案涉快币的充值时间段与吴某自身在学习和生活中可支配的时间段基本吻合，且充值频率高，甚至在半小时左右就充值 46 次，金额高达 32 108 元，且打赏的主播多为未成年人或

---

〔1〕 参见《巨额打赏事件频发，未成年人网络监管该不该"一刀切"？》，载 https://www.thepaper.cn/newsDetail_forward_17000814，最后访问日期：2024 年 7 月 26 日。

〔2〕 参见张玉涛：《未成年人直播打赏纠纷的学理审视与实践反思》，载《数字法治》2023 年第 4 期。

〔3〕 参见邓扬：《未成年人直播打赏法律问题和纠纷处理》，载 https://mp.weixin.qq.com/s?__biz=MzI1MjEzMjg3OA==&mid=2649668821&idx=1&sn=c632331ebe9c435b3ab7056 93a41c4b6&source=41#wechat_redirect，最后访问日期：2024 年 7 月 26 日。

所播内容多为校园生活等。法院由此认定账号实际使用主体为吴某。[1]

2. 收集交易时的聊天记录及图片、视听资料、当事人陈述等

在一般情况下，交易主体在发生交易行为时留存的图片、音频、视频、文字等资料也可以被作为识别交易主体的证据，如在"李某与王某、广州华多网络科技有限公司确认合同效力纠纷一审民事判决书"中，法院基于原告提供的案发期间的监控录像认定交易发生时的行为主体。[2]通过对当事人陈述及事发后与未成年人及法定代理人的沟通尽量还原直播打赏时的情景，认定已有证据已具备盖然性。

3. 确认电子产品登录的 IP 地址、登录时长、活跃程度等予以佐证

由于这类网络后台数据一般被掌握在平台方手中，因此在实际交易主体认定中除了请求方需提供证据之外，法院也可以要求被告提供平台方后台相关数据，以此证明未成年人和法定代理人在交易行为发生时是否授权参与。如在"郑某涵与北京蜜莱坞网络科技有限公司合同纠纷"中，法院为了核实涉案的账号"映客"注册时的 IP 地址，要求被告蜜莱坞公司提供案发时的账号 IP 地址。[3]

（二）民事行为能力的认定

直播打赏行为属于财产处分行为，其效力需要根据未成年人的行为能力进行判断。一般而言，未成年人的高额打赏行为不属于与其年龄、智力相适应的民事行为，因此应视为无效。即使是低额打赏行为，若超出合理范围，仍可能被认定为无效。然而，网络消费的虚拟性让交易存在诸多不确定因素，在处理未成年人网络直播打赏财产返还纠纷时，一方面要尊重交易市场秩序，另一方面也要结合实际情况，不能忽视对未成年人行为能力的认定。依据《最高人民法院关于适用〈中华人民共和国民法典〉总则编若干问题的解释》第 5 条的规定，为了确认实施的民事行为与行为人的控制、辨认能力是否适应，对自己实施的行为能否辨别因行为产生的不可忽视的风险，从而认定未

---

〔1〕 "吴某诉北京快手科技有限公司网络购物合同纠纷案"，江苏省常州市武进区人民法院〔2018〕苏 0412 民初 2521 号民事判决书。

〔2〕 "李某与王某、广州华多网络科技有限公司确认合同效力纠纷案"，广州市番禺区人民法院〔2017〕粤 0113 民初 3284 号。

〔3〕 "郑某涵与北京蜜莱坞网络科技有限公司合同纠纷案"，北京市第三中级人民法院〔2018〕京 3 民终 539 号。

成年人就其从事的民事法律行为所应承担的法律后果。[1]

三、未成年人网络直播打赏行为被撤销或确认无效后的法律责任

（一）财产返还

在充值、打赏行为被撤销或者确认无效后，作为行为结果的财产获益方——直播平台和主播——都可能成为返还财产的义务方。[2]因直播平台与主播在实践中存在不同的合作模式，因此在确认返还财产的责任主体时还应考虑平台与主播之间的法律关系，若双方为合作关系或者其他非劳动合同关系，那么在合同被确认无效或者撤销之后，双方均具有返还财产的义务。若直播平台与主播之间是劳动合同关系，那么主播作为直播平台的员工，其只获取劳动报酬，则直播平台为财产返还的义务方。另外，由于虚拟币具有货币价值，用户通过充值购买虚拟币，因此在合同被确认无效或撤销之后，用户会丧失持有虚拟币的权利基础，此时应当将剩余虚拟币返还给直播平台。

（二）折价补偿

折价补偿不以当事人的过错为前提，是对合同被认定无效或者撤销后，因网络服务产品属于没有必要返还或者无法返还的情形而对未成年人一方采取的财产补偿措施。具体折价补偿数额的认定应以双方约定的价款为基础，同时考虑双方的获益情况来综合判定。其目的在于将财产恢复到合同订立前的状态。[3]

（三）赔偿损失

当合同被确认无效或者撤销后，双方根据过错情况承担信赖利益损失的赔偿责任。作为直播平台，应尽对未成年人的警示提醒义务，在运营平台过程中应尽可能采取一些技术防范手段限制未成年人使用充值打赏功能，如果对其予以放任则应承担损失赔偿责任。主播不能诱导未成年人充值打赏，在与用户交流的过程中发现对方为未成年人身份时应当及时劝阻，并与平台反馈，中断未成年人的直播打赏通道。未成年人不具备民事行为能力，因其过错或其法定代

---

[1] 参见蒋淑蒙：《未成年人网络充值、打赏相关法律问题探析》，载《中国审判》2020年第23期。

[2] 参见程啸、樊竟合：《网络直播中未成年人充值打赏行为的法律分析》，载《经贸法律评论》2019年第3期。

[3] 参见冯德淦：《效力瑕疵合同的返还清算问题》，载《法学》2022年第2期。

理人未尽相关监护职责，则由法定代理人承担损失赔偿责任。[1]

结 论

如何规制未成年人不理性的打赏行为、保障未成年人的合法权益是当今社会和法律亟须合力解决的难题。从立法层面，完善未成年人实施民事法律行为的救济制度；从司法裁判层面，裁判者一方面要根据个案情况准确认定行为主体，另一方面也要合理判断行为是否与行为人的智力、年龄相适应，不能机械地否定合同的效力；作为未成年人的法定代理人，应加强对未成年子女网络消费的正向引导和教育，尽到监管职责；直播平台要加强优化直播打赏机制，承担起社会责任。唯有多方协力，才能创建更加健康、有序的网络直播环境，保障未成年人的合法权益。

---

[1]《民法典》第 1188 条第 1 款规定："无民事行为能力人、限制民事行为能力人造成他人损害的，由监护人承担侵权责任。监护人尽到监护职责的，可以减轻其侵权责任。"

我国离婚损害赔偿制度研究

张忠富*

（中国政法大学 北京 100088）

摘　要：离婚损害赔偿制度是兼具惩罚和补偿效果的救济方式，体现了对无过错方补偿保护的价值取向。然而，在司法实践中，离婚损害赔偿的适用存在兜底条款不明、举证责任不合理、赔偿数额不清晰等问题。对此，应立足我国国情，针对婚姻关系的特殊性，完善离婚损害赔偿制度，以提高其在司法实践中的适用性。

关键词：离婚损害赔偿　婚姻关系　赔偿数额

一、离婚损害赔偿概述

（一）离婚损害赔偿的概念

离婚损害赔偿是在由夫妻一方过错造成的离婚中，没有过错的一方可以在离婚时向对方提出赔偿要求的制度，它是一种兼具惩罚和补偿性质的救济方法。《民法典》规定了离婚损害赔偿制度，作为无过错方请求赔偿的法定根据，目的是惩罚过错方，对无过错方给予补偿，使无过错方的生活得以继续。

（二）离婚损害赔偿的理论基础

第一，过错主义在离婚领域的保留。尽管不将过错作为离婚的法律要件，使离婚变得更加容易和方便，但这并不等于纵容在离婚过程中的过错行为。在由一方当事人的过错导致的离婚中，法律不应该放任不管，而是应该让有

　＊作者简介：张忠富（1978 年—），男，汉族，福建福州人，中国政法大学同等学力研修班 2022 级学员。研究方向：民商法学。

过错的一方承担相应的损害赔偿责任，这样才能促使公正得以实现。[1]

第二，婚姻关系是一种特殊的关系。[2]婚姻关系并非民法上的等价有偿，也不是民法上单纯的债权债务关系。它是以家庭的形式出现的，家庭的基本单元表现为经济共同体和社会规制，也表现为同居共财的共同体。所以，不能简单套用民法中关于侵权或违约责任的规定，而是要对婚姻关系进行更细致、人性化的考虑，故离婚损害赔偿制度有其存在的必要。

第三，尊重和保障个人权益的必然要求。婚姻关系中的家庭成员在从事婚姻家庭领域的民事活动时应当秉持人际诚信的基本法理，夫妻之间应诚实相待、恪守信用，互负忠实义务。离婚损害赔偿制度具有填平损失、精神慰藉、惩罚和防止不法行为的作用，既是一种法律救济手段，也是维护社会公平正义的基石，为离婚当事人提供了公正合理解决纠纷的途径。

二、我国离婚损害赔偿制度适用困境

（一）兜底条款适用范围不明确

《民法典》在原《婚姻法》的基础上新增了第 5 项兜底条款，规定在"有其他重大过错"的情形下可主张离婚损害赔偿。设置"其他重大过错"的兜底条款，这是为了应对越来越复杂的婚姻家庭问题的法律需要。但"重大过错"的标准难以明确列举，导致兜底条款的适用范围不明确，无法充分发挥其价值。在司法实践中，除 4 种法定情况之外，其他方面的原因也不断增加，诉讼情形的多元化使得兜底条款的实用价值更加明显。但基于兜底条款的笼统性和宽泛性，如何认定"重大过错"取决于法官的自由裁量，便容易导致旧制度弊端的延续，使其不能充分发挥法律功能与价值，引发了"同案不同判"的问题。

（二）举证责任承担不合理

按照"谁主张，谁举证"的原则，在诉讼中，当事人必须举证证明一方存在重大过错，致使夫妻关系破裂，对其造成损害。[3]由于过错行为具有隐匿性、突然性，故无过错方获取过错证据的难度极大。

---

〔1〕 参见夏吟兰：《离婚衡平机制研究》，载《中华女子学院学报》2004 年第 5 期。

〔2〕 参见于东辉：《离婚损害赔偿制度研究》，载《政法论丛》2002 年第 3 期。

〔3〕 参见沈楠：《〈民法典〉背景下离婚损害赔偿制度的司法适用问题研究》，江西师范大学2023 年硕士学位论文。

首先，"重婚""与他人同居"等情形违背了社会的传统道德与主流价值观，行为人通常采用比较隐秘的手段，这在客观上给无过错方制造了很大的举证困难。在涉及家庭暴力和虐待家庭成员的时候，行为人往往会尽可能地不在受害人的身上留下伤痕，或是使用冷暴力的方式来让对方受到精神上的痛苦，这些都会给无过错方造成阻碍。其次，在司法实践中，无过错方难以通过合法的手段取得证据，常常会采取偷拍等手段，而这种取证方法是否违法、是否侵犯了其他当事人的合法权利成了目前亟待解决的问题。

（三）赔偿数额认定标准不清晰

离婚损害赔偿包括物质损害赔偿和精神损害赔偿两个方面。物质损害赔偿是指离婚过错方赔偿由其实施损害行为引起的人身伤害损失、财产减少等实际财产损失。但是，精神损害是看不见的，夫妻之间的情感、价值观等因素是很难计量和量化的。在司法实践中，法官往往会因为缺乏具体的证据而"无所适从"。

在司法实务中，法官通常参照《最高人民法院关于确定民事侵权精神损害赔偿责任若干问题的解释》的相关规定来确定离婚精神损害赔偿的数额，但其内容过于宽泛，在实务中很容易受法官主观好恶的左右，造成判决与赔偿金额不一、相差甚远的情况。

三、我国离婚损害赔偿制度完善路径

（一）明确兜底条款适用范围

目前，我国司法解释还未对涉及"有其他重大过错"的兜底条款予以阐明和细化，司法实践中对"有其他重大过错"的认定标准存在差异，为维护当事人的合法权益、实现实质公平正义的法律精神，须明确兜底条款的适用范围，对"重大过错"作出合理解释。

对"重大过错"在兜底条款中的理解，应遵循一定的基本原则。第一，从根本上说，离婚损害赔偿是一项补偿与过错惩罚相结合的制度，既要惩罚过错方，也有救济无过错方。第二，兼顾过错责任与离婚自由，离婚损害赔偿的目的在于对无过错方的救济，同时又要防止对离婚自由的过分限制。第三，要保障弱势群体在婚姻家庭中的权利，力求在离婚救济体系中实现男女

两性的实质平等。[1]

对此，可对"重大过错"行为的特征进行概括总结，通过对行为形式、行为程度以及主观过错的类型化归纳，为实践中法官适用兜底条款提供相对明确的标准。在行为形式上，"重大过错"表现为违反家庭义务及家庭伦理的行为，包括法律上和道德上的义务。在行为程度上，"重大过错"的程度应具有严重性，即具有严重威胁夫妻婚姻存续的可能性。在主观过错上，"重大过错"是建立在行为人具有主观过错的基础上的，如过错一方有赌博、吸毒等恶习屡教不改，故意传播性传染病危害配偶健康等。[2]

（二）协调举证责任承担

第一，在大多数情况下，过错行为都是在暗中进行的，只有少数的无过错方知情。在离婚纠纷中，若无过错一方提出民事诉讼，按照"谁主张，谁举证"的原则，举证责任应由无过错方承担，但在实践中无过错方却很难搜集到足够确实的证据。[3]为此，应当根据案件的不同情形，采取灵活的方法，使当事人之间的举证责任得到平衡，在无过错方收集的证据表明对方存在过错且不充分的情况下，可以考虑举证责任倒置。[4]

第二，通过立法明确离婚损害赔偿案件中瑕疵证据的认定规则。在离婚案件中，应确认无过错配偶在掌握初步事实的情况下雇用私家侦探或自己利用跟踪偷拍等方式取得另一方重婚、同居等背叛婚姻的资料及相片的合法性。在未来，应当通过立法对瑕疵证据的认定规则加以完善。[5]

第三，发挥人民法院的法定职能，积极协助无过错方当事人搜集证据。在离婚损害赔偿案件中，无过错方通过自己的方式往往难以搜集到关键证据，在此情况下，人民法院应在当事人取证困难的情况下，依法履行法定职能，为取证困难的一方收集关键证据，从而维护无过错方当事人的合法利益，以

---

〔1〕 参见郑锡龄：《其他重大过错导致离婚损害赔偿的立法解释》，载《山东女子学院学报》2021年第3期。

〔2〕 参见张籽蕤：《比较法视角下离婚损害赔偿制度的研究》，载《黑龙江省政法管理干部学院学报》2022年第3期。

〔3〕 参见王红艳：《夫妻侵权民事责任理论与实践问题探析》，载《中南林业科技大学学报（社会科学版）》2014年第4期。

〔4〕 参见王梅霞：《我国离婚损害赔偿制度之完善》，载《河北法学》2008年第7期。

〔5〕 参见黄正席、张萍：《离婚损害赔偿制度中的举证责任问题》，载 https://www.chinacourt.org/article/detail/2010/01/id/393113.shtml#：~：text=，最后访问日期：2024年7月26日。

弥补当事人举证能力之不足。[1]

（三）完善赔偿数额的认定标准

如上所述，离婚损害赔偿中精神损害赔偿金的认定标准不明，对于离婚后的精神损害赔偿金的确定，在司法实务中除了要根据其严重程度外，还应考虑婚姻、家庭等方面的特定因素；对配偶及其他家庭成员实施故意犯罪行为（如对家庭成员实施性犯罪、杀害配偶或家庭成员）的，赔偿数额高于对配偶及家庭成员的一般打骂行为。

第一，考虑夫妻双方对家庭的投入。婚姻存续时间和投入的精力成正比，几十年的婚姻关系破裂对双方的影响与较短期的婚姻相比明显是更大的，对无过错方的损害尤其明显。因此，在实践中，可以结合婚姻存续时长考虑离婚损害赔偿的金额。[2]

第二，考虑先前的婚姻状况。一般而言，与已分居多年或处于离婚冷静期的特殊情况相比，在普通婚姻中，无过错方因重大过错而受到的伤害较大，因此在确定赔偿数额时应当加以考量。[3]

第三，考虑过错行为的恶劣程度。相对于一次性的、偶发的过错行为，长时间的、重复的过失行为会使无过错方受到更大的伤害。特别是由家庭暴力引发的离婚纠纷，具有反复性、周期性的特征，应当成为法院在确定精神损害赔偿金数额时的首要考量因素。[4]

结 语

《民法典》的正式出台，推动了我国离婚损害赔偿制度的进一步发展。不过，该制度在落实过程中面临诸多难题与困境。对此，应立足于我国国情，科学确定《民法典》第1091条规定的"有其他重大过错"的范围，协调举证责任的承担，合理确定损害赔偿金额的标准，不断提高离婚损害赔偿制度的适用性。

---

〔1〕 参见陈朝晖、翁德辉：《困境与突破：离婚损害赔偿难的破解路径探究》，载《海峡法学》2015年第4期。

〔2〕 参见马宏庆：《试论离婚损害赔偿制度》，载《焦作大学学报》2023年第4期。

〔3〕 参见孙曲音：《民法典背景下夫妻"忠诚协议"法律问题研究》，辽宁大学2021年硕士学位论文。

〔4〕 参见田韶华、史艳春：《民法典离婚损害赔偿制度法律适用的疑难问题》，载《河北法学》2021年第1期。

我国网络服务提供者著作权侵权责任研究

姜禹臣*

（中国政法大学 北京 100088）

摘　要： 网络服务提供者在社会经济活动中的地位日益重要，其在服务中具备优势地位。网络服务提供者在其提供的互联网服务中暴露出了许多著作权侵权问题，"避风港原则"存在被滥用现象，且网络服务提供者主观过错的认定标准不明。针对上述难题，应当规范"避风港原则"的适用条件，明晰网络服务提供者主观过错的认定标准，完善电子证据的取证程序。

关键词： 网络服务提供者　侵权　著作权

一、网络服务提供者著作权侵权的基本理论概述

（一）网络服务提供者的概念与分类

网络服务提供者，是指向个人、企业和其他组织提供互联网接入及相关服务的公司或机构。其主要功能包括提供互联网接入、数据传输、内容托管、应用服务以及其他增值服务。网络服务提供者有广义和狭义之分。广义指通过互联网提供网络通信相关服务以服务不具体多数人的自然人和法人，包括网络内容提供者和网络中介服务者；狭义仅指网络中介服务提供者，即为了盈利，在第三方当事人间进行网络通信，提供技术支撑与服务的自然人、法人或者其他组织。[1]

---

　* 作者简介：姜禹臣（1993年—），男，汉族，吉林长春人，中国政法大学同等学力研修班2023级学员。研究方向：刑法学。

　〔1〕　参见于波：《网络中介服务商知识产权法律义务研究》，法律出版社2017年版，第14页。

（二）网络服务提供者著作权侵权行为的具体类型

网络服务提供者著作权侵权行为具体类型主要包括：①帮助类侵权，即行为人明知他人有侵权行为的条件仍为该侵权行为提供技术上的协助，为侵权人的侵权行为提供便利。②替代侵权，指被代理人对代理人行为所导致的侵权行为承担赔偿责任。③教唆侵权，指行为人通过言语劝诱或以刺激、利诱等方式，使他人接受教唆并实施侵权行为。

（三）网络服务提供者侵权责任的理论根基

1. 过错主义理论

我国采取的网络服务提供者侵权责任主要是"过错责任原则"，[1]可以进一步区分为过失及故意。过失是侵权人明知或应知将会产生侵权，但是采取放任的方式，导致产生损害结果；故意的过错是指明知侵权行为已经发生，仍故意从事侵权行为，导致产生损害结果。[2]

2. 利益平衡理论

以利益平衡的理论分析网络服务者侵权责任的发生，强调的是网络服务提供者在获取利益的过程中必须承担即将发生的风险后果，即在其享受利益回报的过程中理应承担较大的侵权风险。[3]

3. 危险控制理论

即一方在可能遇见或者即将制造风险时，应当采取主动措施避免危害结果的发生，同时有责任尽量降低风险可能造成的危害结果，在用户将其具备独创性的作品呈现给网络服务提供者之后，便有了保护、规范著作权的责任。相较于用户而言，网络服务提供者对于可能发生的或者可以预见的侵权行为有更强的感知性，更应提升注意义务，避免损害发生及扩大。[4]

4. 社会成本控制理论

即在处理即将产生或者已经发生的侵权行为时，若有多个方式或主体可以减轻或者避免损害继续，延缓损害行为的扩大，应牺牲社会成本最小的一方的利益，用以防止发生更大的损害结果来控制社会成本。在网络著作权问

---

〔1〕 参见《民法典》第 1165 条。

〔2〕 参见王利明：《论网络侵权中的通知规则》，载《北方法学》2014 年第 2 期。

〔3〕 参见冯晓青：《知识产权法利益平衡理论》，中国政法大学出版社 2006 年版，第 84 页。

〔4〕 参见陈宏正：《【风控】风险控制的理论和实践》，载 https://mp.weixin.qq.com/s/qMvIB-CiCimordXqovZ4oFA，最后访问日期：2024 年 7 月 26 日。

题中常由网络服务提供者承担该沉没成本。[1]

二、我国网络服务提供者著作权侵权责任的认定困境

（一）"避风港原则"存在滥用现象

最早的涉及网络服务提供者避风港原则的规定是 1998 年《美国数字千年著作权法案》，此后我国在 2006 年《信息网络传播权保护条例》首次引入了该规则，[2]为权利人提供了救济渠道，但同时也有别有用心的侵权者利用该规则逃避法律制裁。

（二）网络服务提供者主观过错的认定标准不明

我国法律并未列举过错情形，实践中的判断标准并不一致，只能通过分析判断网络服务提供者是否正向维护著作权的方式判定是否存在侵权或帮助侵权行为。对网络服务提供者存在主观过错的认定工作落实起来难度极大，对于著作权人而言，承担主观过错的举证责任压力很大。仅仅将过错责任原则作为网络服务提供者间接侵权责任的归责原则，无法实现对著作权人合法利益的全面保障。长此以往，将对我国知识产权的创新和发展产生极为不利的影响。[3]

三、网络服务提供者著作权侵权的制度完善路径

（一）规范"避风港原则"的适用条件

在权利人发现其著作权被侵害情况下，向网络服务提供者发出通知，网络服务提供者及时实施了风险降低等控制措施后不承担侵权责任是"避风港原则"的主要应用场景。在司法实践中，网络服务提供者根据"避风港原则"主张进行无罪辩解。因此，适用"避风港原则"要审查侵权作品的具体来源是否合法，同时审查是否知晓侵权，对侵权是否存在主观故意。

（二）明确网络服务提供者主观过错的判断标准

对于主观过错的认定标准，首先应明确"知道"的准确定义，在著作权法下研究对网络服务提供者主观过错的认定，其实就是研究如何判断网络服

〔1〕 参见张新宝主编：《互联网上的侵权问题研究》，中国人民大学出版社 2003 年版，第 46 页。
〔2〕 参见《信息网络传播权保护条例》第 14~17 条。
〔3〕 参见张玲玲：《网络服务提供者侵犯著作权责任问题研究》，中国人民大学出版社 2019 年版，第 212~214 页。

务提供者在侵权中具有明知或应知两种主观认知。[1]在对主观过错的判断中，需要重点考虑注意义务。[2]对于网络服务提供者是否尽到注意义务，应当综合考虑如下情形：①网络服务提供者的信息管理能力；②网络服务提供者对侵权信息是否存在选择、编辑、修改、分类列表及推荐等行为；③侵权信息的明显程度；④在链接侵权的情况下，可以考虑被控侵权人是否将被链网站作为自己网站上的一个频道或栏目、与被链网站间是否存在合作经营或利润分成等关系，以及对被链网站具体内容的控制程度等。[3]

需要注意的是，"直接获得经济利益"可以被作为网络服务提供者违反注意义务的归责理由。[4]在"苹果公司与中文在线数字出版集团股份有限公司、苹果电子产品商贸（北京）有限公司、艾通思有限责任公司侵害信息网络传播权纠纷案"[5]中，网络服务提供者从应用中直接获取了经济利益，法院便认定其具有相应的审查义务。另外，在"山东机客网络技术有限公司与上海玄霆娱乐信息科技有限公司侵害信息网络传播权纠纷上诉案"[6]中，因网络服务提供者直接从作品中获得了经济利益，理应提高注意义务，但其因没有履行注意义务导致侵权事件发生，最终应认定其存在主观过错。

（三）完善电子证据的取证程序

应当完善对电子证据的公正性审查，要对侵权证据材料进行及时、精准的证据公证，同时针对取证过程建立完善、严格的取证标准。[7]无论是从程序上还是实体上都要客观、公正、透明，在保护著作权人权益的同时，实现对公平正义的维护。

---

　　〔1〕　参见赵晴：《网络服务提供者著作权侵权中的主观过错认定研究》，华中科技大学 2023 年硕士学位论文，第 22 页。

　　〔2〕　参见司晓：《网络服务提供者知识产权注意义务的设定》，载《法律科学（西北政法大学学报）》2018 年第 1 期。

　　〔3〕　参见徐杰主编：《知识产权审判实务技能》，人民法院出版社 2013 年版，第 30~31 页。

　　〔4〕　参见司晓：《网络服务提供者知识产权注意义务的设定》，载《法律科学（西北政法大学学报）》2018 年第 1 期。

　　〔5〕　"苹果公司与中文在线数字出版集团股份有限公司、苹果电子产品商贸（北京）有限公司、艾通思有限责任公司侵害信息网络传播权纠纷案"。

　　〔6〕　参见颜峰：《网络服务提供者的注意义务及侵权责任》，载《人民司法》2014 年第 8 期。

　　〔7〕　参见王祉茹：《网络服务提供者著作权侵权责任认定》，载《人大建设》2023 年第 6 期。

结 论

保证著作权的安全，不仅需要著作权人提升主动防护意识，增强警惕性，在创作中尽量增加防止侵权的标识、水印等，同时也需要从技术上限制网络服务提供者对用户权限的介入，对网络服务提供者进行技术上的监管、审查，建立完整的机制，要求网络服务提供者记录除用户本人外调取著作权的记录、调取时间、调用次数等，并按期上报给监管单位，以作为日后证明侵权的证据。最后，要严格限制、严肃处理发生过著作权侵权的网络服务提供单位，例如运用黑名单管理模式，将优质网络服务提供者与曾发生过侵犯著作权的网络服务提供者区分开来，对网络服务提供者进行评级、考核。若多次出现侵犯著作权等事项，则降低其评级，这样可以使得用户对不同的网络服务提供方有一个明确的认知，由用户决定是否继续使用该网络服务。

起哄闹事型寻衅滋事罪的司法认定

苏时鑫*

（中国政法大学 北京 100088）

摘　要：随着社会进入网络时代，起哄闹事型寻衅滋事罪展现出了新的特点和趋势，对传统的法律界定和适用标准提出了挑战。寻衅滋事罪所保护的法益应该是社会公共秩序，在法益的指引下，应限缩起哄闹事型寻衅滋事罪的行为类型。在划定起哄闹事型寻衅滋事罪的行为类型之时，需考虑行为的煽动性、蔓延性、扩展性以及对公共秩序的影响程度等因素。本文旨在在网络时代下，对起哄闹事型寻衅滋事罪展开理论分析，以期为司法实践的适用提供具体标准与规则。

关键词：寻衅滋事罪　网络时代　法益保护　行为类型

一、网络时代下起哄闹事型寻衅滋事罪的异化

随着互联网时代的到来，寻衅滋事罪呈现出了新的表现样态，这给具体的司法认定带来了前所未有的考验。传统上表现为在公开场合起哄和无端挑衅等扰乱社会安定之举的寻衅滋事行为，在互联网领域则转变为了通过散播言论操纵群众情绪，引起公共认知与心理的秩序混乱。从事这种行为的人利用互联网这一媒介，在匿名或使用真实身份情况下散布虚假消息，并煽动群体感情，以此迅速放大了网络寻衅滋事行为对社会安宁产生的威胁和破坏力度。

---

* 作者简介：苏时鑫（1990 年— ），男，汉族，广西壮族自治区北海人，中国政法大学同等学力研修班 2023 级学员。研究方向：刑法学。

在现代的司法体系内，在互联网空间内的集结滋扰行为构成寻衅滋事罪的标准尚未得到清晰界定，这在实际法律应用过程中造成了重大难题。网络平台固有的自由性与自治属性进一步加剧了对网络公共空间范围的模糊认识，以及在公共场合定义上的不确定性。具体而言，在评判行为是否"严重破坏了公共场所秩序"时缺乏明确和详细的规则，这为司法判决增加了难度。

二、起哄闹事型寻衅滋事罪的规范构造

（一）保护法益的界定

在数字时代的进程中，网络引起的煽动型扰乱公共秩序罪显现了新的特点，这需要重新界定起哄闹事型寻衅滋事罪所保护的法益。我国《刑法》第293条规定了"寻衅滋事罪"，该罪被规定在我国《刑法》分则第六章第一节中，因此该罪所保护的法益应当为社会公共秩序。[1] 既包括公共场所秩序，也包括非公共场所秩序。[2]法益的合理选定对于该罪的具体行为类型划定而言具有重要作用。只有侵犯人身与财产权利的行为具有破坏社会秩序的性质，才能归属于寻衅滋事罪。然而，由于刑法明确将混乱的公共场所秩序作为入罪标准的行为范畴，故起哄闹事型寻衅滋事罪所保护的法益是公共场所秩序，而非一般意义上的社会秩序。社会秩序与公共场所秩序密切相关，破坏公共场所秩序等于破坏社会秩序。在司法实践中，我们必须清晰界定该罪的保护法益，并以此为基础指引其他的具体认定。

（二）行为类型的划定

起哄闹事型寻衅滋事罪的构成要件定型性较差，因此需要通过教义学解释进行限缩。公共场所，是指不特定人或者多数人可以自由出入的场所。对于起哄闹事行为的认定，应当划定其核心特征，进而使其与其他行为区分开来。张明楷教授将寻衅滋事罪的核心特征确定为煽动性、蔓延性、扩展性行为，颇具合理性。判断干扰公共秩序是否陷入严重混乱，应以行为发生时的具体情况为准，综合公共场所的性质、活动的重要性、参与人数、干扰行为发生时间、公共活动受到的影响范围和程度等因素。[3]

---

〔1〕 参见陈兴良：《寻衅滋事罪的法教义学形象：以起哄闹事为中心展开》，载《中国法学》2015年第3期。

〔2〕 参见曾粤兴：《网络寻衅滋事的理解与适用》，载《河南财经政法大学学报》2014年第2期。

〔3〕 参见张明楷：《寻衅滋事罪探究（上篇）》，载《政治与法律》2008年第1期。

（三）主观要件的认定

在司法实践中，判断寻衅滋事罪的主观要件是否包含流氓动机，存在诸多理论争议。1979年《刑法》的流氓罪规定了寻衅滋事、聚众斗殴、侮辱妇女等行为。但在1997年《刑法》修订时，考虑到原流氓罪存在口袋罪特征，立法者将这三种基本流氓行为分开，创设了寻衅滋事罪。从客观角度来看，殴打是一种未造成伤害的暴力行为，无故殴打与有因殴打存在区别。然而，单凭此项特征难以准确判断寻衅滋事。因此，判断有无流氓动机，有助于实现对寻衅滋事罪成立范围的限缩，对于对寻衅滋事罪的正确认定而言具有重要意义。[1] 而且，我国司法解释已经明确规定了寻衅滋事罪的主观要件。行为人仅仅实施《刑法》第293条规定的行为是不足以构成寻衅滋事罪的，还需要同时具备主观上的流氓动机，才能构成该罪。由此可见，流氓动机作为主观违法要素在寻衅滋事罪认定中扮演着不可或缺的角色。由此可见，流氓动机这一主观违法要素对于寻衅滋事罪的性质认定具有不可或缺的作用。[2]

三、网络时代下起哄闹事型寻衅滋事罪的司法适用

（一）"公共场所"的认定

网络时代信息传播的高速性与广泛性给对寻衅滋事罪的界定与打击带来了前所未有的挑战。为了应对司法实践中的诸多挑战，《最高人民法院、最高人民检察院关于办理利用信息网络实施诽谤等刑事案件适用法律若干问题的解释》（以下简称《网络诽谤解释》）专门针对利用信息网络平台煽动或参与寻衅滋事等违法活动的情形作出了进一步的明确规定。

在司法实践中，如何认定"公共场所"是亟待解决的问题。换言之，网络空间是否公共场所？根据《最高人民法院、最高人民检察院关于办理寻衅滋事刑事案件适用法律若干问题的解释》（以下简称《寻衅滋事解释》）的规定，公共场所包括车站、港口、码头、机场、商场、公园、展览馆等。随着数字化时代的兴起，互联网等信息网络已成为重要的信息获取平台，具有特定的网络空间范围，承担重要功能，潜在的言论发表和产品推销行为可能

---

[1] 参见陈兴良：《寻衅滋事罪的法教义学形象：以起哄闹事为中心展开》，载《中国法学》2015年第3期。

[2] 参见陈兴良：《寻衅滋事罪的法教义学形象：以起哄闹事为中心展开》，载《中国法学》2015年第3期。

导致实际后果。同时，不法行为也会对现实生活造成法益侵害。随着科学技术的发展，过去的物体化概念可以相应地做信息化解释，公共场所应当扩大至包括具有开放性的电子信息交流"场所"。[1]另外，根据《网络诽谤解释》第 5 条第 2 款的规定："编造虚假信息，或者明知是编造的虚假信息，在信息网络上散布，或者组织、指使人员在信息网络上散布，起哄闹事，造成公共秩序严重混乱的，依照《刑法》第二百九十三条第一款第（四）项的规定，以寻衅滋事罪定罪处罚。"该条规定确认了信息网络可以成为实施寻衅滋事的公共场所。由于信息在线上传播速度快和匿名性强，虚拟空间内的混乱状况更加难以确切定义，并且测量其严重程度也颇具挑战性。当判定犯罪行为时，事实依据至关重要，亦需仔细考量行为所在的特定互联网背景及其具体后果。公共空间涉及的法律条文解释与应用标准亟须澄清，以防止对此进行过度扩张，致使公民合法利益遭受侵害。

（二）"造成公共场所秩序严重混乱"的认定

根据《刑法》和《网络诽谤解释》的规定，网络寻衅滋事与现实寻衅滋事具有同等后果要求，均需达到引发公共秩序严重混乱的程度。[2]对公共场所秩序严重混乱的认定，一般应考虑行为的广泛性和强度。行为的广泛性旨在划定行为影响的群体规模，判断其是否足以通过网络聚集大量人群，而行为的强度则侧重于评估此行为引发的社会反响和实际后果。例如，一篇诱发集体不满情绪并引导群众到特定公共场所集会的微博帖子，其直接后果可能是使得秩序混乱、公共设施受损、正常公共秩序被打乱，这些均是秩序严重混乱的表现。根据《寻衅滋事解释》《网络诽谤解释》的规定，网络寻衅滋事造成后果的考量因素包括公共场所的性质、公共活动的重要程度、公共场所的人数、起哄闹事的时间、公共场所受影响的范围与程度等。在其他公共场所起哄闹事，应当根据公共场所的性质、公共活动的重要程度、公共场所的人数、起哄闹事的时间、公共场所受影响的范围与程度等因素，综合判断是否造成公共场所秩序严重混乱。这一规定同样可以适用于对网络寻衅滋事罪与非罪界限的判断。[3]

[1] 参见曲新久：《曲新久：一个较为科学合理的刑法解释》，载 http://theory.people.com.cn/n/2013/0912/c40531-22898784.html，最后访问日期：2024 年 7 月 26 日。
[2] 参见刘振会：《在网络寻衅滋事的定罪标准》，载《人民司法》2020 年第 32 期。
[3] 参见曾粤兴：《网络寻衅滋事的理解与适用》，载《河南财经政法大学学报》2014 年第 2 期。

结　语

当今网络空间已经成为现实社会生活的重要组成部分，行为人在信息网络上散布虚假信息，起哄闹事，实施寻衅滋事行为，即使不会对网络空间秩序造成混乱，也可能造成现实社会秩序的严重混乱，较之一般的现实空间实施的寻衅滋事行为的危害更大。网络空间也是公共场所，网络秩序也是公共秩序，应当加以维护。起哄闹事行为在具体案件中是复杂多样的，在认定行为人的行为是否构成起哄闹事型寻衅滋事罪时，应避免对该罪进行扩大适用，从而使该罪成为兜底性罪名。在未来，我国应当进一步明确起哄闹事型寻衅滋事罪的客观要件内容，限缩该罪的适用范围，进而兼顾人权保障与法益保护。

论"醉酒型"危险驾驶罪的主观罪过

马 迪*

（中国政法大学 北京 100088）

摘 要： 随着轻罪时代的到来，危险驾驶罪已逐渐成为刑事案件适用最多的罪名。对"醉酒型"危险驾驶罪行为人主观罪过的认定，学术界存在故意说、过失说、混合罪过说之争。但是，三种理论在实践中均存在不妥之处。合理的进路是对适用原因自由行为展开分析。这不仅符合立法目的，同时也对司法实践具有重要意义，可以实现降低社会危险、维护道路交通安全的社会效果。

关键词： 醉驾 原因自由行为 主观罪过

一、既有学说的争论及评析

（一）故意说

以张明楷教授为代表的故意说认为，危险驾驶罪是故意的抽象危险犯，行为人主观上既要认识到自己在道路上醉酒驾驶机动车，还要认识到自己的行为对公共安全构成危险，并且希望或者放任这种结果发生。[1]

但是，故意说会导致在司法实践中对行为人的行为无法作出客观评价。醉酒驾驶机动车可能对社会公共安全构成危险，学界基本认同这是一种抽象的危险犯，醉驾入刑具有明显的预防性和惩戒性。但是，当行为人已经处于

---

* 作者简介：马迪（1994 年—），女，汉族，云南蒙自人，中国政法大学同等学力研修班 2019 级学员。研究方向：刑法学。

〔1〕 参见张明楷：《危险驾驶罪的基本问题——与冯军教授商榷》，载《政法论坛》2012 年第 6 期。

醉酒状态时，其认知能力会因个体差异而导致一定程度的下降，在此状态下要求行为人主观上认识到其到道路上驾驶机动车，还要认识到行为的危险性，并且希望或者放任危险的发生，显然是不妥的。[1]

（二）过失说

冯军教授从《刑法》第 133 条之一的规范目的、适用出发论证了应当将"醉酒型"危险驾驶罪解释为过失的抽象危险犯。[2]过失说认为，将"醉酒型"危险驾驶罪的主观罪过认定为过失，才能够有效平衡罪刑关系，从某种意义上来说，可以避免出现律师等特殊职业人员因犯危险驾驶罪被判刑后禁止继续从事相关职业，而犯交通肇事罪等危害后果更加严重的罪名却仍可以继续从业的情况。

但是，将"醉酒型"危险驾驶罪的主观心态认定为过失有不妥之处。第一，《刑法》第 15 条第 2 款规定："过失犯罪，法律有规定的才负刑事责任。"我国《刑法》分则对过失犯罪的规定以造成相应的损害后果为入罪前提，而《刑法》第 133 条之一对"醉酒型"危险驾驶罪并无损害结果的规定。第二，行为人的主观罪过是定罪量刑需要考量的情节，危险驾驶罪的法定刑为"拘役"和"罚金"，这种刑罚能够客观评价行为人的行为性质和行为后果，符合罪责刑相适应原则，不能为了实现罪刑均衡而改变犯罪的主观罪过。

（三）混合罪过说

谢望原教授等部分学者主张危险驾驶罪的主观罪过既可以由故意构成，也可以由过失构成。[3]从条文关系来看，危险驾驶罪与交通肇事罪被规定在《刑法》第 133 条中。《刑法》第 133 条之一第 3 款规定，对醉酒驾驶机动车的行为人构成其他犯罪的，依照处罚较重的规定定罪处罚。[4]这里的"其他犯罪"既包括以危险方法危害公共安全罪等故意犯罪，也包括交通肇事罪等过失犯罪。

但是，混合罪过说忽略了司法实践中的可操作性。纵观我国《刑法》规

---

〔1〕 参见陆诗忠：《再论"醉酒型"危险驾驶罪的主观罪过》，载《法治研究》2018 年第 1 期。

〔2〕 参见冯军：《论〈刑法〉第 133 条之一的规范目的及其适用》，载《中国法学》2011 年第 5 期。

〔3〕 参见谢望原、何龙：《"醉驾型"危险驾驶罪若干问题探究》，载《法商研究》2013 年第 4 期。

〔4〕 参见《刑法》第 133 条之一第 3 款。

定，故意犯罪和过失犯罪在量刑的时候存在明显差异，而司法机关在办案过程中需要对行为人的主观罪过进行唯一性论证，危险驾驶罪作为轻型犯罪，其法定最高刑为拘役 6 个月，如果认为危险驾驶罪的主观罪过既可以是故意也可以是过失，则可能出现行为人无论主观罪过是故意还是过失，都被判处相同刑罚的情况。

二、原因自由行为说与"醉酒型"危险驾驶罪的主观心态

通过上述分析，无论是将"醉酒型"危险驾驶罪的罪过形式理解为故意、过失或者两者兼而有之，对于在司法实践中妥善处置案件而言均存在不妥之处。因此，本文认为，应当通过原因自由行为理论来分析"醉酒型"危险驾驶罪的主观心态，进而在司法实践中客观、准确地评价行为人的行为。

（一）原因自由行为的理论基础

原因自由行为，指的是行为人故意或者过失导致自己陷入限制责任能力或者无行为能力的状态，在该状态下实施了符合犯罪构成要件的违法行为。大多数学者及实务界人士对原因自由行为具有可罚性均持肯定态度，在"如何可罚"的问题上，存在前置模式与例外模式两种基本论证模式。[1]前置模式将行为人的先行为认定为已经着手实施犯罪行为，扩大了刑法的规制范围，会导致"醉酒型"危险驾驶罪这类轻罪案件的打击面过广，树立社会对立面，引发社会矛盾。例外模式的基本立场是原因自由行为是同时存在原则的例外，[2]行为人基于先行为与结果行为之间存在因果关系而需对危害结果承担刑事责任。[3]综合来看，例外模式更为合理。

（二）原因自由行为的理论价值

第一，符合立法目的。"醉酒型"危险驾驶罪的立法目的是降低由醉酒驾驶机动车产生的危害公共安全的危险。醉驾入刑前，全国各地发生了众多由醉驾导致的重大交通事故。由于醉酒驾驶机动车会导致行为人认知能力下降，进而提高其行为对社会公共安全造成的危险，醉酒驾驶机动车本身就存在严

---

〔1〕 参见方子轩：《原因自由行为的例外模式：反思、证成与适用》，载《上海政法学院学报（法治论丛）》2024 年第 2 期。

〔2〕 参见崔涵：《论原因自由行为的可罚性基础》，载《西南政法大学学报》2023 年第 5 期。

〔3〕 参见顾彧：《醉酒犯罪中过失原因自由行为的类型化分析》，载《司法警官职业教育研究》2021 年第 2 期。

重的危险性和可罚性，无论行为人持何种主观心态。我国《刑法》第18条第4款规定："醉酒的人犯罪，应当负刑事责任。"[1]理论上认为，该条是对原因自由行为的规定，即我国刑法认为原因自由行为具有可罚性，可能充当例外模式的立法依据，当行为人通过饮酒故意或者过失使自己处于限制责任能力或者无行为能力状态时，这种饮酒行为对之后行为人驾驶机动车上路可能造成的危险具有推动作用，那么就应该承担法律责任。

第二，具有实践意义。司法机关在处理"醉酒型"危险驾驶罪案件的过程中，因醉酒驾驶机动车的行为人处于醉酒状态，其行为能力和认知能力均有所下降，甚至会处于无意识状态，除呼气酒精测试、提取血液检验乙醇含量等需及时取得的证据，侦查机关对行为言辞证据的收集多在行为人状态清醒后，在实践中，对行为人主观方面的罪过往往难以判断。适用原因自由说可以降低办案机关在行为人主观认定方面的取证难度，避免出现针对行为人醉酒驾驶机动车时主观心态的认定争议，更符合实际办案需求，进而可以促使行为人积极履行谨慎驾驶义务，切实做到"喝酒不开车，开车不喝酒"。

综上，笔者认为，适用原因行为自由说无须对行为人的主观心态进行评价，对于可以归责于行为人的原因导致其陷入醉酒状态，行为人醉酒后驾驶机动车上路，无论其是否能够认识到其处于醉酒状态，只要客观上达到法律规定的醉酒标准，就构成危险驾驶罪。

三、"醉酒型"危险驾驶罪主观罪过的厘定

例外模式将行为人自陷缺陷状态的结果行为视为实现犯罪构成要件的实行行为，[2]在"醉酒型"危险驾驶罪中，行为人驾驶机动车在道路上行驶即为其结果行为，而行为人饮酒导致自己陷入醉酒状态的先行为是对其进行归责的理由。只要行为人主观上能够对其先行为及结果行为具有一定的认知，客观上实施结果行为，就能构成危险驾驶罪。换言之，本文拟采取严格责任的观点。

具体而言，根据原因自由行为理论，只要是由能归责于行为人自身的原

---

[1] 参见《刑法》第18条第4款。
[2] 参见方子轩：《原因自由行为的例外模式：反思、证成与适用》，载《上海政法学院学报（法治论丛）》2024年第2期。

因导致的醉酒，行为人客观上又实施了驾驶机动车在道路上行驶的行为，无论行为人主观上对危险驾驶可能导致的社会危险持希望或者放任，还是应当预见而疏忽大意，抑或是过于自信能够避免相应的后果，都不影响对行为人构成"醉酒型"危险驾驶罪的认定。但是，需要注意的是，对于无过错醉酒，行为人不需要对此负责。例如，实践中存在行为人饮用藿香正气水，食用蛋黄派、荔枝、龙眼等水果后进行呼气酒精测试有反应，行为人在食用食物、摄入饮料时不知道含有酒精而导致行为人达到醉酒状态的情况。在此种情况下，行为人根本无法认识到自己的行为可能会导致自己陷入醉酒状态，对于此类由不可归责于行为人的原因导致的醉酒，行为人不需要承担责任。

结　论

在司法实践中判断"醉酒型"危险驾驶的行为人是否应当承担刑事责任，无须认定行为人的主观罪过，只要行为人陷入醉酒状态系由行为人自身原因造成并且具有一定的认知，对行为人自身陷入缺陷无论是故意还是过失，都可以对其进行处罚；这样一方面可以减轻司法机关的取证压力，另一方面能够收获震慑效果，在全社会形成安全驾驶的意识，切实维护社会安全。

论电信网络诈骗的现状及预防

罗 婷*

（中国政法大学 北京 100088）

摘 要： 随着经济不断繁荣，电信网络诈骗这一犯罪也愈发猖獗，其案件频发、侦破之难，对广大民众的财产安全构成了严重威胁。这类犯罪行为从传统的电信诈骗悄然转向网络诈骗，诈骗手法更新更加迅速、诈骗对象选择更加精准，犯罪上下游产业化链条化更加突出。在当前背景下，应通过分析电信网络诈骗的现状及产生原因，采取措施预防电信网络诈骗，从而为人民群众筑起一道坚实的生命财产安全屏障。

关键词： 电信网络诈骗 特征 成因 犯罪预防

近些年来，随着互联网技术的迅猛发展，其已深刻融入人们的日常生活，但随之而来的是诸多安全挑战并存于便利之中。电信网络诈骗因高发、难以侦破、周期长及快速演变，已严重威胁社会稳定。本文将深入剖析此类犯罪的特征与演变趋势，探讨其犯罪成因，旨在寻求有效策略以遏制电信网络诈骗。

一、当前电信网络诈骗犯罪的特征与演变趋势

根据《反电信网络诈骗法》的规定，电信网络诈骗犯罪是指以非法占有为目的，利用电信网络技术手段，通过远程、非接触等方式，诈骗公私财物的行为。[1]随着科技的不断进步与互联网通信技术的迅猛发展，电诈犯罪手

---

* 作者简介：罗婷（1992 年— ），女，汉族，四川南充人，中国政法大学同等学力研修班 2023 级学员。研究方向：刑法学。

〔1〕《反电信网络诈骗法》第 2 条。

段层出不穷。其特征和演变趋势主要表现在以下几方面：

（一）骗术花样增多，手法更新迅速

为了追求更高的利益，更快的成功率，诈骗分子紧跟新政策与时事热点的脚步，不断变换升级骗术，为每个目标群体量身定制，精心设计陷阱，诈骗手段的隐蔽和巧妙，让人防不胜防。[1]其中，最引人注目的当属2019年肆虐的"杀猪盘"诈骗案，它将传统的交友诈骗与网络平台赌博诈骗巧妙结合，专门针对那些渴望在社交软件或婚恋网站上寻找爱情的人群。而如今，电信网络诈骗的类型更是五花八门，多达六十余种。其中，冒充公检法诈骗、网络刷单、购物诈骗等老套路依旧猖獗，而网上代办信用卡、网上办理贷款诈骗、网络刷单以及冒充老板亲友等新型网络诈骗更是层出不穷。

（二）精准诈骗高发多发

公民的个人信息，原本应是保护隐私的坚固屏障，然而却成了诈骗者眼中的诱人猎物。他们根据受害者的详细个人信息，精心编织量身定制的陷阱，让无数无辜者掉入其中。这背后暴露出了个人信息泄露的巨大危机。由于一些部门和企业在信息安全上的疏忽，以及技术的不足，使得他们手中掌握的公民个人信息如同未经锁闭的宝藏，轻易地被泄露或窃取。更可怕的是，一些不法分子利用职务之便，将这些信息公然出售，牟取暴利。近年来，从机票退改签诈骗到冒充国家公职人员发放补贴，再到冒充熟人进行诈骗，各种形式的精准诈骗层出不穷。这些诈骗手段之所以如此猖獗，正是因为诈骗者能够轻易地获取到受害者的个人信息，从而对他们进行精准攻击。对于广大民众来说，这些诈骗手段迷惑性极强，难以防范，因此带来的危害也是巨大的。

（三）灰色产业群愈发活跃

有需求就有市场，随着电诈犯罪的快速发展，与此同时，一个名为"灰色产业群"的神秘组织也在暗处悄然崛起。他们的业务范围十分广泛，从盗取贩卖公民个人信息到提供专业的转账取款服务，从开发网络改号软件到制造木马程序，无所不为。这些灰色产业链者游走在法律的边缘，为有需求的人提供信息、手段和人员支持，从中获取巨额利润。在与电信网络诈骗犯罪分子的合作中，灰色产业群不断获取利益，为自己的发展开辟了更广阔的道

---

[1] 参见王晓伟：《电信网络诈骗犯罪的防范与打击》，载《人民论坛》2019年第10期。

路。他们不仅积极主动地配合犯罪分子的诈骗行为，甚至还建立了相对固定的合作关系，形成了一个庞大的松散犯罪网络，这个网络不仅侵害了无数群众的利益，还侵蚀了信息安全和金融安全的防线，严重扰乱了行业管理和社会管理秩序。

二、电信网络诈骗的犯罪成因探究

(一) 社会成因

电信网络诈骗的社会根源，犹如一张错综复杂的网，由经济、文化、社会管理及法律等多重因素编织而成。其中，经济因素起决定性、根本性作用。金融技术的发展和普及为电信网络诈骗提供手段条件；民众生活水平的提高为电信网络诈骗犯罪提供对象条件；社会转型与经济接轨为电信网络诈骗提供主体条件。在文化因素方面，相关研究表明，东方的消费文化和特定领域的诈骗亚文化在电信网络诈骗犯罪的形成和变化过程中产生了"积极"影响。[1]社会管理中存在的某些漏洞往往也会诱发犯罪人实施犯罪的欲念，强化其实施犯罪的意志，从而导致电信网络诈骗犯罪产生，如电信、网络、金融管理等方面。在法律因素方面，法律制度的不完善、刑罚设置偏轻等具体因素，也是阻碍有效打击电信网络犯罪的因素。

(二) 犯罪人要素

犯罪人不仅是犯罪的直接实施者，也是犯罪形成的主要推动力。犯罪人作为电信网络诈骗的直接实施者，他们的存在无疑是犯罪发生的重要原因。不良文化的熏陶、被贫富差距的刺激、"高收益、低成本"的诱惑，这些因素共同作用，将犯罪人推向了犯罪的深渊。

(三) 被害人方面

诈骗罪与盗窃、抢夺、抢劫等"夺取罪"有所不同，它被认为是一种"交付罪"，即被害人交付行为的有无是区分诈骗罪等"交付罪"与盗窃罪等"夺取罪"的主要依据。由此，被害人在电信网络诈骗中也并非完全无辜，他们的"积极"参与成了电信网络诈骗得以得逞的关键。被害人防骗意识薄弱、个人信息保护意识不强、心理弱点等因素都为电信网络诈骗提供了可乘之机。

---

[1] 参见吴照美：《电信网络诈骗犯罪原因论》，载《中国刑警学院学报》2020年第4期。

四、电信网络诈骗犯罪的预防

（一）前端预防，构建多元治理体系进行源头治理

为了有效治理电信网络诈骗犯罪：一方面应当采取前端预防模式，以减少犯罪机会或诱发犯罪的条件；另一方面应当构建多元治理体系，通过多方协调配合，合力防范电诈犯罪。一则电信业务经营者、金融机构和支付机构、互联网服务提供者三类市场主体被设定为反诈看门人，从电信业务经营者、金融机构、支付机构、互联网服务提供者方面多管齐下，补足经济短板、填补社会管理漏洞，建立基于看门人规则的前端防范模式，通过前端防范将电信网络诈骗犯罪扼杀在萌芽状态。二则应当努力构建"国家-市场主体-用户"的多元治理体系，在该体系下，国家将治理负荷分担至各市场主体，国家和市场主体之间形成了全新的合作治理框架。多元合作治理的框架，不仅可以提升治理的效率，也更有利于对电诈犯罪进行日常性治理。在该体系下，市场主体在进行经济活动的同时，也担负着法定犯罪控制义务。这种双重身份的赋予，使得市场主体在追求经济利益的同时，也积极履行着社会责任，有效地弥补了事后响应模式的不足。

（二）创新手段，提高电信网络诈骗犯罪侦破效率

侦查打击工作是打击电信网络诈骗犯罪的关键所在，它需要我们不断探索新的手段和方法。随着新型电诈手段的出现，我们不仅要加强侦查打击力度，更要注重侦查手段的创新。公安机关需要不断推陈出新，打破传统思维的束缚，积极引进大数据智能时代下的先进技术与设备，打造一支高效、精干的侦查队伍。同时要不断消除警种壁垒，推动数据资源的共享，积极整合电信运营商、金融机构与互联网企业的优势资源，打造集多部门专业人才、信息数据、技术手段于一体的情报信息合成作战平台。[1]同时，我们还需要加强部门之间的协作配合，实现信息资源的共享和优化配置。只有这样，我们才能让侦查之剑更加锋利，让电信网络诈骗犯罪分子无处遁形。

（三）加强宣传，提高全民防诈反诈的法律意识

防范电信网络诈骗犯罪，离不开每一个人的参与和努力。加强宣传教育

---

〔1〕 参见瞿德玉：《电信网络诈骗犯罪协同治理机制探究》，载《山西省政法管理干部学院学报》2021 年第 1 期。

是提高全民防诈意识的重要途径。我们应充分利用互联网这一新兴媒体的力量，拓展宣传渠道、创新宣传方式，让更多的人了解电信网络诈骗的危害和防范方法。同时，公安机关、社区、学校、银行等主体也应该积极发挥作用，联合开展各类反诈宣传活动。通过下基层、进校园、入企业等方式，让反诈知识深入人心。此外，我们还可以积极探索社区志愿者参与反诈宣传的模式，广泛动员社会力量共同参与反诈斗争，让每一个人都成为防范电信网络诈骗的参与者。

婚姻法视角下居住权的法律规制与建议

杨 琼*

（中国政法大学 北京 100088）

摘 要：《民法典》的颁布实施，标志着居住权以用益物权的形式存在。但我国《民法典》将居住权的设置限制在意定范围内，未约定法定情形下居住权的设立。随着经济的飞速发展、传统婚姻关系结构的变化，婚姻法视角下居住权的裁判设立争议频发。同时，婚姻居住权的设立往往与保护婚姻关系中的弱势群体相关联。本文将简要结合国外婚姻住宅居住权方面的规定，以及对当前中国司法裁判中的案例总结，浅谈对婚姻状态下居住权规制的建议。

关键词：居住权 意定范围 弱势群体 婚姻住宅居住权

随着房屋价格的不断攀升、婚姻独立财产制的普及，婚姻中房屋所有权从双方共同共有逐步转变为夫或妻一人单独所有。结合我国传统观念的影响，往往以夫一人所有为多数情况。

《最高人民法院关于适用〈中华人民共和国婚姻法〉若干问题的解释（一）》（以下简称《婚姻法解释（一）》）将居住权作为离婚经济帮助的一种方式。但《民法典》及《最高人民法院关于适用〈中华人民共和国民法典〉婚姻家庭编的解释（一）》并未对婚姻状态下的居住权作出明确约定。非基于法律关系的物权变动为裁判设立居住权奠定了基础，从而为维护婚姻家庭稳固、保护妇女弱势群体提供了制度保障。

---

* 作者简介：杨琼（1997 年—），女，汉族，浙江杭州人，中国政法大学同等学力研修班 2023 级学员。研究方向：民商法。

一、我国婚姻法视角下居住权的立法规定

根据《婚姻法解释（一）》第 27 条第 3 款，离婚时对生活困难的一方可以通过设立房屋的居住权方式提供帮助。此乃我国首次以司法解释的形式提出了居住权的概念。《最高人民法院印发〈关于人民法院审理离婚案件处理财产分割问题的若干具体意见〉的通知》（法发〔1993〕32 号）第 14 条进一步细化规定，离婚后房屋归一方所有的，另一方可以以离婚后无房居住为由支持不超过 2 年的暂住请求。可见，在《民法典》施行前，居住权是法院在具体司法实践中对离婚时无住房且生活困难一方的保障性适用，是一种法律权益保障。直至《民法典》对居住权的明确规定和不动产登记部门对居住权登记制度的建立和完善，居住权已经成为法定的用益物权，需要进行法定登记程序，进行对外权利公示从而对抗第三人。但《民法典》并未对婚姻居住权作出明确规定。非基于法律关系的物权变动为裁判设立婚姻住宅居住权奠定了基础，所以在司法实践中可以通过司法裁判设立居住权来平衡离婚纠纷中的权利义务。

二、域外婚姻住宅居住权的立法规定

《德国民法典》对设立居住权房屋的不同产权状态下的婚姻住宅居住权的分配不一。一方面约定房屋产权属于夫妻或者其中一方的，在有利于子女成长及保障急迫用房弱势一方的基础上，赋予婚姻住宅居住权的请求权。另一方面约定房屋产权为第三方所有的，需要遵守市场经济等价有偿订立新租约。[1]《法国民法典》的规定与《德国民法典》类似，但是仅要求主动提出离婚的一方提供居住权且均为有偿使用。这使得法国民众对于离婚保持更加谨慎态度。美国立法方面，主要考虑未成年子女的利益，婚姻住宅居住权一般会被赋予抚养孩子的一方。同时，会对于居住权的时间进行限制，如直至夫妻最小子女成年等，以限制婚姻住宅居住权人滥用权利。[2]《英国家庭法案》与上述立法的主要区别是明确相关设立居住权的房屋是用于夫妻生活或者曾打算用于夫妻生活的住宅，且将设立居住权的关系从婚姻关系扩展至同

---

〔1〕［德］迪特尔·施瓦布：《德国家庭法》，王葆莳译，法律出版社 2010 年版，第 245~249 页。

〔2〕陈苇主编：《外国婚姻家庭法比较研究》，群众出版社 2006 年版，第 85~163 页。

居、前配偶等关系。

三、婚姻关系下夫妻间居住权设立的建议

虽然在婚姻法关系下仍然会涉及子女及老人的居住权设立问题，但文本仅聚焦于婚姻关系下配偶双方的居住权问题。居住权的设立分为意定居住权及法定居住权，笔者将基于这两种情况提出一些浅见。

（一）意定居住权

首先，《民法典》的意定居住权为离婚时居住权的设立提供了法律依据。夫妻双方在离婚时往往会通过合同约定或者在离婚协议中约定的方式设立居住权，但过后一方事后可能会不积极配合，从而造成另一方起诉要求确认其具有居住权。由于意定居住权采登记生效主义，因此法院往往会驳回确认居住权的诉讼请求，但是对双方约定的居住权的合同效力予以认可。若另一方仍拒不配合执行，在当今司法资源相当紧张、诉讼时长较长的情况下，对于急迫需要居住权的一方来说，无疑是远水解不了近渴。因此，笔者认为，可以在约定居住权的同时约定经济补偿替代方式，如"一方若未按约定给予另一方居住权的，另一方有权按照每月 2500 元月左右的标准进行房屋租赁。租赁期间产生的费用由约定提供居住而未提供居住一方承担"。

其次，为防止夫妻间在存在房屋因对外债务需被执行拍卖的情况下恶意设立居住权，笔者认为，法律应当进行事前规制。第一，婚姻关系下的居住权设置的客体仅可为夫妻共同共有房屋或者其中一方所有房屋。第二，若债权人证明该债务系夫妻共同债务，债权人有权要求撤销在房屋上已经设立的居住权。因为在房屋上设立居住权虽然不会对所有权形成阻碍，但是客观上将导致房屋的价值被削减。

（二）法定居住权

法定居住权分为依据法律规定直接取得居住权及依据法律裁判设立居住权两种情况。考虑到现有法律规范并未直接规定法定居住权，通过裁判设立居住权对于平衡夫妻关系破裂双方利益而言是一种很好的方式，有利于切实落实保障弱势群体。[1]因此，笔者主要围绕裁判设立居住权进行探究。

---

〔1〕 马新彦：《居住权立法与继承编的制度创新》，载《清华法学》2018 年第 2 期。

首先，婚姻关系下夫妻间居住权的设立应当先行确立法律原则。笔者认为，婚姻关系下居住权的设置应当主要考虑保障弱势群体问题。婚姻法律关系中早早就设立了有利于未成年人成长的法律原则，因此离婚案件涉及未成年子女的，应当考虑未成年人子女的学习环境、生活环境等情况。类似于域外规定的，婚姻住宅居住权以直至未成年人子女高中毕业等为存续时间。此外，随着房屋价格的不断攀升、婚姻独立财产制的普及，婚姻中的房屋所有权从双方共同共有逐步转变为夫或妻一人单独所有。结合我国传统观念的影响，往往以夫一人所有为多数情况。因此，很多全职太太在离婚后因不存在自有房屋、没有自己的经济收入来源等原因而成为迫切需要住房的弱势群体。由此，需要设立保护婚姻关系破裂后对房屋需求更为迫切一方利益的原则。

其次，对于裁判设立婚姻居住权的区分条件设置。第一，离婚双方当事人均没有房屋产权的，原则上不能以裁判设立婚姻居住权。第二，房屋产权属于夫妻中一方的，基于中国国情多为归属一方所有，此时法院应当结合其中一方是否无另外住房、是否对用房具有急迫性、基于有利于子女成长利益原则等因素考虑是否设立居住权。比如，对于抚养未成年子女的一方，倾斜性考虑设立居住权。对于居住权设立是否有偿需要结合居住权人、房屋所有权人的经济状况进行综合考量。对于居住权续存的期间，可以参考域外相关规定（如直至夫妻最小子女成年等）或者由双方协商确定。第三，房屋产权为夫妻共同共有的，在实践中争议不大，主要参考第二点设立。但是，需要特别注意的是，需要重点区分所有权与居住权的权利形态。

结　论

虽然《民法典》第 1090 条规定："离婚时，如果一方生活困难，有负担能力的另一方应当给予适当帮助。具体办法由双方协议；协议不成的，由人民法院判决。"为离婚案件中为弱势群体设立居住权提供了制度基础，但其并未对设立居住权作出明确规定。婚姻居住权在司法实践中需求很高，目前居住权的规定具有普遍性，但未考虑到离婚案件中居住权设立的特殊性。因此，笔者围绕我国婚姻法视角下居住权的立法规定、域外婚姻住宅居住权的立法规定，浅谈了对于婚姻关系下夫妻间居住权设立的建议。基于保障弱势群体及有利于子女成长原则，综合房屋产权的不同状况、夫妻双方的经济状况、抚养权的归属等裁判设立婚姻居住权。婚姻居住权不仅存在于夫妻间，还存在于老人、小孩之间，但是本文仅针对夫妻间的居住权设立展开探讨。随着司法实践的不断完善，对婚姻关系下夫妻间的居住权设立需要进行进一步探析。

新《公司法》下的有限公司股东
出资义务加速到期制度

张 珊*

（中国政法大学 北京 100088）

摘 要：关于有限公司股东出资义务加速到期制度的新增是 2023 年《公司法》的亮点变化。为给公司和债权人更多的权益保障，新增了公司法认缴期限为 5 年。同时新增规定，公司不能清偿到期债务时，公司或债权人可以有权要求提前支付有限公司股东认缴范围内的未实金额，以弥补公司或债权人的损失。

关键词：加速股东出资义务到期　公司经营重大困难　到期债务

一、新《公司法》下股东出资义务的重大变化

我国的法定资本制可分为认缴的法定资本制与实缴的法定资本制度。二者的共同之处在于注册资本都由股东认缴。认缴的法定资本制度适用于有限公司，实缴的法定资本制度适用于股份公司。本次公司法资本制度改革涉及了认缴制改革与授权制改革，授权资本制是本次公司法修改的亮点，但其只能由股份公司选择适用。本文仅就有限责任公司的认缴制度改革作相应阐述。

立法者曾围绕公司资本制度作过两次较为重要的修订[1]：第一次是 2005

---

* 作者简介：张珊（1988 年—），女，汉族，北京人，中国政法大学同等学力研修班 2023 级学员。研究方向：民商法学。

〔1〕 阳东辉、张露：《股东会决议加速股东出资义务到期制度的问题与出路》，载《法制与经济》2024 年第 1 期。

年《公司法》在规定部分认缴制的同时给予认缴时间限制（首付注册资本的20%，其余部分在2年内缴清）；第二次是2013年《公司法》规定了全面认缴制，但是没有对认缴出资期限作相应的时间限制。

在2018年《公司法》中，有限责任公司的注册资本为在公司登记机关登记的全体股东认缴的出资额，法律行政法规以及国务院决定对有限责任公司实行注册资本实缴，注册资本最低额另有规定的从其规定。2018年《公司法》并未详细规定具体的出资期限。可以短则1年也可长达999年，在一个更宽松的商业发展环境下，此法让人们得以更少的资金去成立公司，使商业得以蓬勃发展。但2018年《公司法》并不支持股东的出资加速到期制度，甚至并没有规定具体的出资期限导致在公司正常经营过程中，债权人的利益无法得到很好的保护。于2024年7月1日实行的新《公司法》则明确规定了有限责任公司的注册资本为在公司登记的全体股东认缴的出资额。全体股东认缴的出资额由股东按照公司章程的规定自公司成立之日起5年内缴足。同时进一步确定，在公司不能清偿到期债务的情况下，公司以及已到期债权的债权人有权要求已认缴出资但未界出资期限的股东提前缴纳出资。新法与旧法相比，更突出地保证了公司和债权人的合法权益，从而使商业环境更良好，维护了社会的稳定，同时可以在建立健全现代企业制度、促进社会主义市场经济持续健康发展方面发挥重要作用。

根据旧的《公司法》，想破产很难，需要证明公司没钱还债，还需要证明公司资不抵债，这就导致很多地方法院判定破产的标准并不一致。在司法实践中，很多企业实际上已经破产了，但是破产申请并不会被通过，因此出现了很多"僵尸企业"，在多个债权人提出诉求的情况下，股东实际上承担的是无限责任。[1]从股东的角度考虑，即便出资补齐了公司注册资金，其他公司的债务也还是要背，在这种情况下，股东肯定不会再出资补齐注册资金，这样就出现了一个巨大的缺陷，债权人未获得清偿，股东也没能摆脱无限连带责任。而新的《公司法》规定的加速到期出资义务则可大大减轻股东的无限连带责任。

二、实行出资义务加速到期制度的原因

针对公司来说，在有限公司成立时，各个股东都通过认缴自己的股份份

---

〔1〕 李建伟：《认缴制下股东出资责任加速到期研究》，载《人民司法》2015年第9期。

额形成公司总的注册资本，以供公司法定代表人用于公司发展规划，但如若有限公司股东迟迟不补足份额，则会严重影响公司发展，以至于使公司错失良好的发展机会。另一方面也解决了公司作为诉讼主体资格的无法律基础难题，即《公司法》明确要求股东加速出资的请求权基础为补充赔偿请求权，行使请求权的主体既包括债权人也包括公司。但是，仅"不能清偿到期债务"这一条认定标准无法满足公司和股东在该制度下享有救济途径的需求，当公司背负巨额债务但仍然意图摆脱目前的资金困境时，也可以运用该制度解决资金回流的难题。

针对债权人而言，债权人无法得知公司的内部具体发展如何，只能根据外部公司提供的信息来判断这家企业是否发展良好，充足的注册资本使得债权人有理由相信公司有能力去应对公司正常经营中的小风险，从而把资金借贷给公司。但如果注册资本为非实缴资本，则会大大误导债权人，模糊了债权人关于公司不能清偿到期债务的范围。这就导致存在难以调和的矛盾：一个不能真实反映公司资产状况的出资承诺，仍可能成为相对人是否与公司达成交易的重要考量标准。一旦股东未兑现出资承诺，就可能严重危及债权人的合法利益。因此，包括要求股东提前缴纳出资在内的诸多新规则都是对于上述底层逻辑的制度回应。打好股东实际缴纳出资义务的基础，有助于沥干由认缴制带来的资本水分，更好地还原一个公司真实的资产资本状况。

三、出资义务加速到期制度的法律效果

资本认缴制是 2013 年《公司法》的一次重大改革，修订后的《公司法》取消了最低注册资本的限制，改实缴制为认缴制。但这一改革并不意味着股东从此对注册资本的认缴和履行可以随心所欲，甚至操弄公司，成为其"空手套白狼"的手段。公司资本制度之设计在微观上事涉公司、股东、债权人等多方利益主体，在宏观上则涉及国家、地区的投资政策，事关公共利益目标。因此，如若将资本认缴制改革等同于股东完全逃脱其出资义务，规避法律对公司资本的限制，则不仅会背离认缴制的初衷，动摇公司资本三原则的根本，也将致使社会上"皮包公司""空壳公司"泛滥，对经济交易秩序的危害极大。

公司不能履行清偿义务会导致债权人向有限公司股东提出出资义务加速到期制度。出资义务加速到期相当于一种代位权。当债权人无法获得公司足

额的清偿时，恰巧此时有限公司股东又在认缴范围内未完全出资，相当于债权人替代公司向股东索要出资，要求股东尽快出资以清偿公司对外的债务。如股东不履行出资义务，则人民法院可以要求股东就认缴的出资范围向债权人承担连带责任。

四、从案例看出资义务加速到期的具体实现

2019年12月份，甲公司在一新建小区内许诺以优惠条件招揽装修业务，包括宋某在内的部分业主与其签订了家装合同，约定由甲公司为其装修房屋，宋某预付了24 000元的装修款。后甲公司未按约履行装修义务，且人去楼空。宋某向法院提起诉讼，法院经审理判决解除双方的装修合同，判令甲公司返还宋某24 000元并支付利息。后宋某申请法院强制执行，法院在执行过程中发现甲公司无可供执行的财产，遂终结了本次执行程序。宋某申请追加甲公司股东张某等人为被执行人，要求在其各自的认缴出资范围内对公司不能清偿的债务承担补充赔偿责任。经审查，法院作出执行裁定，追加股东张某等人为涉案被执行人，对涉案债务在各自认缴出资范围内承担责任。张某不服，提起诉讼，主张其已为公司支付了租金、水电费、履约保证金等共计80余万元，远超其认缴出资额10余万元，这些费用已被用于公司的日常运营，应当认定其出资已到位，其已经完全履行了股东出资义务；其认缴出资期限未到，其享有出资期限利益。请求判决不追加其为涉案被执行人。

经查，甲公司系于2017年4月成立的有限责任公司，注册资本100万元；股东为张某等5人，为认缴出资，出资期限为2050年1月1日前；工商登记信息显示至今各股东的实缴出资额均为0元。法院认为，原告张某作为甲公司的股东之一，其认缴出资额为10余万元。庭审过程中其主张出资已到位，提供了相关证据证明其为公司经营先后交纳房租、水电费、保证金等80余万元，但这些款项并未直接存入公司在银行开设的账户，在相关的交易流水上也未注明是出资款，亦未作为出资款项被记载于公司的账目上，并且工商登记信息显示公司各股东的实缴出资额均为0元，原告提交的证据不足以证实其已履行了出资义务；原告作为甲公司的股东，在公司确已不具备偿债能力的情况下，应依法认定其出资加速到期，故原告应在其认缴出资额范围内对公司债务承担责任，判决驳回原告张某的诉讼请求。

加速到期下的股东出资义务研究

尚丽娟*

（中国政法大学 北京 100088）

摘　要： 如何平衡债权人利益与股东认缴出资的期限利益始终是理论界的争论焦点。2023 年修订的《公司法》第 54 条规定了股东出资加速到期制度，在公司法层面确立了法律依据。但现行《公司法》尚未对该制度形成体系化的规范。本文旨在从制度的立法现状入手，对股东出资义务加速到期制度的现状及问题进行分析，并提出具体的对策，以期有助于股东出资义务加速到期制度的建立健全。

关键词： 加速到期　股东出资义务　认缴　公司法修订

2019 年《全国法院民商事审判工作会议纪要》第 6 条提到，股东对于认缴的注册资本具有期限利益，原则上不适用加速到期，除法院穷尽了一切手段后，公司仍然没有可执行财产，其已符合破产条件却不申请破产的；发生债务后，公司通过股东会或其他方式延后出资期限的。在以上这两种情形下，认缴出资未到期的股东应承担加速到期的出资义务。但在各地均出现法院掌握尺度不一致的现象。2023 年《公司法》首次在法律层面规定了加速到期下的股东出资义务，迈出了加速到期制度的关键一步。但是，在其具体规范和未来的实践中，还存在一些问题需要进行进一步明确和完善。

---

  * 作者简介：尚丽娟（1988 年—），回族，中国政法大学培训学院民商法 3 班。研究方向：民商法。

一、加速到期下的股东出资义务的重要意义

（一）为债权人实现债权提供新的救济途径

我国目前维护债权人权益的路径主要有公司独立法人人格否认和申请公司破产两种，这两种方式的适用条件十分严格，仅在债权人受到严重利益侵害的情况下方能启动。而且，申请救济的时间长、成本高，性价比极低。而股东出资的加速到期制度为债权人提供了一条新的、更为便捷的救济途径，有利于更好地实现债权人的合法权益，促进债权人保护机制的完善。[1]

（二）平衡股东、公司和债权人的利益

股东选择认缴资金并在一定期限内进行实缴，是股东的期限利益，在股东与公司及债权人利益并不存在冲突时，原则上尊重股东的期限利益。[2]但是，如果股东滥用其期限利益，使得公司实际资产过低，公司经营承受风险能力也会较低，当公司经营出现一些状况或债权人的利益受到侵害时，应该对股东的利益进行合理的限制，以维持公司的正常运行，平衡股东、公司和债权人之间的利益。

（三）促进市场经济秩序的健康发展

目前，市场上存在许多注册资本虚高的公司，不利于公司的健康运行，增加了债权人的债务风险。股东出资义务加速到期制度有利于弥补公司资金运转的暂时性短缺，增强企业的抗风险能力，促使公司股东审慎地选择认缴资本额和认缴期限。同时，还能抑制注册资本虚高的情况，促进资本的流动，推动市场经济秩序的健康发展。

二、加速到期下的股东出资义务的适用困境

（一）诉讼主体不明确

新《公司法》明确规定权利主张的主体为公司及公司的债权人，公司和债权人在诉讼中都具有要求股东出资加速到期的资格。但是，当债权人主张权利时，被告具体应该指向债务公司还是认缴期限未满的股东？需起诉全体

---

〔1〕 郭富青：《论公司债权人对未出资股东及利害关系人的求偿权》，载《北方法学》2016 年第 4 期。

〔2〕 陈妮：《非破产下股东出资期限利益保护限度实证研究》，载《法学评论》2020 年第 6 期。

认缴期限未满的股东还是可以仅起诉部分股东？这些问题在法律上没有具体规定，在司法实践中的做法也没有统一标准。

（二）"不能清偿到期债务"的认定标准模糊

股东出资义务加速到期制的适用条件为公司"不能清偿到期债务"，但是目前还没有与之相对应的具体解释与规范，容易引发在司法实践中认定标准不统一的情况。其是否可以按照《最高人民法院关于适用〈中华人民共和国企业破产法〉若干问题的规定（一）》[1]中关于企业具备破产条件中的"不能清偿到期债务"的标准进行认定尚不明确。而且该标准本身还存在争议，公司"不能清偿到期债务"可以被解释为公司主观上不想清偿到期债务、公司客观上资不抵债，缺乏清偿能力或者经法院判决执行后仍没有可执行财产。针对这三种不同的表现形式应适用哪种解释还需进一步设计完善。

三、加速到期下的股东出资义务的完善和发展

（一）应将公司与未届期股东作为共同被告

股东认缴的资本本就是公司的注册资本，若公司不存在可执行财产，就可通过诉讼直接由未届期股东承担补充责任，将之列为共同被告与先诉抗辩权并不冲突，不改变责任承担的次序。[2]对《合同法》第54条债权人加速到期请求权的解释，需要考虑《民法典》对债权人代位权的规定。《民法典》中的债权人代位权只要满足"债务人不履行其对债权人的到期债务，又不以诉讼或者仲裁方式向相对人主张其享有的债权或者与该债权有关的从权利，致使债权人的到期债权未能实现的"即可提起。《合同法》第54条已经规定了因公司未采取行动导致债权人无法得到清偿情况下的债权人请求加速到期请求权。故当发生债权债务纠纷时，可将公司与未届期股东作为共同被告，在执行程序中，债务先由公司清偿，若公司不能清偿，则由股东补充。这样也有利于降低诉讼成本、提高司法效率，还有利于降低股东转移财产的风险。[3]

---

〔1〕《最高人民法院关于适用〈中华人民共和国企业破产法〉若干问题的规定（一）》第2条规定："下列情形同时存在的，人民法院应当认定债务人不能清偿到期债务：（一）债权债务关系依法成立；（二）债务履行期限已经届满；（三）债务人未完全清偿债务。"

〔2〕刘笋、姚钰楠：《论股东出资义务加速到期制度——兼评〈中华人民共和国公司法（修订草案二次审议稿）〉第五十三条》，载《华章》2023年第12期。

〔3〕刘铭卿：《股东出资义务加速到期研究》，载《政治与法律》2019年第4期。

（二）"不能清偿到期债务"可采取客观不能说

对于新《公司法》第54条中的适用条件——"不能清偿到期债务"——目前存在强制执行不能说、主观不能说和客观不能说。

强制执行说是指，在法院对公司资产进行强制执行后，只有在债权人仍无法获得债权清偿的情形下，债权人才可以主张股东出资的加速到期。这无疑会增加债权人的维权难度和诉讼成本，实际上是将向法院提起诉讼作为加速到期的股东出资义务的前置程序，[1]而"不能清偿到期债务"只是债权人可以主张股东出资加速到期权利的一个前提条件，并非在证明其他手段都穷尽时才可以采取，这与将债务公司和未届期股东列为共同被告更是直接冲突的。

主观不能说是指，公司只要采取明示或者默示的不履行到期债务的意思表示，即使其清偿能力和公司资产没有问题，债权人也可以主张股东出资的加速到期。这种观点使得债权人的举证难度降低，可以促使公司按时偿还债权人债务。但容易产生公司恶意拒绝清偿到期债务，促使未届期股东提前出资，损害其正常的期限利益的情况。

客观不能说是指，公司客观上资不抵债，没有能力清偿到期债务。这项标准的合理之处在于，其有利于防止加速到期下的股东出资义务的滥用或者虚空，更好地实现债权人、债务公司和股东之间的平衡。

新《公司法》取消了"且明显缺乏清偿能力的"限制，并不能证明其舍弃了客观上的证明标准，只是对于客观不能的标准有所放宽，低于债权人可以申请债务公司破产条件的标准，降低了债权人的举证难度。因此"不能清偿到期债务"可采取"客观不能说"。

（三）股东出资义务应采取"入库规则"

在新《公司法》第54条的背景下，股东所承担的是提前实现其认缴出资的义务，是对债权人的直接"清偿"，不应被称为"出资"。股东认缴的是公司的注册资本，是股东对公司的责任，而不是对特定债权人的债权债务关系，各未届期股东对公司的义务都是相同且确定的，应平等承担，而不应由个别股东直接面向个别债权人。另外，公司作为独立的法人人格主体，对于股东

---

〔1〕 王凤瑞：《法律行为体系下的股东出资义务加速到期研究》，载《宜宾学院学报》2021年第10期。

具有一定的保护作用，应该限制债权人直接与股东产生诉讼纠纷的情况，且公司具有独立的利益，公司对于股东的资金具有一定的决策自由，公司可以选择将资金用来偿还债务或者是用来充实公司资金、维持公司正常经营等，帮助公司重整旗鼓。因此，加速到期下的股东出资义务应该采取"入库规则"，由股东先向公司加速履行自己的出资义务，再由公司向债权人进行债务清偿。

强制执行阶段适用法人人格否认
保护债权人利益的路径研究

——○——○——

张雪峰*

（中国政法大学 北京 100088）

摘　要：在现阶段的司法实践中，在民商事案件强制执行阶段引入法人人格否认制度，对于突破执行困境、增强民众对法律的敬畏和尊崇具有非常重要的现实意义。我国《公司法》第 23 条第 1 款明确规定："公司股东滥用公司法人独立地位和股东有限责任，逃避债务，严重损害公司债权人利益的，应当对公司债务承担连带责任。"对于债权人而言，应履行初步举证义务，证明股东滥用独立人格行为，经法庭初步审查后，再由公司人格滥用者、股东或被执行人承担充足的举证责任，最终由法官依据相关证据链和法律规定的证据规则，基于自由裁量权作出合法、合理的裁决，从而确认或否认公司独立人格。

关键词：执行阶段 法人人格否认 损害公司债权人利益责任纠纷 举证责任

法律对于公司法人的人格否认制度虽有原则性规定，但并未明确适用的具体情形。因此，在司法实践中还需根据以下内容做出判断：一是股东存在滥用法人人格的行为，比如财产混同、业务混同、组织结构混同、住所混同等是常见表现。二是股东滥用法人人格的行为给债权人造成了经济损失。如

---

* 作者简介：张雪峰（1972 年—），男，汉族，内蒙古呼伦贝尔人，中国政法大学同等学力研修班 2023 级学员。研究方向：民商法学。

公司资产足以清偿债务，债权人的利益可以实现，则不存在适用法人人格否认的条件，故公司资本显著不足是适用法人人格否认的前提。三是滥用行为与债权人损失之间存在因果关系。若股东的行为符合上述情形，其应对公司债务承担连带责任。

一、公司债权人执行阶段合法利益保护的可行方案

在复杂的商事诉讼中，要首先定性是否属于确认之诉与给付之诉相结合的复合之诉，然后根据现有的证据链条确定审查主次客观事实的标准，尤其在商事诉讼与公司人格否认制度相关联的情况下，开庭时的举证责任分配和责任承担的范围以及公司的性质都可能会决定诉讼的路径，清晰、明确的请求权基础至关重要。

二、执行"终本"后追加第三人的申请又被裁定驳回的方案选择

在执行"终本"时，法院通常会裁定告知申请执行人该案的执行情况、财产调查措施、被执行人的财产情况、终结本次执行程序的依据及法律后果等。因为申请执行人在指定期限内不能向法院提供被执行人可供执行财产的线索，所以同意终结本次执行程序。同时，法院也会说明，经穷尽财产调查措施，被执行人暂无财产可供执行，故无继续执行的条件，应终结本次执行程序。这时可能要面对的是提起追加、变更被执行人异议之诉还是提起股东损害公司债权人利益责任纠纷之诉。不同的诉讼策略，结果迥异。

笔者代理的由上海市浦东新区人民法院自贸区法庭审理一宗商事案件在经历执行"终本"程序后，经笔者团队调查发现，公司是由第三人甲一人100%控股的一人有限责任公司。第三人甲作为一人有限责任公司的唯一股东应举证证明公司财产独立于股东自己财产，在其未完成举证证明个人财产独立于公司财产的情况下，应对 A 公司的公司债务承担连带责任。笔者团队为维护当事人合法权益，根据相关法律规定，及时向法院申请了追加第三人甲为相关案件的被执行人，并要求第三人甲就执行债务承担连带清偿责任。但法院最初认为："根据法律规定，作为被执行人的一人有限责任公司，财产不足以清偿生效法律文书确定的债务，股东不能证明公司财产独立于自己的财产，申请执行人申请变更、追加该股东为被执行人，对公司债务承担连带责任的，人民法院应予支持。然鉴于执行听证审查标准有别于普通民事诉讼的

证明责任规则，而执行程序中以财产混同为由追加一人有限责任公司的股东为被执行人，将对案外人产生实体权利义务上的重大影响，故应当通过言辞辩论、举证质证等环节充分保障当事人的程序性权利。本案中，因本院按照申请执行人提供的地址未能成功通知第三人甲到庭应诉，而其提供的证据亦不足以证明第三人甲与被执行人 A 公司之间存在财产混同的事实，故本院依法不予支持申请执行人提出的追加申请。"基于以上理由，法院作出了驳回申请人申请的裁定。

针对这样的情况，笔者团队经深思熟虑，在追加、变更被执行人异议之诉与股东损害公司债权人利益责任纠纷中，选择了股东损害公司债权人利益责任纠纷这一案由再次向法院提起诉讼。笔者坚持认为，在不能有效送达法律文书至第三人时，并未穷尽查询被追加人所在地的方法，也并未履行公告送达义务，完全忽视了公告送达的意义，不应直接作出驳回裁定。在按照原告提供的地址未能有效送达被追加人的情况下，原审法院完全可以采取《民事诉讼法》第 95 条规定的公告送达方式，而不是以片面地保护第三人程序性权利为由，违反法律规定，损害原告的实体性权利。

三、选择股东损害公司债权人利益责任纠纷案由的法律依据和法理基础

笔者认为，根据法律规定，如果作为被执行人的一人有限责任公司，财产不足以清偿生效法律文书确定的债务，股东不能证明公司财产独立于自己的财产，申请执行人申请变更、追加该股东为被执行人，对公司债务承担连带责任，人民法院应予支持。一人有限责任公司的全部股权实质上来源于同一财产权，并为一个所有权共同享有和支配，该股权主体具有利益的一致性和实质的单一性，因而在财产混同的举证责任上，一人公司的股东应当证明其任职期间该公司依照法律强制性规定进行了年度财务会计审计，并通过提交公司完整财务账目等证据证明公司财产独立于其个人财产，否则其应当对公司债务承担连带责任。另外，笔者当庭还提出，被诉的 A 公司作为一人有限责任公司只有一个股东，且该股东第三人甲担任执行董事、总经理等经营管理职务，相较于一般的有限责任公司，其没有相互制衡的内部治理结构，缺乏监管机制，因而更易引发经营道德风险。故而法律通过举证责任倒置来强化其一人有限责任公司的财产独立性，也是在加强对于公司债权人的保护。基于上述情况，一人有限责任公司的法人人格否认适用举证责任倒置规则，

所以第三人甲应当举证证明自己的财产独立于 A 公司，否则，应承担举证不能的不利后果。

诉讼策略得当，能够加深审判人员对己方诉讼观点的印象，使执行"终本"的案件在申请被裁定驳回的基础上得以再次起诉，让该案柳暗花明。在案件审理过程中，法庭充分听取了笔者作为代理人所提出的观点，明确了请求权基础，确定此案案由为股东损害公司债权人利益责任纠纷。经过针对争议焦点的多次质证、辩论，合议庭认为，一人有限公司的股东不能证明公司财产独立于股东自己的财产，应当对公司债务承担连带责任。申请人对 A 公司的债权经生效判决确认，第三人甲系 A 公司的一人股东，应当对其财产独立承担举证责任，在第三人甲未举证的情况下，其应当对 A 公司的债务承担连带责任。最终判决支持了我方的诉讼请求。[1]

结 论

在民商事案件强制执行阶段，商事诉讼案由的选择与诉讼方案的选择同等重要。因为只有明确了适合的案由，才能判断自己的诉讼请求是否有法律依据，只有在法律依据充分的基础上，诉讼请求才有被支持的可能。同时，案由清晰、明确有助于主审法官更好地理解案件客观事实，梳理法律关系，给予案件准确定性，确定正确的争议焦点，合理分配举证责任，让相关第三人有效地参与到审判诉讼，从而作出公正的裁判。

---

〔1〕 〔2021〕沪 0115 民初 75092 号民事判决书、〔2022〕沪 01 民终 3281 号民事判决书、〔2022〕沪 0115 执 12347 号民事裁定书、〔2022〕沪 0115 执异 728 号民事裁定书、〔2023〕沪 0115 民初 20770 号民事判决书。

东道国环境措施和投资条约的适用研究

吴　莉[*]

（澳门科技大学法学院）

摘　要： 近几十年来，东道国政府环境措施与投资条约适用之间的关系一直以各种方式成为国际投资法领域争论的焦点。特别是，早期阶段的征用仲裁裁决因过分强调保护投资和限制国家的监管权而受到批评，仲裁裁决的后续发展倾向于承认政府合法监管的自由裁量权，同时也会考虑到其行使的目的、方式和条件。为了避免过度尊重与环境有关的措施，损害投资者利益，在这种背景下，研究在投资条约的适用中如何平衡投资者利益和东道国环境保护变得很重要。

关键词： 投资条约、投资保护、环境保护、国际投资仲裁

一、国际投资中的环境保护问题

20 世纪 80 年代，"可持续发展"这一概念在国际环境法领域提出以后，被国际社会所广泛接受和采用，现在已经成了集经济、社会、环境可持续发展于一体的重要发展目标。为促进国际投资的可持续发展，联合国贸易和发展会议（UN Trade and Development，UNCTAD）在 2012 年的《世界投资报告》中提出了建立可持续发展的投资政策框架（Investment Policy Framework for Sustainable Development，IPFSD）。这个框架旨在引导各国制定促进可持续

---

[*] 作者简介：吴莉（1987 年— ），女，汉族，辽宁大连人，澳门科技大学法学院，国际法 2022 级博士研究生。

发展的投资政策，并在全球范围内推动负责任的投资行为。[1]

国际投资不会自动促进可持续发展，为了实现可持续发展目标，国际投资协定主要通过以下几个方面进行调整和改进：在投资协定中纳入可持续发展的条款，促进绿色投资、强调企业社会责任、维护国家的管理权尤为重要。国家的管理权体现在有权确立外国投资准入和运营的条件，以及国家为了公共利益、健康和福利进行管理的权利上。保护外国投资者的合法权益是国际投资法的基本目标之一，国际投资法在保护投资者权益的同时，也应尊重东道国的主权和政策空间，允许东道国在保护公共利益方面保留政策制定的自主权，及尊重各国在国际投资法下的平等地位和权利。但投资者权益的保护和东道国的监管权经常相互冲突，例如东道国对投资者投资保护的义务与环境保护措施间的冲突，该冲突也是当前国际投资的热点问题。

截至 2023 年，涉及环境问题的国际投资仲裁案件总数超过了 100 个。这些案件涉及的环境问题包括但不限于污染控制、气候变化的应对措施、自然资源管理和生物多样性保护等。近年来，环境保护在国际投资仲裁中的重要性显著提升，仲裁庭越来越多地考虑环境保护方面的立法和政策，由原来以保护投资者的权利为导向，转变为倾向于支持东道国为保护环境所采取的合理措施。

二、投资者保护和国家主权

（一）投资协定中投资者保护相关规定

1. 禁止非法征收和具有同等效力的措施

征收是侵犯投资财产的最常见形式之一，关于其在国际法下的合法性和赔偿标准，长期以来一直存在争议。目前，投资协定都会规定有关合法征收的条件和补偿的标准，在许多情况下，规定了以下条件：必须用于公共目的、非歧视性的，需及时支付补偿，且须按照正当程序进行。

许多投资条约关于"国有化、征收或一种与征收具有相同效果的措施"，不仅涉及国家转让产权的直接征收，还包括间接措施（相当于征收的措施）。[2]

---

〔1〕 参见 UNCTAD《2012 年世界投资报告》。

〔2〕 Rudolf Dolzer & Christoph Schreuer, *Principles of International Investment Law*, Oxford University Press, 2012, p. 89~90.

这种措施被称为"间接征收"或"管制性征用"，它是指由于政策变化或新法规和措施的出台而阻碍投资资产和获利机会的措施，导致与征收相同的结果。与环境有关的措施是否应归类为间接征用存在争议。在早期国际仲裁的案件中，间接征收的标准更强调东道国对投资财产的侵权程度，而不是国家措施的目的和性质，因此有人批评这种裁判标准是对对东道国的经济和社会政策，包括对环境保护施加了限制。仲裁庭在随后的一系列案件中的裁决不仅考虑到了东道国对投资财产的侵犯程度，还考虑到了政府措施的性质、目的和立场，将政府基于非歧视和合法目的而采取的措施排除在"征收"之外。

2. 无差别原则：国民待遇和最惠国待遇条款

无差别原则（Principle of Non-Discrimination）是国际投资法的核心原则之一，旨在确保所有投资者在东道国都享有公平、公正的待遇，不因其国籍或其他不相关因素而受到差别对待。[1]无差别原则主要包括最惠国待遇（MFN）和国民待遇（NT）两大内容。该原则不仅有助于吸引和保护外资，也促进了国际经济的公平竞争和稳定发展。

判断东道国是否违反该义务的标准一般根据义务的性质分为"绝对标准"和"相对标准"。绝对标准是一种严格的法律标准，要求在任何情况下，东道国都不能对外国投资者与本国投资者进行差别对待，根据这种标准，如果东道国对外国投资者采取了不同于本国投资者的措施，即便其目的正当，也仍可能被视为违反无差别原则；相对标准则是一种更加灵活的标准，允许东道国在特定情况下对外国投资者与本国投资者采取不同的措施，但前提是这些措施必须基于合理且正当的目的，且必须与实现该目的相称。国际投资法实践中，通常更倾向于采用相对标准，以便更好地平衡东道国的政策自主权和投资者的合法权益。判断东道国是否违反无差别原则义务的标准包括相似情境、措施的目的和效果、合理性和必要性以及一致性和透明度。

3. 公平和公正待遇原则

公平和公正待遇原则（FET）是国际投资法中一个核心原则，旨在保障外国投资者在东道国受到公平和公正的待遇。[2]这个原则被广泛纳入双边投

---

〔1〕 Rudolf Dolzer & Christoph Schreuer, *Principles of International Investment Law*, Oxford University Press, 2012, p. 186~189.

〔2〕 陈安主编：《国际投资法的新发展与中国双边投资条约的新实践》，复旦大学出版社 2007 年版，第 54 页。

资协定和多边投资协定，并在许多国际投资仲裁案例中得到应用和解释。它被理解为包括广泛涵盖国家采取的所有措施的原则和规则，例如保护外国投资者的合法期望、保护投资资产的审慎谨慎、正当程序、透明度、禁止拒绝审判以及禁止任意或歧视性措施。因此，它通过对投资条约仲裁中仲裁庭的解释，在争端救济中发挥着重要作用，并在许多投资条约仲裁中被用作索赔理由。

（二）国家对自然资源永久主权原则

国家对自然资源的永久主权原则是指每个国家对其自然资源享有独立的、不可剥夺的权利，能够自主决定如何利用这些资源，以符合本国的发展和利益。国家自然资源之永久主权是国家主权和国家经济主权在国际投资领域的反映和要求。[1]该原则最早在20世纪50年代和60年代的联合国大会上被提出，背景是新独立的国家希望通过控制和利用自身的自然资源来促进经济发展，摆脱殖民主义和外国控制的影响。[2]在国际投资中，国家对自然资源的永久主权原则在促进发展中国家经济独立和发展方面发挥了重要作用，同时也引发了一些国际法和实践中的争端，特别是在资源国采取措施保护自然资源或进行国有化时。

国家在行使自然资源主权时，通过调控权来管理和利用资源，以实现国家的发展目标。即国家对自然资源的永久主权为国家调控权提供了基础和合法性。在行使调控权和自然资源主权时，国家必须优先考虑公共利益，通过立法、行政和司法手段，确保资源利用和管理符合公共利益，促进经济和社会的可持续发展。尽管国家对自然资源享有永久主权，但这一权利并不是无限制的。国际法和国内法对国家调控权设定了限制，确保其行使遵守国际投资条约，保障投资者的合法权益，避免因公共利益优先而引发国际投资争端。

传统的投资保护标准对政府出台环境保护措施的能力规定得过于严格，例如，公平和公正待遇要求保护投资者的合理期望。这些规定对于激励外国人投资很重要，但也因对国内环境立法产生寒蝉效应而受到批评。因此，东道国有义务采取某些有限的管制措施来指导外国投资，以利于国内经济发展

---

〔1〕梁开银、谢晓彬：《国际投资法》，法律出版社2022年版，第20页。

〔2〕1952年，联合国大会通过了《关于永久主权的第523号决议》，明确支持各国对自然资源的永久主权。1962年联合国通过了《永久主权宣言》（第1803号决议），进一步确认了这一原则的国际法地位。

和公共利益。

三、投资条约中环境保护条款

环境保护是负责任投资的关键要素，环境保护规则不仅反映在联合国的倡导中，更为被投资协定引入成了一种全球趋势。2024 年，联合国贸易和发展会议国际投资协议导航数据库涵盖了 2592 个国际投资协定，有 153 个国际投资协定在其序言中提及了环境，有 331 个投资协定涉及了其他健康和环境问题载有条款。[1]环境条款首次出现在《北美自由贸易协定》第 1114 条中，涉及保护环境的措施，该条款规定了缔约各方在环境保护方面的义务，不得以牺牲环境标准或以破坏环境为代价进行投资。[2]该条款明确规定，经济发展不得以牺牲环境为代价，可以有效地遏制可能破坏环境以实现经济利益的投资行为。在《美墨加协定》（USMCA）环境章节第 13 条中，规定要加强企业采用与环境保护相关的实践，并要求成员方政府制定政策，鼓励企业履行环境保护责任。[3]《中日韩投资协定》还包含一项关于环境的具体条款，该条款规定投资者不得将放松环境措施作为进行投资的前提条件施。[4]

四、投资仲裁中的环境保护

在国际投资仲裁中，当一项东道国政府采取的环境措施被提交仲裁庭时，往往是关于侵犯投资者利益与保护东道国公共利益的问题。但仲裁庭并没有直接引用和适用投资协定中的环境保护条款。相反，大多数仲裁庭法庭是把重点放在投资协定中待遇条款的适用上。

（一）保护投资的征收标准：政府措施对投资财产侵权程度

"Santa Elena 诉哥斯达黎加案"是一起涉及哥斯达黎加政府为建立国家公园而进行的土地收用案件。本案常常被引用作为征收"效果标准"的典型案例。[5]1978 年，一名美国公民的土地被哥斯达黎加政府征用以建立国家公

〔1〕《投资争端解决导航》，载 https：//investmentpolicy. unctad. org/international－investment－agreements/iia－mapping.

〔2〕 参见《北美自由贸易协定》第 1114 条。

〔3〕 参加《北美自由贸易协定》第 13 条。

〔4〕 参见《中日韩投资协定》第 23 条。

〔5〕 Compania del Desarrollo de Santa Elena S. A. v. Republic of Costa Rica，ICSID Case No. ARB/96/1，Award，17 February 2000.

园，用于环境保护。该公民起诉哥斯达黎加政府，声称政府将其土地用于环境保护而禁止开发，构成间接征收，他要求根据赫尔方法获得"及时、充分和有效的补偿"。仲裁庭在此案中确认，即使是出于环境保护的公共利益，国家的行为若构成间接征收，也必须给予充分补偿。这个原则强调了国家在实施环境保护政策时，不得以公共利益为由免除对投资者的补偿责任。无论国家采取何种合法措施，只要这些措施构成对外国投资者财产的征收，就应按照国际法提供公平的补偿，强调了国际法在保护外国投资者利益方面的作用。

本案的判决结果为各国制定和实施环境保护政策提供了法律依据，提示东道国在制定相关政策时，需考虑到对外国投资者的影响，并准备相应的补偿机制。该裁决被认为更倾向于对投资者利益的保护。

（二）考虑政府措施目的和性质的征收标准

一些仲裁裁决认为，对投资财产的影响是决定政府措施是否构成"征收"的重要因素，还应考虑该措施是否与公共利益的目的相一致。

在"Tecmed Environmental Techniques S. A. 诉墨西哥案"中，Tecmed 是西班牙的一家公司，其在墨西哥投资了一个废物处理和处理设施。2000 年，其许可证因违反各种法规而被拒绝续签。Tecmed 认为，东道国这一决定是不公平的，且具有歧视性，导致其投资价值大幅下降。Tecmed 提出仲裁，声称墨西哥政府违反了协议中的"公平和公正待遇"条款以及"征收"条款。仲裁庭从提供的证据中发现，违反条例的表面原因只是次要的，拒绝的真正原因是当地居民的反对。墨西哥政府为了应对投资者这种轻微的违规行为和当地居民的反对，暂停许可证并使其无法运营与法规的目的不相称，实质构成征收。[1]

本案不仅明确了"公平和公正待遇"条款的适用标准，还为间接征收的认定提供了重要的法律依据。即仲裁庭强调，间接征收的关键在于政府措施对投资的实质性影响及投资者的合理预期，但同时也要考虑东道国政府所采取措施的性质、目的及行为的合理性和比例性。

---

[1] Tecnicas Medioambientales Tecmed S. A. v. United Mexican States ＊, ICSID Case No. ARB (AF) /00/2, Award, 29 May 2003.

（三）环境保护措施与投资保护之间的平衡

1. "SD Myers Inc. 诉加拿大案"

"SD Myers Inc. 诉 Canada 案"是《北美自由贸易协定》（NAFTA）下的一个重要投资争端案例。[1]SD Myers Inc. 是一家美国公司，主要从事多氯联苯（PCB）废物处理业务。1995 年，加拿大政府禁止出口 PCB 废物，理由是保护环境和公众健康。SD Myers 认为该禁令违反了 NAFTA 的规定，特别是第1102 条（国民待遇）、第 1105 条（最低待遇标准）和第 1110 条（征收与补偿）。1998 年，投资者依据联合国国际贸易法委员会仲裁规则提出仲裁请求。[2]仲裁庭于 2000 年发布了裁决，认为加拿大的出口禁令主要是出于经济保护主义的动机，而非单纯的环境保护。裁决认为，加拿大的行为确实违反了NAFTA 第 1102 条和第 1105 条的规定，但未认定构成间接征收（第 1110 条）。

仲裁庭认为，对第 1102 条中"类似情况"一词的解释必须要考虑到《北美自由贸易协定》法律背景下的一般原则，既包括对环境的关注，也包括避免贸易扭曲的必要性。出于环境考虑，对"类似情况"的评估还必须考虑到政府有理由为保护公共利益而区别对待的情况。本案中，东道国政府的措施确实造成了"贸易的扭曲"，即违反了"国民待遇"。最后，仲裁庭认为，东道国不能仅仅为了满足其他国家的政治或经济利益而妥协其标准，但各国也应避免对贸易或投资造成扭曲，环境保护和经济发展应该相辅相成。

2. "Glamis Gold Ltd. 诉美利坚合众国案"

"Glamis Gold Ltd. 诉美利坚合众国案"是一件重要的国际投资仲裁案件，涉及有关环境保护措施与投资保护之间的平衡。[3]Glamis Gold Ltd. 在加利福尼亚州经营一处金矿项目，但该项目受到州和联邦政府的一系列环境法规和措施的限制。公司声称这些限制措施属于"间接征收"，使其投资失去价值，从而违反了 NAFTA 中有关投资保护的条款。案件主要涉及加利福尼亚州和联邦政府为了保护环境和文化遗产所实施的法规和措施，包括土地复垦要求和保护土著文化遗址的规定。仲裁庭认定，被告实施的环境保护措施并不构成

---

〔1〕　SD Myers Inc. v. Canada, UNCITRAL（Partial Award, 13 November 2000）.

〔2〕　SD Myers 指控加拿大政府在实施禁令时对外国投资者和国内投资者进行了不公平待遇，违反了国民待遇原则；同时指控加拿大的行为未能提供公平和公正的待遇，违反了最低待遇标准；并且主张加拿大的出口禁令构成了间接征收，要求获得相应的补偿。

〔3〕　Glamis Gold Ltd. v. United States of America, UNCITRAL, Award, 8 June 200

间接征收，因为这些措施具有合法的公共政策目标，即保护环境和文化遗产。[1]

该案表明，在环境保护和投资保护之间的冲突中，仲裁庭提高了确认间接征收的标准，并倾向于支持合法的公共政策目标，只要这些措施是合理的、非歧视性的，具有明确的公共利益。

结 论

如何在投资争端的解决中平衡投资保护和环境保护，实质上是在讨论政府的环境措施与其在投资条约下的义务之间的关系。随着国际投资仲裁在确认相关判断标准方面取得了进展，其中一些仲裁裁决解释实践上也被包含在新的投资条约中。例如，在征收方面，由将对投资者利益损害作为唯一标准，到有必要保护投资者的合法期望，同时考虑政府措施的性质和目的，以及措施的合理性和比理性，确保这些措施是"良好的监管"，再到提高间接征收的认定标准，支持东道国合法的公共政策目标。

综上，为了保护投资者的利益，防止东道国在监管中伪装保护主义创造一个"额外的地方"，似乎应该避免过度尊重与环境有关的措施；一国要实现本国环境保护的目的，首先应保证本国能够满足环境有关制度的透明度和稳定性，以及为环境措施制定具体目标和标准，且措施具有合理性和相称性，保证投资者的无差别待遇，确保这些措施是"良好的监管"。如上所述，每个国家似乎都有足够的空间来选择、设计和实施与环境有关的措施，以至不违反投资条约下的义务。

---

〔1〕 仲裁庭进一步裁定，虽然东道国采取的措施对 Glamis Gold Ltd. 的投资造成了不利影响，但并未达到剥夺投资的程度，因而不违反 NAFTA 第 1110 条；在公平和公正待遇的标准上，仲裁庭认为美国的措施并未不合理、任意或不公平地对待 Glamis Gold Ltd.，因此未违反 NAFTA 第 1105 条；在国民待遇的指控中，仲裁庭判定 Glamis Gold Ltd. 未能证明其受到的待遇比美国本土企业更差，因此不成立。